审计案例

一种互动学习方法

AUDITING CASES

AN INTERACTIVE LEARNING APPROACH

5E

会计学精选教材译丛

〔美〕马克·S. 比斯利（Mark S. Beasley）
弗兰克·A. 巴克利斯（Frank A. Buckless）
史蒂文·M. 格洛弗（Steven M. Glover）
道格拉斯·F. 普拉维特（Douglas F. Prawitt）
编著　张立民　等译

第5版

北京大学出版社
PEKING UNIVERSITY PRESS

著作权合同登记号　图字:01-2012-2817
图书在版编目(CIP)数据

审计案例:一种互动学习方法:第5版/(美)比斯利(Beasley,M. S.)等编著;张立民等译.—北京:北京大学出版社,2013.10
(会计学精选教材译丛)
ISBN 978-7-301-23159-3

Ⅰ.①审…　Ⅱ.①比…　②张…　Ⅲ.①审计-案例-高等学校-教材　Ⅳ.①F239

中国版本图书馆CIP数据核字(2013)第209838号

书　　名:审计案例:一种互动学习方法(第5版)
著作责任者:〔美〕马克·S.比斯利　〔美〕弗兰克·A.巴克利斯　〔美〕史蒂文·M.格洛弗
〔美〕道格拉斯·F.普拉维特　编著　张立民　等译
策 划 编 辑:李　娟
责 任 编 辑:周　莹
标 准 书 号:ISBN 978-7-301-23159-3/F·3737
出 版 发 行:北京大学出版社
地　　　址:北京市海淀区成府路205号　100871
网　　　址:http://www.pup.cn
电 子 信 箱:em@pup.cn　　QQ:552063295
新 浪 微 博:@北京大学出版社　@北京大学出版社经管图书
电　　　话:邮购部62752015　发行部62750672　编辑部62752926　出版部62754962
印　刷　者:北京宏伟双华印刷有限公司
经　销　者:新华书店
787毫米×1092毫米　16开本　24.5印张　569千字
2013年10月第1版　2017年4月第2次印刷
印　　　数:4001—5500册
定　　　价:54.00元

出版者序

作为一家致力于出版和传承经典、与国际接轨的大学出版社，北京大学出版社历来重视国际经典教材，尤其是经管类经典教材的引进和出版。自2003年起，我们与圣智、培生、麦格劳-希尔、约翰-威利等国际著名教育出版机构合作，精选并引进了一大批经济管理类的国际优秀教材。其中，很多图书已经改版多次，得到了广大读者的认可和好评，成为国内市面上的经典。例如，我们引进的世界上最流行的经济学教科书——曼昆的《经济学原理》，已经成为国内最受欢迎、使用面最广的经济学经典教材。

呈现在您面前的这套"引进版精选教材"，是主要面向国内经济管理类各专业本科生、研究生的教材系列。经过多年的沉淀和累积、吐故和纳新，本丛书在各方面正逐步趋于完善：在学科范围上，扩展为"经济学精选教材"、"金融学精选教材"、"国际商务精选教材"、"管理学精选教材"、"会计学精选教材"、"营销学精选教材"、"人力资源管理精选教材"七个子系列；在课程类型上，基本涵盖了经管类各专业的主修课程，并延伸到不少国内缺乏教材的前沿和分支领域；即便针对同一门课程，也有多本教材入选，或难易程度不同，或理论和实践各有侧重，从而为师生提供了更多的选择。同时，我们在出版形式上也进行了一些探索和创新。例如，为了满足国内双语教学的需要，我们改变了影印版图书之前的单纯影印形式，而是在此基础上，由资深授课教师根据该课程的重点，添加重要术语和重要结论的中文注释，使之成为双语注释版。此次，我们更新了丛书的封面和开本，将其以全新的面貌呈现给广大读者。希望这些内容和形式上的改进，能够为教师授课和学生学习提供便利。

在本丛书的出版过程中，我们得到了国际教育出版机构同行们在版权方面的协助和教辅材料方面的支持。国内诸多著名高校的专家学者、一线教师，更是在繁重的教学和科研任务之余,为我们承担了图书的推荐和评审工作;正是每一位评审者的国际化视野、专业眼光和奉献精神,才使得本丛书聚木成林,积沙成滩,汇流成海。此外,来自广大读者的反馈既是对我们莫大的肯定和鼓舞,也总能让我们找到提升的空间。本丛书凝聚了上述各方的心血和智慧,在此,谨对他们的热忱帮助和卓越贡献深表谢意!

"千淘万漉虽辛苦,吹尽狂沙始到金。"在图书市场竞争日趋激烈的今天,北京大学出版社始终秉承"教材优先,学术为本"的宗旨,把精品教材的建设作为一项长期的事业。尽管其中会有探索,有坚持,有舍弃,但我们深信,经典必将长远传承,并历久弥新。我们的事业也需要您的热情参与!在此,诚邀各位专家学者和一线教师为我们推荐优秀的经济管理图书(em@ pup. cn),并期待来自广大读者的批评和建议。您的需要始终是我们为之努力的目标方向,您的支持是激励我们不断前行的动力源泉!让我们共同引进经典,传播智慧,为提升中国经济管理教育的国际化水平做出贡献!

北京大学出版社

经济与管理图书事业部

2013年5月

译 者 序

审计在社会经济发展中发挥的重要作用日益得到彰显，在当今世界高度关注政府改革、公司治理制度完善的过程中，审计成为一个不可或缺的内容。我十分高兴自己能够多年来一直坚守在这个领域，能够在培养专业人才方面为社会贡献一点微薄之力。从事审计教学和研究多年，我对审计产生了深厚的感情，这也影响到我的价值观和使命感，因而我也特别希望能够通过我的努力，让学生们能够真正理解审计，喜欢审计！而审计本身的复杂性和对全方位职业判断的要求，让我感受到审计教学的挑战，因而始终致力于不断提高自己教学的水平。看到这本由 Mark S. Beasley 教授等人编写的《审计案例》，我立刻感受到它的价值，于是欣然承担起组织本书翻译的任务。该案例书自从 2000 年首次出版以来，在美国许多大学使用，获得广泛的好评，本次翻译的是 2012 年该书的第五版。

我们过去在审计教学中提倡开展案例教学，总把案例教学作为课堂教学的辅助手段，而本书的宗旨是把案例教学作为教师和学生之间互动的平台，从本书的题目、内容选择和问题设计，都体现了这样的特色和宗旨。通过互动进行学习，可以更有效地实现教学相长，可以更好地培养学生的学习能力，可以加深学生对审计精神的理解，也体现了当今世界大学会计学科教学改革的方向。

在迅速变化的环境下，审计也必须与变化的环境相适应不断进行变革。为了能够在较短的时间内赶上发达国家，迅速提高中国的国际地位，我们国家在改革开放的过程中，始终高度重视向发达国家学习，与国际惯例接轨，在审计方面也是如此。我坚持认为，在学习其他国家的先进经验时，需要从整体上加以把握。为此，我在 1993 年组织翻译了国外的企业财务报表审计案例，使我们在建立上市公司财务报表审计制度时，能够在实践层面对财务报表审计的全过程有一个整体的了解与把握，帮助学生真正理解审计学原理中所介绍的财务报表审计目标是如何实现的。今天，随着环境的变化，国外注册会计师的基本审计理念和会计师事务所的业务范围，都发生了巨大的变化。本书的案例内容更加完整，不仅涵盖了财务报表审计全过程的各个环节，而且在审计师所面临的法律环境的挑战、职业道德困境、未来的业务发展领域等方面都有所涉及，使得我们通过案例学习，可以对国外的审计环境和审计自身的发展问题有整体的了解和认识。在审计过程相关的案例中，我们不仅能了解到审计需要搜集的证据和掌握的技术方法，而且能体验到风险导向的审计思想如何贯穿审计过程的各个方面。因此,本书的案例为我们深入和全面学习把握风险导向审计思想,真正实现与国际趋同,提供了非常宝贵的学习资料。

伴随中国经济的发展和中国经济实力的提高,中国企业走向世界的进程大大加快,进入了一个新的历史发展阶段。在中国经济社会发展的新阶段,中国注册会计师职业界也需要承担起更大的社会责任和使命。中国的注册会计师必须跟随中国的企业一同走向世界!为此,我们必须首先在知识和队伍上做好准备。我们需要切实了解国外的审计制度和审计实践。我们虽然在审计准则国际趋同方面做出了卓越的努力,取得的成果也得到了国际上的认同。但是,我们对国外审计实践的了解还有相当的差距。本案例书给我们提供了丰富的资料,帮助我们能够在生动的案例描述中,了解在国外审计环境下,可能面临的问题和可供参考的解决办法。本案例书内容的编排思路清晰,紧紧围绕审计过程展开,具有鲜明的实践和问题导向的特征。

此外,有些内容(如审计工作底稿的编制),国内审计教材已经写了很多不同的版本,有些已经再版了多次,但是对于这些基本审计知识和技能方面,仍然缺乏直接的实践指导意义,通过本案例书的学习,可以有效地弥补这方面的不足。

与国内出版的审计案例比较,可以发现这本审计案例的其他一些特点。本书在多数案例的内容安排上,非常注重细节;在案例情节的把握上,既有宏观的背景资料,也有具体的细节介绍(如人物之间的对话和许多具体文件内容的节选),使读者感受到一种生动的画面。而国内的审计案例,由于各方面的原因,宏观情况介绍成为案例的重头,细节介绍十分缺乏。案例学习的感受和体会往往是隐隐约约,印象模糊。本书的另外一个特点是,每个案例提出的思考问题数量都比较多,问题的安排是由浅入深,具有很强的指导性和启发性,便于教师在案例学习过程中的指导和学生的自我学习。

正是由于本书的案例涵盖内容非常丰富,学习和思考的问题跨度很大,所以本书的适用性很广。正如案例的作者所言,本书既适合本科学生使用,也适合研究生使用。我相信本书的学习可以帮助教师和学生更好地理解和把握审计,感受到审计的价值和魅力。

参加本书翻译的有国际会计师事务所的专家、中国注册会计师协会的专家和从事审计研究的博士生,他们是:章晓亮、高涛、黄琳琳、许钊、李琰、崔雯雯、郭永发。我负责全书的译校。在翻译中,我们参照了国际会计师事务所内部使用的标准专业术语,并尽可能使用中国注册会计师协会使用的专业术语,秉着直译与意译相结合的原则,力图如实反映原书的思想和内容,尽管如此,由于水平和时间所限,疏漏和差错之处难免存在。敬请读者批评指正。

张立民

2013 年 3 月

前　　言

审计教育一直致力于挖掘能够有效开发学生批判性思维、沟通及人际关系技能方面的各种机会和可能性。开发这些技能要求在学习过程中学生的角色应该由消极地听从指导向积极地参与过渡。遗憾的是,现有的各种教材还未能适应主动学习环境的内在要求,或者没有能够提供适应审计过程各个阶段不同要求的学习资料。本案例书就是要向学生提供反映真实审计情景的资料,并特别聚焦于审计过程的不同视角与阶段。

本案例书包括 48 个审计案例,涉及从接受审计客户到出具审计报告的全过程各项主要审计活动,帮助教师有针对性地加深学生对这些活动的理解和把握。这些案例的设计,着眼于通过生动的描述引入相关的问题来调动学生的学习兴趣。在一些案例中,提供的辅助教学资料,帮助教师创造一个引致学生“惊讶”的体验,这种生动的体验变成学生难以忘怀的学习经历。其中的许多案例,基于实际存在的公司,包括涉及财务报表舞弊的公司。还有一些案例为学生提供了实际的审计证据与文件,使他们能够据以获得第一手的经验。

每个案例都提出了学生需要完成的一系列问题,其中大量问题涉及新颁布的各种权威性准则的指南。其中包括美国公众公司会计监督委员会(PCAOB)最近颁布的“风险评估审计准则”(Risk Assessment Auditing Standards),包括的内容截至《审计准则第 15 号——审计证据》,美国注册会计师协会审计准则委员会(ASB)最新颁布的准则包括的内容截至《审计准则公告第 121 号——对审计准则公告第 100 号“期中财务信息”适用性的修改》。在教师使用的资源手册中,许多答案中的参考文件涵盖了审计准则委员会的“明晰项目”(Clarity Project)所涉及的许多修改后的审计准则公告。若干案例要求学生对于 2002 年《萨班斯-奥克斯利法案》(Sarbanes-Oxley Act of 2002)中的内容获得更为清晰的理解。其他一些案例涉及当今环境下信息技术带来的影响,包括信任服务(Trust Services)的问题。其中一个案例提供了与某个财务报表舞弊案相关的实际法庭审理过程记录的节选内容,以说明遵循审计准则和审计程序的重要性。最后,本案例书作为最新的修订版本,强调了公允价值估计审计面临的挑战,当审计师实施控制测试和实质性测试时运用抽样方法需要的审计决策,公众高度关注的 Satyam 舞弊案中的审计缺陷,以及为可持续发展报告提供保证服务的机会等。

本书包括的案例既适用于本科学生,也适合研究生学习使用。在本科学生层次,这些案例帮助学生获得积极学习的体验,从而强化教材和教师讲授的那些关键审计概念。在研究生层次,这些案例引导学生积极学习、扩展学生所掌握审计知识的深度和广度。使用本书的案例,学生可以对审计过程所涉及的基本问题有更为丰富的理解,与此同时,学生的批判性思维、沟通和人际关系方面的技能也得到了开发。

本案例书提供了多样化的案例,适用于不同的学习和授课风格。例如,其中的一些案例,既可以作为课上练习的资料,也可以作为课后作业的安排。与本案例书配套的教师用书手册,清楚地说明了每个案例可以使用的不同教学方式(例如,合作性/积极的学习活动/课后个人或小组作业),以及教师如何有效地准备引导参与式讨论。教师手册可以通过登陆网站 www.pearsonhighered.com/beasley5e 注册获取。

以前版本案例的更新

以前版本的审计案例书包含的案例,已经依据职业准则的变化进行了更新。以真实公司有关事件为基础的案例,已经依据最新的案件发展予以更新。在虚拟案例中,所有的基准日期已经改为 2012 年日历年度,实施的审计为对 2011 年财务年度信息的审计程序和针对 2012 年财务年度信息的期中审计程序。在适当情况下,我们也对这些虚拟案例的有关资料加以改变,使之与以前的案例有所不同。

第 5 版新增的案例

在第 5 版中,增加了下列案例,以扩展覆盖的审计领域,及时提供反映最近受到高度关注的会计有关事件的相关资料。

案例 4.7　Satyam 电脑服务公司

——控制函证过程

本案例介绍了坐落在印度 Hyderabad 的 Satyam 电脑服务公司发生的会计舞弊案。该公司高层管理人员篡改公司以信息技术为基础的会计系统,实施了高达 11 亿美元的舞弊。学生们可以了解公司管理层伪造收入和盈利所采用的手段,以及对函证的全过程实施控制的重要性。

案例 9.5　Morris 矿业公司

——公允价值审计

在本案例中,学生们可以研究公允价值审计的相关准则,借此机会思考 Morris Mining 公司对其在一次收购中所取得专利的公允价值估计是否恰当。学生们在考虑模型输入变量的变化对公允价值估计的敏感性方面获得了第一手的体验。Morris Mining 公司是一个虚拟公司。

案例 9.6　Hooplah 公司

——审计抽样概念在销售收入循环控制测试以及实质性测试中的应用

本案例为学生提供机会,将审计抽样的概念加以实际应用,决定测试的性质和范围。学生们对应收账款选取的样本进行控制测试和细节测试并对测试结果加以评估。学生们在应用审计抽样方法前,需要考虑以风险为基础和以覆盖面为基础的实质性测试的好处。Hooplah 公司是一个虚拟的公司。

案例 12.6 Going Green

——可持续发展与外部报告

本案例为学生提供机会,探求新出现的可持续发展报告。学生可以获得关于可持续发展报告遵循的全球倡导报告框架(Global Reporting Initiative Framework)的有关知识,并运用这些知识对真实公司编报的可持续发展报告进行评估。学生们还可以获得在为可持续发展报告提供保证服务时予以参考的美国注册会计师协会(AICPA)制定的鉴证准则(Attestation Standards)和保证项目国际准则(International Standards on Assurance Engagements)的有关知识。

目　录

第一部分　接受客户

案例 1.1　Ocean Manufacturing 公司
——接受新客户的决策　3

第二部分　了解客户的经营情况与风险评估

案例 2.1　Your1040Return. com
——评估电子商务环境下收入确认、信息隐私、电子化证据问题　13
案例 2.2　戴尔公司
——评估客户的经营风险　18
案例 2.3　Flash Technologies 公司
——风险分析　22
案例 2.4　Asher Farms 公司
——了解客户的经营环境　39

第三部分　职业道德方面的问题

案例 3.1　Brent Dorsey 的一天
——审计人员的工作压力　45
案例 3.2　Nathan Johnson 的租车费用报销
——他应该拿这些钱吗？　50
案例 3.3　匿名电话
——识别舞弊并采取措施　52
案例 3.4　世通公司
——检举者的故事　55
案例 3.5　Hollinger International
——审计相关诉讼的实例　60

第四部分　会计欺诈和审计师法律责任

案例 4.1　安然公司和安达信会计师事务所
——分析两大巨头的陨落　73
案例 4.2　Comptronix 公司
——识别固有风险和控制风险　87
案例 4.3　Cendant 公司
——评估控制环境与财务报表舞弊风险　94
案例 4.4　Waste Management 公司
——操纵会计估计　100
案例 4.5　施乐公司
——评估财务报表舞弊的风险　108
案例 4.6　Phar-Mor 公司
——会计舞弊、诉讼和审计责任　115
案例 4.7　Satyam 电脑服务公司
——控制函证过程　129

第五部分　财务报告内部控制

案例 5.1　Simply Steam 公司
——内部控制环境评价　137
案例 5.2　Easy Clean 公司
——内部控制环境评价　144

案例 5.3 Red Bluff Inn & Café
——在小企业中建立有效的内部控制 *151*

案例 5.4 St. James Clothiers
——手工基础与 IT 基础的销售会计系统风险的评价 *153*

案例 5.5 Collins Harp Enterprises
——提议 IT 系统开发控制 *158*

案例 5.6 Sarbox Scooter 公司
——财务报告内部控制审计的范围与评价判断 *161*

案例 5.7 兴业银行
——一个低风险的交易领域如何导致了 72 亿美元的损失 *174*

第六部分 信息技术的影响

案例 6.1 Harley-Davidson 公司
——电子商务市场中电子商务风险识别及相关保证服务 *183*

案例 6.2 Jacksonville Jaguars
——评估信息技术优势与风险以及识别诚信服务的时机 *188*

第七部分 计划的重要性水平

案例 7.1 Anne Aylor 公司
——计划重要性水平与可容忍错报的确定 *195*

第八部分 分析程序

案例 8.1 LaramieWire Manufacturing
——在审计计划中使用分析程序 *209*

案例 8.2 西北银行
——分析程序中期望值的确定 *212*

案例 8.3 Burlingham Bees
——使用分析程序进行实质性测试 *216*

第九部分 库存现金、公允价值及销售收入审计

案例 9.1 Wally's Billboard & Sign Supply
——库存现金审计 *221*

案例 9.2 Henrico Retail 公司
——理解 IT 会计信息系统和识别零售销售审计证据 *237*

案例 9.3 Longeta 公司
——收入合约审计 *240*

案例 9.4 Bud's Big Blue Manufacturing
——应收账款询证函 *243*

案例 9.5 Morris 矿业公司
——公允价值审计 *253*

案例 9.6 Hooplah 公司
——审计抽样概念在销售收入循环控制测试以及实质性测试中的应用 *259*

第十部分 收入和支出循环中审计程序的计划与实施
——一个审计模拟

案例 10.1 Southeast Shoe Distributor 公司
——收入循环(销售收入和现金收款)中控制测试的识别 *269*

案例 10.2 Southeast Shoe Distributor 公司
——收入循环(销售收入和现金收款)中实质性测试的识别 283
案例 10.3 Southeast Shoe Distributor 公司
——收入循环(销售收入和现金收款)中审计测试的选择和风险评估 293
案例 10.4 Southeast Shoe Distributor 公司
——支出循环(采购和现金支付)中交易测试的实施 300
案例 10.5 Southeast Shoe Distributor 公司
——支出循环(采购和现金支付)中余额测试的实施 320

第十一部分 编制和复核审计工作底稿

案例 11.1 The Runners Shop
——应付票据审计工作底稿可提供的法律支持 331

第十二部分 完成审计工作、向管理层汇报和外部报告

案例 12.1 EyeMax 公司
——评估审计差异 345
案例 12.2 Auto Parts 公司
——评估会计政策和注释披露时考虑重要性 350
案例 12.3 K&K 公司
——在制造业环境中利用审计结果提供有价值的意见 352
案例 12.4 Surfer Dude Duds 公司
——考虑持续性经营假设 357
案例 12.5 Murchison 技术公司
——评估律师答复和确定合适类型的审计报告 360
案例 12.6 Going Green
——可持续发展与外部报告 366

第一部分

接受客户

案例 1.1　Ocean Manufacturing 公司……………………　3
——接受新客户的决策

案例 1.1 Ocean Manufacturing 公司

——接受新客户的决策*

学习目标

在学习和讨论本案例后，你可以：

[1] 理解评估潜在审计客户的各类相关信息。

[2] 列示审计师决定是否接受一个潜在客户应采取的工作步骤。

[3] 确定并评估影响接受客户决策的重要因素。

[4] 理解拟定和解释接受客户的建议的工作程序。

简介

Barnes and Fischer 会计师事务所是一个中等规模的全国性事务所。事务所于 1954 年合伙建立，目前计发工资的专业人员已经有 6 000 多人。事务所主要提供审计与税务方面的专业服务，不过，最近成功地开辟了非上市公司审计客户和非审计客户的信息系统咨询业务。

2012 年 1 月中旬，你刚刚被提升为 Barnes and Fischer 在 Pacific Northwest 的一个分支机构的经理。你在加入 Barnes and Fischer 后的 5 年工作中，3 年是高级审计师。作为审计经理，你被分配的第一个任务是协助合伙人完成接受客户的决策。合伙人告诉你，Ocean Manufacturing 公司是一个中等规模的家庭小型用具的生产厂商。合伙人在当地商会最近的一次聚会上结识了该公司的总裁。总裁告诉他，经过几次十分困难的谈判沟通，公司决定终止与现任审计师的关系。总裁解释说，更换事务所的主要原因是公司计划在未来几年内在资本市场发行普通股，希望能够与具有全国性网络的事务所建立联系。公司过去 12 年一直接受审计，主要是为了满足贷款条款的要求和在信用额度内获取优惠的贷款利率。由于公司的财务年度截止日期 12 月 31 日已过，公司需尽快与新审计师签约并启动年度审计工作。

---

* 该案例是由北卡罗来纳州立大学的 Mark S. Beasley 博士、Frank A. Buckless 博士以及杨百翰大学的 Steven M. Glover 博士和 Douglas F. Prawitt 博士编写的，作为课堂讨论的基础。Ocean Manufacturing 公司是一个虚拟的公司，所有涉及的人物和姓名也是虚构的。如有雷同，纯属巧合。

合伙人 Jane Hunter 由此产生了在家庭用具行业引进一个客户的想法,特别是像 Ocean Manufacturing 公司这样一个具有良好的市场地位和发展潜力的公司。尽管当地有一些小型家庭用具制造厂商,但事务所还没有该行业的客户。你所在的审计分支机构的多数客户属于健康服务行业。因此,合伙人认为这是 Barnes and Fischer 进入一个新市场的绝好机会。同时,合伙人了解其中可能的风险,要求确认接受客户的决策是经过慎重考虑的。

背景

Ocean Manufacturing 公司是一个中小规模的家庭用具制造厂商,该公司生产的产品包括烤面包机、食品加工机和垃圾收储箱。尽管该公司目前普通股股票和其他证券没有公开发行,但公司正在计划未来几年将公司的普通股在纳斯达克市场上市。你被分派的任务就是收集信息,以对事务所是否应该接受 Ocean Manufacturing 这个客户提出建议。

该公司希望聘请你所在事务所对公司 2011 年 12 月 31 日的年度财务报表出具审计意见的同时,还希望在完善公司最近建立的 IT 系统方面获得帮助。公司同时希望你所在的事务所能够提出建议和指导,使得公司能够为未来的股票公开发行在各方面做好准备。在与公司管理层第一次会面中,你获得了以下有关行业和公司的信息。

家庭用具行业

在过去的几年中,国内家庭用具行业一直保持稳定的增长。该行业由各种类型制造厂商(如国内与外资)构成,产品销售给数量繁多的批发商和零售连锁店。产品的市场拓展一方面反映了技术改进的成果,更直接的是与房屋市场的增长相联系。批发商和生产厂商的代表都为零售连锁店提供产品与服务。

Ocean Manufacturing 公司

该公司 2011 年 12 月 31 日未经审计的财务报表报告的总资产为 7 600 万美元,销售收入为 14 500 万美元,净利润为 340 万美元。在过去,公司未曾试图激进地扩张或者开辟新产品生产线,而是一直专注于通过提供中低价位的可靠产品维持公司的稳定增长。然而,公司现在希望通过未来股票公开发行募集的资金将公司尽快地由地方性公司扩张为全国性公司。该公司主要是以向个人拥有的用具商店小批量出售的方式实现产品的销售。近年来,公司开始向三个全国性连锁店供应大批量的产品,其中两个大型零售连锁店两年前开始购买该公司的产品。为了应对销售的增长,该公司大大地提高了其生产能力。

尽管公司近来发生的管理层变动产生了巨大的影响,同时公司新采纳的会计系统在运行中仍面临许多困难,但是管理层仍然相信公司处于可以迅速发展的状态。管理层强调,过去 3 年中,公司的盈利每年都有显著的增长,公司的产品在小型家庭用具市场的认可度不断上升。3 年前,公司由于收入和应收款方面的问题,被审计师出具了有保留意见的审计报告。在过去的 12 年中,公司曾经 3 次更换审计师。

管理层

2011 年 10 月,该公司经历了管理层的巨大变动,公司负责经营的副总裁和主计长因到其他城市工作而辞职。公司管理层公布两个人离开的消息时,宣称他们是因为个人原因离职。新的公司副总裁 Jessica Wood 是 11 月招聘进来的,新的主计长则是上个月初加入公司的。Jessica 具有 MBA 学位和 12 个月本行业经验。新的主计长 Theodore Jones 几乎没有相关的经验,而且看上去对公司新的 IT 系统感觉茫然。公司的总裁 Andrew Cole 具备 BBA(工商管理学士)学位,作为创建人,在公司所有层级都具备工作经验。Zachery 先生主要负责公司的采购和生产职能管理。过去 8 年来一直负责公司财务的副总裁 Frank Stevens 先生与 Zachery 先生,每周与 Cole 先生会面讨论研究公司的事务。

会计与控制系统

2011 年年初,该公司采用了一体化集中的新会计系统。新系统实现了存货、应收账款、应付账款、薪资、总账软件模块的一体化。去年全年完成了原有系统向新系统的转换,转换工作主要由前任主计长负责。但不幸的是,向新系统转换的工作没有得到有效的管理。公司至今仍然继续这方面的工作,通过修改调试来更好地满足公司的需求,为此公司的会计人员需要进行重新培训,公司的会计控制需要纳入新系统,以保证系统得到更好的实施。

在存货追踪、成本归集、应收账款账单发送和账龄分析、薪资的税收抵扣、应付账款和资产负债表项目分类方面,系统都存在一定的问题。公司在 2011 年 4 月停止了老系统与新系统的平行运行。经过 2011 年短短的几个会计期间,由于未经训练人员的失误和发生的几次系统失败,传统的审计线索没有得到精心的保留。

公司的会计人员和管理层对这种状况都很烦恼,因为除了上述会计问题,公司内部预算报告、存货状况报告以及客户应收账款账单的发送经常都是不准确、不及时的,且货物发送的截止期几次都被错过。

你所在的事务所分支机构从未审计过安装了类似 Ocean 所使用 IT 系统的公司,不过,分支机构的 IT 小组对于诊断该公司内部控制的薄弱环节、帮助公司克服目前的困难充满信心。

应收账款、现金和存货

公司的销售、应收账款系统每月处理 2 900—3 400 笔经济业务,包括对 1 200 多家活跃的信用客户的销售和付款业务。六家最大的客户应收账款所占比例约为 15%。其他客户的应收账款金额在 1 500 美元到 32 000 美元之间,平均应收账款金额约为 8 000 美元。

成品的存货管理有条不紊,存货得到有效的保护。但是,在产品的存货控制似乎没有得到很好的组织管理,公司使用复杂的加工成本混合方式进行存货成本的归集,并计算在四条主要生产线生产的、跨部门转移的在产品成本。

前任审计师

当你与负责公司财务的副总裁 Frank Stevens 接触,要求获得与前任审计师进行沟通的许可时,他看上去不大愿意过多地讨论前任的审计事务所。他解释说,他认为前任审计师没有很好地理解公司的经营环境,不具备专业胜任能力来帮助公司解决新的 IT 系统的问题。他进一步解释说,在上年的年度审计中,前任审计师与公司管理层在一些小的会计问题上存在意见分歧。以 Stevens 先生的观点,意见分歧产生的主要原因是审计师缺乏对公司经营和行业环境的理解。据 Stevens 先生讲,前任审计师的合伙人表示,由于这些会计问题的存在,他不能够对公司的财务报表出具清洁意见的审计报告。为了获得无保留意见,公司不得不对收入和应收账款进行调整。Stevens 先生相信这些调整是不必要的,感觉是为了获得清洁审计意见而被迫进行的。

Stevens 先生表明,公司的管理层对你的事务所充满信心,认为你们的专业人员具有更好的经营判断技能,具有理解公司 IT 系统、帮助公司完善 IT 系统的知识和能力。Stevens 先生还表示,公司在这个时间要求变更事务所,也是为公司计划地首次公开发行股票做准备,他知道,许多公司在准备进行上市公募时,都会转向规模更大的、在全国具有声誉的事务所。Barnes and Fischer 审计的一个医院的管理人员是他的朋友,此人向他全力推荐你们事务所。与 Stevens 先生、公司总裁 Cole 先生讨论后,他们同意你与前任审计师进行接触和沟通。

在你与前任审计师沟通时,他说明他的事务所与公司的问题主要与下列有关:(1) 该公司新系统的复杂性及存在的问题;(2) 管理层激进地反映年末应计利润以满足贷款人要求的倾向。该审计师还透露,与该公司解除合约关系是双方都同意接受的,他的事务所与公司管理层的关系几乎从一开始就较紧张。很明显,导致关系破裂的最后一根稻草是对来年的审计费用存在意见分歧。

客户背景调查

对该公司管理层的背景调查显示,5 年前,公司的财务副总裁曾经因为参与当地大学橄榄球比赛非法赌博而受到轻罪(misdemeanor)起诉。据新闻报道,起诉后来被撤销,作为条件,Stevens 同意支付 500 美元的罚款并从事 100 小时的社区服务。背景调查没有发现公司其他管理人员任何的不道德和违法问题。

独立复核

根据 Barnes and Fischer 质量控制程序的规定,Barnes and Fischer 要求每个雇员每 3 个月要向事务所提交文件,更新他们在个人股票投资方面披露的信息。你要求手下的审计师复核这些披露的信息,作为考虑是否接受 Ocean Pacific 潜在客户的工作程序的一部分内容。她向你报告,除了 Barnes and Fischer 在盐湖城分支机构的一个合伙人持有一个风险投资基金的股份、而该风险投资基金的私有产权投资包括该公司普通股的情况外,没有其他股权关系问题。该风险投资基金持有该公司 50 000 股普通股,目前的估值大约为每股 18 美元。由于股票没有公开交易,所以这个价格只是估计。这项投资占该基金总投资的比例刚刚超过 0.5%。该合伙人在基金的投资目前估值约为 56 000 美元。除此以外没有发现其他独立性问题。

财务报表

你从该公司获取了过去 3 年的财务报表,包括截至 2011 年 12 月 31 日的最近一年的财务报表。有关的财务数据如下表所示。准备作为该公司审计项目合伙人的 Jane Hunter 要求你研读这些数据,看能够得到什么信息,对可能影响和帮助决定是否接受该公司作为新的审计客户的项目要求给予特别的关注。

要求

[1] 客户接受程序可能相当复杂,请列示审计师确定是否接受客户应该实施的五项工作,并说明其中哪些属于审计准则要求完成的工作。

[2] 使用案例提供的该公司财务数据,实施初步分析程序,进行相关的指标计算,以获得对该潜在客户更好的了解并确定该公司财务方面的运行状况。将该公司的财务指标与案例提供的行业数据进行对比,发现所有存在的主要差异,列示出通过分析你所关注的问题。

[3] 在决定接受该潜在客户时应予以考虑哪些非财务事项,这些事项对客户接受决策的影响重要程度如何,为什么?

[4] [a] 该公司希望 Barnes and Fischer 帮助公司开发和改善公司的 IT 系统。由同一家会计师事务所同时提供审计与咨询服务的优点和缺点是什么?根据已有的关于审计师独立性的要求,Barnes and Fischer 是否能够在对该公司提供财务报表审计的同时,帮助公司完善其 IT 系统?如果你的督导要求,请引用相关准则的具体规定来支持你的结论。

[b] 如本案例资料显示,事务所在另一个地区的分支机构的合伙人投资的股票基金拥有该公司普通股股票。这种情况是否违反了美国注册会计师协会制定的“职业行为规范”(Code of Professional Conduct)关于独立性的要求,为什么?

[5] [a] 准备一份给合伙人的备忘录,为 Barnes and Fischer 是否应该接受 Ocean Manufacturing 公司为新审计客户提出建议。根据案例提供的资料,谨慎地说明你的观点及其理由。内容应包括接受该公司作为审计客户的正面及反面的理由,一定要从财务与非财务两方面说明你的理由。

[b] 再另外准备一份给合伙人的备忘录,简要地列示和讨论:如果接受该公司审计项目,影响决定如何实施审计时应考虑的 5—6 项最重要的因素和风险领域。一定要具体说明事务所应该如何根据你提出的各项因素,修订事务所对该公司的审计方法。

Ocean Manufacturing 公司 2009—2011 年年末资产负债表

单位:千美元

	未经审计		
	2011	**2010**	**2009**
资产			
流动资产			
现金	3 008	2 171	1 692
应收账款(扣除准备后净额)	12 434	7 936	6 621
原材料及在产品	11 907	10 487	10 684
产成品	3 853	4 843	7 687
其他流动资产	1 286	1 627	1 235
流动资产总额	32 488	27 064	27 919
财产、厂房及设备	53 173	46 664	39 170
减 累积折旧	11 199	9 009	7 050
财产、厂房及设备净额	41 974	37 655	32 120
其他资产			
递延所得税	714	547	339
其他非流动资产	1 216	1 555	735
其他资产总额	1 930	2 102	1 074
资产总额	76 392	66 821	61 113
负债及所有者权益			
流动负债			
应付账款与预计费用	12 285	9 652	12 309
长期负债本年到期部分	3 535	3 054	2 899
应付所得税	865	565	295
其他流动负债	872	847	988
流动负债总额	17 557	14 118	16 491
长期负债	20 000	17 234	11 674
负债总额	37 557	31 352	28 165
所有者权益			
普通股(授权 1 000 万股)	10 675	10 675	10 675
资本溢价	5 388	5 388	5 388
留存收益	22 772	19 406	16 885
所有者权益总额	38 835	35 469	32 948
所有者权益及负债总额	76 392	66 821	61 113

Ocean Manufacturing 公司 2009—2011 年截至 12 月 31 日利润表

单位:千美元

	未经审计		
	2011	**2010**	**2009**
销售收入	145 313	104 026	92 835
销售成本	95 906	69 177	63 870
销售毛利	49 407	34 849	28 965
营业成本	41 414	28 607	24 601
营业利润	7 993	6 242	4 364
利息费用	1 700	1 473	699
所得税准备	2 821	2 246	1 592
净利润	3 472	2 521	2 073

Ocean Manufacturing 公司 2009—2011 年截至 12 月 31 日留存收益表

单位:千美元

	未经审计		
	2011	**2010**	**2009**
年初余额	19 406	16 885	14 812
支付现金股利	(106)	0	0
本年净利润	3 472	2 521	2 073
年末余额	22 772	19 406	16 885

对比使用的行业平均指标

	2011	**2010**
净资产收益率(ROE)	20.33%	26.22%
总资产收益率(ROA)	6.62%	8.10%
总资产对权益比率	3.30	2.82
应收账款周转率	7.49	6.96
平均应收账款周转天数	41.25	44.35
存货周转率	8.09	6.90
存货周转天数	38.16	43.86
债务权益比率	2.38	1.90
利息保障倍数	1.62	2.37
流动比率	1.29	1.44
边际利润	10.58%	10.82%

第二部分 了解客户的经营情况与风险评估

案例 2.1 Your1040Return.com …… 13
——评估电子商务环境下收入确认、信息隐私、电子化证据问题
案例 2.2 戴尔公司 …… 18
——评估客户的经营风险
案例 2.3 Flash Technologies 公司 …… 22
——风险分析
案例 2.4 Asher Farms 公司 …… 39
——了解客户的经营环境

案例 2.1　Your1040Return. com

——评估电子商务环境下收入确认、信息隐私、电子化证据问题*

学习目标

在学习和讨论本案例后，你可以：

[1] 识别仅依靠网络模式的经营活动风险。

[2] 为以电子商务为基础的企业内部控制完善提出建议。

[3] 理解与电子商务相关的收入确认问题。

[4] 识别仅依靠网络模式经营的企业交换广告条幅服务(banner ad service)的有关会计问题。

[5] 明确与客户信息隐私有关的问题。

[6] 描述当所有经济业务证据全部是电子化的情况下对审计的影响。

[7] 明确仅依靠网络提供服务的电子商务战略所面临的威胁。

简介

经过仅两年的运营，Your1040Return. com 已迅速成为向个人纳税人提供网上所得税申报企业的引领者。公司奠基人 Steven Chicago 在寻求令人满意的个人纳税申报软件时萌生了创业的想法，并建立了 Your1040Return. com。当他在当地一家计算机用品供应商店盯着货架上各种纳税申报软件时，以下想法便浮现在他的脑海里：

> "所得税法每年都在变化，我为什么要付 50 美元去买一张明年就要过时的 CD，更不要说我还要付 20 美元在网上以电子方式递交所得税申报资料？我情愿向一个公司支付小额的会员费来使用持续更新的纳税申报软件。"

Chicago 经历了这次购买体验之后，作为一名名副其实的企业家，他决定建立一家这样的公司。不到一年的时间，Your1040Return. com 就建立起来，立即开始了为下一个纳税年度的服务。

---

* 该案例是由北卡罗来纳州立大学的 Mark S. Beasley 博士、Frank A. Buckless 博士以及杨百翰大学的 Steven M. Glover 博士和 Douglas F. Prawitt 博士编写的，作为课堂讨论的基础。Your1040Return. com 是一个虚拟的公司，所有涉及的人物和姓名也是虚构的。如有雷同，纯属巧合。

Your1040Return. com 公司经营概况

Your1040Return. com 是一个完全以互联网为基础的纳税申报网站,为联邦及州个人所得税提供准备及申报服务。公司的主要收入来源于那些期望回避纸质纳税申报系统备案及申报所得税的个人,以及通过该公司"租用"主流纳税申报软件包使用权的客户。其他收入源于已编制纸质纳税申报材料但希望通过网上提交申报资料的客户。

为使费用最小化,Your1040Return. com 向用户提供了一个界面,该界面可使用户向相应的联邦及州政府部门提交电子版纳税申报表等资料。网站的主要用户是希望简化每年需履行的纳税申报义务的中产阶级家庭。他们通常希望找到一个准确、简单、经济的,能够替代传统纳税专业服务的方式。

用户可以通过 Your1040Return. com 网站获取这种服务。为了顺利使用网站的服务,首先,客户需要注册用户名及密码。当客户要求注册时,网站则要求客户提供一系列的信息,包括全名、通信地址、社保号码、出生日期、电话号码、电子邮件地址及主信用卡卡号。客户提供上述信息后,则完成了在 Your1040Return. com 网站的注册,并启动了信用卡审批过程。当信用卡号码验证有效后,顾客可选择白金类、金类和银类三类服务包中的一种。

银类服务提供基本的纳税服务,包括通过网上获取纳税申报表、各种附表和说明材料。客户可直接在申报表和附表中填写有关的数据资料,Your1040Return. com 可通过网络将所有申报资料提交给税务部门,省去了客户邮寄材料到税务部门的麻烦。银类服务还提供给客户通过网络申请延期申报个人所得税的服务。但是,银类服务不允许客户注册使用网站的纳税申报软件。

除银类服务的所有内容外,金类服务授权客户注册使用网站提供的商业化开发并持续更新的纳税申报软件。利用这些软件,从简单的 1040-EZ 申报表,到较为复杂的企业家申报其全国范围内不动产投资和活跃交易的证券的纳税申报表,客户均可以较为便捷地完成各种纳税申报表的填制。银类和金类服务只提供一个纳税年度的相应服务。

白金类服务由白金套餐提供,允许客户注册 Your1040Return. com 2—5 年不等的会员。通过多年度服务套餐,客户可以整年度使用金类服务包含的纳税申报软件。这使得客户能够了解纳税申报中证券计税基础的变化轨迹,定期评估拟实施的交易可能导致的税收影响。此外,白金类客户可得到所得税方面的专家提供的个性化实时指导帮助,该专家通过网络即时信息计划,以合约的方式提供服务。

Your1040Return. com 经历了从 2 月初到 4 月 15 日申报截止日申报期间的高峰服务需求。由于 Your1040Return. com 允许客户网络申请延期申报,该公司还经历了在延期截止日前对其服务的强大需求。

若国税局(IRS)在通过公司网站提交的纳税申报报表中发现问题,Your1040Return. com 并不为客户更正这些发现的问题,而是通知客户已发现的问题,客户在更正问题后通过公司网站再次免费申报。预计的再次申报的频率与成本会在特定的服务套餐价格中予以权衡。

Your1040Return.com 并不负责税收返还或税款支付业务,如果顾客有资格获得税收返还,国税局直接将返还款汇付给纳税人。如果纳税人被要求支付所得税,国税局则通过纳税人在网上提交纳税申报表时提供的信用卡卡号,将应付税款额记到纳税人信用卡账户。或者,纳税人可以向国税局提供银行提款有关信息,由国税局通过电子转账将有关款项从纳税人银行账户转账至国税局。Your1040Return.com 对其客户未能恰当提交纳税申报表或其他纳税状况不负有责任。所有的债务问题由编制纳税申报表的客户负责。

Your1040Return.com 根据不同的产品采取不同的收入确认方式。白金类业务第一年服务收入在客户选择该项服务后,即刻予以确认。尽管 Your1040Return.com 制定了简单的客户取消服务的政策,公司还是假定客户将在全年都会使用相关服务而不取消会员身份。在后续年度的白金类服务中,公司也采取了类似的收入确认政策。对于金类服务,当客户第一次在网上使用纳税申报软件时,确认部分收入。客户完成申报表编制工作并向国税局提交之后,公司再将剩余部分确认为收入。对于银类客户服务,公司直至客户完成向国税局提交纳税申报表后才确认收入。

除了通过提供个人纳税申报服务取得收入外,Your1040Return.com 还从事与其他大型网络公司的广告互换业务。例如,本年 1—4 月期间,亚马逊公司与 Your1040Return.com 进行了大量的广告互换。亚马逊在其网页上加上了一个广告条,提醒访问亚马逊网站的用户,如果有任何纳税方面的需求,可以去访问 Your1040Return.com 网站。作为交换,Your1040Return.com 在其网页上放置了类似的广告,引导它的客户到亚马逊网站进行网上购物。

客户信息安全保障

在 Your1040Return.com 公司,对屏蔽未经授权的访问路径接触客户信息的保护工作受到了高度重视。公司将网站服务器和所有关键性应用运行程序的微机放置在一个由密码保护的房间,只有编程人员和公司总裁 Chicago 才能进入。网站服务器还由一个模拟服务器进行保护,作为防火墙拦截来自外部黑客对数据库进行的攻击。除了这些安全防护措施外,公司还要求所有客户提供包含字母与数字的至少 6 个字符长度的密码,防止未经授权进入客户账户。

Your1040Return.com 没有保留传统的服务前台,或者与客户面对面互动。公司所有业务通过电子化方式完成,所有销售订单、销售发票和广告合同都以电子方式进行储存。公司每天进行资料备份,但不是所有时间都可以随时浏览备份资料。在公司服务器网络以软件储存方式存储 6 个月后,备份文件就从网络中撤除以释放有限的网络存储空间。这些文件会被下载到 DVD 光盘上进行储存备查。Your1040Return.com 对其功能有限的信息系统进行重大升级的工作尚处于计划阶段。

公司雇用了若干税务专家,跟踪税务法规的变化,帮助和保障所使用的纳税申报软件是准确的。另外,Your1040Return. com 还聘请了一家全国性会计师事务所对纳税申报软件的准确性进行复核。公司聘请了一家软件设计公司,开发进行纳税申报实务的各种网上工具。Chicago 先生的两个外甥——Nathan Randall 和 Matthew Gilbert 负责监督信息技术平台的运行,其纳税申报软件与包括公司财务会计系统软件在内的公司内部应用软件的运行都是建立在这个平台之上。两人先前都具备一定的 IT 工作经验,但是,他们大学计算机专业毕业之后的相关工作经验都不足五年。Emily Parkin 任公司财务总监,负责 Your1040Return. com 的会计和财务报告工作。她在取得了四大会计师事务所三年审计经验后,加入了 Your1040Return. com。

在使用 Your1040Return. com 服务的个人客户不断增长的情况下,几家市场营销的高管向 Chicago 提出高价购买公司客户清单。尽管 Chicago 还没有制定出公司保护隐私声明的草案,但是,他认为公司应对保护顾客信息隐私承担责任,因此他并不确定是否应该出售顾客清单。其他公司提出的现金出价确实很有吸引力,这笔资金可以加速计划中的信息系统升级工作。与此同时,Chicago 也安排了从地方银行获取信用额度以满足系统升级工作的需要。获取信用额度的条件之一是,银行要求公司提供 Your1040Return. com 经审计的年度财务报表。

要求

[1] Gooch & Brown CPA, LLP,是本地一家专门进行信息系统审计和财务报表审计的会计师事务所,你是该事务所的一名高级审计师。Your1040Return. com 公司聘请你所在的事务所对其财务报表进行审计。合伙人要求你完成下列工作:

[a] 向 Steven Chicago 说明为什么你的事务所了解 Your1040Return. com 公司的经营模式对审计工作非常重要。

[b] 识别 Your1040Return. com 公司存在的主要经营风险,描述这些风险如何增加 Your1040Return. com 公司财务报表发生重大错报的可能性。

[c] 说明 Your1040Return. com 公司应该如何改善其内部控制。

[d] 如果你认为 Your1040Return. com 公司在电子数据记录控制方面存在缺陷,无法确保这些数据不被篡改,解释可能对审计工作产生的影响。

[e] 已有的权威文件为决定本案例中涉及的业务类型应采用的收入确认政策提供了相应指南。请分析 Your1040Return. com 公司三类业务的收入确认政策,并引述这些权威文件中可具体适用的规定。

[f] 解释你如何获取可证明 Your1040Return. com 公司与亚马逊公司进行广告互换业务实际发生的证据。描述互联网公司广告互换业务所涉及的会计问题,确定适用的相关权威文件。

[g] 为 Steven Chicago 提供一份备忘录,详细说明顾客信息隐私保护政策应包括的内容(你可能需要到其他公司的网站,如 www. cpamoneywatch. com 去了解隐私保护政策的范例),解释为什么 Your1040Return. com 公司明确声明其信息隐私保护政策如此重要;若缺乏该政策,Your1040Return. com 公司财务报表在未来将受到何种影响。

[2] 审计准则提供了审计师评估电子证据的指南,若审计客户的会计系统仅提供电子化生成和

储存的经济业务的证据,其对审计师开展审计工作会产生何种影响?

[3] Your1040Return. com 公司的主要经营战略是借助互联网提供服务。影响 Your1040Return. com 公司经营战略生存能力的威胁是什么?

[4] 当公司白金类客户注册后,他们可在线接受以合约为基础的税务专家提供的服务。如果你从 Steven Chicago 的角度考虑问题,你会怎样为这些专家提供的专业服务支付报酬? Your1040Return. com 公司需要建立何种内部控制,以确保公司对上述专业服务不会支付过高的费用?

案例2.2 戴尔公司

——评估客户的经营风险*

学习目标

在学习和讨论本案例后,你可以:

[1] 说明审计客户的经营风险对审计项目的影响。

[2] 说明审计客户经营风险评估工作所需的相关各类信息类型。

[3] 确定并分析影响审计客户经营风险和财务报表错报风险的各种重要因素。

简介

戴尔公司是一家在全世界范围内提供科技创新产品和服务,使顾客可利用这些产品和服务从事更广泛工作的公司。戴尔提供的产品类型非常广泛,包括服务器和网络产品、存储器材、移动产品、台式电脑、软件和外设配套产品及各种相关服务。① 该公司经营业务遍布全世界。戴尔的工厂分布在美国得克萨斯州的 Austin、马来西亚的 Penang、中国的厦门、巴西的 Hortolândia、印度的 Chennai 和波兰的 Lodz。2011 财务年度戴尔公司收入为 615 亿美元,净收益 26 亿美元。

戴尔的普通股股票在纳斯达克全国市场上市交易,戴尔需按美国公众公司会计监督委员会(PCAOB)制定的准则,接受对其合并财务报表及财务报告内部控制情况进行整体审计。截至 2011 年 3 月 4 日,戴尔流通在外的普通股股票共计 1 906 749 664 股,股票交易价格为每股 15.6 美元。

审计信息

你所在的事务所 Smith and Jones, PA. 正计划为戴尔公司截至 2012 年 2 月 3 日的财务报表提供 2012 财务年度审计。作为一名高级审计师,你所负责的任务是获取、总结用于评估戴尔公司经营风险所需要的信息。你得到了事务所提供的客户经营风险评

* 该案例是由北卡罗来纳州立大学的 Mark S. Beasley 博士、Frank A. Buckless 博士以及杨百翰大学的 Steven M. Glover 博士和 Douglas F. Prawitt 博士编写的,作为课堂讨论的基础。案例并未试图说明对一种管理情境的处理方法是否有效。

① 该案例中关于戴尔公司的背景资料取自该公司向美国证券交易委员会提交的截至 2011 年 1 月 28 日财务年度的表 10-K。

估备忘录范本,以帮助你完成任务。假定 2011 财务年度审计中未发现重大错报。

要求

[1] 登录戴尔公司网站(http://www.dell.com),点击“About Dell”的链接。浏览链接所提供的戴尔公司的背景资料和投资者信息。在“About Dell”界面点击“Investor”链接,阅读其中的戴尔公司向美国证券交易委员会提交的最新的 10-K 报告。

[2] 根据从网站获取的信息,结合你具备的相关行业的知识,准备一份备忘录讨论下列问题:

[a] 戴尔公司的销售收入、总资产、净收益、员工数量、经营活动产生的现金流量。

[b] 戴尔公司生产哪些产品?

[c] 戴尔公司有哪些竞争对手?

[d] 戴尔公司有哪些客户对象?

[e] 戴尔公司有哪些供应商?

[f] 戴尔公司市场状况如何? 它如何分销产品?

[g] 戴尔公司的基本经营战略是什么?(成本领先或者产品差异化)

[h] 基于给定的戴尔公司基本经营战略,其关键性经营过程有哪些?(如供应链管理)

[i] 与戴尔公司基本经营战略相关的会计信息是什么? 戴尔公司的经营状况与这类信息是否吻合?

[j] 戴尔公司使用何种会计方法报告其与关键性经营过程相关的会计信息? 其重大错报风险有哪些?

这份备忘录将作为初步经营风险评估的基础性文件。当评估戴尔公司的绩效和重大错报风险时,请解释你的理由。你的备忘录应为双倍行距,并发送至项目合伙人(你的指导人)。你的事务所要求,所提交的文件应为经过精心润饰、简洁、专业的分析和撰写;前后贯通、切中要点、避免不必要的词句堆砌。在说明你的分析和结论时,请考虑使用简短有力或凸显要点的句子。在合适的情况下,请考虑使用点列清单的方式。

[3] 职业审计准则提供了审计师考虑客户经营风险时遵循的指南。审计师了解客户经营风险的目的是什么? 为什么审计师不对识别和评估审计客户的所有经营风险负有责任? 请提供一些在计划审计工作时审计师应考虑的并与特定公司相关的经营风险事例。

Smith and Jones, PA

备忘录:经营风险评估

此备忘录是为事务所有关人员评估客户经营风险以确定审计程序的性质、时间、范围提供的基本架构。关于客户经营活动和相关经营风险的知识,是审计师评估重大错报风险的基础。而审计师决定应采取的审计程序性质、时间和范围时,需要以重大错报风险的评估结果为依据。此备忘录的意图并不是提议所有审计项目都必须遵循此架构。此架构的适用性应在每个项目的特定情况下依据专业判断进行决策。

客户经营风险指客户经营目标未能实现的风险。经营风险是企业内外部经营影响因素相互作用的结果。客户通过建立经营战略、设计并实施贯彻战略的各种经营过程来实现其经营目标。战略反映了公司管理层为实现经营目标而采取的整体方式。当客户能够将其经营战略和过程与外部经营环境有效地结合时,经营风险得以降低。当客户未能将其经营战略和过程与外部经营环境有效结合,或者由于新的外部环境出现弱化了这种结合时,经营风险增加。

当今经营环境的动态变化的特性,要求客户管理层不能够仅仅局限于实施当前的经营战略来设计经营过程。客户必须设计专门的过程,监控不断变化的经营环境,当经营的环境条件发生变化时,适时调整其经营战略和经营过程。客户必须持续地了解其经营环境的各个方面,发现可能威胁其实现经营目标的各种变化。

为了评估重大错报风险,审计师必须了解客户当前的经营战略和经营环境,包括那些可能影响客户调整其经营战略和过程的新出现的各种因素。对客户经营风险进行恰当的分析,要求审计师充分理解客户的经营战略、客户的内部经营过程及出现的影响经营的各种因素。下面分别讨论理解上述各个视角分析的重要内容。

理解新出现的影响经营的因素

实施经营风险分析的起点是理解客户业务的外部经营环境。这项分析作为第一步基础工作,帮助审计师对随后进行的客户战略和内部经营过程的分析搭建恰当的分析框架。理解客户的经营环境,使得审计师能够评估客户战略的可持续性、确认关键性经营过程。

影响经营风险的外部经营因素包括:

- **顾客**——需要考虑的方面包括所在行业顾客的规模与数量,竞争者的产品与服务的可获取性,竞争者产品与服务的相似性,顾客转向竞争者产品与服务的能力,互补/替代的产品与服务,顾客对产品与服务特点和质量的期望。
- **竞争者**——需要考虑的方面包括所在行业竞争者的数量与规模,行业产品和服务的成熟度,行业中企业的生产能力,行业准入需要的资本投入,可获取/进入的分销渠道,行业管制和法律壁垒。
- **供应商**——需要考虑的方面包括所在行业供应商的数量与规模,供应商产品和服务的顾客数量与规模,供应商产品和服务对于客户产品和服务的相对重要性,供应商产品和服务的相似性,互补/替代产品和服务,更换供应商的成本。
- **人力资源**——需要考虑的方面包括对雇员要求的胜任能力,雇员的可获得性,雇员可获取的其他工作机会。
- **资本市场**——需要考虑的方面包括找到投资人和贷款人的可能性,以及投资人和贷款人可获得的其他投资机会。
- **管制**——需要考虑的方面包括监督管制的性质及其变化,以及监督管制的全球差异。

理解经营战略

评估客户经营风险的下一步工作是了解客户在获取竞争优势方面采取的战略。客户竞争优势的持久性与外界经营环境紧密相关,外部经营环境的变化可能导致客户当前的经营战略不再有效。了解客户的经营战略,对于确认客户的关键性经营过程十分重要。

影响经营风险的经营战略可以大致分类如下:

- **成本领先**——该战略的目的是以最低的成本提供产品和服务。采用这一战略的客户,一般具备推动成本控制的组织结构和过程。这些客户首要关心的是高效率生产过程、低投入成本、低间接费用和简单的产品设计。
- **差异化**——该战略的目的是在顾客重视的某些方面提供独特性的产品和服务。客户选择的独特性可能反映在产品/服务的质量、特性、品种、外观、支持和提供方式等方面。采用这一战略的客户,需要采用鼓励创新和创意的组织结构与过程。这些客户首要关心的是研发、工程和市场推广的能力。

无论客户选择何种战略,另一方面的内容也不能够完全忽略。选择成本领先战略的客户,仍然需要考虑顾客对产品和服务的期望,因此不能够完全忽略顾客重视的产品和服务的方方面面。同样,采用差异化战略的客户,仍然需要以合理的价格提供他们的产品和服务。

内部经营过程评估

评估客户经营风险的最后一步工作是了解和评估客户的关键性经营过程。经营战略不会自动成功实现。经营战略的失败,可能是由于外部经营环境的变化,也可能是由于客户经营过程的缺陷。客户实施的经营过程,必须能够保持必要的核心竞争力以实现经营战略和保持持续的竞争优势。

影响经营风险的内部经营过程可以大致分类如下:

- **控制环境**——与正直和道德价值观、追求胜任能力的改善、董事会和审计委员会监督、管理层理念和经营作风、组织结构以及权责分派相关的组织过程。
- **风险评估**——与确认、分析实现经营目标中的风险相关的组织过程。
- **控制活动**——与实施经营战略、实现经营目标相关的组织过程,其中包括与产品和服务的开发、生产、推广、分销、雇员关系、供应商关系和顾客关系相关的核心经营过程。
- **信息与沟通系统**——与衡量实现经营目标进程相关的财务与非财务信息。
- **监控系统**——评估经营过程的设计、运行及其有效性的组织过程。

批准日:2009 年 6 月 10 日

案例2.3　Flash Technologies 公司

——风险分析*

学习目标

在学习和讨论本案例后，你可以：

[1] 识别并理解新客户的关键性固有风险和经营风险可能产生的影响。

[2] 理解并将审计客户的风险与报表项目、认定及审计计划等因素相联系。

[3] 领会在对高科技行业中成长较为迅速的公司进行审计的过程中，对其相关风险分析所需的职业判断的程度。

简介

Flash Technologies 公司(以下简称为“Flash 公司”)已聘请你所在的事务所进行截至2011年12月31日的年度报表审计工作。Flash 公司认为现任审计师 Adams & Adams LLP 会计师事务所无法满足公司在加拿大和韩国新增投资后所需的国际化支持水平。你所在事务所合伙人与 Adams & Adams 合伙人讨论了以往审计的情况，所有事情看上去一切正常。你所在的事务所在2011年12月和2012年1月与 Flash 公司的管理层进行了会面，就审计费用、范围和时间等方面达成了口头(非正式)协议。你所在的事务所决定，在该项目各方面细节最终敲定前，仍需作附加分析(假定现在是2012年1月下旬)。在后附资料中你可以看到：(1) 你所在事务所的审计经理编制的有关背景信息的审计计划文件的备忘录；(2) 一篇关于该行业的文章；(3) 行业比率数据；(4) Flash 公司编制的2011财务年度的年度报告草稿。

要求

[1] 实施 Flash 公司的风险分析，在书面报告中说明你发现的问题。使用后两页所附的解决方案的模板(电子版可从 www.pearsonhighered.com/beasley5e 上获取)。报告模板分为两部分，一般经营风险和行业风险(如外国资本、高科技等)以及财务会计与财务报告风险(如异常财务比率、账户余额的大幅增加)。请仅使用本案例提供的数据(如备忘录、年度报告及文章)，确认关键性经营目标及

---

* 该案例是由北卡罗来纳州立大学的 Mark S. Beasley 博士、Frank A. Buckless 博士以及杨百翰大学的 Steven M. Glover 博士和 Douglas F. Prawitt 博士编写的，作为课堂讨论的基础。案例并未试图说明对一种管理情境的处理方法是否有效。

战略,然后按照模板形式,结合该目标战略描述经营风险对审计计划的潜在影响。

案例要求审计师专门评估重大错报风险是否由于错误和舞弊而导致。美国注册会计师协会(AICPA)和美国公众公司会计监管委员会(PCAOB)制定的《风险评估准则》在你进行的风险评估分析中是一份重要资料。另外,你需要实施分析性程序,将公司的财务数据与你的预期结果、行业正常财务指标及发展趋势进行对比,以帮助你识别风险因素。你可以将分析性程序的实施结果作为附件附在解决方案报告之后。请提供经精心润饰、简洁、专业的分析报告。要求突出问题、避免辞藻堆砌。

你可以在 www.pearsonhighered.com/beasley5e 找到下列表格的电子版文件。

Flash 公司备忘录建议格式

一般经营风险及行业风险

依据下列格式,请提供对公司经营目标与战略的分析,并说明该目标战略与经营风险、审计风险、相关报表项目的联系,以及对审计计划的潜在影响。关于下表列示的两个经营目标,请识别 1—2 项与这些目标相关的其他风险,并完成其他栏中所有风险的识别(注意:表格中的部分内容已完成)

经营目标与战略	经营风险	审计风险(审计师关注)	相关报表项目与认定	对审计计划的潜在影响
1. 持续的国际扩张(在其他国家进行并购)	外币风险	在套期活动中的利得或损失没有恰当地计算或预计	货币套期利得、损失: 计价 准确性 分类	利得、损失:增加对套期合约的测试数量,特别关注与不发达国家货币有关的合约。检查已实现和未实现的利得/损失,确保他们已得到恰当的分类。
	缺乏对经营实务与文化的理解 确认 1—2 项其他风险			
2. 在掌握最新技术发展、推出闪存市场新产品领域成为领导者	接受新技术的现有客户及新客户不足 高额研发费用导致边际利润下降并引起投资者关注 确认 1—2 项其他风险	通过虚假销售虚增应收账款		

其他一般经营风险和行业风险

请提供你所识别出的其他一般经营风险和行业风险的清单,只需要列出清单,不需要填写上述表格。你应提供除了上述表格已提及的风险之外的至少三项风险,下面就是可以立刻想到的例子:

- DCI 正在遭受亏损;
- 为了成为闪存市场领导者而增加销售的压力;
- 确认至少三项其他一般经营/行业风险……

财务会计/报告风险

请填写下列表格,完成第 1 项风险分析的有关内容,通过检查 Flash 公司的财务报表和相关披露信息,识别出另外两项其他财务会计/报告风险(例如,重大或异常的期末余额增加,未预期的应收账款增加小于销售增加之类的数据关系,未预期的 Flash 公司的财务比率与行业平均比率的差异)。在下表列示的两项其他财务会计/报告的风险应该是你认为最为重要的风险。

财务会计/报告风险	审计风险(审计师关注)	相关项目与认定	对审计计划的潜在影响
存货周转率大大低于行业水平	由于陈旧过时导致存货价值高估,存货是否恰当地按照成本与市价孰低法计价?	存货: 计价 存在	

其他财务会计/报告风险

请提供你所识别的财务会计/报告风险的清单,你只需要列出清单,不需要填写上述表格。你需要确定除了上述表格列示内容之外的至少三项风险。

- 确认至少三项财务会计/报告风险……

Flash 公司

审计经理关于审计计划文件的备忘录——一般信息

2011 年 12 月 31 日

索引: A 8
编制: ASG
日期: 2012 年 1 月 7 日
复核: ____________

一般背景资料信息

Emanuel "Manny" Schwimez 是 Flash 公司的总经理和董事会主席。Schwimez 先生原来服务于 Tel Aviv 公司。他的简历令人印象深刻,包括伦敦政治经济学院取得硕士学位以及多年的管理层经验。从 20 世纪 80 年代初开始,他曾领导数家美国及国外高科技公司。1993 年,他出任华盛顿州西雅图的 Seatac 公司的总裁,这家公司生产打印机使用的字体盒。1996 年,Seatac 公司同意与马萨诸塞州的 Boston Printing 合并。1997 年合并后的公司组建为在马萨诸塞州注册的有限责任公司——Flash 公司,开始进行激光打印机使用的字体盒的开发和市场推广。公司总部设在马萨诸塞州的 Binex。2002

年起,公司发展的重点从字体盒转向市场迅速增长的闪存卡、USB 闪存驱动器以及带有闪存的硬盘驱动器。闪存是一种耐用、轻便、可以插入带有微处理器的电子设备线路板上精细插槽的器件,此类电子设备有个人数码设备、平板电脑和笔记本电脑、数字音响播放器、数码相机、移动电话以及车载系统等。虽然 Flash 公司在行业中仍然属于相对小型的参与者,但已取得了令人瞩目的成功。该公司股价在过去的五年中增长了 300%。2008 年 Flash 公司的股票在美国纽约证券交易所挂牌上市。跟踪 Flash 公司股票的分析师对该公司的推荐意见是"强力买入"。然而我通过市场研究发现在 2011 年 11 月和 12 月期间,做空该公司股票的头寸在增加。

在进行该股票的研究过程中,我搜索了 Google Groups Page,找到了一些关于 Flash 公司的信息。Groups Page 为对某公司感兴趣的各方提供了一个可以讨论公司未来发展的平台,在该平台上信息可以共享。Groups Page 与公司没有任何关联,所有的信息均为信息发送人的观点,发送人对此负有全部责任。Groups Page 上的帖子大多数是积极的,对 Flash 公司的股票给投资者的建议都是买入。然而,也有一些以笔名发送的帖子,如"实话先生"对 Schwimez 先生的评价非常负面。"实话先生"称 Schwimez 是"病态撒谎者",指责他在 20 世纪 70 年代担任以色列一家报纸的记者期间和 80 年代担任日内瓦的一家瑞士公司总裁期间的错误行为。在这一点上,通过对 Schwimez 先生的背景调查(包括当地的银行、律师、企业家协会、供应商等),得到的结果是正面的。我向财务总监 Jane Murphy 提及了这些负面的评价,她说她也曾经听到这些评价。她认为,Schwimez 先生是一个富有开拓力的成功企业家,由于他的独特的经营方式,不可能每个人都喜欢他。Murphy 女士相信这些评价毫无根据,只是出于嫉妒。尽管财务总监或许是正确的,但是我们可能仍然需要对 Schwimez 先生进行更为深入的背景调查。

新产品

2011 年第四季度,Flash 公司开始推广一种新产品"2011 Flashwall"。这是一个用于笔记本电脑的计算机编码器。2011 财务年度的销售额达到 200 万美元。公司出于竞争方面的考虑,在今后几个月试图对这个产品的细节保持相对的沉默。由于 Flash 公司的研发团队在开发中形成的设计优势,这些新产品可以极低的成本(不足 20 美元)生产。而目前产品的售价是约 300 美元。截止到目前,所有的"2011 Flashwall"产品都是销售给在新罕布什尔州的一家公司——CCB Computers。Schwimez 先生表示,Flash 公司与 CCB 公司具有非常良好的工作关系。CCB 公司的总裁 Andrew Jolsen 与 Schwimez 先生长期保持联系。在今后几个月 Jolsen 先生将加入 Flash 公司董事会。

Flash 公司

审计经理关于审计计划文件的备忘录——一般信息(续)

2011 年 12 月 31 日

索引:A 9
编制:ASG
日期:2012 年 1 月 7 日
复核:

参观工厂

在 12 月 23 日参加完 Flash 公司会议后,我走访了公司设在马萨诸塞州 Binex 市城外的生产设施。这是公司最初建立的生产设施,不同于公司在世界其他地方建立的代表前沿技术的生产设施。我多少有些吃惊,公司生产产品仍然是手工流水线作业的。我看到许多人在使用橡胶榔头加工固态硬盘驱动器的包装盒。不过,我对这些生产设施的组织与效率留下了深刻印象。工人们看上去得到了良好的训练。在一条生产线上,我特别关注了负责产品质量检查的团队。他们正在检查固态硬盘驱动器套管的焊接。我观察了几分钟(这期间检查了几百个驱动器),没有发现一件有瑕疵的产品。我检查了一个有焊接瑕疵而被放入"不接受"筐里的套管。当一个焊接点出现瑕疵时,检查团队在多数情况下表示套管可以重新焊接而不是予以报废。我注意到,所有没有被接受的套管都是空的(里面没有电子器件)。检查团队的一名成员告诉我,当套管经过检查被认定不能接受时,内部构件会被取出,经过清洗,会进一步在无静电干扰的环境下进行重新加工。

在雇员餐厅区,我听到一些不高兴的雇员在谈论装运顾客产品时的工作压力。当我进一步询问时,得知 Schwimez 先生刚刚决定给顾客发送大量的成箱水果和糖果,以表示公司对这些尊贵顾客的感谢。由于需要连夜赶工寄出这些成箱礼品,Schwimez 先生要求发货部门负责装箱和发货工作。雇员们表示,只要 Schwimez 先生需要什么,他一定要得到。

主合约

Schwimez 先生告诉我,Flash 公司很快就要与 AT&T 公司达成一项交易,建立卡车车队的卫星跟踪系统,价值达三亿美元。他对这项交易非常激动,相信它可以真正将 Flash 公司"推上版图"。他表示,当他对外正式公布这个信息时,公司的股价会进一步走高。由于这项交易几乎接近完成,他已经向投资者和一些金融媒体披露了这个信息。行业出版物已提到了该公司与 AT&T 公司的跟踪系统的大额合同。但是,AT&T 公司至今拒绝发表评论,也没有宣布任何达成的协议。

美国证券交易委员会(SEC)的调查

公司财务总监 Murphy 女士告诉我,Flash 公司已经收到美国证券交易委员会的非正式通知,她准备对 Flash 公司递交 SEC 的文件进行复核。客户表示,对于快速发展的公司,特别是高科技公司,SEC 通常都会进行这样的常规检查。该财务总监表示,许多高科技公司最近都收到 SEC 关于他们在在产品研发费用的会计处理方面的意见函。

闪存市场的爆发式增长

Jessica Mara Jayne

***Financial Times and Seasons* 2011 年 10 月 23 日**

当 2002 年闪存市场刚刚形成时，我曾经提出，如果在今后 10 年闪存市场的市场占有率超过硬盘驱动器或者随机存储器市场，我将不会惊讶。今天看来，我是正确的。目前硬盘驱动器和随机存储器的市场均为 300 亿美元，闪存市场大约 200 亿美元。不过，硬盘驱动器和随机存储器市场不再增长，而闪存市场继续迅速增长。真正的取代才刚刚开始。

闪存市场为什么能够爆发式增长？因为闪存的应用无所不在：照相机、摄像机、MP3、GPS 导航、游戏机、USB 闪存驱动器、电子书、移动电话、笔记本、上网本、平板电脑和服务器。而且，这些类别的产品中有些仍然处于扩张期，如智能手机。人们需要在他们的移动电话上存储许多资料，随着如 4G 技术的开发所导致的移动互联网应用的普及，这种需求刚刚步入增长。随着云计算的发展，人们会把他们的许多资料存储在远程服务器上。出于安全的考虑，或者考虑到未能连接到互联网时的资料使用需求，他们将会把许多资料备份到个人闪存产品上。

我们可以看到，由于硬盘存在磨损及技术性更换问题，很快被固态硬盘取代。固态硬盘的价格现在达到了合理水平，有利于其更广泛的应用。固态硬盘具有 20G 的存储能力，相对更换存储设施而言，具有明显的耐用性方面的优势。在那些耐用性具有重要意义的应用领域（包括一些军事领域应用），闪存是一种适用于任何存储容量的首选技术。相对于传统的需要更换的硬盘驱动器，固态硬盘是一种高速、耐用、低能耗的产品，而且，闪存从来不会崩溃。个人计算机制造商因此可以制造出更小的笔记本和电脑上网本。

闪存卡在全世界的消费市场上以难以置信的速度增长，在过去的三年中增速远远超过 50%。由于该市场存在着巨大潜力，这可能会为那些较小的市场参与者提供成功的机会。

行业比率

	2011	2010
流动比率	1.50	1.30
速动比率	1.10	1.06
产权比率	29.00%	28.00%
存货周转率	8.10	8.60
毛利率	14.60%	11.18%
总资产回报率	5.03%	4.97%

Flash 公司	草案	仅限内部使用

Flash 公司
年度报告,管理层对财务状况的讨论,独立审计师报告及合并财务报表注释
截至 2011 年 12 月 31 日

年度报告

概况

Flash 公司(以下简称"本公司")设计、制造和销售计算机及其他电子设备使用的闪存卡、USB 闪存驱动器和固态硬盘。闪存是一种耐用、轻便的装置,可插入装有各种微处理器的电子设备线路板上的精细插槽,广泛用于可移动计算机、电子通信设备和车载系统。本公司的闪存主要销售给原始设备制造商(OEMs)用于工业和商业化应用。闪存为各种应用设备提供增加的存储能力和程序化软件。

本公司所定位的 OEM 市场,存在着对高质量产品、技术服务与支持以及迅速周转的订单的严格需求。本公司为其 OEM 客户提供全面的闪存解决方案,包括室内设计、编写程序、工程工艺、生产制造和独立贴牌。本公司相信,依其对顾客提供的全方位服务、迅速的订单周转、制造弹性能满足大小不同的批量生产要求,这构成了公司在 OEM 市场的竞争优势。本公司产品在市场中销售范围广泛,包括通信(路由器、无线电话、地方区域网络),运输(导航仪、车载检测),移动计算(手提式数据收集终端、笔记本电脑、个人数码设备),媒体(数码相机、数字录音播放器)。本公司向超过 250 家的 OEM 工厂提供产品与服务,其中包括 3Com 公司("3Com")、Bay Networks 公司("Bay Networks")、Lucent Technologies 公司("Lucent Technologies")、Philips Electronics N. V.("Philips")、Trimble Navigation Limited("Trimble Navigation")、Digital Equipment 公司("Digital")、Sharp Electronics 公司("Sharp")和 Xerox 公司("Xerox")。

本公司于 1997 年组建成立股份有限公司并开始运营,开发、销售激光打印机使用的字体盒。自 2002 年起,本公司开始设计、制造和销售闪存,并逐步减少字体盒的销售和市场推广,将主要精力放在迅速发展的闪存市场。

近期发展

2011 年 9 月,公司与 Flash Technologies (Korea) Limited(以下简称"Flash Korea")签署协议,由 Flash Korea 为第三方提供定制制造服务,并作为公司海外闪存生产基地。根据协议,公司支付 125 万美元的现金,获得 Flash Korea 51% 的股权,其余 49% 的股权由一家非关联公司持有。公司期望 Flash Korea 在 2012 年 5 月可以开始运营。对于 Flash Korea 能否按照预期开始运营,或者在建设过程中是否会产生重大的、未预期的费用、成本和延误,公司没有提供任何具体的保障措施。

2012 年 1 月,公司收购了 Design Circuits 公司(以下简称"DCI")的大部分股权,该公司是为 OEM 服务的定制生产商。DCI 的财务年度截至 6 月 30 日。DCI 在 2011 年

12 月 31 日截止的 6 个月、2011 和 2010 财务年度的销售收入分别约为 700 万美元、907 万美元和 848.2 万美元,净利润(亏损)分别为亏损 50.9 万美元、亏损 141.8 万美元和盈利 17.1 万美元。公司支付 320 万美元现金和公司 12.5 万普通股,获得 DCI 约 75%的股权。其余 25%的股权由外部投资者以约 240 万美元获得。

公司相信,Flash Korea 和 DCI 会受益于公司现有的供应关系和客户联系。此外,公司还可以从介入 Flash Korea 和 DCI 的产品与顾客获得收益。

技术与行业背景

近年来,数字计算与处理已经跨越了传统的台式计算机系统领域、涉足了范围广泛的电子系统如移动通信系统、通信中转、网络中转、医疗器械、导航系统、移动电话、便携式计算机、数码相机和便携式数据收集终端。闪存的特性,如抗振动和颠簸、低耗能、体积小、更快的存取速度等,相较于传统的硬盘驱动器存储解决方案,更好地满足了新涌现的各种应用需求。另外,闪存所提供的附加或者定制的存储技术,以前需要由单独插入计算机线路板或者增加外部硬件设施才能实现。公司相信,闪存的需求将伴随新一代电子产品应用的增长而增加。

公司主要的原始设备生产商目标客户集中在四个行业:通信(智能手机、路由器),运输(运输车队数据记录、导航、汽车诊断),媒体(照相机、媒体播放器)和移动计算(笔记本电脑、上网本、平板电脑)。

市场与顾客销售

公司将销售目标确定在通信、运输、媒体和移动计算行业闪存的工业和商业应用。公司在马萨诸塞州、加利福尼亚州、加拿大、英国和德国的办事处共有 12 个人直接负责销售。

公司的销售人员和工程师经常与原始设备生产商的工程师一起确定闪存的设计与工艺以满足生产商的要求,也使得公司生产出来的许多产品是满足特定要求的客户设计的闪存。公司也通过直接与终端用户合作、或者通过增值代销商进行产品销售。公司终端用户购买闪存,为进行加密或者其他特殊应用的定制软件提供附加存储。

生产制造

公司的闪存制造过程包括编程、生产、装配、超声焊接、清洁、最后组装、贴标签和装箱。所有这些加工几乎都是在公司设在马萨诸塞州 Binex 市的生产基地完成的。公司的生产基地通常是每周工作 5 天,每天工作两班。

生产弹性。公司按照满足顾客订单周转迅速的要求设计其生产设施。公司的生产设施可以在极短的中断时间内完成转换以满足不同产品的生产要求。

2011 财务年度,公司将一小部分的加工分包给加拿大的一家具备丝焊和陶瓷喷涂等特殊加工能力的电子装配定制生产商。公司相信,具备将部分加工任务转给分包商的能力,可以使公司在制造能力方面具备更大的弹性。

产品质量和检测程序。公司持续地寻求改善其产品质量。公司于 2010 年 4 月开始实行零缺陷政策,以确保从公司发出的闪存产品没有缺陷。为此,公司雇用了更多的生产和检测工程师,在生产全过程增加了质量控制检测点。2010 年 10 月,公司在马萨诸塞州 Binex 市的生产基地获得了 ISO 9001 认证。认证要求公司对其某些相关政策和程序实施年度审计。

生产效率。公司一直将维持高效率作业的任务放在首要地位。公司准备将人工生产线升级到自动生产线以降低成本、提高产量。例如,相比于手工操作,公司使用超声焊接可以使公司的闪存封装更加高效,生产的产品更加耐用,并为防止静电放电提供更好的保护。

资源供应

公司不时地经历生产闪存所需部件的短缺状况,特别是晶体振荡器。公司预期这种短缺状况将会持续下去。公司从单独或单一渠道供应商采购关键部件,其他供应渠道目前无法获得。公司没有和这些供应商中的任何一家签订长期供应合同。无法开发这些单独或单一渠道部件之外的其他供应渠道以保障充足的部件供应,可能会导致产品产出数量的减少和运输的延误。公司依赖某些单一渠道供应商提供的部件在公司生产的部分产品上使用。公司寻求与供应商维持紧密的合作关系以保障及时、可靠的产品供应。

竞争

公司在闪存和相关产品生产商方面的竞争对手包括 SanDisk 公司和 Smart Modular Technologies 公司,以及也制造闪存的电子部件生产商,如 Mitsubishi Electronic 公司、Intel 公司、Epson of America 公司和 Fujitsu Microelectronics 公司。其中一些公司也为本公司提供某些原材料,包括一些不时在行业内整体配置的零部件。这些竞争对手有可能在比公司更低的成本水平上生产闪存,因为这些公司的一体化程度比本公司高。

公司预期未来的竞争会加剧,竞争可能来自于现有的竞争者,以及进入公司现有的或者未来市场的可能以近似的或者不同的解决方案生产成本更低或者具有不同特性的产品的其他公司。公司依据自身的能力,包括产品的质量和使用状况、订单的周转速度、提供具有竞争力的设计能力的储备、成功开发闪存新应用的经验、充足的生产能力、高生产效率、引进新产品的及时性等,结合公司客户和竞争者、公司在特定市场竞争者的数量和特点、价格、整体的市场和经济情况,相信自己能够在竞争中胜出。另外,竞争压力的增加可能导致价格竞争的加剧,从而导致产品价格和毛利率的降低。

管理层对财务状况的讨论

本公司于 1997 年组建成为股份有限公司并开始运营,从事激光打印机使用的字体盒的开发和销售。自 2002 财务年度起,本公司开始设计、制造和销售闪存,并逐步减少字体盒的销售和市场推广,将主要精力放到快速增长的闪存市场。公司的销售收入从 2008 年的 630 万美元增加到 2011 年的 3 780 万美元。相应地,净利润也从 2008 年的 44.2 万美元增加到 2011 年的 490 万美元。

公司 2010 年的销售收入为 1 240 万美元,2011 年增加到 3 780 万美元,这主要归功于闪存销售数量的大幅增加。闪存销售收入占总销售收入的比重从 2010 年的 86% 提高到 2011 年的约 98%。公司闪存销售的迅速增长主要源于闪存市场的发展、公司扩张市场和销售的更大努力以及公司闪存生产线的拓宽。公司闪存销售的增加部分地被字体盒销售的减少抵消。

公司的销售毛利从 2010 年的约 560 万美元增加到 2011 年的约 1 420 万美元。销售毛利率从 2010 年的 45% 降低到 2011 年的 37.5%，其主要原因是公司所生产产品需要的电子部件成本的增加，以及公司持续地将其产品结构从以字体盒为主调整到以低毛利的闪存为主。2011 年下半年，电子部件的成本趋于稳定。由于最近收购了订单生产商 DCI，以及最近开始进行的、预计 2012 年 5 月完成的对另一个订单生产商 Flash Korea 的收购，公司未来闪存销售占总销售的比重可能会逐步降低。公司预期与未来订单生产商实现的毛利会低于其销售闪存实现的毛利。

签字：

根据 1934 年证券交易法第 13 部分或者 15(d) 部分修订条款要求，本报告由经指定、因而具有应有权限的人员签署。

日期：2011 年 12 月 31 日

董事会主席、首席执行官、公司秘书：Manny Schwimez

董事、总经理：Ronald J. McDonald

董事、财务总监（主要财务会计人员）：Jane M. Murphy

独立会计师报告（同上年报告）

致 Flash 公司董事会及全体股东：

我们审计了所附的 Flash 公司及其子公司 2009 年 12 月 31 日和 2010 年 12 月 30 日的合并资产负债表，以及相关的截至 2010 年 12 月 31 日的近三年的经营成果、股东权益、综合损益、现金流量合并报表。这些合并财务报表由公司管理当局负责编制，我们的职责是根据我们的审计对这些合并财务报表发表意见。

我们根据美国公众公司会计监管委员会(PCAOB)制定的准则实施审计。这些准则要求我们计划和实施审计，以获得公司财务报表是否不存在重大错报的合理保证。审计工作包括在测试的基础上检查支持财务报表的金额与披露的有关证据。审计工作还包括评估管理当局采用的会计政策、作出的重要会计估计，以及评价财务报表的整体反映。我们相信，我们的审计为表达审计意见提供了合理的保证。

我们认为，上述合并财务报表符合美国公认会计原则，在所有重大方面公允地反映了 Flash 公司及其子公司 2009 年 12 月 31 日和 2010 年 12 月 30 日的财务状况以及截至 2010 年 12 月 31 日的近三年的经营成果和现金流量。

我们还根据美国公众公司会计监管委员会制定的准则，以 COSO 委员会(Committee of Sponsoring Organizations of the Treadway Commission)制定的“内部控制——整合框架”为标准，对 Flash 公司 2010 年 12 月 31 日财务报告内部控制的有效性进行了审计。我们 2011 年 3 月 14 日出具的报告，对公司管理当局的财务报告内部控制自我评估及内部控制的有效性出具了无保留意见。

审计师:Adams & Adams
波士顿,马萨诸塞州

2011 年 3 月 14 日

Flash 公司合并资产负债表

单位:美元

资产	未经审计 2011 年 12 月 31 日	2010 年 12 月 31 日
流动资产:		
现金及现金等价物	6 181 520	970 446
可供出售证券	4 932 763	—
应收账款,扣除 2010 和 2011 年 12 月 31 日坏账准备 122 200 美元及 230 000 美元后的净值	12 592 231	3 932 170
存货	18 229 317	8 609 492
应收票据本期到期部分	3 680 750	767 758
递延所得税	211 100	209 300
其他流动资产	2 362 887	670 812
流动资产总额	48 190 568	15 159 978
设备及租赁改善,扣除 2010 和 2011 年 12 月 31 日累计折旧和摊销 299 355 美元及 822 011 美元后的净值	4 698 616	1 322 637
应收票据,扣除本期到期部分	—	1 072 939
投资	2 472 381	—
其他资产	170 392	266 658
递延所得税	121 300	126 000
无形资产,扣除减值成本	128 918	250 944
资产总额	55 782 175	18 199 156

负债与股东权益	未经审计 2011 年 12 月 31 日	2010 年 12 月 31 日
流动负债:		
应付票据	4 683 876	1 153 167
融资租赁,长期义务本期部分	336 058	102 645
应付账款与预提费用	3 494 693	3 570 519
应付所得税	614 036	591 265
递延收入	—	175 000
流动负债总额	9 128 663	5 592 596
融资租赁长期义务部分	366 944	161 134
递延所得税	241 600	—
股东权益:		
普通股面值 0.01 美元,授权发行 15 000 000 股;2010 年 12 月 31 日发行、流通在外 5 591 288 股;2011 年 12 月 31 日发行、流通在外 8 315 935 股	83 159	55 913
股本溢价	38 883 677	10 213 517
留存收益	7 078 132	2 175 996
股东权益总额	46 044 968	12 445 426
负债及股东权益总额	55 782 175	18 199 156

Flash 公司合并利润表
年度截止日 12 月 31 日

单位:美元

	未经审计 2011	2010	2009
销售收入	37 847 681	12 445 015	8 213 236
销售成本	23 636 299	6 832 927	4 523 186
销售毛利	14 211 382	5 612 088	3 690 050
管理费用	4 468 387	3 275 315	1 837 514
减值损失	122 026	90 437	51 088
研发成本	1 433 765	752 654	567 248
营业利润	8 187 204	1 492 682	1 234 200
其他收益(费用):			
利息收入	352 606	9 944	8 159
利息费用	(369 584)	(73 952)	(169 755)
出售应收账款损失	—	—	(76 892)
过桥融资折价摊销	—	—	(247 500)
其他收益(费用)总额	(16 978)	(64 008)	(485 988)
税前利润	8 170 226	1 429 674	748 212
所得税准备	3 268 090	555 958	284 320
净利润	4 902 136	873 716	463 892
基本每股收益	0.67	0.16	0.14
加权平均流通在外股数	7 338 906	5 511 606	3 325 000

Flash 公司合并现金流量表
年度截止日 12 月 31 日

单位:美元

	未经审计 2011	2010	2009
经营活动现金流量			
净利润	4 902 136	873 716	463 892
与净利润核对调整项目			
折旧与摊销	522 656	246 714	141 585
无形资产减值	122 026	90 437	51 088
应收账款坏账准备	280 000	162 200	49 000
过桥融资折扣	—	—	247 500
股权赠与报酬	19 875	52 650	—
股权税收收益	614 322	—	—
递延所得税	244 500	(219 593)	(76 506)

(续表)

	未经审计 2011	2010	2009
经营性资产与负债变动:			
应收账款	(8 940 061)	(2 432 829)	(981 064)
存货	(9 619 825)	(5 238 039)	(1 115 211)
应收票据	759 947	(1 840 697)	—
其他资产	(1 595 809)	(564 033)	(58 726)
应付账款与预提费用	(75 826)	2 954 790	(974 411)
应付所得税	22 771	74 854	75 070
递延收入	(175 000)	175 000	—
经营活动现金净流量	(12 918 288)	(5 664 830)	(2 177 783)
投资活动现金流量:			
资本支出	(3 898 635)	(862 396)	(525 438)
购买可供出售证券	(8 913 741)	—	—
卖出可供出售证券收到的现金	3 980 978	—	—
应收票据	(2 800 000)	—	—
投资支出	(2 272 381)	—	—
投资活动现金净流量	(13 903 779)	(862 396)	(525 438)
融资活动现金流量:			
现金透支	—	—	(54 398)
信用额度内借款净额	3 530 709	1 153 167	—
设备售后回租借款	691 034	319 735	—
设备融资支付款	(251 811)	(55 956)	—
股票期权行权收到的现金	698 671	149 550	—
行使认股权证和代表性认股权证收到的现金	5 193 785	3 809 630	—
股票公募收到的现金	20 928 753	—	4 637 589
从承销商超募收取的现金	1 242 000	—	26 100
股票私募收到的现金	—	1 140 476	—
过桥贷款收到的现金	—	—	550 000
归还过桥贷款支付的现金	—	—	(550 000)
支付应付票据	—	—	(925 000)
融资活动现金净流量	32 033 141	6 516 602	3 684 291
现金净增加(减少)	5 211 074	(10 624)	981 070
现金及现金等价物年初余额	970 446	981 070	—
现金及现金等价物年末余额	6 181 520	970 446	981 070

合并财务报表附注

重要会计政策

编制基础。Flash公司(以下简称“本公司”)的合并财务报表包括本公司、所有全资子公司和拥有多数股份的子公司、投资拥有20%—50%股份的公司,以及对其经营和财务政策拥有重大影响的公司。这些公司投资采用权益法核算。其他投资采用成本法核算。所有公司之间的重要余额及交易已相互抵消。

行业分部。本公司从事单一行业的经营，主要为原始设备制造商的工业和商业应用提供闪存产品的设计、制造和市场推广。2011 年 9 月，公司签署协议获得一家合资公司 51% 的股权。这家合资公司计划生产闪存产品、提供订单生产服务。

收入确认。产品销售以产品发货时间作为收入确认时点。

保修成本。产品保修成本在修理发生时计入成本。另外，在对某些批发商的销售过程中，本公司实行产品库存周转政策。本公司至今没有发生由于保修或者库存更新导致的重大成本。

研发成本。在开发新产品或者新工艺方面发生的支出，包括现有产品完善和改进发生的支出，在支出发生时计入费用。

现金及现金等价物。本公司将已购买的所有自原始到期日至今不超过 3 个月、具有高度流动性的投资产品视为现金等价物。本公司没有保持补偿性余额的要求。

信用风险集中。应收账款是本公司潜在的可能集中释放信用风险的金融工具。如果本公司任何一个主要客户未能及时支付货款，则将对公司的财务状况和经营成果产生重大影响。

2011 年本公司对其销售额均超过公司总销售额 10% 的有两个客户，这两个公司的销售额占公司总销售额的 25%。2011 年 12 月 31 日，本公司对这两家公司的应收账款为 470 万美元，占本公司应收账款期末余额的 38%。

2009 年和 2010 年，本公司没有对任何一家公司或者集团公司的销售额超过本公司当年总销售额的 10%。2010 年 12 月 31 日，公司对其中两家公司的应收账款余额约为 140 万美元，占本公司应收账款期末余额的 35%。

本公司在 2009 年、2010 年和 2011 年财务年度在美国本土以外的销售额占本公司当年销售总额的比重分别为 22%、23% 和 12%。海外销售主要发生在西欧国家、以色列和加拿大。以上各地区销售额均未超过本公司销售总额的 10%。

存货。存货按照先进先出法核算，依据成本与市价孰低法计价。

设备与租赁物改良。设备以成本计价。主要的更新及完善成本予以资本化，修理与维护支出在发生时计入费用。本公司按照相应设备的预计可使用年限计提折旧，折旧年限为 3—10 年，并按照直线法计提。租赁物改良支出按照与租赁方签订的租赁期限或者设备的预计可使用年限分期摊销。当设备出售或报废时，其累计折旧和成本不再在公司报表中反映，由此发生的损失或利得在净利润中反映。

无形资产。本公司无形资产包括商标、版权和限制竞争条款。美国财务会计准则委员会（FASB）制定的编纂专题（ASC）350（Accounting Standard Codification Topic 350）要求，无形资产应至少每年或在更短时期内在有事件或情况预示资产可能发生减值时，评估其是否实际发生了减值。减值的评估将依据无形资产的账面价值与按照 ASC Topic 350 和 ASC Topic 820 要求的方法计算得到的公允价值作对比而加以确定。

存货

存货的构成如下:

单位:美元

	2011 年 12 月 31 日	2010 年 12 月 31 日
原材料,主要为电子部件	8 994 805	4 511 892
在产品	1 637 519	1 814 599
产成品	7 596 993	2 283 001
	18 229 317	8 609 492

本公司存货是基于公司未来发展、销售结构和原材料的可获得性等方面的假设而确定的必须维持的水平。

应收票据

经营活动。在 2010 财务年度,本公司出售给非关联第三方约 104 万美元的应收账款和 100 万美元的存货,取得了 20 万美元现金和两张商业汇票。商业汇票原始本金总额约 184 万美元,由非关联方资产担保,年利率为 9%,2010 年和 2011 年按季度分期支付。2010 年和 2011 年 12 月 31 日的应收票据余额分别约为 184 万美元和 108.1 万美元。

在 2010 财务年度,本公司确认了该项交易 7.5 万美元的毛利和 17.5 万美元的递延收益。2011 财务年度,考虑到各期付款一直依据时间表正常进行以及依照协议 2011 财务年度第四季度各项付款将加快,本公司将 17.5 万美元的递延收益确认为收益。上述应收票据反映在本公司现金流量表的经营活动现金流量中。

投资活动。在 2011 财务年度,本公司为可辅助公司开发新技术的关联及非关联公司提供了资金支持。2011 年 12 月 31 日,上述公司需支付的应收票据约为 260 万美元。本公司此类借款共有八项,所有这些借款均以票据(商业票据或者可转换票据)交易方式完成。票据期限为 1 年或更短,利率在基本利率到(基本利率 +4%)之间。上述应收票据反映在本公司现金流量表的投资活动现金流量中。

迄今不存在流通在外票据到期无法支付的情况。

设备及租赁物改良

设备及租赁物改良由下列项目构成:

单位:美元

	2011 年 12 月 31 日	2010 年 12 月 31 日
设备	4 302 016	1 220 173
融资租赁设备	1 010 769	319 735
租赁物改良	207 842	82 084
设备及租赁物改良总额	5 520 627	1 621 992
累计折旧及摊销	(822 011)	(299 355)
设备及租赁物改良净值	4 698 616	1 322 637

2009、2010 和 2011 财务年度的折旧费用分别约为 7.1 万美元、21.5 万美元和 52.3 万美元。

投资

在 2011 财务年度，本公司以 50 万美元的现金和年利率为 9.5% 的 20 万美元的可转换票据，收购了一家从事检测确认线路板瑕疵的自动光学寻像与单模态成像系统的设计、制造和市场推广的公司。本公司对该项投资采用权益法核算，因为本公司可以对该公司施加重大影响。在 2011 财务年度，本公司对该公司的经营活动不存在重大影响。

负债

应付票据。本公司与一家银行维持着 750 万美元的可循环使用的贷款额度。本公司签署的《贷款协议》对借款业务有一定的限制，包括应收账款和存货不能超过一定比例，以及其他与公司负债、净资产相联系的限制条款。《贷款协议》以公司几乎所有实际资产作为抵押。《贷款协议》享受该银行的基本利率。该《协议》于 2012 年 4 月到期。本公司目前正与该银行谈判，争取继续维持并增加公司的贷款额度。2010 年和 2011 年 12 月 31 日，本公司在该《贷款协议》下使用的贷款分别约为 120 万美元和 470 万美元。

融资租赁。本公司与上述提供贷款额度的银行签订了融资租赁合同用以租赁某些设备。这些融资租赁合约按照融资活动进行会计处理。融资取得的相应设备在本公司财务报表中反映为资产，并计提相应的折旧。该笔借款期限为 3 年，年利率在 7.2% 至 9.7% 之间。

经营租赁。本公司以经营租赁的方式取得一些设备，该协议具有续租选择权，可延续至 2015 年，但具体到期日不同。对于其中的某些协议，本公司按比例承担运营和维护成本。上述经营租入的设备主要用于本公司总部办公及马萨诸塞州 Binex 市的生产基地使用，并于 2012 年 6 月到期。该协议包括延期租赁 5 年的续租权。

2011 年 12 月 31 日，在不可撤销租赁义务中承诺的最低年租金支付情况如下：

单位：美元

截至 12 月 31 日	融资租赁	经营租赁
2011 年	384 022	299 035
2012 年	313 171	86 431
2013 年	74 020	19 589
2014 年		9 903
2015 年		1 614
最低租赁支付总额	771 213	416 572
减 其中的利息支付额	(68 211)	
未来最低租赁支付额现值	703 002	
减 本期部分	(336 058)	
	366 944	

本公司2009、2010和2011财务年度的租赁费用分别约为22.9万美元、33万美元和39.6万美元。

关联方交易

2009年部分期间内,本公司通过一家管理公司向本公司主要股东和公司总裁支付酬金。该管理公司雇用员工提供服务,并将其管理服务再部分分包给其他公司(包括本公司)。该管理公司不是本公司的子公司,其将本公司支付给该公司的管理服务报酬的70%支付给本公司总裁。2009财务年度期间,依照此协议,本公司支付给该公司的管理服务报酬约为17.6万美元。

2011年1月,本公司与一家咨询公司签订了一份收购与投资事项协议,本公司一名独立董事任该咨询公司的部门负责人。本公司同意每月支付该咨询公司3 500美元,并报销提供咨询服务时发生的部分差旅费。本公司于2011年12月终止了该项协议。

特许权协议

2009年12月,本公司签订了关于使用第三方知识产权的特许权协议,获得了一体化集成电路闪存所需技术的特许使用权。协议最初规定特许使用权期限为1年。2010年12月,本公司续签15个月的特许权使用协议。根据协议规定,本公司特许权年度使用费将按季度以实际销售产品数量为基础进行计算及支付。本公司在协议第一年和其后截至2012年4月30日的15个月期间,每年需支付的年度最低特许使用费为10万美元。根据目前的协议条款,在2014年9月之前,若公司每年续签特许使用权协议,年度特许权使用费将每年递增100%。本公司在目前的协议于2012年4月期满时,有权终止该特许使用权协议。

承诺

2011年12月,本公司与持有其少数权益的公司签署协议,同意向该公司提供大约75万美元的资金。预付该项资金的目的是为获取存货部件提供融资。2012年2月1日,本公司已依照该协议支付了75万美元预付款。2009年1月,本公司购买了价值约170万美元的资本性资产,主要为生产设备。该设备资金是通过设备融资租赁取得。该项贷款期限为3年,年利率为7.75%,每年要求支付的最低本金及利息共计约61.8万美元。

合资企业

2011年9月,本公司签订协议,以125万美元现金获取了一家合资公司51%的股权。该公司准备在韩国生产闪存产品和USB闪存驱动器以及相关辅助部件,同时向其他公司提供订单生产服务。2011年12月31日,本公司已向该合资企业预付现金2.5万美元,发生的约3.7万美元购买成本已予以资本化。本公司预计该合资企业于2012年5月开始运营。

案例2.4 Asher Farms公司

——了解客户的经营环境*

学习目标

在学习和讨论本案例后,你可以:

[1] 阐述审计客户经营环境对审计项目策略的影响。

[2] 识别影响审计客户环境及相关经营风险的因素。

[3] 将经营风险要素与财务报表项目重大错报风险相联系。

简介

Asher Farms公司是一家集冷鲜鸡肉产品生产、加工、销售和配送一体化的家禽产品加工处理公司。该公司将冷冻包装的整鸡、碎鸡和无骨鸡销售给位于美国东南部和西南部地区的主要零售商、分销商和休闲餐饮运营商。至2011财务年度截止日10月31日,公司加工了34 360万只整鸡,净重达到20亿磅。根据2011年的行业数据,从估算的平均周加工量来看,Asher Farms公司是美国第四大白条鸡加工商。Asher Farms公司的普通股在纳斯达克全国市场交易,2011年10月31日其总市值达到6.77亿美元。

审计信息

Asher Farms公司要求审计师依据美国公众公司会计监督委员会(PCAOB)制定的准则对公司合并财务报表及财务报告的内部控制情况进行整合审计。你所在的事务所,Smith and Jones,PA.,最近接受了Asher Farms为审计客户。作为审计师,你的工作是为对审计客户的经营环境有一个基本的了解,你需要获得家禽业的一些初始资料。Smith and Jones的行业数据库可以为你提供关于家禽业的背景资料以备使用。

* 该案例是由北卡罗来纳州立大学的Mark S. Beasley博士、Frank A. Buckless博士以及杨百翰大学的Steven M. Glover博士和Douglas F. Prawitt博士编写的,作为课堂讨论的基础。Asher Farms公司是一家虚拟的公司,所有涉及的人物和姓名也是虚构的。如有雷同,纯属巧合。

要求

[1] 为了解客户经营环境及相关经营风险,有效的方法是进行 PESTLE 分析。PESTLE 是政治(Political)、经济(Economic)、社会(Social)、技术(Technological)、法律(Legal)和环境(Environmental)的首字母缩略词,即用来评价客户经营环境的六大要素。PESTLE 分析聚焦于可能影响企业经营模式的要素,但并不受客户控制或影响。虽然不受管理层的直接影响,但这些因素会显著影响企业的经营风险。阅读家禽业的背景资料,并在互联网上进一步调查,了解行业的最新动态和信息。请思考并讨论可能影响 Asher Farms 经营风险的政治、经济、社会、技术、法律和环境方面的要素。除非授课老师另有规定,请针对 PESTLE 的每一首字母指出至少一种经营风险因素。

[2] 对上述问题[1]中已识别出的每一个经营风险影响因素,指出每一个经营风险因素是如何影响财务报表特定项目或披露的重大错报风险的。

[3] 职业审计准则提供了审计师关注企业经营环境和相关经营风险的指南。(a) 审计师了解企业经营环境的目的是什么?(b) 为什么审计师不对识别评估企业的所有经营风险负有责任?(c) 举例说明在审计工作中审计师应关注的与企业有关的经营风险。(d) 举例说明不会导致财务报表产生重大错报风险的经营风险。

Smith and Jones, PA.
背景资料:家禽业

消费情况

过去十年间在许多国家中,无论是肉类产品消费总和,包括牛肉、猪肉、鸡肉、鱼肉及相关产品,还是人均实际消费水平,都发生了戏剧性的变化。技术和工艺的改进扩大了肉制品的产量,推动了相关贸易。同时,随着人们生活方式、收入的变化以及人们对于食肉引起的健康问题的逐渐关注,世界范围内的肉类需求模式发生了改变。集约化畜牧业生产在世界范围的推广使得肉类的消费大大提高,尤其是家禽类。随着全球新兴经济的实际收入不断增长,这种状况将会持续下去。

美国是世界上最大的家禽类产品生产国,及第二大家禽类产品出口国。家禽类产品(肉鸡、火鸡及其他肉制品)的消费是美国所有肉类中增长最快的。图 1 为1988—2008 年美国的人均肉制品消费(资料来源:美国农业部)。

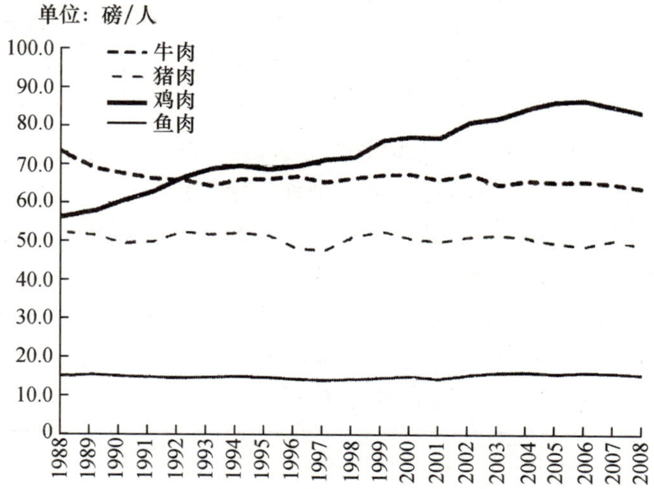

图 1　美国地区牛肉、猪肉、鸡肉和鱼肉消费情况

家禽类产品总产量中有 15% 用于出口，而在主要进口市场中，美国的家禽业受到了汇率波动、贸易谈判和经济增长等因素的强烈影响。

产品生产

美国肉鸡的生产地已形成了从沿大西洋南岸的特拉华州到佐治亚州，又向西穿过阿拉巴马州、密西西比州和阿肯色州的产业集群。其中，最大的肉鸡生产州是佐治亚州，之后依次是阿肯色州、阿拉巴马州、密西西比州和北卡罗来纳州。家禽生产既面临着大多数贸易共同的问题，同时也面临着另外一些对于农业和动物性食品生产来说独有的问题。

鸡肉产品被送达消费者手中要经历七个步骤：

- 种鸡群
- 小母鸡农场
- 养殖场
- 孵化场
- 肉禽场
- 加工
- 配送

用于肉制品消费的肉鸡生产环节开始于其祖辈——种鸡群。种鸡群的经营者专门研制可以繁殖肉鸡的品种。种鸡群在祖父母成长和下蛋的农场被饲养成熟，并产生受精卵，受精卵在孵化场孵出小母鸡。小母鸡就是年幼的母肉鸡，可产出受精的孵化蛋，最终成为市场中的肉鸡品种。之后，小母鸡被送到养殖场下蛋，来自小母鸡养殖场的鸡蛋被送到孵化场进行孵化。孵出的鸡再从孵化场送到肉禽场。肉禽场饲养这些小鸡直到它们达到理想的加工重量。一旦肉禽场的成年肉鸡达到了理想的加工重量，就会被送往加工厂。最后，处理好的产品被送至配送中心，然后运送至消费者手中。

家禽加工公司通常都经营着自己的饲料厂,用以生产科学配制的饲料。玉米和大豆耗费是养鸡过程中的主要产品成本。家禽业是主要的饲料使用者,每年消耗的饲料接近 1 000 亿磅。饮食、饲养、生产技术、设备更新和管理实践使得家禽业能以更少的饲料和更快的速度生产出家禽肉制品。目前,一只 5.7 磅的活鸡七周就可以被喂养出来。每磅活鸡大概消耗 2 磅饲料。

大多数肉禽场都与家禽加工公司签订合同。一般肉禽场会提供农场里所有必需的供暖、冷却、饲养和供水系统。肉禽场也提供饲养肉鸡所需要的劳动力。肉鸡加工者提供鸡、饲料和兽药。加工者安排将禽类从农场运送至加工厂。在多数情况下,加工者也提供人员将肉鸡打包装笼并送至加工厂。在美国的肉类和家禽行业中,外籍劳工占了劳动力的绝大部分。

第三部分 职业道德方面的问题

案例 3.1 Brent Dorsey 的一天 …… 45
——审计人员的工作压力
案例 3.2 Nathan Johnson 的租车费用报销 …… 50
——他应该拿这些钱吗？
案例 3.3 匿名电话 …… 52
——识别舞弊并采取措施
案例 3.4 世通公司 …… 55
——检举者的故事
案例 3.5 Hollinger International …… 60
——审计相关诉讼的实例

案例 3.1 Brent Dorsey 的一天

——审计人员的工作压力*

学习目标

在学习和讨论本案例后,你可以:

[1] 理解年轻员工有时在工作中面临的压力。

[2] 更深刻地了解“少报时间”和“premature sign-off”的含义。

[3] 思考是否有其他途径来解决工作中遇到的问题。

[4] 深刻理解平衡工作和个人生活需求的必要性。

简介

Brent Dorsey 于 8 个月前获得会计学硕士学位。毕业后,他进入俄勒冈州 Portland 的一家大型会计师事务所工作。目前他正在着手入职后的第二个项目——一家叫做 Northwest Steel Producers 的公司。与 Brent 每天一起工作的还有另外两个审计员 Han Choi 和 Megan Mills,以及高级审计员 John Peters。Han Choi 和 Megan Mills 都是已经工作两年的审计员,将在下一年晋升为高级审计员。

John Peters 已经在事务所工作五年了,他成为高级审计员已将近三年。今年的忙季结束后,合伙人和经理们将决定哪些高级审计员晋升为经理。办公室的小道消息称,目前的 7 名高级审计员中,只有 4—5 人可以在 Portland 分所晋升为经理。剩余没有晋升的高级审计员,将被调往别的需要新经理的分所,或被事务所辞退。John 在自己的项目上表现不错,但他仍然担心他的升职存在不确定性。他最近收到一些批评他对项目缺乏控制(如超出预算,或超过截止期限)的业绩评价。John 认为他在 Northwest Steel Producers 项目上的表现对他能否留在 Portland 至关重要。John 和他妻子都是 Portland 地区的,他们都不想搬去外地。

Northwest Steel 是 Portland 分所最大的客户之一,事务所已经连续审计 Northwest Steel 公司 13 年了。由于客户对报告日的要求比较早,Northwest Steel 项目以时间紧、任务重著称。

---

* 该案例是由北卡罗来纳州立大学的 Mark S. Beasley 博士、Frank A. Buckless 博士以及杨百翰大学的 Steven M. Glover 博士和 Douglas F. Prawitt 博士编写的,作为课堂讨论的基础。所有涉及的人物和姓名也是虚构的。如有雷同,纯属巧合。

背景

周五下午5:45,随着在笔记本电脑上最后一次点击,Brent完成了对Northwest最大的现金账户的审计,Brent期望能和妻子Katherine过一个渴望已久的周末。Katherine是一家律师事务所的见习律师,工作也很忙碌。Brent和Katherine都觉得家里的紧张气氛来源于他们各自工作中的压力,因此想利用周末时间好好放松一下,找出解决之道。在过去几周中,他们都没有时间来进行认真的交流谈话。

Brent开始保存文件,准备关电脑。这时,他所在的小会议室的门被打开了一条缝,Brent的公文包挡住了门。“门是开着的,”Brent说,“用力推一下”。门缝大了一点,Han的头伸了进来。从Han的表情来看,Brent有一种不好的预感。“Han,怎么了?”Brent说。

“John要审计小组的人在15分钟之内集合,开个会。”Han边把身子从门口探进来边说。

Brent快速扫了一下他的手表,“已经快6点了! 他这个时间要开会干什么?”

“我不知道,他打电话过来说有重要的事情,要我们都尽快和他见面。但我感觉应该是有更多的工作要做。”Han边说边退出门外,“开会前我还有一些事情要做,开会时候见!”Han快速地消失了,如同他快速地出现一样。

Brent拿起手机,打电话给Katherine。Katherine刚下班回到家。“嗨,Kate,John刚才召集了一个紧急会议,我可能又要晚回家了。”

“Brent,这太荒谬了,不能因为你的高级审计员没有个人生活,你也不能有个人生活。我在回家路上买了影碟和一些外卖,给John留个条,说你和妻子有约了,回家吧。”

“Katherine,你知道我宁愿回家也不愿意参加这个会,但是在我职业的这个阶段,随便不参加紧急会议可不明智。我开完会就尽快回家。我可以邀请John和咱们一起看影碟吗?”

“真搞笑,或许你真可以请John到家里来,我来教训一下他,咱们的生活太疯狂了。我不知道还能忍受多久。我见到公交车司机的次数都比我见到你的次数多。”

“很快就好了,Katherine,等做完Northwest这个项目,我们就能轻松一些了。但是目前这个阶段,我需要证明我是善于团队协作的人,我能把事情做好。目前为止我做得很好,这也是他们让我做这个项目的原因。如果我能证明我自己,那将来我就能掌控自己的工作节奏,现在为我未来的职业生涯打好基础是十分重要的。”

“我知道,可我担心这种事情永远没有尽头,永远会有另外一个客户、另外一个项目、另外一次升职,如果我们现在不保持好节奏,我们什么时候能够? 不管怎么样,你还是做你该做的事情吧,我把你的晚饭放在冰箱里,我会告诉你这个影碟怎么样。”冰冷的挂机声音响起在Brent的耳边。

Brent把话筒放回座机,开始盯着他公文包里面的一张照片看。这张照片是10个月前在Brent和Katherine的婚礼上拍的。他们目前正在等待他们第一个孩子5个月后出生，Brent 知道自己最近工作任务很繁重，但是他需要证明自己。他感觉工作充实并充满挑战，他认为现在的一些牺牲能为未来创造更多的机会，将来他能够找到更多的时间和家人在一起。说到家人，为什么孩子这么快就要降生？他和 Katherine 是打算要孩子的，但没打算这么快，他们很快要面对双职工家庭和孩子的难题了。

他意识到 15 分钟已经过去了，会议马上就要开始了。他抓起公文包，走出会议室，来到 John 作为办公地点的会议室。Han 和 Megan 已经在那里了，脸色阴沉。Brent 刚走进房间打算问他们怎么回事，John 进入了会议室。

"抱歉这么晚安排会议，但是我们有很重要的事情需要讨论，"John 说，"目前这个项目已经超过预算 30 小时了，"John 坐到他的椅子上。"我们必须把这些时间补回来。我们应该严格按照项目预算来工作，同时还要跟进客户下周末公布盈利的计划安排。"John 翻过桌上一堆文件，最后找到了他要找的东西。"我看过目前项目预算剩下的时间，应付账款科目还有 42 个小时的预算，我希望能在 35 小时之内完成。我们能够按预算完成这项审计的机会已经不多，好好干，在 35 小时之内完成应付账款科目，而且我的确认为应付账款科目有 35 个小时足够了。我希望下周一下午之前能完成。"Megan 和 Han 交换了一下眼神。

John 在屋里踱步，"我知道我原来说过这周六能够休息，但这是一个重要的项目，我们需要全力以赴，我们也都需要在这个项目上的表现来提高我们的业绩评价。所以，我们再坚持几天吧，同志们，我需要你们的帮助。"John 停止了踱步，双手叉腰。"Han，你和 Brent 明天一早开始做应付科目。Megan，你明天下班之前完成应收科目。你现在应收账款的测试还在预算之内，是吧？"John 盯着 Megan，直到 Megan 迟疑地点了一下头。"那好，就这样吧。大家明天见。"John 收拾东西离开了会议室，从背影看，仿佛全世界的重量都在他的肩膀上面。

"太棒了！周末没有了，"John 一离开会议室 Megan 就说。"是啊，我妻子和我本来也有计划的，"Han 抱怨说，往下看着他腿上一堆的文件。就在此时，Han 的手机响了。"现在怎么办？"他边说边向门口走去，同时还在咕哝着，"也许是我家着火了。那样的话，至少我这个周末就可以休息了。"

有没有其他途径

Brent 坐回他的椅子，思考着他和 Han 如何在 35 小时之内完成应付账款科目。有传言说，去年的项目小组为了在预算内完成审计的部分工作，少报了工作时间，而今年的预算比去年的实际耗费时间更少。Brent 望向睡眼惺忪的 Megan，问："我和 Han 怎样才能在 35 小时之内完成应付账款科目呢？"

"我们审计这家客户已经很多年了，所以你也知道完成应付账款科目需要耗费多少时间，不是吗？去年耗费了将近 50 个小时，我不明白为什么我们一定要每年都缩减预算时间。"Megan 说，"我去年做过应付账款科目，没有任何问题，前年也是，我觉得，在我们审计 Northwest 的这些年里，应付账款科目一直是没有问题的。如果他们想缩减预算,就应该改变审计计划。去年我们抽查了30个凭证,或许今年我们抽查20个就够了,这样可以节省不少时间。也许你和Han可以这样做,明知没有问题,为什么还要在这上面浪费那么多时间呢?"

"我明白你的意思,但是审计计划里面要求我们抽查30个凭证。我们能自己做决定吗?"Brent问。

"我觉得没什么不可以,他们要求我们按时完成,还要求我们周六工作,他们还指望什么?"Megan说。

Brent缓缓走回自己的会议室,思考着Megan刚才说的话。Northwest的员工们在一个小时前就都下班回家了。在晚上的这个时间,只有保管人员还在值班。他到达自己的会议室时,看到Han迎面走来。

"Han,有时间吗?"

"有啊,怎么了,Brent?"

"我在想咱们怎么才能按时完成应付账款科目——这可不是一件容易的事情……"

"好吧,我发现,在这种时候,我们只能一直不停地工作,直到把工作做完。如果明天我们工作一整天,那我们应该能完成一半。然后我们周一一早再过来继续做。我妻子和我本来打算这周末去海边的,现在变成了你和我,以及一大堆发票、订货单和验收单。多浪漫啊?"Han挥舞着手中一大堆纸说,"说实话,按照这个审计计划,我们不止很难在35个小时之内完成应付账款科目,40或45个小时都不一定能完成。"

"如果我们超过了35小时,John会怎么说?"

"你还没明白我的意思,我用实际需要的时间把工作做完,然后向上报告说花费了预算所定的时间,对应付账款科目就是35小时。只要把工作做完了,咱们能得到好的业绩评价,多工作几个小时我也死不了。我就当捐献了一些业余时间给事务所吧,看John刚才给我们布置工作的样子,不值得冒险超过35小时。好了,我得先去把预订的旅馆取消,然后回家告诉我妻子下次再去旅行。明天一早咱们碰面,开始做那些'可爱的'应付账款。"

Brent回到会议室坐下来,他想做对自己、客户、事务所以及所有人都正确的事情,Megan和Han的建议一直在他脑中回旋。他的审计学老师关于审计师对公众责任的说教好像已经很遥远了。"是否还有别的办法?"他问自己,"或者我太完美主义了。"他看了一眼表,决定先回家,热一下晚饭吃。他估计现在晚高峰已经结束了。他收拾了自己的东西,往停车场走去。

在回家路上,Brent想起了所有被他推迟的事情。Katherine最近感觉不太舒服,Brent打算停车去买个礼物给她,哄她开心。忽然汽车又发出了奇怪的声音,Brent第二十次想起来他应该趁车子完全报废之前送去修理厂。然后他又想起他放弃已久的锻炼计划。"对了,锻炼,"他想,"或许我可以在办公室的闲暇时间做俯卧撑。"除了繁重的工作压力之外,Katherine坚持认为Brent应该多分担家务,多花些时间陪她。Brent不得不承认Katherine的想法有道理。交通比平时通畅得多,Brent有很多东西需要考虑。

要求

[1] 对于应付账款科目,Brent 有什么可供选择的方法？这些方法的利弊各是什么？

[2] 按照 Han 建议的少报工作时间,这对 Brent、事务所和其他相关人员有什么影响？类似地,按照 Megan 建议的不遵守审计计划,对各方又有什么影响？

[3] 你认为 Brent 如何选择最好？Brent 应该怎么做？如果是你,你会如何处理这种情况？

[4] John Peters 以及其他审计人员应该如何更好地平衡工作和家庭生活？

案例 3.2 Nathan Johnson 的租车费用报销

——他应该拿这些钱吗?*

学习目标

在学习和讨论本案例后,你可以:

[1] 了解在人员招聘和执业过程中应该考虑的职业道德因素。

[2] 考虑面临此类问题时可能的处理方法。

背景

Nathan 最近去面试了他想去的城市的一家会计师事务所。事务所承诺为他报销往返大学和事务所之间的租车费用。租车公司要求 Nathan 先用自己的信用卡支付租车费用,然后由事务所给 Nathan 报销,而不是直接由事务所直接支付这些费用。在租车使用完毕后,Nathan 应该支付租车费用,然后将发票寄给事务所报销。

就在 Nathan 打算将发票寄给事务所时,他发现租车公司多收了他 75 美元的租车费。Nathan 打电话给事务所,告知由于租车公司多收了费用,他的租车费报销需要推迟一些。在和人力资源经理(HR 经理)的电话中,Nathan 说他打算打电话给租车公司,让租车公司重新给他开具正确的发票,然后他再把正确的发票寄给事务所报销。HR 经理让 Nathan 不必这么担心。她建议直接把现在的发票寄给事务所,事务所将会按照发票金额全额给他报销。HR 经理不介意发票的多付金额。显然,对事务所来说,这个金额很小。

在决定是否寄出错误的发票之前,Nathan 打电话给租车公司,询问为何他会被多收费。租车公司态度很差,实质上告诉 Nathan 接受这笔损失。但是 Nathan 下定决心把他的钱要回来。经过多次长途电话以及费力周旋,租车公司答应退还 Nathan 多付的 75 美元,将在下个月返还到 Nathan 的信用卡中。

然而,HR 经理已经告诉 Nathan 不必担心多扣的费用,事务所将按照发票金额全额报销租车费,让他把错误的发票寄到事务所去。Nathan 立刻意识到如果他将错误的发

---

* 该案例是由北卡罗来纳州立大学的 Mark S. Beasley 博士、Frank A. Buckless 博士以及杨百翰大学的 Steven M. Glover 博士 Douglas F. Prawitt 博士编写的,作为课堂讨论的基础。所有涉及的人物和姓名都是虚构的。如有雷同,纯属巧合。

票寄给事务所，而租车公司又退还给他 75 美元，那么他将额外获利 75 美元。考虑到他和租车公司两个小时的争论，这点小小的补偿对他来说并不为过。

要求

[1] 事务所并不介意为 Nathan 支付全额费用，那么 Nathan 拿走 75 美元的做法是否符合道德要求？为什么？

[2] Nathan 还可以如何做？你认为对他而言采取哪种做法是最好的？

案例3.3 匿名电话

——识别舞弊并采取措施*

学习目标

在学习和讨论本案例后,你可以:

[1] 体会实际工作中为了达到财务预期所面临的压力。

[2] 区分财务报表舞弊与激进性会计处理。

[3] 识别面临财务报表舞弊时可以采取的措施。

[4] 讨论如何防止不恰当的会计处理。

背景

周一早晨9:30,电话响起,"Mitchell 教授,您有时间吗?"

"有的,"教授回答道。

"我是您以前的一个学生,如果您不介意,我先不透露我的姓名。我觉得不说出我与公司的名字对我们双方来说都更好。我担心我担任财务总监的公司的高管向本地银行提供了故意错报的财务报表。我需要一点建议,告诉我该怎么做。现在我在用我的手机打电话,我需要在到达办公室之前,评估好下一步该如何做。我简短地描述下发生的事情,然后您给我一些建议好吗?"电话那头的人说。

"你说吧,看看我能否提供帮助,"Mitchell 教授说。

"我是一家初创私人企业的财务总监,在三个半月之前来到这家公司。上周五,公司的首席执行官(CEO)、运营副总裁、首席财务总监(CFO)会见了为公司提供贷款的银行代表。那次会面的目的之一就是提供公司上季度的财务报表。公司面临严重的现金短缺,银行暂停贷款供应,直到我们能够出具最近一期的经营成果。就在三天前的那次会议上,我们公司的高管向银行提供了粉饰过的财务报表,夸大了公司的收入和应收账款。"

"周五开会之前,我断然拒绝了在银行要求的承诺函上签字,因为我知道公司账户中包含的一些销售交易不符合 GAAP.I 的收入确认标准。我告知 CEO 和 CFO,这种会计处理出现在季度报告中将构成舞弊。但他们仍坚持将这部分收入纳入季度报告中,

---

* 该案例是由北卡罗来纳州立大学的 Mark S. Beasley 博士、Frank A. Buckless 博士以及杨百翰大学的 Steven M. Glover 博士和 Douglas F. Prawitt 博士编写的,作为课堂讨论的基础。案例并未试图说明对一种管理情境的处理方法是否有效。

因为如果没有这部分收入，银行将不会继续给公司提供贷款。他们认为我生活在象牙塔中，强调公司经常会这样操作。虽然他们表面上表示赞赏我追求精确和完美的态度，但他们让我觉得，我对现实世界的事情缺乏经验因而不能用实际的眼光看待普通的商业惯例。遗憾的是，二位高管都没有会计经验，我是公司里会计方面级别最高的人。"

"这个周末，我仔细思考了这个问题，现在我更加确信这是一宗舞弊。公司的 CEO 和 CFO 强迫会计人员在销售发生之前就确认收入，他们虚构了和一些经常性客户的交易。而问题是，这些客户并没有同我们发生这些交易。CEO 和 CFO 只是按照过去的经验，认为这些客户未来将同我们发生这类交易。但是在目前这个时点，客户并没有发出订单，货物没有被运输，交给银行的财务报表里面却已经记录了这些虚构交易的收入。CEO 和 CFO 说虽然这种做法不符合 GAAP 的规定，但是这些交易应该即将发生，记录这类赊销交易是一种商业惯例。"

"结果 CEO 甚至趁我出差时，指示负责应付账款的会计将 CEO 事先写在一张纸上的会计分录登入账中。这个应付账款会计是您所在大学的在校生，利用业余时间在公司做兼职工作，他从来没有从事过收入和应收账款科目的相关工作。CEO 告诫这个会计不要把这件事情告诉我，除非我问起。一旦我问起，就说这些交易是 CEO 拓展的新业务，一切都在他的掌控之中。幸运的是，这名会计正在上您的审计课，而财务报告舞弊正是课程的一个话题，他对所发生的事感到不安。所以在我出差回来后，他马上把这件事情告诉了我。这些虚拟的交易几乎占到了我们第一季度收入的一半。由于是季度报告，我们的财务报表没有被审计过。实际上，由于公司是非上市公司，我们的审计师从来没有对公司进行过中期审计。"

"你认为这种情况仅限于一个季度吗？"Mitchell 教授问。

"我认为是的，"对方说，"如我所说的，我是三个半月之前来到这家公司的，我来的第一个任务就是结算上一年的账目，协助审计师进行年度审计。据我所知，这些异常交易都是在今年第一季度公司的业绩表现不佳之后出现的。我们公司是一家创业公司，之前一直在亏损。上周开始，银行开始拒绝为公司的支票付款，但还没有撤销公司的账户。银行要等到上周五拿到第一季度的财务报表之后，才决定是否撤销对公司的授信。有趣的是上周五银行已经继续为公司提供资金了。而且今天早晨我和员工打电话得知，银行还在继续为公司提供资金。我的确认为虚增收入的行为是今年第一季度才开始的，去年经过审计的财务报表是没有问题的。不幸的是，我入职两周后就签了一份承诺书，为公司去年年底的贷款承诺。因此，银行那边有我为去年年底的财务数据作出承诺的书面签字。但是考虑到现在的情况，我拒绝在周五提交给银行的文件上签字。我的一个会计职员担心这些账务处理会带来麻烦，最近辞职了。公司负责人力资源的副总裁在离职面谈中了解到这名职员的辞职原因后同我谈起了这个职员的辞职。然而，或许我需要补充一下，这位负责人力资源的副总裁是 CEO 的妻子。"

"总之，我不确定如果对外披露这些错报的话，我要承担怎样的责任。我在考虑各种可能的选择，Mitchell 教授，您能不能给我一些建议，您认为我应该怎么做？"

要求

[1] (a) 如果你是 Mitchell 教授,你会建议对方如何做? (b) 继续在这家公司工作有什么风险? (c) 立刻辞职又有什么风险? (d) 是否可以向州会计学会咨询?

[2] 这名打电话的人是否有责任向银行报告这一情况? 在你作判断前,考虑如果对方的判断错误,即公司没有舞弊,而她向银行报告了,可能造成哪些后果。

[3] (a) 除了银行之外,是否需要告知其他当事人这一情况? (b) 如果告知外部审计师,你有什么担忧?

[4] (a) 你认为此类情况(如激进的会计处理甚至是舞弊)在实务中常见吗? (b) 管理层会施加哪些压力或因素鼓励会计人员舞弊? (c) 你有什么理由来拒绝进行舞弊? (d) 怎样区分一个公司是使用了激进的会计政策但没有违反 GAAP 的规定,还是公司在进行舞弊?

[5] 研究财务舞弊的人发现,舞弊发生时通常存在三个条件:首先,参与舞弊的人有压力或者动力去舞弊;其次,舞弊者有机会进行舞弊;最后,舞弊者的态度或道德价值观能够使他将舞弊行为合理化。讨论本案例中的动机、机会和态度条件。

[6] SEC 发布了会计公告 101 号——财务报表的收入确认,以为上市公司提供指导。请从 SEC 网站查阅该公告,讨论案例中的公司如何违反了收入确认原则。

[7] (a) 本案例中的管理层签发虚假财务报表时,违反了与销售交易相关的哪些财务报表认定? (b) 外部审计师执行哪些审计程序可以发现此类舞弊?

案例 3.4 世通公司

——检举者的故事*

学习目标

在学习和讨论本案例后,你可以:

[1] 了解一个人意识到会计舞弊后面临的压力。

[2] 说明一个人在怀疑存在会计舞弊时可以采取的行动。

[3] 说明有效的公司内部检举制度有哪些特点。

[4] 了解《萨班斯-奥克斯利法案》中关于公众公司检举者以及职业道德的规定。

背景①

不要跟自己说"这不可能发生在我身上"。就像世通公司的前内部审计副总裁 Cynthia Cooper 一样。

Cynthia Cooper 是密西西比州立大学一名普通的会计学毕业生。她是典型的"邻家女孩"。她成长在一个中等收入家庭,在当地就读高中,在当地 Golden Corral 餐厅当过服务生,然后进入了本州最有名的大学读书。

大学毕业后,她在 Alabama 大学攻读研究生,获得了会计学硕士学位,并考取了注册会计师。她的职业生涯同大多数会计专业毕业生一样,进入亚特兰大的一家大会计事务所工作。

她从没想到会在 40 岁之前遇到一生中重大的挑战。2002 年 5 月、6 月的几周之内,Cynthia 的人生彻底改变了。本案例讲述了她如何揭露高达 38 亿美元的舞弊案件。这一案件的舞弊金额最终达到 110 亿美元,并导致了美国最大且最著名的公司之一遭受破产。思考假如你是 Cynthia,处在她的位置上你会如何做。

---

* 该案例是由北卡罗来纳州立大学的 Mark S. Beasley 博士、Frank A. Buckless 博士以及杨百翰大学的 Steven M. Glover 博士和 Douglas F. Prawitt 博士编写的,作为课堂讨论的基础。案例并未试图说明对一种管理情境的处理方法是否有效。

① Amanda Ripley, "The Night Detective;" Ricardo Lacayo and Amanda Ripley, "Persons of the Year," *Time*, New York, December 30, 2002-January 6, 2003, Volume 160, Issue 27/1 pp. 32 and 45. Gary Perilloux, "WorldCom Whistleblower Speaks to Mississippi State University Students," *Northeast Mississippi Daily Journal*, November 18, 2003. Kurt Eichenwald and Simon Romero, "Inquiry Finds Effort at Delay at WorldCom," *The New York Times*, July 4, 2002, pg C-1.

为世通工作

20 世纪 90 年代,Cynthia 离开亚特兰大,回到家乡密西西比州的 Clinton,,并加入了世通公司的前身。在离婚后,Cynthia 带着两岁的女儿回到家乡,希望能和家人更近一些。她首先加入了 Long Distance Discount Service(LDDS),这一公司后来改名为世通公司。Cynthia 最开始在 LDDS 任财务咨询顾问,薪酬为每小时 12 美元。期间她曾离开 LDDS 加入 SkyTel 公司,但最终她还是回到了 LDDS。90 年代中期,Cynthia 成为 LDDS 内部审计部门的主管。

世通公司在 80 年代初是一家“夫妻店”。Bernie Ebbers 将世通公司总部转移至密西西比州的 Clinton,这是由于此地是他的大学母校所在地。1997 年,公司在电信行业崭露头角,并因竞购规模更大、知名度更高的 MCI 公司而进入了华尔街分析师的视野。

Cynthia 经历了世通公司飞速发展的时期。她也于 1999 年被提升为负责内部审计的副总裁,引领着当时美国第 25 大公司的内部审计部门。2000 年,世通公司的股票价格持续上涨,Cynthia 和她的同事们都开始梦想着早点退休,然后自己创业。Cynthia 想开一家饰品店,事实上她已经在车库里囤积了很多饰品。

在公司内部树立内部审计的概念并非易事。世通的 CEO Bernie Ebbers 对于“内部审计”这个词非常反感,甚至禁止在他面前使用“内部审计”一词。Cynthia 曾召集了她的上司——CFO Scott Sullivan、CEO Bernie Ebbers,以及其他高级管理人员开会,向他们说明内部审计能如何帮助公司提高盈利。虽然迟到了将近 30 分钟,但 Bernie Ebbers 是最后一个离开会场的人。从此以后,内部审计的重点放在了如何提高公司运营效率方面,与财务报表相关的审计主要交由外部审计师——安达信事务所来完成。作为负责内部审计的副总裁,Cynthia 向 CFO Scott Sullivan 汇报工作。

世通公司在 90 年代飞速发展。到了 2001 年,电信行业出现了饱和,世通公司的盈利开始下滑。世通的管理层面临保持公司良好财务业绩纪录的巨大压力。

舞弊的揭露

据媒体报道,在 2002 年之前,Cynthia 和她内部审计团队的同事们一直不知道会计舞弊行为的存在。2002 年,一个业务分部的管理层忧心忡忡地告诉了 Cynthia,他的部门发生的一些费用处理问题。Cynthia 得知世通公司的会计部门从这个分部的准备金中提取了 4 亿美元,以增加公司的合并利润。

当 Cynthia 和内部审计部门的成员向 CFO Scott Sullivan 求证这一问题时,Cynthia 立刻遭受了巨大的阻力和压力。Sullivan 告诉 Cynthia 账目处理不存在问题,并声称内部审计部门的工作重点不应该放在这个方面。当 Cynthia 向外部审计师安达信咨询时,遭遇了类似的待遇。安达信声称账目处理不存在问题。

幸运的是,上司的威胁和大事务所的反对并没能动摇 Cynthia 获取真相的信念。相反,Sullivan 的强硬态度加深了 Cynthia 对于这一问题的怀疑。她开始带领内部审计团队在晚间秘密调查这一事件。他们还对获取的资料进行了复印,以免当他们的调查被发现时这些资料会被销毁。

两个月之内——2002 年 5 月末,Cynthia 及她的团队发现了这一舞弊案件的来龙去脉。他们发现公司错误地将数十亿美元的网络设备租赁支出资本化,作为资产记入公司账簿中。通过这一手段,公司确认了 24 亿美元的利润,而不是 6.62 亿美元的亏损。

从某些角度看,这宗舞弊的手段是很简单的。Sullivan 领导的会计团队只是将经营租赁的费用作为资产计入资产负债表。这些费用是世通公司支付给当地电话公司的使用其电话网络的租赁费用,并不属于资本性支出。

2002 年 6 月 11 日,Scott Sullivan 将 Cynthia 叫到他的办公室,询问 Cynthia 的调查进展。在那次会面中,Sullivan 要求 Cynthia 将她的调查推迟到年底。Cynthia 坚持自己的立场,告诉 Sullivan 她的调查将继续下去。想象一下 Cynthia 在面对她上司时的压力,当时她坚信这位上司试图掩盖巨大的会计舞弊。

Cynthia 决定越过 Sullivan 向上级汇报。这一决定对 Cynthia 来说是一场赌博。她不仅面临丢掉饭碗的风险,还要面对她手中世通股票贬值的风险。她还可能由于坚持正确的做法而导致周围人的排挤。不管怎样,在第二天,也就是 2002 年 6 月 12 日,Cynthia 联系了世通公司的审计委员会主席 Max Bobbit。在巨大的压力下,Cynthia 清空了自己座位的东西,做好了迎接挑战和反对的准备。

最初,Cynthia 对审计委员会主席推迟采取行动感到失望。但 Max Bobbit 很快将 Cynthia 的报告递交给了公司新聘请的毕马威的审计师。世通公司已经替换了原安达信的审计师,因为安达信在安然丑闻中被判有罪而迅速失去声誉。这和 Cynthia 及其团队调查世通公司的舞弊行为几乎是同时发生的。

那周晚些的时候,Max Bobbit 及毕马威负责世通项目的审计合伙人 Farrell Malone 前往 Clinton 与 Cynthia 面谈。接下来的几天,Cynthia 和毕马威的合伙人开始对公司人员进行访谈,访谈对象包括 Scott Sullivan。每个访谈结束后,他们都会将发现告知审计委员会主席。不久,审计委员会主席认为是时候将这些事情告知审计委员会的其他成员了。

在 2002 年 6 月 20 日的会议上, Bobbitt 向审计委员会报告了这些信息。Scott Sullivan、Cynthia Coopers 以及其他内部审计团队的成员均被要求出席会议并讨论。在那次会议上,Scott Sullivan 试图说明他采取的会计处理是合规的,他声称部分 SEC 的实务公告支持他的这些会计处理。但来自毕马威的新任外部审计师认为这些处理不符合公认的会计原则。

审计委员会要求 Scott Sullivan 将他的立场进行书面记录。四天后,即 2002 年 6 月 24 日,Sullivan 提交了一份三页的备忘录,对他采取会计处理的理由进行了阐述。Sullivan 备忘录的核心思想是世通公司将租赁费用资本化是正当的。他认为,为网络容量发生的支出会在将来随着业务增加和新客户入网而发挥作用。实际上,他认为公司应该继续花钱增加网络容量以吸引新客户的加入。

大多数专家认为,Sullivan 的备忘录只能算是强词夺理。行业内的其他公司都没有采取这种会计处理方法,它们都是在租赁费用发生时直接计入当期损益。世通公司的审计委员会也不认可 Sullivan 的说法。那天晚些的时候,审计委员会通知 Sullivan 以及财务总监 David Myers,如果他们不在第二天董事会之前辞职,将被公司解雇。Myers 同意辞职,但 Sullivan 拒绝辞职。最终,Sullivan 被公司解雇。2002 年 8 月,Sullivan 被大陪审团起诉。

第二天,世通公司公告了会计舞弊,密西西比州最大的公司开始解散。不久,公司陷入了破产。

尾声

Sullivan 辞职以后,Cynthia 的噩梦并没有结束。在随后的几天,Cynthia 及内部审计团队忙于收集舞弊的更多证据,并帮助毕马威的审计师重新审查公司历年的财务数据。为了工作方便,Cynthia 搬到了父母家居住。

尽管 Cynthia 需要花费大量时间和精力来调查舞弊,她自己也成了舞弊案件调查的核心人物,却是同时作为消息来源和嫌疑人。有一次她回到办公室时,发现有八名联邦调查人员在翻阅她的档案。她的私人电话和短信记录被复制,引发了她对于其隐私权和法律风险的顾虑。她甚至被要求在国会调查委员会前作证。她很快意识到需要一个律师,来引导她处理这个混乱的局面。

同其他检举者一样,Cynthia 将会面临一生的质疑。朋友们见证了 Cynthia 面临的压力。在短短几个月之内,她瘦了三十磅。有时她无法停止哭泣。当回顾这段日子时,她说"感觉像到了一个黑暗世界"。她不停地阅读圣经来慰藉自己的心灵。

想象一下她面临的来自五万多名原世通员工的压力。对一些人来说,她是英雄;但对另一些人来说,她是恶棍。当在采访中被问到是否被人公开感谢过时,她只能一笑了之。

幸运的是,Cynthia 得到了来自家人和朋友的支持。许多检举者会陷入失落和绝望的处境,最后郁郁寡欢,靠酒精来麻醉自己。Cynthia 渡过了难关。她继续领导世通(现在更名为 MCI)的内部审计部门,直到她决定追寻另一条职业道路。现在她创立了自己的咨询公司,经常在全国出差,给公司、事务所及大学做演讲,介绍她的经历、职业道德的重要性以及管理变革的必要性。2008 年,她出版了《非常环境:检举者的历程》,介绍她的经历和经验。

2002 年,《时代》杂志评选 Cynthia 以及其他两名检举者——安然事件的 Sherron Watkins、FBI 的 Coleen Rowley 为"年度人物"。Cynthia 收到了来自陌生人的上百封信件,感谢她所做的贡献。她现在作为世通公司舞弊事件的主要揭发人而全国闻名。

Cynthia 并不认为她的行为值得被当做英雄对待。她认为自己只是在做本职工作。Cynthia 将她的成就归功于儿时受到的家庭教育。她引用她母亲经常说的话"从不冲动,想清楚每个行为的后果"。对 Cynthia 来说,幸运的是她贯彻了母亲的教导。这几乎拯救了她的事业和家庭。

要求

[1] Cynthia Cooper 发现舞弊案件时，世通公司并没有检举热线制度。Cynthia 决定越过 CFO 直接向审计委员会主席汇报是冒了很大风险的。在网络搜索并下载一份 2002 年《萨班斯-奥克斯利法案》，简要介绍该法案的第 301.4 条款。

[2] 利用网络对检举者制度进行研究。撰写一篇报告，描述有效的检举者热线制度应该具备哪些特征。报告中要关注那些应该避免的潜在缺陷。

[3] 作为公司负责内部审计的副总裁，Cynthia Cooper 向 CFO 汇报工作，而不是 CEO。研究内部审计机构的相关制度，描述一个公司中内部审计机构的合理汇报线路。

[4] 通过网络获取 2002 年《萨班斯-奥克斯利法案》的内容，简要介绍第 406 条款的要求。登陆 SEC 网站（www. sec. gov），查询"Disclosure Required by Sections 406 and 407 of the Sarbanes-Oxley Act of 2002"[Release No. 33-8177]。简要概括 SEC 对于执行第 406 条款的规定。

[5] 尽管做了正确的事情，但检举者的生活中充斥了别人的嘲笑和挑剔的目光。为何检举者揭露了别人的非法行为，自身却遇到了巨大的麻烦？说明你的观点。

[6] 描述一个有效的检举者应该具备何种素质？当你考虑这个问题时，思考你自己是否具备了检举者需要的这些素质。

[7] 假设你的一个亲密家庭成员来向你寻求帮助，他怀疑他的上司有非法行为。考虑你将给他的建议。

[8] 通过网络搜索获得 2002 年萨班斯法案的内容。阅读并总结该法案第 302 条款的内容。讨论这些条款能否阻止世通公司 CFO Scott Sullivan 的行为。

[9] 陈述你对于法规变革的观点，例如 2002 年萨班斯法案对于阻止财务舞弊和不道德行为的作用。讨论你认为阻止舞弊和不道德行为方面，是通过严格的法律法规制约更加有效，还是通过学校教育、教堂感化以及其他非法律渠道来培养人们的道德观和价值观更为有效？

案例 3.5 Hollinger International

——审计相关诉讼的实例*

学习目标

在学习和讨论本案例后,你可以:

[1] 理解在财务报表舞弊相关的诉讼中证据的性质和重要性。

[2] 理解审计工作底稿的重要性。

[3] 概括 GAAP 对于关联方交易的要求。

[4] 阐述审计师在识别关联方交易方面的责任。

[5] 理解审计师需要同管理层进行的沟通。

背景

2004 年 11 月 15 日,SEC 向北伊利诺伊地区法院提起了针对位于多伦多的 Hollinger 公司以及其前任董事长兼 CEO Conrad Black、前任首席运营官 David Radler 的诉讼。[①] 在 SEC 的起诉书中,SEC 指控在 1999 年到至少 2003 年间,Conrad Black 和 David Radler 合谋从 Hollinger International 转移现金和资产。Hollinger International 是一家位于芝加哥的公司,拥有《芝加哥太阳时报》、伦敦的《每日电讯报》以及《耶路撒冷邮报》等报纸,其普通股 A 股以"HLR"的代码在纽约证券交易所公开交易,其普通股 B 股由位于多伦多的 Hollinger 公司持有。

SEC 指控 Black 和 Radler 通过对某些关联交易向董事会和审计委员会进行虚假性陈述和隐瞒某些重要事实,从公司挪用了巨款用于私人用途。在 Hollinger International 出售其美国和加拿大部分报纸业资产过程中,Black 和 Radler 通过签订含有虚假条款的合同,以及向自己支付"不竞争"补偿金的名义将公司现金转移到自己名下。总计有 8 500 万美元的款项被挪用,成为"不竞争"补偿金。这一金额占到 Hollinger International 1999—2001 年税前利润的 14%,净利润的 340%。

舞弊手段其实很简单。在出售报业资产时,Black 和 Radler 在每个合同中都增加一个"不竞争条款",即 Black 和 Radler 以及 Hollinger 公司(Hollinger International 的普通股

---

* 该案例是由北卡罗来纳州立大学的 Mark S. Beasley 博士、Frank A. Buckless 博士以及杨百翰大学的 Steven M. Glover 博士和 Douglas F. Prawitt 博士编写的,作为课堂讨论的基础。案例并未试图说明对一种管理情境的处理方法是否有效。

① Civil Action Complaint, *United States Securities and Exchange Commission, Plaintiff, vs. Conrad M. Black, F. David Radler, and Hollinger, Inc.*, *Defendants.* November 15, 2004 (see www.sec.gov).

B 股所有者)在未来一段时间内不得与报业资产的新所有者竞争。在每笔出售交易结束后,部分交易对价流入了 Black 和 Radler 以及 Hollinger 公司手中,作为他们甘愿签署不竞争条款的补偿。通过这种手段,Black 和 Radler 得以利用他们在 Hollinger 公司中的地位谋取私人利益,代价是牺牲了 Hollinger International 以及其普通股 A 股股东的利益。

由于 Black 和 Radler 在公司的职位,这些"不竞争条款"构成了关联方交易。Hollinger International 的内部治理条款规定,所有的关联方交易要经过董事会下属的审计委员会审核。但是,Black 和 Radler 向审计委员会隐瞒了部分信息,并在这些"不竞争条款"上误导审计委员会。除了误导审计委员会、隐瞒信息外,Black 和 Radler 还没有在财务报表和 SEC 报备文件中披露这些关联方交易。他们还试图向毕马威的审计师隐瞒这些支付。

在 SEC 的起诉书中,SEC 的执法部主席 Stephen M. Cutler 说:"Black 和 Radler 滥用他们在上市公司中的职权,将上市公司当成了自己的金库。他们不仅没有保护上市公司公众股东的利益,反而通过一系列的造假和错报欺骗公众股东。"

审判

SEC 起诉书提交两年多以后,2007 年 3 月芝加哥联邦法院开庭审理此案。经过数月的对战,其中还经历了 Radler 毁灭性的认罪,陪审团陷入僵局之中。但法官仍要求陪审团继续审议。经过 12 天的关门讨论,陪审团达成了判决。Black 被判处舞弊和妨碍司法公正罪。2007 年 12 月,Black 被判处在监狱服刑 6.5 年,并在 12 周之内入狱。

在庭审中,毕马威的代表被要求出庭作证,对他们审计 Hollinger 公司和 Hollinger International 财务报表的情况作出解释。毕马威合伙人 Marilyn Stitt 的证词中包括了毕马威执行审计的职责、发现舞弊的情况、对关联交易的检查情况以及同 Hollinger International 审计委员会沟通的情况。

Stitt 女士证词节选

在以下的文本框中,你将看到 Stitt 在 2007 年 4 月 23 日上午所做证词的节选。每个摘录都是从庭审证词中一字不差引用过来的。不同部分的证词用 * 分隔或用加粗的标题表示证词中的不同话题。在下述文字中,"Q"代表向 Stitt 提出的问题,"A"代表 Stitt 的回答。"证人"代表 Stitt,"法庭"代表庭审法官。请注意由于是原文引用,因此,证人或检察人员所犯的语法错误也被逐字引用了过来。

阅读庭审记录时,关注毕马威同公司管理层以及 Hollinger International 审计委员会讨论关联方交易的部分。你可以从这些记录中看出管理层是如何隐瞒他们的舞弊,并误导审计委员会,使之误认为这些关联交易是经审计委员会批准通过的,而实际上却没有。

毕马威并不是本宗案件的被告,想象下其合伙人 Stitt 在庭审时面临的巨大压力。

她被要求宣誓,并回答一系列冗长而又异常详细的关于 1999—2001 年审计情况的问题。在 2003 年 4 月 23 日和 24 日的 back-to-back 审判中,Stitt 需要回想许多毕马威员工同客户的交流以及讨论,还需要对针对毕马威的工作底稿提出的问题进行解释。这些底稿不只是由其芝加哥分所编制的,还包括多伦多及其他参与此项业务的分所。

阅读这些庭审记录时,设想一下自己是 Stitt,坐在芝加哥法院的证人席上。想象一下要对最远发生在七年以前的事情做出精确的描述是多么困难。同时想一想明确、清晰的审计工作底稿对她作证和回答庭审交叉询问是多么重要。你能够想象 Stitt 女士是多么希望 1999—2001 年的审计工作底稿能够记录得更加详细一点!

2007 年 4 月 23 日,上午

关于"合理保证"问题的证词摘录②

Q:请说出你的姓名,好吗?

A:Mailyn Stitt。

Q:你能拼一下你的姓吗?

A:S-t-i-t-t.

Q:请问你的职业是什么?

A:我是一名注册会计师。

Q:你在事务所工作吗?

A:是的,我是毕马威加拿大分所的一名合伙人。

Q:请向陪审团介绍一下毕马威。

A:毕马威是一家专业服务机构。我们提供会计、审计、税务、商业咨询等多种服务。

* * *

Q:请向我们说明"合理保证"的概念,因为它很关键,并且你在审计中用到了它。

A:好的。在准则中并没有"合理保证"的定义。但是准则明确说明"合理保证"不同于"绝对保证","合理保证"的保证程度低于"绝对保证"。"合理保证"只能合理确信财务报表不存在重大错报。我认为两者不同的原因——哦不,抱歉,我们不能提供"绝对保证"的原因——在于审计证据本身的局限性和舞弊行为的特征。

Q:我们即将讨论舞弊的特点。但首先请从审计证据的局限性角度说明为什么你们不能对财务报表提供绝对保证。

② Trial transcripts of the April 23, 2007-AM-Testimony of Marilyn Stitts in the federal trial, *United States Securities and Exchange Commission, Plaintiff, vs. Conrad M. Black, F. David Radler, and Hollinger, Inc., Defendants.*

A:好的。为了提供“绝对保证”,你需要审核每笔交易以及所有的期末余额。对于公司来说,可能有上千万笔交易,上千万笔销售,上千万笔应收款。正如我先前所说的审计概念是建立在选择性测试的基础上的。在审计过程中我们会遇到很多次这样的问题:“我们进行审计时应该重点关注哪些领域?”“我们需要做哪些工作?”“我们将在何时进行这些测试?”这其中涉及许多判断。所以,虽然你可能获得许多审计证据,但是在得出审计结论的过程中你还需要做出许多判断。例如,如果你打算信任一个公司的内部控制,你可能会测试 30 个项目,然后说“内部控制是有效的”。你得出内部控制是有效的结论,这将会减少审计测试的范围。可能你测试的 30 个项目是没有问题的,但是这并不能保证公司对于其他交易的控制是有效的。

* * *

Q:你提到第二个因素是由于舞弊的特征。合理保证准则中说,“由于舞弊的特征,恰当设计并执行的审计工作也可能发现不了重大错报”。请你解释这段话。

A:一般而言,舞弊是有意的欺骗行为。因此,舞弊并不容易被发现。因为舞弊可能涉及人员串通与隐瞒信息。我们收到的文件中可能有伪造的,内部控制可能被绕过。我们执行的测试显示,尽管公司的内部控制是有效执行的,但可能有人已经绕过了内部控制。

* * *

Q:《审计准则》230 号第 12 段说明:“舞弊的特点包括:A. 管理层、雇员或者第三方共谋勾结;B. 隐藏或者伪造文件;C. 管理层自己或者指示别人绕过本应该有效的内部控制。”在毕马威进行审计的过程中,你们是否按《审计准则》的规定去发现舞弊行为?

A:审计工作要求我们在计划阶段就识别哪里可能出现舞弊风险。我们同客户讨论这些问题,并运用专业判断来识别如何能够消除这些风险。我们判断是否需要调整计划的审计程序。我们通常没有必要执行全部的审计程序去发现舞弊或违法行为。但我们会保持警觉,一旦注意到任何问题,我们会进行风险评估,识别是否可能存在舞弊。

2007 年 4 月 23 日,上午

关于“不竞争条款补偿金”问题的证词摘录③

Q:在 2002 年年初,你们是否知道那些被支付给个人的 CanWest 不竞争条款补偿金?

A:是的。

Q:特别是支付给 Black、Radler 的 1 190 万美元,以及支付给 Boultbee、Atkinson 和 Ravelston 的补偿金?

③ CanWest 不竞争条款补偿金是 Black 和 Radler 获得的一系列不竞争补偿金中的一笔。CanWest 全称为“CanWest Global Communications Corporation”。该公司曾经是 Hollinger International 的子公司。

A:是的。

Q:在2002年年初,当毕马威对公司的年度报告(10-K)进行审计时,这些补偿金在毕马威审计过的年度报告中是否有披露?

A:没有。

Q:这些补偿金是否已经在我们刚刚查阅的法庭证据档案9-C中的2000年的年度报告披露?

A:没有。

Q:你们是否计划将它们在2001年的年度报告中披露?

A:是的。当我们得知这些交易后,我们认为这些交易属于重大关联方交易,并打算在2001年的财务报表中披露。

Q:你是否同Hollinger公司的管理层讨论过这一问题?

A:是的。

Q:你首先找谁讨论的?

A:我首先找了Jack Boultbee。④

Q:你大约是在何时同Boultbee讨论此事的?

A:我记得是在2月的第一周。

Q:在哪里?

A:2002年。

Q:这场谈话在哪里发生,Stitt女士?

A:我在Boultbee位于多伦多第十大街的办公室里见到了他。

Q:除了你和Boultbee,还有其他人在场吗?

A:没有了,只有我们两个。

Q:Boultbee对你说了什么? 你对他又说了什么?

A:我在谈话开始时就说我们知道了CanWest不竞争条款补偿金。

Q:请大声一点,Stitt女士。

A:抱歉。我知道了2000年的补偿金——CanWest不竞争条款补偿金——对Ravelston和管理层的这些付款。我认为这些是重大关联方交易,应当在2001年予以披露。我们发现它们没有在2000年财务报表中披露。

Q:再问一次,你是在2002年年初同Boultbee先生进行这次谈话的吗?

A:2月初,应该是2002年2月5日或者6日。

Q:当你向Boultbee先生说明这个问题时,他怎么反应?

A:我不记得他的原话了。我只记得Jack说这些交易在GAAP下不属于关联方交易,它们不需要披露。我记得Jack说是CanWest提出这些不竞争补偿金——抱歉,是不竞争协议——所以Hollinger International只是作为一个收款代理人,从CanWest接收款项,然后转交给个人。这不属于一项需要披露的关联方交易。

Q:你是怎么回应的?

④ 1995—2002年,Jack Boultbee是Hollinger International的CFO,1998年他成为Hollinger International的执行副总裁。

A:我说我不——不——不认同他的话和他得出的结论。在我看来,这家公司不是作为一个代理人。这家公司——是这家公司而不是 CanWest 决定把款项支付给个人的。

Q:你说的是哪个公司?

A:抱歉。Hollinger International 是决定将款项支付给个人的公司,而不是 CanWest。所以,我不认同这家公司只是充当 CanWest 和个人之间代理人角色的说法。我认为,这是一项重大关联方交易。如果这个交易没有在财务报告中披露,那么我们需要出具非无保留意见的审计报告。尽管我不能代表签署 Hollinger International 审计报告的美国同事发言,但是我个人认为,他们与我持相同的观点。

Q:这是你那天同 Boultbee 先生沟通的内容吗?

A:是的。

2007 年 4 月 23 日,上午

关于与审计委员会沟通的证词摘录

Q:Stitt 女士,我希望你和我一起回想一下 2002 年 2 月 20 日,也就是你同 Boultbee 和 Kipnis 谈话两周之后,可以吗?⑤

A:好的。

Q:那天 Hollinger International 召开了审计委员会会议吗?

A:是的。

Q:你参加了那次会议吗?

A:是的。

Q:会议在哪里举行?

A:在 Hollinger International 位于纽约的办公室举行。

Q:毕马威还有谁同你参加了会议?

A:毕马威多伦多分所的合伙人 Pat Ryan、毕马威芝加哥分所负责 Hollinger International 项目的审计合伙人 Jim Winikates,以及另一位来自芝加哥分所的合伙人 Leslie Coolidge,她同 Jim 一起负责 Hollinger International 的审计。

Q:审计委员会的成员有参加这次会议吗?

A:有,Governor Thompson 也在场。

Q:他本人亲自出席?

A:是的。

Q:你还记得审计委员会是否有其他成员通过电话参加会议吗?

A:我记得审计委员会有一名成员通过电话参加会议,但我不记得具体是哪位了,可能是 Bur 先生或者 Kravis 女士。

⑤ Kipnis 先生曾任董事会秘书及副董事长职位——Hollinger International 公司 1998—2003 年度公司章程。

Q:Hollinger International 的管理层有人参加这次会议吗?

A:是的。

Q:你能回忆起是哪些人参加了吗?

A:Mark Kipnis、Jack Boultbee、Fred Creasey、David Radler。

Q:当时还有其他人吗?

A:Linda Loye 也在场。

Q:Stitt 女士,你认为那次会议的目的是什么?

A:在我们每个审计项目完成后,出具审计报告前,我们都会同公司的审计委员会召开会议。在这次会议上,我们将解释公司必须遵守的一些会计准则,并同审计委员会进行沟通。我们还会简要说明我们审计工作的范围、重点关注的领域、是否有重大疑虑,我们也会讨论独立性和未记录的调整。

Q:你们每年都同审计委员会召开这样的会议吗?

A:是的。

* * *

Q:这次会议总共持续了多长时间?

A:1 小时 10 分钟,据我回忆。

Q:你准备的关于关联方交易的问题,你在那次会议中提出了吗?

A:没有。

Q:谁提出了这个问题?

A:Pat Ryan。

* * *

Q:在会议进行到 Ryan 发言提出关联方交易问题时,管理层中有人针对不竞争协议进行解释吗?

A:我记得管理层好像插话说起了会议记录。

【Mr. Newman】法官大人,反对证人这种回答方式:"管理层插话"。

【法官】反对成立。

【Ms. Ruder】

Q:请用"是"或"不是"回答,在会议中关于这个话题有管理层成员表达了任何观点吗?

A:是的。

Q:管理层中谁发言了?

A:Mark Kipnis 和 Jack Boultbee。

* * *

Q:在会议进行到关联方交易这部分时,Kipnis 先生说了什么?

A:我记得 Kipnis 先生靠近 Governor Thompson 说,"你——这个议题在今天下午或今后的会议中讨论"。

Q:你说在会议的其他议题中,Boultbee 先生发表了评论?

* * *

Q:Boultbee 先生说了什么?

A:我记得 Boultbee 先生插话说:"Governor Thompson,你应该想起来 CanWest 不竞争条款补偿金已经批准过了。那个会议记录是有点问题,但是后来修正了。"

Q:Ryan 是在谈论与不竞争补偿金有关的公司会议记录吗?

A:是的。我们正在讨论这些支付是否经过批准。

Q:好的,那么,是 Kipnis 先生提到了 Osprey,Boultbee 先生提到了 CanWest,是吗?

A:是的。

Q:Kipnis 先生和 Boultbee 先生谈到不竞争条款相关的支付时,说了什么?

A:我不记得他们说了什么。

Q:Radler 在会议过程中说了什么?

A:他什么都没说。

Q:审计委员会是否有人谈到这些问题?

A:没有。

Q:他们有在听吗? 还是只有 Thompson 在那里?

A:是的,Thompson 先生坐在会议室桌子的一端。

Q:Thompson 先生在 Ryan 先生陈述期间有说什么吗?

A:没有。

Q:说到会议内容的问题,我将展示法庭证据档案—毕马威 19 和法庭证据档案—毕马威 5。在我们结束这个话题前,我希望能更好地了解整个会议中讨论的关于关联方交易的问题。你说会议大概持续了 1 小时 10 分钟的时间?

A:我记得是的。

Q:有可能时间更长或者更短吗?

A:可能。

Q:在谈到关于关联方交易的问题时,大概讨论了多长时间?

A:我估计是 5—10 分钟。

* * *

Q:我们再回到这次会议的问题上来。在我们结束对这次会议相关问题的讨论之前,请描述在这次会议讨论不竞争条款的过程中,是否存在与我们本次谈话涉及的相关话题内容相反的、重大或异常情况?

A:没有,我们想向审计委员会确认他们知道这些交易,并且这些交易是经过批准的。虽然这不是审计准则规定的,但是我们觉得有必要向他们确认。

Q:会议结束后,你认为关于不竞争条款是什么情况?

A:虽然他们没有明确地说,但是期间他们没有提出任何疑问,没有反对,在全体会议和闭门会议上,他们对此没有问任何问题。会议中间有一小段停顿,我们等待他们有所反应,但是他们没有。然后我们就继续了下一个议题。我认为在这次会议上,他们基本上向我们证实了这些交易是经过审计委员会批准的。

* * *

Q:在你描述的会议情况下,为何你认为这一交易是令人信服的?

A:因为会议当场没有人说他们没有批准这些交易,我将他们的沉默理解为他们之前知道这些交易,并且批准了这些交易。

2007 年 4 月 23 日,上午

关于审计工作底稿的证词摘录

Q:现在,我想转换一下话题,谈谈审计工作底稿。你之前已经提起过审计工作底稿了,是吗?

A:是的。

Q:审计工作底稿是审计师所做工作的记录,对吗?

A:是的,工作底稿记录我们做了哪些工作、我们的发现以及审计测试的结果。

Q:审计工作底稿是为审计师最终的审计结论提供支持?

A:是的。

Q:审计工作底稿是审计工作的官方记录,对吗?

A:是的。

Q:审计工作底稿是由复核记录的审计师编制的,对吗?

A:是的,它们实际是由那些执行测试的人编制的。

Q:有时候审计工作底稿会包括与客户交谈的记录?

A:是的。

Q:如果对外部进行了函证,工作底稿中还是会记录函证吗?

A:是的。

Q:但是审计工作底稿不一定记录了所有审计工作中考虑的因素,对吗?

A:我的意思是,一般而言,我们会尽量把所有我们认为重大的项目记录下来作为发表审计意见的基础。

Q:你们尽力做,但是不一定所有的东西都计入审计工作底稿中?

A:这么说也对。

Q:但是正如你所说的,审计工作底稿中会记录重要的考虑以及你们认为重要的领域,对吗?

A:是的。

* * *

Q:当你草签审计工作底稿时,这意味着你已经审阅过该底稿并对底稿中记录的所有内容负责,对吗?

A:实际工作中情况可能更复杂一些。我的意思是,有时你审阅工作底稿时可能会有一些疑问，你就会编制审阅记录。你可能会单独追踪审阅工作底稿时发现的有问题的项目。

Q:但是通常的惯例是，当你草签工作底稿时，这意味着你签署了这部分底稿，对吗？

A:一般来说，这是惯例。你不能签署审计工作底稿，直到把审阅记录中的东西都查清楚。

Q:审计工作完成以后，所有的工作底稿都在毕马威的档案中心存档，对吗？

A:是的。

要求

[1] 下面的要求与 Stitt 女士证词中提到的“合理保证”有关：

[a] 研究审计准则中关于“合理保证”的内容，判断 Stitt 女士对该概念的表述是否准确。

[b] Stitt 女士抗辩说审计证据一般都是结论性的。描述审计准则对于收集审计证据的要求，说明什么是“充分、适当的审计证据”。

[c] Stitt 女士在证词中描述了审计师在发现由舞弊导致的重大错报方面的责任。研究审计准则中关于审计师发现由舞弊导致的重大错报方面的责任的规定，评价 Stitt 女士的证词与审计准则是否一致。

[2] 下面的要求与 Stitt 女士证词中关于 CanWest 不竞争补偿金的内容有关：

[a] GAAP 准则中对“关联方”做出了定义，简要介绍一下什么是“关联方交易”？

[b] 根据你对关联方交易的理解，说明为什么 CanWest 不竞争补偿金的支付构成了关联方交易？

[c] 说明审计准则对于审计师识别关联方及关联方交易的责任有哪些规定？

[d] GAAP 对关联方交易有什么披露要求？

[3] 下面的要求与 Stitt 女士证词中关于审计委员会陈述的内容有关：

[a] 简要介绍一下审计准则中关于审计师同治理层沟通的要求，说明这种沟通的目的是什么。

[b] 根据你对审计师沟通责任的理解，说明为什么毕马威同公司审计委员会讨论关联方交易是恰当的？

[c] 根据关于审计委员会会议的证词节选，你认为毕马威在与公司审计委员会的沟通中是否保持了应有的职业关注？毕马威是否实现了审计准则的要求的目的？在那次审计委员会会议中，毕马威在这个问题上是否还有其他方法？

[4] 下面的问题与 Stitt 女士证词中关于审计工作底稿的内容有关：

[a] 根据你对审计准则中关于审计工作底稿的规定的理解，说明为什么审计师必须编制审计工作底稿？

[b] 讨论审计准则中“有经验的审计师”的概念，说明这一概念与审计工作底稿的形式、内容及范围有什么关系？

[c] 概括审计准则中对确定审计工作底稿编制人员和复核人员的要求，Stitt 女士的证词是否符合这些要求？简要说明为什么。

[d] 概括审计准则中对于审计工作底稿复核责任的规定。

第四部分

会计欺诈和审计师法律责任

案例 4.1　安然公司和安达信会计师事务所 ………… 73

——分析两大巨头的陨落

案例 4.2　Comptronix 公司 ………………………… 87

——识别固有风险和控制风险

案例 4.3　Cendant 公司 …………………………… 94

——评估控制环境及财务报表舞弊风险

案例 4.4　Waste Management 公司 ……………… 100

——操纵会计估计

案例 4.5　施乐公司 ………………………………… 108

——评估财务报表舞弊的风险

案例 4.6　Phar-Mor 公司 ………………………… 115

——会计舞弊、诉讼和审计责任

案例 4.7　Satyam 电脑服务公司 ………………… 129

——控制函证过程

案例4.1　安然公司和安达信会计师事务所

——分析两大巨头的陨落*

学习目标

在学习和讨论本案例后，你可以：

[1] 了解导致安然公司破产和安达信事务所倒闭的事件。

[2] 理解了解审计客户核心战略的重要性。

[3] 识别审计师与客户关系中的潜在利益冲突。

[4] 理解会计准则如何能够导致安然公司的崩溃，描述部分会计专业人士如何寻求在根本上改变会计准则。

[5] 了解"以规则为基础"和"以原则为基础"的会计准则的差别，更好地理解在向国际财务报告准则靠拢过程中涉及的问题。

[6] 思考会计职业面临的挑战，并评估应对这些挑战可能的路径选择。

简介

安然公司在2001年时是美国第七大上市公司，然而在2001年年末便成为美国有史以来最大的宣告破产的公司。那些损失了数以百万计的投资者和一直力图防止此类事件发生的立法机构均大为震惊。美国国会众议院资本市场小组委员会主席、共和党议员 Richard H. Baker 的下列证词，表明了这种震惊的情绪：

> 今天我们在此开始对近代史以来最令人震惊的破产事件进行深入的了解和审视。安然公司作为多元化的国际公司曾经是业内偶像、财经媒体的宠儿，股价节节攀升，它被认为代表了未来企业经营的新模式。《财富》杂志曾将安然公司评为美国最受欢迎的雇主。分析师们对安然公司都大为赞美，其股价一路飞涨……而现在，至少对我来说，安然公司是一家大型对冲基金，只不过碰巧拥有一家能源公司。它(安然公司)不接受批评，管理层大权在握，特别偏好风险，而且除了快速烧钱以

---

* 该案例是由北卡罗来纳州立大学的 Mark S. Beasley 博士、Frank A. Buckless 博士以及杨百翰大学的 Steven M. Glover 博士和 Douglas F. Prawitt 博士编写的，作为课堂讨论的基础。案例并未试图说明对一种管理情境的处理方法是否有效。

外并不为公司增加任何价值,他们以高昂的成本享受经营安然的乐趣,并快速行使股票期权套现。一名高管在舞弊被揭露前的三年内出售了价值3.53亿美元的股票。他知道什么?他何时知道的这些信息?为什么我们却不知道?[①]

虽然管理层被指控参与了可疑的商业交易甚至欺诈,但安然公司陨落的最终原因是投资者、客户和交易伙伴信心的丧失。在20世纪90年代末的繁荣年代中,安然公司使用了一系列的"特殊目的实体"(Special Purpose Entities,SPEs)激进的交易,相应的会计处理存在问题甚至欺诈。其中一部分交易使得安然公司能够获得借款而无须在资产负债表上记录负债。这些资金流入的记录看上去像是出售资产的收入。这些借款以安然公司的股票做抵押,当时其股票市价在每股100美元以上。当企业经营陷入困境与公司的股票市价下跌同时发生时,安然发现自己陷入了麻烦。由于股票市价下跌,债主们开始要求公司还债,此时公司发现其财务状况难以维系。

2001年8月,安然公司的首席执行官Jeffrey Skilling的辞职加剧了华尔街对公司经营状况的怀疑和审视。Jeffrey Skilling的辞职距离他获得这份"理想工作"仅半年。很快,2001年8月28日《华尔街日报》的"小道消息"栏目聚焦安然公司,引发了公众对公司的质疑,极大地破坏了公司的声誉。而丧失信心的交易伙伴和客户开始收缩安然公司的授信额度,2001年年底,公司发现自己正面临流动性风险。

Skilling在2002年2月7日对能源交易委员会的证词中这样总结:

> 我认为安然公司的破产归结于传统的"银行挤兑"效应:对公司丧失信心导致了流动性风险。安然公司倒闭时,公司是有偿付能力和相当水平的盈利的。但是,明显地,公司的流动性不足。这是我认为公司倒闭的主要原因。[②]

流动性不足、不令人信服的管理层决定和交易破坏了安然公司在商界累积的信誉,导致了大部分交易伙伴、客户和供应商推迟了与公司的商业合作,最终导致了公司的破产。

安然公司的倒闭,以及安然公司审计中出现的问题,导致了对安然公司进行审计的五大会计师事务所之一的安达信会计师事务所声誉、信任和信心的丧失。安然公司的倒闭和其他一系列的会计丑闻对安达信造成了巨大冲击。随后,关于指控负责安然公司审计的安达信休斯敦分所毁灭安然案件相关文件的报道以及联邦政府随后提起的起诉书彻底摧毁了安达信。安达信的客户迅速对事务所失去了信心。至2002年6月,安达信最大的400多家公司与其解除聘约,不再聘请安达信担任公司的审计师。安达信被迫出售和分离了部分美国及国际业务。2002年6月15日,休斯敦联邦法官判决安达信在安然事件中阻碍SEC的调查。虽然2005年5月,最高法院推翻了联邦政府之前的判决,但这已经是安达信基本灭亡近三年之后了。安达信在不久宣布,至2002年

---

① Rep. Richard H. Baker (R-LA), December 12, 2001 Hearing of the Capital Markets, Insurance, and Government sponsored enterprises subcommittee and oversight and investigations subcommittee of the House Financial Services Committee, "The Enron Collapse: Impact on Investors and Financial Markets."

② Skilling, Jeffrey, "Prepared Witness Testimony: Skilling, Jeffrey, K." House Energy Subcommittee. 见以下网址,http://energycommerce.house.gov/107/hearings/02072002Hearing485/Skilling797.htm。

6 月 15 日判决将停止为上市公司提供审计服务。同安然公司一样，在很短的时间内，世界上最大、最受尊敬的商业机构之一的安达信覆灭了。

国会的听证、广泛的媒体关注以及公司倒闭在企业界和会计师职业界产生的巨大影响，使得安然事件在很长一段时间内被人们谈起。以下是对安然和安达信这两大巨头覆灭的简要分析。

安然公司的前身

安然公司坐落于得克萨斯州的休斯敦，于 1985 年 7 月由休斯敦天然气公司和内布拉斯加州奥马哈的 InterNorth 公司合并而来。公司成立最初几年，是一家天然气管道供应商，其主要经营战略是通过签订合约为商户定期提供一定数量的天然气。1989 年，安然公司开始经营天然气买卖业务。20 世纪 90 年代初期，在包括安然公司高管在内的企业界人士的游说下，电力市场的管制被取消了。安然公司在那个时期迅速从能源运输的传统产业转型为一家从事能源期货业务的新型公司。安然在能源卖方和买方之间扮演中介的角色，从价格差中获利。1994 年，安然开始在美国市场上买卖电力，1995 年随即进入欧洲能源市场。

1999 年，在互联网泡沫时期，安然加快向"新经济"公司转型，将其业务线扩展到了新的领域。安然发布了在线买卖能源网站"安然在线"，同时还将其触角延伸到高速带宽的买卖中。在全盛时期，安然拥有接近 3 万英里的输气管线，拥有即能使用 1.5 万英里的光纤网络，并在全世界范围内的多家发电公司拥有股权。2000 年，安然报告的收入达到 1 010 亿美元。

安然继续在更加复杂的高风险领域扩张，通过为客户提供多种套期安排与合约来扩展业务。这些新型金融工具的设计旨在帮助客户规避多种风险，包括利率变动和气候变化。涉及的"新经济"金融工具的业务迅速增长，很快就超过了安然的传统业务——向顾客提供具体商品（如天然气）。为了控制"新经济"业务的风险，安然雇用了一大批精算、数学、物理以及经济学专家。③

上线一年以后，"安然在线"每日处理超过 10 亿美元的业务。这个网站的功能已经不仅仅是撮合卖家和买家。《美国互联网周刊》报道："这是一个大集市，天然气与电力行业的卖家和买家在这里能够搜集到他们所做每笔交易的价格信息，而不管他们的交易是不是通过这个集市进行。"④网站的成功归因于其前沿技术，以及更重要的客户与合作伙伴对安然公司的信任。他们都相信安然公司能够履行其交付以及价格承诺。

安然的会计欺诈被发现后，客户、投资者以及其他合作伙伴不再通过安然进行交易，他们对安然履行其商业合同的能力及其诚信失去了信心。⑤

③ "Understanding Enron: Rising Power." *The Washington Post*. May 11, 2002. 见以下网址，http://www.washington-post.com/wp-srv/business/enron/front.html。

④ Preston, Robert. "Enron's Demise Doesn't Devalue Model It Created." *Internetweek*. December 10, 2001.

⑤ 脚注同上。

安然的覆灭

2001 年 8 月 14 日,在前任首席执行官 Jeffrey Skilling 上任仅半年就因“个人原因”辞职后,Kenneth Lay 再次接任首席执行官职位。Jeffrey Skilling 于 1990 年加入安然,在加入安然之前他是麦肯锡的能源咨询部门主管,1996 年,Jeffrey Skilling 成为安然的总经理、首席运营官;2001 年,在 1986 年上任的董事会主席、首席执行官 Lay 卸任后,Jeffrey Skilling 被任命为首席执行官。[⑥]

Skilling 的辞职是安然覆灭的开始。Skilling 辞职后的第二天,安然负责公司发展的副总裁 Sherron Watkins 发送了一封匿名信给 Kenneth Lay(见附件 1)。在信中,Watkins 女士称,她担心安然“已经卷入了一波会计丑闻”。在事后这封信被公开后,Watkins 被称赞为一名诚实而忠诚的员工,试图通过告密挽救公司。

附件 1　Sherron Watkins 给安然首席执行官 Kenneth Lay 的信

Lay 先生,

安然是否已经变成一个危险的地方?对于我们在过去这些年没有发家致富的人来说,我们是否能承担继续留在安然的代价?

Skilling 的突然离开,可能引发对于会计计量和资产计价的质疑。安然在会计处理方面一直很激进,最典型的例子就是 Raptor 交易和 Condor 工具。我们对国际资产的计价存在问题,甚至有可能在一些 EES MTM 头寸上也存在计价问题。

关注将聚焦在我们身上,市场不会接受 Skilling 突然离开他的“理想工作”。我认为,这些计价问题可以通过在 2002 年将其他商誉调减来补救。但是我们如何处理 Raptor 和 Condor 交易?这些交易将于 2002 年和 2003 年到期,到时候我们必须交出一部分安然股票,而这些将会被关注。

对于外行人来说,看起来我们在 1999 年通过出售资产获得了 8 亿美元的现金流入。它们事实上是以安然股票为担保被出售给了 Condor。但是,这些交易真的是资产出售,还是股权出售带来的现金?

我们通过同 Raptor 的掉期合同,确认了 5.5 亿美元的股权公允价值变动收益。但是这些收益的标的物的股价正在下跌——Avici 下跌了 98%,从 1.78 亿美元下跌至 500 万美元。New Power 公司的股价从每股 20 美元跌至每股 6 美元,跌幅达 70%。安然将不得不发行股票来弥补这些亏损。Raptor 是一家 LJM 公司(一家由安然公司前任财务总监 Andrew Fastow 建立的公司)。在外行人看来,我们在隐藏关联公司的亏损,然后通过发行股票来弥补这些亏损。

---

⑥ “The Rise and Fall of Enron: The Financial Players.” *The Washington Post*. May 11, 2002. 见以下网址,http://www.washingtonpost.com/wp-srv/business/daily/articles/keyplayers_financial.htm。

> 我十分担心我们将被爆出会计丑闻。我在安然工作的 8 年将变得毫无价值。商界会将安然过去的辉煌视作会计舞弊的产物。Skilling 声称他辞职是由于“个人原因”,但我认为他是惧怕了,对未来不抱幻想,已看到问题不可扭转。在船沉没之前逃离,以免两年以后声誉蒙羞。
>
> 我们的会计专家们是否能退出这些交易?我对这个问题进行了反复思考,但是我总是回到一个最大的问题上——我们在 1999 年和 2000 年记录了 Condor 和 Raptor 交易,当时我们享尽了股价上涨带来的好处,很多管理层在高价抛售了股票。我们在 2001 年想退出这些交易,类似于 1 年前抢劫了银行,2 年后想去还钱。投资者们将会遭受损失。他们在 70 元或 80 元的价位买入股票,期望着能涨到 120 元,但现在却跌到 38 元或更低。我们被太多人关注了,或许还有几个心怀不满的前雇员知道我们这些“有趣”的会计内幕,等着我们陷入麻烦。
>
> 我们该怎么做?我知道这个问题不能在全体员工大会上提出,但请保证你和 Causey 将坐下来仔细客观地讨论 Raptor 和 Condor 交易在 2002 年和 2003 年该怎么办。
>
> (Sherron Watkins 给安然首席执行官 Kenneth Lay 的信,2001 年 8 月 15 日,仅第 1 页)

两个月以后,安然在 2001 年第三季度季报中出现了 6.18 亿美元的亏损,股东权益减少了 12 亿美元。亏损的原因在于由财务总监 Andrew Fastow 运营的一家合伙企业。Andrew Fastow 为安然创立并运营了若干资产负债表外合伙企业,同时也使自己获利。在他在安然就职期间,Fastow 因管理合伙企业获得了大约 3 000 万美元的管理费。

安然第三季度亏损的消息造成其股价大幅下跌。Lay 甚至在 10 月 28 日致电美国财政部长 Paul O'Neill,告知他安然的财务困境。安然的困境因 11 月 8 日的另一则公司公告而加剧——安然在过去 4 年间高估利润 5.86 亿美元,同时还有合计 30 亿美元的负债没有被披露过。这则新闻让安然的股价进一步下跌。

尽管有这些负面消息,Lay 仍告诉员工安然的股价被低估了。讽刺的是,他自己也在出售公司的股票。Lay 是为数不多的几个在股价彻底崩盘前售出了其持有的大部分公司股票的员工之一。2001 年 8 月,他出售了 93 000 股股票,获利 200 万美元。

不幸的是,大部分安然员工没有机会变现他们的投资。安然大部分员工的退休基金中包括大量的安然股票。安然于 2001 年 10 月底更换员工退休基金管理人,使得员工退休基金被暂时冻结。11 月 8 日的公司公告正好在退休基金冻结期间发布,使得退休基金处于瘫痪状态。当员工们最终可以掌管他们的退休基金账户时,安然的股价已经从最初的每股 100 多美元跌至每股 10 美元以下。

公司的救星不久就出现了。Dynegy Inc. 和 ChevronTaxaco Corp.(Dynegy 的一个大股东)几乎就挽救了安然。他们发布了一个以价值 80 亿美元的现金和股票收购安然的临时计划。但不幸的是,在安然的信用评级在 11 月末被评为“垃圾”级时,二者撤销了这一收购计划。安然无法阻止自己被信用评级机构降级,期间还曾向布什政府寻求过帮助。

在 Dynegy 正式撤销其收购计划后,安然于 2001 年 12 月 2 日根据《破产法》第 11

条申请破产保护。申请破产的消息使得公司股票进一步下跌至每股 0.4 美元。2002 年 1 月 15 日，纽约证券交易所暂停了安然股票交易，并开始进入处理安然的退市程序。

理解安然事件时，很重要的一点是，对损益表的修正很大程度上并不是由于"技术性"的会计处理问题。那么，是什么原因使得这些大额修正成为必要的呢？在事件最后，安然股票的大幅下跌触发了安然的一系列合同义务，而这些合同义务之前并没有在其报表中披露。这在某种程度上是由于安然滥用了会计准则的漏洞。对于安然一些会计处理的分析有助于我们理解这一情况。

"特殊目的实体"

由于位于安然有争议的商业模式和会计处理核心，"特殊目的实体"（SPEs）一词几乎成为安然的同义词。SPEs 是为了达到某种特定目的而成立的法律实体。例如，公司有时为了注销资产而成立 SPEs。在 2001 年会计准则相关规定下，在确定了哪些资产将被出售给 SPEs 后，出售公司可以使用投资作为担保，投资的价值不低于将被出售资产价值的 3%。公司将其资产转移至 SPEs，SPEs 则通过发行股票或承担债务来购买这部分资产。[7] 售出资产的公司因此确认资产出售收入，并将售出资产及其相关的负债从账面注销。这一交易中，外部投资者承担了部分风险。一旦 SPEs 经营失败，外部投资者的权益将无法得到保证。[8]

虽然 SPEs 在美国公司中十分普遍，但它也是很有争议的。一些人认为，SPEs 是"会计准则的漏洞"[9]。会计准则规定，一家公司拥有其他公司超过 50% 的股权时，应将其他公司纳入其合并报表范围。但是在 2001 年对 SPEs 的规定不是这样的。以下是摘自《商业周刊》2001 年的文章：

> 在会计准则委员会的规定下，一家公司只要在 SPEs 拥有的股权是 3%，就不必将 SPEs 纳入合并报表范围，这一规定是有争议的。1990 年，会计师事务所要求 SEC 认可在 80 年代已经普遍执行的这种 3% 惯例。SEC 虽然不喜欢这种处理方法，但也没有拒绝。SEC 随即要求 FASB 制定更严格的准则，使公司将其实际控制的企业纳入合并报表范围。FASB 对此出具了两个准则修订初稿，但始终没有完成这一工作。直至 2002 年 5 月，SEC 仍在等待 FASB 的新准则。[10]

SPEs 是合法的商业运作手段，但安然公司却利用一系列 SPEs、掉期工具以及复杂的法律术语，使得大量负债没有在资产负债表中体现。安然公司设立了上百个 SPEs。通过精心构建 SPEs 的结构、利用会计准则中对 SPE 的规定，安然成功地使得大量 SPEs 成为表外项目。在这些 SPEs 中，有三个 SPEs 在国会听证会及法律调查中频繁出现，它

---

⑦ 自从安然公司破产后，财务会计准则委员会（FASB）更改了合并要求，在目前防止滥用的其他规定基础上增加了至少百分之十的外部投资的要求［见 FASB 的会计准则汇编（ASC）805 和（ASC）810］。

⑧ The FEI Research Foundation. 2002. *Special Purpose Entities: Understanding the Guidelines.* Accessed at http://www.fei.org/download/SPEIssuesAlert.pdf.

⑨ Henry, David, "Who Else is Hiding Debt?" *Business Week.* May 11, 2002. 见以下网址，http://www.businessweek.com/magazine/content/02_04/b3767704.htm。

⑩ 脚注同上。

们就是 Chewco、LJM2 和 Whitewing。

Chewco 由安然管理层于 1997 年创建。该公司与持有天然气管道股份的另一家安然的合伙企业的投资关联。安然的财务总监 Andrew Fastow 被任命为这个 SPEs 的管理人。为了规避 Fastow 在安然和 Chewco 同时任职可能引起的利益冲突披露要求，Fastow 任命安然国际融资公司的执行董事 Michael Kopper 作为 Chewco 名义上的管理人。Fastow 和 Kopper 任命了若干 Fastow 的亲属担任 Chewco 的董事。在一系列的交易中，另外一系列的合伙企业被设立，以掩饰 Kopper 在 Chewco 的投资。Kopper 对 Chewco 的初始投资为 12.5 万美元，在 2001 年 3 月安然公司收购 Chewco 时，他得到了 1 005 万美元的补偿。[11] 令人惊奇的是，在随后的调查中，Kopper 的身份一直没有被发现。Ken Lay 甚至告诉调查人员他并不认识 Kopper。而 Kopper 在 2002 年 1 月还一直在担任他的管理员角色。[12]

LJM2 于 1999 年 10 月设立，设立 LJM2 的目的主要是收购安然的资产。同 Chewco 类似，LJM2 也由 Fastow 和 Kopper 管理。为了加强公司的专业技能，LJM2 雇用了普华永道会计师事务所和 Kirkland & Ellis 律师事务所。安然利用 LJM2 处置不良资产、使其不再纳入合并财务报表。安然同 LJM2 的交易为 LJM2 的投资人带来了 30% 的年收益率。

另外一个重要的 SPE 是 Whitewing 合伙企业，它收购了安然公司在 20 世纪 90 年代中期购买的位于印度、土耳其、西班牙以及拉丁美洲的一系列能源设施、运输管道和水利工程。Whitewing 合伙企业是安然公司从能源供应商向能源合约交易商转变的重要一环。安然通过 Whitewing 出售了大量的能源资产。

在同 Whitewing 的交易中，安然私下向 Whitewing 的投资者保证，如果 Whitewing 购自安然的资产贬值，安然将用其股票补偿投资者。安然股东们并不知道的这部分负债在 2001 年 11 月达到了 20 亿美元。2001 年 10 月，安然的股票被评级机构降级以后，这部分负债浮出水面。这次降级触发了安然同 Whitewing 之间的协议条款，导致安然必须向 Whitewing 的投资者赔偿 6.9 亿美元。也就在这部分负债出现以后，安然同 Dynegy 的谈判破裂。安然无法延期支付这部分赔款，被迫披露了这部分负债，投资者们大为震惊，这进一步导致了安然在两个月之后的破产。

除上述的合伙企业之外，安然还开发了一种名为“Raptors”的金融工具。这种工具以安然股票为担保，用来减少安然公司的投资组合带来的风险。简而言之，只要安然公司的股票继续表现良好，“Raptors”工具就能弥补安然的投资损失。安然同时还通过衍生金融工具掩盖负债，利用会计准则的漏洞，将来自华尔街的巨额贷款确认为金融掉期工具，在 1992—2001 年间累计掩盖了 39 亿美元的负债。其中，大约 25 亿美元的负债发生在安然申请破产之前的 3 年间。这些负债连同安然已经在报表中披露的 80 亿—100 亿负债，导致了安然的破产。由于这些业务按照套期活动处理，安然得以掩盖其借

---

[11] The Fall of Enron; Enron Lawyer's Qualms Detailed in New Memos. *The Los Angeles Times*. February 7, 2002. Richard Simon, Edmund Sanders, Walter Hamilton.

[12] Fry, Jennifer. "Low-Profile Partnership Head Stayed on Job until Judge's Order." *The Washington Post*. February 7, 2002.

款的增加(这将导致贷款人的警觉),新的借款融资被看上去是被商品贸易的套期掩盖。[13]

会计准则的作用

在安然管理层掩盖负债的活动中,GAAP 存在的缺陷也是他们成功的原因之一。GAAP 中列出的一些特别标注的条款看起来更像是税法或刑法。一些业内人士声称,准则的制定者试图列举出所有可能的具体情况,创建可以解决所有想象到的情况的统一会计处理模式。但是,过于具体的条款使得一些聪明的律师、投行人士和会计师能够创造公司或交易来实质上绕过准则规定,同时表面上看起来还是严格遵守了准则。

SEC 的首席会计师 Robert K. Herdman 在其国会听证会的证词中描述了规则导向会计准则和原则导向会计准则的区别:

> 规则导向会计准则通过非常详细的具体规定,为每种可能出现的情况都列出了对应的处理方法。这种准则鼓励通过打钩的方式完成报告编制,避免了财务报表中可能做出的重大判断。规则导向会计准则包括衍生金融工具、员工股票期权以及租赁的准则。当然,问题也随之产生。在规则导向会计准则下,会计人员和审计师难以判断会计处理的结果是否同准则的初衷一致。[14]

一些例子证明,安然既没有遵循会计准则的精神,也没有完全按照准则的条款严格执行(例如,通过对外部 SPEs 担保规避可能的损失)。安然对 Fastow 涉及的 SPEs 也没有严格按照准则披露。

会计准则的漏洞使得安然成功地在安达信事务所审计后的报表中没有披露大量公司负债(见《商业周刊》对此内容的总结)。对于这种会计准则的滥用,许多人问道:“在安然虚报财务数据、误导投资者的时候,安达信去了哪里? 安达信本该充当安然公司的监督员。”

附件 2　安然和安达信之间的较量

在安然事件调查过程中披露的大量备忘录中,安然和安达信的较量浮出水面。安然公司不时设立一些特殊目的实体或联营企业,进行会计创新。安达信的审计人员一次又一次地提出这些会计处理不符合合法的商业目的。“事实上,除了未来的收益以外,没有任何东西被出售”,安达信的合伙人 Carl E. Bass 在 2001 年 3 月 4 日的一封电子邮件中写到。

但是这种较量之间的底线非常清楚:如果安达信不能拿出一条反对这种处理的准则条款,那么安然会坚持使用这种处理方法。

---

⑬ Altman Daniel. “Enron Had More Than One Way to Disguise Rapid Rise in Debt,” *The New York Times*, February 17, 2002.

⑭ Herdman, Robert K. “Prepared Witness Testimony: Herdman, Robert K.”, US House of Representatives. 见以下网址, http://energycommerce.house.gov/107/hearings/02142002Hearing490/Herdman802.htm。

现在会计准则制定者们打算改变这种情况：通过削减目前 10 万多页的会计准则的篇幅，使会计准则的规定得以更加简单、宽泛，如在租赁和掉期交易的处理上。

这一做法的支持者们（以 SEC 主席 Harvey L. Pitt 为首）认为，会计准则回归简单可以为投资者构建一个更加清晰的画面，同时使得审计师可以更多地关注财务记录是否合乎商业逻辑。原则导向的准则还可以迫使公司客户承担责任，提供更多的证据以证明其会计处理遵循了准则。SEC 首席会计师 Robert K. Herdman 说："我们现在的准则，导致华尔街和其他的一些人创造出的各类业务表面上合规合矩，但却违反了规则的意图，模糊了经济业务的实质。"

资料来源：《商业周刊》，2002 年 5 月 20 日。

安达信的角色

投资者和社会公众均认为，安然公司的管理层不是应该为安然公司覆灭承担责任的唯一罪魁。不少人将矛头也指向了安然的审计师安达信事务所。安达信在 1997—2000 年间连续为安然公司出具了无保留意见的审计报告，却在随后认为大规模的利润调整是必要的。安达信同安然的业务最终摧毁了这家事务所——在 2001 年前，全球商界都认为这是不可能的。讽刺的是，安达信倒闭的原因同安然一样——客户和商业伙伴对其失去了信心。

安达信早期

安达信原名为 Andersen, Delaney & Co，由芝加哥西北大学的一名会计系教授 Arther Andersen 于 1913 年创立。由于能够同客户的激进会计处理进行抗争，Andersen 迅速成为一名深受公众信赖并在全国享有很高声誉的审计师：

> 1915 年，Andersen 要求他的一个客户，一家船运公司在报表中披露公司一艘货船沉没有关的成本，这艘货船在会计期间结束后、Andersen 出具审计报告前沉没。这是首次有审计师为了财务报告的准确性而要求进行此类披露。[15]

虽然安达信的声誉来自它的创始人，安达信事务所还是将这种声誉保持了很多年。安达信经常强调的理念之一是"There is Andersen way and the wrong way"以及"do the right thing"。安达信是 20 世纪 80 年代唯一一家支持年金准则修订的会计师事务所，当时这一准则的修订遭到了大多数事务所和公司的反对，反对者中包括许多安达信的客户。[16] 更加讽刺的是，在安达信覆灭之前，安达信曾经支持对一些准则进行严格化，以限制类似于安然公司这样的会计准则滥用，避免公司将负债不计入报表。

---

⑮ Brown, K., et al., "Andersen Indictment in Shredding Case Puts Its Future in Doubt as Clients Bolt," *The Wall Street Journal*, March 15, 2000.

⑯ 脚注同上。

安达信失去信誉

安达信曾被视为会计师事务所中的明珠，但在安然事件之前，安达信的声誉已经开始受到损害，它卷入了一系列的 SEC 调查。SEC 开始对安达信在废物管理公司、环球电讯公司、Sunbeam 公司、Qwest 通信公司、亚利桑那州教士基金会和世界电信公司等公司的财务报表审计情况进行调查。2001 年 5 月，安达信用 1.1 亿美元的代价和解了对其在 Sunbeam 公司审计中的欺诈指控。2001 年 6 月，安达信用 700 万美元的代价同 SEC 就 Waste Management 公司审计案件在既不承认也不否认过错的基础上达成和解。安达信随后还同 Baptist Foundation of Arizona 公司的投资人达成和解，代价是 2.17 亿美元（由于面临清算，安达信随后反悔了这一条款）。由于这一系列的丑闻和广泛的公众关注，安达信发现在将正直、独立性和信誉视为首位的审计市场上，它一向正直的声誉已经开始丧失。

安达信对安然的审计

2001 年，安然成为安达信最大的客户。虽然安达信也认识到安然是高风险客户，但安达信无法对安然说不。

> （安达信）在对安然的审计中发现了 5 100 万美元的错报，但其最终没有对这些错报进行调整。在审计安然公司 1997 年的财务报表时，安达信曾要求安然进行调整，将其当年的收入从 1.05 亿美元调减至 5 400 万美元，减少近一半。安然最终没有接受这些调整，而安达信最终还是为安然出具了无保留意见的审计报告。[17]

安达信的首席执行官 Joseph F. Berardino 在其对国会的证词中称，向安然提出对 1997 年经营成果的 5 100 万美元的调整建议后，安达信认为这些调整是“不重要”的。[18]国会听证会和商界均指责，安达信之所以不能公正地对安然进行审计，是因为安达信从安然获得的巨额费用和其向安然提供的多种业务混合。

2000 年，安然共向安达信支付 5 200 万美元——其中 2 500 万美元用于审计，另外 2 700 万美元用于咨询服务。安达信不仅担任安然的外部审计师，同时还履行安然的内部审计职责。这是 2002 年《萨班斯-奥克斯利法案》出台前会计师事务所的普遍做法。讽刺的是，安然的 2000 年年报中披露，安达信当年为安然执行主要业务时，还评估了管理层对内部控制有效性的判断。

亿万富翁、投资大师巴菲特这样总结经常因为收受巨额服务费引起的认定的利益冲突：“虽然审计师应该将公众投资者视为他们的客户，但他们更倾向于将聘用他们并付钱给他们的公司高管作为客户”。巴菲特还引用一个古老的谚语说明这种情况：

---

[17] Hilzenrath, David S., “Early Warnings of Trouble at Enron.” *The Washington Post*. December 30, 2001. 见以下网址，http://www.washingtonpost.com/wp-dyn/articles/A40094-2001Dec29.html。

[18] 脚注同上。

"Whose bread I eat, his song I sing"(吃人嘴软,拿人手短)。[19]

还有证据显示,安达信在安然覆灭之前接近一年,就已经了解安然的糟糕状况。据一封 2001 年 2 月 6 日的内部邮件显示,安达信曾经考虑过放弃安然这个客户。这封邮件是由一名合伙人发送给当时安然项目的主管合伙人 David Duncan 的。邮件中列举了安达信对于安然项目的内部会议情况。邮件的摘要参见附件 3。

附件 3　安达信关于安然项目的内部邮件

发件人: Micheal D. Jones,休斯敦,2541
发送时间:2001 年 2 月 6 日,周二上午 8:24
收件人: David B. Duncan, Thomas H. Bauer
主题:安然项目会议

Dave,我不确定你是否会记录昨天的会议,我的要点如下(这些要点不是十分详细,但我不知道你打算记录到多详细的程度)。如果你将记录此次会议,请通知我(可能我们需要对于会议如何记录进行一些简单的讨论)。

参会人:
通过电话方式:Samek, Swanson, Jeneaux, Jonas, Kutsenda, Stewart
休斯敦:Bennett, Goddard, Goolsby, Odom, Lowther, Duncan, Bauer, Jones

对于安然同 LJM 之间的关联方交易进行了重点讨论,讨论该交易对安然损益的影响以及该交易未在报表中披露的部分。讨论重点在于 Fastow 同时担任安然财务总监以及 LJM 基金管理人带来的利益冲突、Fastow 因参与 LJM 获得的报酬金额、该交易在财务报表附注中的披露、安然董事会对该类交易的态度、我们同安然管理层的沟通如何向董事会汇报、我们能够切实获得该交易经济实质的了解需要进行的测试。

讨论还涉及安然董事会在 LJM 交易上是否有反对票,David B. Duncan 称他不认为有反对票的存在,同时还对安然同 LJM 交易的审批流程进行了解释。

讨论的另一个问题是安然的 MTM 收益以及它的"聪明的赌博"性质。我们讨论了安然的风险管理程序,包括授权限制、价值评估以及头寸监控措施。

我们讨论了安然依赖于它目前的信用评级来维持其高授信额度交易伙伴的定位。

我们讨论了安然需要依赖某些业务来支持财务目标。事实上,安然经常进入没有详细规则的商业领域,并采用激进的会计处理方法。我们讨论了审计项目组内部的沟通、向休斯敦管理层咨询项目管理方式,以确保我们的决策经过集体讨论。

---

[19] Hilzenrath, David S., "Early Warnings of Trouble at Enron." *The Washington Post.* December 30, 2001. 见以下网址,http://www.washingtonpost.com/wp-dyn/articles/A40094-2001Dec29.html。

最终,会议决定继续保留安然这个客户,我们认为有足够的专业人员和技能来为安然服务、管理项目组风险。我们还讨论了服务收费是否会导致影响独立性的问题。我们认为收费数额不是问题,关键是收费的性质。考虑到我们已经提供的全方位的服务,我们每年的收费可以达到1亿美元。只要提供服务的性质没有问题,收取费用的多少就不会成为问题。

除上述重要问题之外,对于会议 PPT 的每个问题均进行了不同层次的讨论。

尚需解决的问题:

(1) 向 SEC 咨询 Andy Fastow 和(或)LJM 是否应列入合并报表范围;

(2) 建议董事会组成一个特别委员会,审阅 LJM 交易的公允性(或者其他方式,以确定 LJM 交易对安然来说是公平的,例如,关注竞标价格);

(3) Andy Fastow 当时为什么把普华永道换成毕马威,而没有选择安达信作为其审计师。考虑到安达信可能存在的利益冲突,Andy Fastow 不应选择安达信作为 LJM 的财务顾问。

(4) 关注安然对于交易和问题的记录和考虑;

(5) 安达信需要及时将最终的业务结构形成文件,以便保证整体结构的一致。

对安达信的指控

尽管安然公司大规模修正财务数据的行为引发了公众对于安达信事务所执行审计业务和发表的审计意见的质疑,但最终导致安达信覆灭的是 2001 年 10 月、11 月安达信销毁相关底稿的行为以及 2002 年 3 月对于安达信的联邦起诉。对安达信的刑事控告与安达信在联邦检察院开始对安然公司破产进行调查之后、销毁安然公司审计资料有关。指控书称,安达信为了避免被发现可能的违法行为,销毁了大量安然项目审计工作的底稿和文件。联邦政府指控安达信事务所休斯敦办公室的合伙人在安达信芝加哥全国总部律师的授意下销毁了这些文件。美国司法部认为,安达信在得知 SEC 开始对安然事件进行调查后,在安达信收到 SEC 的正式传票之前进行了这些销毁行为。安达信在 11 月 8 日收到 SEC 对安然审计项目相关底稿的传票后,停止了销毁行为。

安达信否认其全国总部律师建议进行销毁行为,而辩称这些销毁行为是休斯敦办公室的个别员工为了挽救其自身声誉进行的。没有确切的证据表明是谁授意了这些销毁行为,也没有证据表明哪些文件被销毁了。

司法部指控的核心基于一封电子邮件,这封邮件由安达信的法律顾问 Nancy Temple 转发给安达信休斯敦办公室的安然项目合伙人 David Duncan。信中说道:“也许应该向项目组成员强调我们的文件记录和保存政策,确保我们遵循的这些政策是必要而有帮助的。如果有任何问题请与我联系。”[20]

[20] Temple, Nancy A. Email to Michael C. Odom, “Document Retention Policy” October 12, 2001.

司法部认为,安达信法律顾问的邮件其实是在提示安达信总部的政策,将按照规定应该销毁的文件及时销毁。安达信辩称,这个声名狼藉的内部邮件只是律师在督促事务所严格执行内部文件管理规定,并没有妨碍政府调查的意图。理解这一问题很重要的一点是,一旦事务所或个人得知政府准备进行调查,即使没有收到传票,任何销毁可能构成证据的相关文件资料都可以被认定为“妨碍司法”。

2002 年 1 月,安达信基于 David Duncan 在销毁文件事件中扮演的角色,解雇了这位安然项目的审计合伙人。David Duncan 在随后的证词中声称,他一开始并不认为他的行为是错误的,并针对妨碍政府调查的指控进行无罪辩护。David Duncan 还在 2002 年 3 月 20 日同安达信达成了共同辩护协议。但是,在“对当时内心的想法进行深入反省”后,David Duncan 不久就决定对妨碍司法公正的指控认罪。[21]

在对安达信妨碍司法公正的案件调查中,David Duncan 作为联邦政府的证人出场,承认他当时下令进行文件销毁是由于收到了法律顾问发来的关于文件保存政策的邮件。他还在证词中说,他想销毁那些可能被用来指控安达信的文件。[22]

虽然被判处妨碍司法公正,安达信还是继续寻求上诉。安达信向新奥尔良的第五巡回法庭提出了上诉。第五巡回法庭拒绝推翻原判决,安达信继续向美国最高法院提起上诉。安达信认为之前的法庭审理中“法官在陪审团决定安达信销毁安然审计相关文件不当行为性质时,提供指导不力”。[23] 最高法院认同安达信的说法,于 2005 年 5 月 31 日推翻了之前法院的判决。

不幸的是,最高法院的判决并没有对安达信的未来产生影响。2005 年,安达信只剩下 200 名雇员,其中大部分人都在应对针对安达信的法律诉讼,剩余的人管理安达信为数不多的资产。最高法院的判决有助于安达信个别合伙人应对针对他们个人的法律诉讼。这一判决同时还使得政府在对个人或公司妨碍司法公正方面的起诉变得更加困难。

安达信的终结

2002 年年初,安达信继续寻求被剩余四大(普华永道、毕马威、安永及德勤)中的某一家收购。最可能的情况是安达信被德勤整体收购。但在决定公布收购消息前几个小时,双方的谈判宣告破裂。收购中最大的障碍是买方担心一旦整体收购了安达信,可能会被要求承担与安然案件有关的诉讼导致的负债和责任。

在安然事件后,安达信开始迅速失去客户。至 2002 年 6 月,安达信已经失去了超过 400 家上市公司客户,其中包括许多长期合作的高端客户。[24] 失去的客户包括 Delta Air Lines,FedEx,Merck,SunTrust Banks,Abbott Laboratories,Freddie Mac 以及 Valero Energy Corp。除了失去客户外,安达信全球范围的成员所开始加入其他会计师事务所和

㉑ Beltran, Luisa, Jennifer Rogers, and Brett Gering. “Duncan: I Changed My Mind.” cnnfn. com. May 15, 2002. 见以下网址,http://money. cnn. com/2002/05/15/news/companies/andersen/index. htm。

㉒ Weil, Jonathan, Alexei Barrionuevo. “Duncan Says Fears of Lawsuits Drove Shredding.” *The Wall Street Journal*. New York. May 15, 2002.

㉓ Bravin, Jess. “Justices Overturn Criminal Verdict in Andersen Case.” *The Wall Street Journal*. New York. May 31, 2005.

㉔ Luke, Robert. “Andersen Explores Office Shifts in Atlanta.” *The Atlanta Journal-Constitution*, May 18, 2002.

咨询公司。安达信被迫将其咨询业务分部以2.84亿美元的价格出售给了毕马威,其税务业务的大部分被德勤购买。

2002年3月26日,安达信全球首席执行官Joseph Berardino辞去首席执行官的职位,但仍继续留在安达信。为了挽救事务所,安达信雇用了前任联邦储备局主席Paul Volcker担任监督委员会的主席,试图领导安达信重振声誉。Paul Volcker建议安达信将其审计业务和咨询业务分拆,他领导的七人小组接管了安达信,并试图通过改革恢复安达信的声誉。监督委员会的挽救行动能否成功,取决于安达信是否能摆脱安然事件的犯罪诉讼。由于安达信无法说服司法部撤销对其的指控,Paul Volcker于2002年4月中止了监督委员会的挽救行动。

不论结果如何,美国联邦起诉安达信妨碍司法公正的重罪对安达信来说是致命的。215年的美国金融历史上,从来没有一家财务服务机构能够在妨碍司法公正的指控下幸存,安达信也不会是第一个幸存者。在2002年6月15日,当安达信还没有因妨碍司法公正被判定有罪时,它就和其他公司一起,控告美国司法部严重滥用政府权力,并宣称将对此裁决提出上诉。然而,安达信却在2002年8月31日停止了上市公司审计业务。

要求

[1] 安然公司面临哪些商业风险?这些商业风险如何增加了安然公司财务报表出现重大错报的可能性?

[2] (a) 公司董事会的职责是什么?(b) 安然公司的董事会(特别是审计委员会)是否本来可以阻止安然公司的覆灭?(c) 董事会是否应该知道安然公司的SPE明显地缺乏独立性及其?他们为此应该做什么?

[3] 用自己的语言叙述安然如何通过SPE掩盖巨额负债。

[4] 审计师为同一客户提供外部审计、内部审计及咨询服务,会带来哪种独立性问题?提供理由说明审计师可以为同一客户提供上述三种服务;再找出审计师不应该为审计客户提供非审计业务服务的理由。你的观点是什么?说明原因。

[5] 原则导向会计准则和规则导向会计准则之间的区别是什么?会计准则从具体条款转为原则导向如何能够防止安然事件再次发生?一些人认为,向国际会计准则的过渡是向原则导向迈出的一步,消除具体规则是否存在危险?它可能会带来哪些困难?

[6] 安然和安达信由于失去诚信而遭受重创。一些人认为,安然覆灭的原因其实是一种"银行挤兑"现象。一些人则认为,安达信之所以灭亡,正是"银行挤兑"的后果,它的客户在短时间之内大量逃离,导致了它无法继续生存。这种"银行挤兑"观点是否正确?为什么?

[7] 从安然和安达信的覆灭中,你能学习到什么?举例说明卷入(或者只是形式上卷入)不道德或违法行为将会如何影响你的职业发展。其他人可能对你的正直提出哪种质疑?你将如何行动以维护你的声誉?

[8] 为什么审计合伙人在会计处理方面同客户观点不一致时需要据理力争?注册会计师行业应该通过哪种行动来消除审计师面临的阻力?

[9] 为了使得注册会计师行业和国家的财务报告系统重获公众的信任,已经做了哪些努力?你认为还应该采取什么措施?

案例 4.2 Comptronix 公司

——识别固有风险和控制风险*

学习目标

在学习和讨论本案例后,你可以:

[1] 了解管理层如何能够操纵财务报表进行舞弊。

[2] 识别增加财务报表舞弊可能性的关键性固有风险因素。

[3] 识别增加财务报表舞弊可能性的关键性控制风险因素。

[4] 了解公司治理中,有效监控管理层行为的重要性。

[5] 确定审计师在识别、揭示管理层凌驾于内部控制制度的风险承担的责任。

简介

对于位于阿拉巴马州 Guntersville 的 Comptronix 公司来说,一切似乎很美好,直到 1992 年 11 月 25 日爆出丑闻,称该公司存在舞弊行为。媒体报道称该公司的三名高管在过去三年中一直在虚构利润。该公司的股票价格在一天之内下跌 72%,由前一天收盘时的每股 22 美元下跌至当日收盘时的每股 6.125 美元。[①]

SEC 在随后的调查中发现,该公司的首席执行官、首席运营官和财务总监互相勾结,通过虚构交易来虚增资产和利润。这三名高管绕过了公司的内部控制制度,使得公司其他人不知道他们的舞弊行为。在三名高管向董事会坦白其虚增资产和收入、少计费用的行为后,这一切才为世人所知晓。这三名高管随即被停职。

几天之内即有人提出对该公司和其三名高管的诉讼。很快,公司董事会组建了特别调查委员会来调查过往的财务报表舞弊行为,同时还任命了执行团队来接管公司的运营。安达信会计师事务所被请来进行详细的舞弊调查。

阿拉巴马州小镇的居民都被这一消息震惊。为什么舞弊会发生在离他们如此之近的地方?是不是有一些他们没有关注到的蛛丝马迹?

---

* 该案例是由北卡罗来纳州立大学的 Mark S. Beasley 博士、Frank A. Buckless 博士以及杨百翰大学的 Steven M. Glover 博士和 Douglas F. Prawitt 博士编写的,作为课堂讨论的基础。案例并未试图说明对一种管理情境的处理方法是否有效。

① "Company's profit data were false," *The New York Times*, November 26, 1992, D:1.

背景

Comptronix 公司总部设在美国阿拉巴马州的 Guntersville,Guntersville 约有 7 000 人口,距离阿拉巴马州的 Huntsville 约 35 英里。该公司为电子产品制造商提供外包加工服务,主要生产个人电脑和医疗器械的电路板。临近的 Huntsville 迅速崛起的电子产品产业为 Comptronix 公司的产品提供了巨大的市场。除阿拉巴马州之外,Comptronix 公司还在加利福尼亚州的 San Jose 和科罗拉多州的 Colorado Springs 开设了工厂。Comptronix 公司在三地总计雇用员工 1 800 人,是 Guntersville 最大的就业单位之一。

Comptronix 公司组建于 20 世纪 80 年代初期,由三名曾在临近的 Huntsville 电子行业工作过的人创建。这三位创始人随即成为 Comptronix 公司的高管。William. J. Hebding 担任董事长及首席执行官,Allen L. Shifflet 担任总经理及首席运营官,J. Paul Medlin 担任财务总监。在创建 Comptronix 公司之前,三人均在 SCI 系统公司工作,该公司是一家迅速成长的电子产品制造商。Hebding 于 20 世纪 70 年代加入 SCI 担任财务总监助理,随后结识了当时担任运营经理的 Shifflet。之后,Hebding 成为 SCI 公司的财务总监,并雇用了 Medlin 作为他的助理。三人同其他几个来自 SCI 的员工一起,于 1983 年年底组建了 Comptronix 公司。[②]

Guntersville 当地居民对 Comptronix 公司持欢迎态度,政府为公司提供了一座废弃的针织厂作为其办公所在地,当地银行为公司提供了优惠的贷款安排,这家银行的行长还出任了公司的董事。当地商界对于这家新设立的公司充满期望,希望能够借此拉动当地就业,促进经济繁荣。

在公司成立的最初几年,生意并不好做。1986 年 Comptronix 公司遭受亏损。当地政府为公司引进了风险投资。其中一家来自 Nashville 的风险投资基金距离 Comptronix 公司所在地仅 100 英里。风险投资的进入促进了公司 1987 年和 1988 年收入和利润的增长。在这两年强势业绩的带动下,公司于 1989 年在场外交易市场以每股 5 美元的价格公开发行股票并上市。[③]

会计舞弊[④]

SEC 的调查发现,三名高管主导下的舞弊行为在 1989 年公司上市不久后即开始。首席执行官 Hebding、首席运营官 Shifflet 和财务总监 Medlin 利用其职务之便,操纵了公司 1989—1992 年的财务报表。

他们的舞弊行为开始于 1989 年上报 SEC 的季度报告。他们通过将销售成本计入

---

② "Comptronix fall from grace: Clues were there, Alabama locals saw lavish spending, feud," *The Atlanta Journal and Constitution*, December 5, 1992, D:1.

③ 见脚注②。

④ Accounting and Auditing Enforcement Release No. 543, Commerce Clearing House, Inc., Chicago.

存货科目来虚增季度利润和利润率。该方法可以使他们多报存货,少报当月销售成本,进而导致多报当期毛利和净利润。三名高管在季度末通过手工调整账目来虚构利润。有消息称,他们的动机是 1989 年公司的主要客户被这些高管的前雇主 SCI 公司抢走。

三名高管能成功操纵季度报告的部分原因在于季度报告未经过审计师审计。然而,到了 1989 年年底,由于年度报告需要经过审计,三人开始担心在年度报告审计中,他们的舞弊行为会被外部审计师发现。为了欺骗审计师,他们精心设计了一个计划来掩盖其不恰当的成本结转。因为他们担心审计师在期末测试中会仔细检查存货,他们删除了季度报告中计入存货科目的成本,将这些成本又转回到销售成本中。同时,为这些冲销的存货虚构了产品销售和相关的应收账款,这样反过来又造成了收入和应收账款虚增。

这些操作的结果是,公司在中期报告中少报销售成本多报存货,在年度报告中多报销售额和应收账款。第一次成功在年度报告中虚构销售额和应收账款后,不久他们开始在季度报告中用相似的手法虚构销售额和应收账款。

为了使审计师相信销售和应收账款是真实的,他们让 Comptronix 公司向虚构的客户开出了支票,设计了一套复杂的舞弊程序。首先,他们记录虚构的设备采购,虚增了存货和应付账款。随后,董事长兼首席执行官 Hebding 和财务总监 Medlin 向虚构的供应商开出支票。但他们不将支票寄出,而是将其存入公司的报销账户,并在账面记录中同时减少应付账款和应收账款。这种设计使得公司能够同时减少应收账款和应付账款,同时在损益表上记录虚构的收入。

这种会计舞弊持续了四年,从 1989 年年初一直延续到 1992 年 11 月。1992 年 11 月,三名高管承认了他们的舞弊行为。SEC 在随后的调查中发现 1989—1991 年,Comptronix 公司披露的年度报告均被严重粉饰。具体如下:

单位:千美元

	1989 年	1990 年	1991 年
销售额			
年报中披露的销售额	42 420	70 229	102 026
实际销售额	37 275	63 444	88 754
虚增销售额的金额	5 145	6 785	13 272
虚增销售额的比例	13.8%	10.7%	15.0%
净收入			
年报中披露的净收入	1 470	3 028	5 071
实际净收入	-3 524	-3 647	-3 225
虚增净收入的金额	4 994	6 675	8 296
每股收益(EPS)			
年报中披露的 EPS	0.19	0.35	0.51
实际的 EPS(亏损)	-0.47	-0.43	-0.34
虚增 EPS 的金额	0.66	0.78	0.85

（续表）

	1989 年	1990 年	1991 年
固定资产			
年报中披露的固定资产	18 804	26 627	38 720
实际的固定资产	13 856	15 846	20 303
虚增固定资产金额	4 948	10 781	18 417
虚增固定资产的比例	35.7%	68.0%	90.7%
所有者权益			
年报中披露的所有者权益	19 145	22 237	39 676
实际的所有者权益	14 151	10 568	18 778
虚增所有者权益的金额	4 994	11 669	20 898
虚增所有者权益的比例	35.3%	110.4%	111.3%

管理层的舞弊行为避免了公司在上述三年间披露亏损，这三年中会计舞弊所涉及的金额越来越大。[5] 这些舞弊行为同时也使得公司资产负债表中的固定资产和股东权益虚增。在 1991 年年底，公司固定资产被虚增了 90%，所有者权益被虚增了 111%。

公司的内部控制[6]

三名高管之所以能长期实行舞弊行为，是由于他们绕过了公司的内部控制。他们在正常的日常交易会计分录之外，手工输入分录，进行造假活动。为了避免舞弊行为被发现，他们尽可能地把其他员工排除在这种活动之外。

SEC 的调查发现，Comptronix 公司对于正常的设备采购有详细的书面记录（包括采购订单和接收单），但是对于虚构的交易，却没有相关书面记录。公司通常在相关的订单、发票、运输凭证互相匹配后批准现金报销，但是首席执行官 Hebding 和财务总监 Medlin 拥有可以凭发票批准现金报销的权限，因此他们能够绕过针对现金报销的内部控制。他们只需向负责付款的会计出示一张虚构的发票，会计就会按照发票上的金额开出支票。

针对销售额和应收账款的内部控制同样存在缺陷。通常，负责处理销售的会计会在系统中输入客户订单号以及需要运输物品的数量，系统会据此自动生成送货单和销售发票，销售发票和送货单随同商品被送达客户。但 Medlin 作为财务总监，拥有进入商品发出系统的权限。他可以在系统中输入虚构的订单，然后将生成的送货单和销售发票销毁，以确保它们不会被寄给相应的客户。随后伪造的客户付款由 Medlin 亲自计入现金收款日记账和应收账款明细账。

上述舞弊行为由公司高层直接操纵，同大多数公司一样，Comptronix 公司由高管团队负责日常运营，董事会只是对高管进行定期监督。

---

⑤　1992 财务年度的信息未予列示的原因，是因为舞弊行为在该年结束前已被揭露。

⑥　见脚注④。

公司于 1992 年 3 月公司股东大会前向 SEC 提交的报备文件显示，公司董事会有七名成员，包括时任董事会主席的 Hebding。在这七名成员中，首席执行官 Hebding 和首席运营官 Shifflett 代表公司管理层，占董事会全部人数的 28.6%。剩余五名董事不是公司的雇员，但是其中有两人与公司管理层有紧密的联系：一人是公司的法律顾问，另一人是公司大客户的副总裁。一般地，同公司管理层有如此密切联系的董事由于其客观性很难保证，被称为“灰色董事”。

董事会中其他三人同公司管理层没有明显的密切联系，其中一人是公司的合伙人，另一人是给公司提供贷款的当地银行家，他同时还兼任邻县一家银行的董事会主席。剩余一名董事是中国台湾一家零件生产厂的主席。上述董事中，除风险投资家于 1988 年加入董事会、大客户副总裁于 1990 年加入董事会外，公司其他的董事均从 1984 年开始任职。

每位董事每年能获得 3 000 美元的年薪，外加每次出席会议的 750 美元报酬。公司还授予每位董事 5 000 股的股票期权，行权价为授予日公司的股票市价。

1991 年，公司董事会召开了四次会议。董事会下设了审计委员会，负责推荐外部审计师的人选、审阅审计业务约定的范围、与外部审计师进行协商、审阅外部审计结果，以及联络董事会和内部审计师。审计委员会还负责审阅公司制定的各项制度，包括会计和内部控制制度。审计委员会由两名外部董事和一名“灰色董事”组成：一人为公司的法律顾问，另外两人为其他公司的首席执行官或主席。三人之中没有人具备财务相关经验。审计委员会在 1991 年召开了两次会议。

管理层的背景

公司于 1992 年 3 月公司股东大会前向 SEC 提交的报备文件提供了三名高管的背景资料：

William J. Hebding 任公司首席执行官兼董事会主席，负责公司销售和营销、财务和日常管理。他于 1984 年至 1992 年舞弊行为被揭露之前，担任公司的董事。他是 Comptronix 公司的最大股东，截至 1992 年 3 月 2 日，他持有公司普通股的 6.7%。在创立 Comptronix 公司之前，Hebding 于 1974 年至 1983 年 10 月在 SCI 系统公司工作。他于 1976 年 12 月至 1983 年 10 月担任 SCI 公司的财务主管和财务总监。1983 年 10 月，Hebding 离开 SCI，创立了 Comptronix 公司。Hebding 毕业于北阿拉巴马大学（North Alabama University），持有会计学学位，同时还是一位注册会计师。1991 年，Hebding 的年薪为 187 996 美元。

Allen L. Shifflett 担任公司总经理及首席运营官，负责公司的生产、工程技术和项目运营。他从 1984 年开始担任董事会成员，直到 1992 年该公司的舞弊被揭露。1992 年 3 月 2 日，他持有公司普通股的 4%（433 496 股）。Shifflett 于 1981—1984 年在 SCI 公司担任制造经理，1984 年 4 月离开 SCI，参与创立 Comptronix 公司。Shifflett 在弗吉尼亚理工学院（Virginia Polytechnic Institute）获得工程学学士学位。1991 年，Shifflett 的年薪为 162 996 美元。

Paul Medlin 担任公司的财务总监。Medlin 从阿拉巴马大学毕业后,加入 SCI,担任 Hebding 的助理。Medlin 未担任 Comptronix 公司董事会的职位。1989 年 11 月 1 日, Comptronix 公司董事会批准了一项给 Medlin 的 79 250 美元的个人贷款,用于资助他回购部分公司股票。该贷款为计息贷款,年利率为银行同期基准利率的 110%,于 1991 年 5 月 7 日偿还。1992 年 3 月的报备文件中没有提及 Medlin 的年薪。

公司同 Hebding 和 Shifflett 签有《雇用协议》,该《协议》于 1992 年 4 月到期。该《协议》约定,若公司于协议到期前非因不可抗力因素解除同 Hebding 和 Shifflett 的雇佣关系,他们将获得合同剩余期间内的约定薪资。若公司因不可抗力因素同二人解除雇佣关系,二人将在合同解除后一年内继续领取基本工资。

公司董事会下属的薪酬委员会管理公司的员工股票激励计划。薪酬委员会会适时向核心员工发放股票期权。薪酬委员会由三名外部董事构成,其中一人为公司的法律顾问,一人是公司大客户的副总裁,另一人是向公司投资的风险基金的合伙人。

SEC 的调查显示,在舞弊持续期间,三名高管均售出了大量 Comptronix 公司股票。通过内幕消息,他们获得了高于正常交易的收益。Hebding 和 Shiflett 避免的亏损合计超过 50 万美元,Medlin 避免了超过 9 万美元的亏损。为了表彰三人对公司业绩的贡献,公司还给他们分别发放了年终奖:Hebding,198 000 美元;Shifflett,148 000 美元;Medlin,46 075 美元。

报纸报道称,在舞弊行为被发现后,该公司引起了公众关注。《纽约时报》报道称,Hebding 和 Shifflett 长期以来在社会上积累的声誉随他们的职业生涯毁于一旦。《亚特兰大宪法报》报道称,Hebding 的婚姻失败,他奢侈的生活方式也引起了社区的一些潜在问题。Hebding 同公司的另外一名高管之间存在的矛盾也被曝光,该高管在 1989 年突然被解雇。随后人们发现,他是由于试图调查公司可能存在的问题而被降职和解雇的。⑦

Shifflett 离婚了然后再婚,他同他的第二任妻子在临近的镇子购买了一套豪华公寓,Shifflett 被曝光近年购置了大量房产。⑧

大家都深感震惊,他们原本认为这三个人是最不可能舞弊的。最终,他们突然向董事会自首的原因尚不可知。有人怀疑是一项正在进行的 IRS 税务调查导致了他们的舞弊行为被揭穿。

后记

在舞弊行为被曝光之后,三人均被停职,董事会任命了临时首席执行官和总经理来渡过难关。SEC 调查完成后,提出了针对三人违反 1933 年《证券法》和 1934 年《证券交易法》的指控。三人均未承认或否认其违法行为,但均表示在未来将不再有违法行

---

⑦ "A Comptronix founder, in 1989 suit, says he flagged misdeeds," *The Wall Street Journal*, December 7, 1992, A:3.

⑧ 见脚注②和"In town, neighbors saw it coming," *The New York Times*, December 4, 1992, D:1。

为,也均同意不再担任任何上市公司的高级管理人员。SEC 责令三人归还在舞弊期间避免的股票交易损失,以及获得的年终奖金,同时还对 Hebding 处以 10 万美元的罚款,对 Shifflett 处以 5 万美元的罚款。由于 Medlin 经济状况差,无力支付罚款,SEC 没有对 Medlin 进行罚款。

Comptronix 公司陷入了财务困境。公司于 1994 年将其 San Jose 业务分部出售,并最终于 1996 年 8 月申请破产保护。依据《美国破产法》第 11 章,公司提出重组方案后,得以继续经营。1996 年 9 月,公司宣布其已经将剩余的大部分资产出售,从而使得有担保债权人获得了全额赔偿。然而,无担保债权人遭受了严重损失,每美元债权得到了不足 10 美分的赔偿。

要求

[1] 审计准则中描述了审计风险模型。审计风险模型是用来确定审计程序的性质、时间和范围。请描述审计风险模型的要素,以及每个要素的变化如何影响审计师应该获取的审计证据。

[2] 审计风险模型中的一个要素为固有风险。描述审计师在评估固有风险时要考虑的典型因素。审计师在进行 Comptronix 公司 1989—1992 年的审计工作时应该注意哪些固有风险因素?

[3] 审计风险模型中的另一个要素为控制风险,请描述内部控制的五个要素。在 1989—1992 年的年度财务报表审计中,Comptronix 公司内部控制的哪些特征加大了控制风险?

[4] 董事会和审计委员会是公司治理的重要机制。

[a] 讨论允许管理层担任董事会成员的利弊,描述审计委员会的职责。

[b] Comptronix 公司的董事会和审计委员会有哪些优点和缺点?

[5] 上市公司必须以审计师审计过的 10-Q 表格向 SEC 报备。PCAOB 在 2003 年 4 月采用了现有的审计准则作为其中期准则,其中包括审计师审阅上市公司中期报表的指引。该指引可从 PCAOB 网站(www.pcaob.org)获得。研究该准则的内容,说明其对上市公司中期报表审阅的主要要求。为什么不是所有公司(上市公司和非上市公司)都请审计师对中期报表进行审阅?

[6] 你认为 Comptronix 公司的高级管理人员在一开始就不诚实吗?为什么一些诚实的人也会卷入类似于 Comptronix 公司的舞弊案件中?

[7] 审计准则说明,当存在三种情况时,一般表明存在舞弊。研究审计准则,简要描述这三种情况,并针对 Comptronix 公司舞弊案对这三种情况进行举例。

[8] 审计准则强调,管理层可能凌驾于内部控制,审计师应该在每个审计项目中关注管理层凌驾于内部控制的风险。

[a] 你认为"管理层凌驾"应该如何理解?

[b] 针对 Comptronix 公司舞弊案举例说明两种管理层凌驾于内部控制的情况。

[c] 研究审计准则,说明对审计师进一步发现"管理层凌驾于内部控制"的三个要求。

案例4.3 Cendant公司

——评估控制环境与财务报表舞弊风险*

学习目标

在学习和讨论本案例后，你可以：

[1] 描述注册会计师在考虑公司内部控制方面的责任。

[2] 描述注册会计师在发现公司因舞弊行为导致的重大错报方面的责任。

[3] 识别在CUC公司的审计过程中表明的其可能存在内部控制缺陷的情况（CUC公司是Cendant Corporation的前身）。

[4] 识别在CUC公司的审计过程中表明的其可能存在财务报表舞弊的情况。

[5] 在CUC公司1995—1997年（同HFS合并之前）财务报表中发现的错报违背了哪些管理层认定。

[6] 说明可以实施哪些审计程序来发现这些错报。

简介

当CUC国际公司（简称“CUC”）董事会与HFS公司董事会（简称“HFS”）于1997年5月宣布两家公司将合并成为Cendant公司（以下简称为“Cendant”）时，投资者对合并后的新公司寄予厚望。这次合并使CUC和HFS两家实力相当的公司合并成为一家，涉及金额140亿美元。CUC是一家大型服务提供商，为全世界范围内超过6 800万会员提供商旅、租车以及娱乐俱乐部服务；HFS是一家连锁特许授权商，旗下拥有Ramada、Days Inn、Avis、21世纪等品牌，其客户遍布全球，超过1亿人。CUC和HFS之间的协同效应使得市场对于二者合并产生的新公司Cendant的收入和利润增长抱有很高的期望。①

HFS的首席执行官兼董事长Henry R. Silverman在两家公司合并的新闻稿中称：

> 本次合并将产生一家在全球范围内提供商旅服务的公司，该公司将具有很大的收入和利润增长潜力。通过将HFS的品牌和针对1亿人的营销渠道同CUC的

---

* 该案例是由北卡罗来纳州立大学的Mark S. Beasley博士、Frank A. Buckless博士以及杨百翰大学的Steven M. Glover博士和Douglas F. Prawitt博士编写的，作为课堂讨论的基础。案例并未试图说明对一种管理情境的处理方法是否有效。

① Cendant公司的有关背景信息主要摘自该公司（包括它的前身CUC国际公司）于1997年5月至1999年12月向美国证券交易委员会报送的8-K报告，以及美国证券交易委员会（SEC）的会计审计实施公告（AAER）中第1272、1273、1274、1275、1276、1372、2014和2600号公告。

市场营销能力、6800 万会员结合，创造两家公司无法单独获得的巨大市场机会。在两家公司业已辉煌的基础上，新公司将有更加值得期盼的股东权益增值。Walter Forbes 和他的团队已经创造了服务业历史上最成功的公司之一，我们相信通过将两家公司的优势相结合，我们将创造世界上最成功的商旅服务公司之一。（摘自 CUC 于 1997 年 5 月 27 日向 SEC 的报备文件 8-K）

CUC 的首席执行官兼董事长 Walter A. Forbes 也表达了相似的观点：

我们将从两家公司的合并中获益：为客户提供更好的增值服务，同时创造更多的增长机会。有相似商业模式的两家公司一直在追求同一高增长行业的两个不同层面，以在全球化、资讯密集和竞争日益强烈的经济市场中避免相互竞争。在高度信息化、竞争更加激烈的市场中，合并后的新公司将因覆盖范围更广而获得更强的购买力。（摘自 CUC 于 1997 年 5 月 27 日向 SEC 的报备文件 8-K）

合并后的公司：Cendant 公司

CUC 和 HFS 的合并于 1997 年 12 月完成。Henry Silverman 被任命为新公司的首席执行官，Walter Forbes 被任命为董事会主席。二人的职位预定于 2000 年 1 月 1 日进行互换，2000 年 1 月 1 日以后，Henry Silverman 将担任董事会主席，Walter Forbes 将担任首席执行官。合并后的新公司总部位于新泽西的 Parsippany，公司在 100 多个国家设有办事处，员工合计超过 3 万人。合并完成后，Cendant 公司发行在外的 9 亿普通股市值为 290 亿美元，成为美国最大的 100 家公司之一。Cendant 作为一家全球范围内的服务提供商，将为其股东带来高速增长和超值回报。

Henry R. Silverman 在合并完成后称：

Cendant 已成为一家世界领先的商旅服务提供商，具有强劲的增长预期。（摘自 1997 年 12 月 18 日 CUC 向 SEC 的报备文件 8-K）

CUC 的审计师安永将继续为 CUC 提供 1997 年的年报审计服务，HFS 的年报审计师德勤也将继续为 HFS 提供 1997 年的年报审计服务。德勤被选为合并后的公司 Cendant 的审计师。在 Cendant 向 SEC 的报备文件中，Cendant 宣布了将选任德勤为其审计师的决定。Cendant 同时称，在安永审计 CUC 的两年中，安永与公司没有任何关于会计核算、报表披露以及审计范围和审计程序方面的分歧。

管理层将 Cendant 分为三个业务分部：商旅服务、不动产服务和经营营销。商旅服务业务分部为客户提供商旅计划、租车服务以及旅店预订。Cendant 旗下的授权运营商包括 Days Inn、Ramada、Howard Johnson 等。

不动产服务业务分部为企业客户提供员工异地安置服务、不动产贷款，并授权不动产中介运营旗下业务。Cendant 的不动产服务业务分部旗下的品牌包括 21 世纪、Caldwell Banker、ERA。其中涉及不动产贷款的部分由 Cendant 抵押贷款公司提供。

经营营销业务分部通过二十多家会员俱乐部及相关的客户关系提供各种增值服

务。Cendant 的经营营销活动通过旗下的子公司进行,如 FISI Medison Financial Corporation、Benefits Cosultants, Inc. 等。

作为酒店、房地产经纪公司和汽车租赁经营的特许经销商,Cendant 可授权个体经销商使用其公司品牌。虽然 Cendant 不参与经营,但会为加盟客户提供有利于提升收入和利润的服务。

舞弊的披露

1998 年 4 月,当 Cendant 公告了 CUC 在与 HFS 合并前发布的 1997 年财务报表中存在重大错报后,管理层和投资者对公司的巨大期望落空了。该舞弊之所以被曝光,是由于 Cendant 的会计核算人员由之前原 CUC 的人员替换为原 HFS 的人员。Cendant 管理层的初步估计是 CUC 在 1997 年的利润将减少 1 亿—1.15 亿美元。

为了最小化舞弊事项对公司的影响,Cendant 公司迅速雇用了特别法律顾问来处理此事,该特别法律顾问又雇用了安达信会计师事务所对公司进行独立调查。之后 Cendant 解雇了 CUC 的前首席财务官 Cosmo Corigliano 和 CUC 的前审计师安永。SEC 和新泽西州检察院也开始对公司的会计舞弊进行独立调查。

但是 Cendant 的坏日子并没有结束。1998 年 7 月,Cendant 宣布该会计舞弊比预想的要严重,涉及了所有的 CUC 主要业务线。Cendant 在更新后的公告中称,CUC 的 1997 年、1996 年、1995 年年度报告都将需要进行修正。三年累计的税前损益虚增金额达到 3 亿美元。

CUC 的管理层通过虚增收入、调减费用来增加公司利润,以达到华尔街对公司业绩的预期。CUC 的管理层按照华尔街的业务预期来决定如何调增收入或者调减费用。由于达到了华尔街的业绩预期,CUC 的股价上升,也有了更多的机会通过发行新股来对其他公司进行并购。1997 年、1996 年和 1995 年前三季度 CUC 虚增的税前利润分别为 1.76 亿美元、8 700 万美元、3 100 万美元。

上述季度报告中的错报并没有在总账中出现。CUC 在年底进行大量调整分录,以在年报中隐藏这部分记录,其中较普遍的手段如下:

• 操纵合并准备金。在 CUC 早些年对其他公司的收购中,CUC 在账面记录了一次性费用以及与收购后重组有关的未来支出。CUC 在随后的年份中通过虚增收入或调减费用,同时抵减这部分合并准备金来调增利润。该合并准备金科目被用来作为调节利润的一种手段。

• 操纵收入类型。CUC 将从客户处收回的款项作为当期收入计入损益,而非递延收益。例如,按照收入确认原则,Shopper Advantage 项目的收入应该在未来 12—15 个月中分摊计入收入,Creditline 项目的收入可以全部计入收款当期的损益。CUC 将从 Shopper Advantage 项目中获得的收入作为 Creditline 项目的收入直接计入当期损益,以此来虚增收款当期的收入。

• 延迟确认销户和未收的信用卡费用。一些服务计划如 Auto Advantage 中,客户支付一定金额的年费来享受 CUC 提供的全年服务。CUC 延迟记录了一些客户的撤销记录，以此来虚增当期利润。

1998 年 8 月，正式调查结果公布。调查结果显示，1997 年、1996 年和 1995 年 CUC 分别虚增利润 2.62 亿美元、1.22 亿美元、1.27 亿美元。这意味着三年间 CUC 超过三分之一的利润是虚构的。

市场对舞弊的反应

在舞弊事项公布前，Cendant 的股价正位于 52 周以来最高的每股 42 美元。在公司发布第二个公告，宣布舞弊的影响范围比最初预想的要大后，Cendant 的股价跌至 52 周以来的最低点，约每股 16 美元。公司的市值损失了 200 亿美元。公司股价的大幅下跌也影响了 Cendant 正在进行的以 31 亿美元收购“美国银行家保险”计划。同时，大量针对 Cendant 以及其前任高管的集体诉讼也开始出现。1999 年 3 月 17 日，Cendant 就一宗集体诉讼进行了和解，导致 1999 年的税前利润减少了 3.51 亿美元。1999 年 12 月 7 日，Cendant 就最主要的一宗集体诉讼进行了和解，导致公司 1999 年的税前利润减少了 28.3 亿美元。

指责的对象

在 CUC 舞弊风波中，人们仍有许多疑惑：CUC 的董事会和高管如何能对这些舞弊熟视无睹？CUC 的审计委员会在干什么？CUC 的审计师安永为什么没能发现这些问题？

CUC 的首席执行官兼董事会主席 Walter Forbes 以及首席运营官 Kirk Shelton 否认参与了舞弊。负责调查此事的 Cendant 审计委员会总结道：“作为公司高管，Walter Forbes 和 Kirk Shelton 应该在公司营造一种氛围，即任何针对财务报表的舞弊都是不可容忍的。许多会计和财务人员参与了舞弊，以及许多业务人员对明知是非合规行为的默许，说明 CUC 没有保证财务报表准确的环境。”

CUC 的首席财务总监 Cosmo Corigliano 在法庭证词中说道：“在很长一段时间中，我们的上级让这种想法根深蒂固了。”②

CUC 的会计人员 Casper Sabatino 在回答法官对于他为什么要进行舞弊的问题时，说道：“法官大人，说实话，我认为我只是在做我的工作。”③

Cendant 的审计委员会在总结报告中还提到：“高级管理人员由于缺乏应对违规及舞弊的相关知识，无法建立起有效的内部控制来防止这些违规和舞弊行为的发生。”

调查发现，Cosmo Corigliano 知晓部分违规和舞弊行为。CUC 的财务总监 Anne

② “3 Admit Guilt in Falsifying CUC's Books,” by Floyd Norris and Diana B. Henriques. *The New York Times*, June 15, 2000, p. C:1.

③ 脚注同上。

Pember 是 Corigliano 的直属下级,她指使部分人员执行了舞弊。CUC 公司中参与舞弊的人员超过 20 人。

为什么 CUC 的董事会和审计委员会一直未能察觉这些舞弊行为呢?CUC 的董事会每年开会若干次,审阅含有虚假信息的财务报表。是因为外部董事们与管理层关系过于紧密以至于未能发现这些虚假信息吗?CUC 董事会中四名董事都与 Walter Forbes 关系密切,他们共同投资于初创企业。④

CUC 的外部审计师安永是否未能保持应有的职业怀疑,以至于未发现财务报表的重大虚假错报?CUC 的一些负责财务的雇员原来曾在安永任职。Cosmo Corigliano、Anne Pember 以及其他两名财务经理均曾是安永的雇员。Cosmo Corigliano 在加入 CUC 之前更是安永负责 CUC 项目的项目负责人。审计委员会的调查报告中提到,安永在审计中忽略了一些值得怀疑的交易。该调查报告同时也提到,CUC 的高管鼓励下属向审计师隐瞒这些非正常交易的信息。报告中还提及,审计师对一些值得质疑的问题并没有获取完整满意的解释。

在 20 世纪 80 年代末和 90 年代初,CUC 曾因使用过于激进的会计政策(如在营销费用发生时将其资本化计入相关的固定资产,而非按照准则要求,将其费用化计入当期损益),被 SEC 要求修改其财务报表。⑤ 为什么这些实例未能引起审计师警觉,使其对财务报表保持充分的职业怀疑?

后记

在 Cendant 公告宣布会计舞弊比预想的更加严重之后,CUC 的前首席执行官兼董事会主席、时任 Cendant 董事会主席的 Walter Forbes 以及其他两名与 CUC 有联系的 Cendant 董事会成员宣布辞职。Cendant 的董事会在审阅了调查报告后,解除了原 CUC 的首席运营官 Kirk Shelton 的职务,并不再支付公司同他约定的薪酬。由于并未直接参与舞弊,Walter Forbes 可以领取价值 4 750 万美元的薪酬。但是 Cendant 随后试图追回这部分薪酬。

1999 年 1 月,Cendant 对安永提起诉讼,指控其违反执业准则。该诉讼的结果并未向公众公布。安永支付了 3.35 亿美元,对由 Cendant 的大股东提起的集体诉讼进行了和解。SEC 和新泽西州检察院的调查发现,CUC 从 1985 年开始进行财务报表舞弊。两名负责 CUC 项目的安永合伙人被暂停执业,直到 SEC 在四年之内批准其再次执业。⑥

---

④ "Cendant Audit Panel's Ties Are in Question," by Joann S. Lublin and Emily Nelson, *The Wall Street Journal*, July 24, 1998, p. A:3.

⑤ "Hear No See No Speak No Fraud," by Ronald Fink, *CFO*, October 1998, pp. 37-44.

⑥ "SEC to Suspend Two Auditors of Cendant Corporation and CUC International from Practicing before the Commission," United States Securities and Exchange Commission Litigation Release No. 18102, April 23, 2003. 见以下网址:http://www.sec.gov/litigation/litreleases/lr18102.htm。

2005 年 1 月,美国联邦法院判决 CUC 原首席运营官 Kirk Shelton 舞弊罪名成立。[⑦] Kirk Shelton 被判处 10 年有期徒刑,并被要求向 Cendant 赔偿 32.75 亿美元。[⑧] 这部分赔款用于补偿 Cendant 支付的集体诉讼和解费用以及 Cendant 之前为 Kirk Shelton 支付的辩护费用。2006 年 10 月,经过两次无效审判后,美国联邦法院判决 CUC 原首席执行官 Walter Forbes 舞弊罪名成立。[⑨] Walter Forbes 被判处 12 年 7 个月有期徒刑,并向 Cendant 赔偿 327 500 万美元。[⑩] CUC 原首席财务官 Cosmo Corigliano、财务总监 Anne Pember、会计人员 Casper Sabatino 对舞弊指控认罪。Cosmo Corigliano 被判处在家拘禁 6 个月,并后续查看 3 年;Anne Pember 和 Casper Sabatino 被判处查看 2 年。[⑪] 这三人因为协助调查舞弊而进行了减刑。Cosmo Corigliano 同意支付超过 1 400 万美元的民事罚款,Anne Pember 同意支付 10 万美元的民事罚款。

要求

[1] 执业准则中列举了审计师对因舞弊导致的重大错报的考虑:(a) 审计师对于识别因舞弊导致的财务报表重大错报负有怎样的责任?(b) 影响财务报表的舞弊有哪两种?(c) 审计师在评估因舞弊导致的重大错报时,应该考虑哪些因素?(d) 在 1995—1997 年 CUC 公司的审计中,存在哪些可能导致舞弊的因素?

[2] 执业准则中列举了一个企业的内部控制由五个方面的要素构成。(a) 审计师对于这五个要素分别有怎样的责任?(b) 内部控制的要素之一是企业的控制环境。审计师在评估企业的控制环境时应该考虑哪些因素?(c) 在 1995—1997 年对 CUC 的审计中,哪些情况表明 CUC 的内部控制可能存在缺陷?

[3] 执业准则中说明了管理层可能凌驾于内部控制之上。(a) 举例说明在 Cendant 案例中,管理层凌驾于内部控制之上的情况。(b) 审计师对于管理层凌驾于内部控制之上,有什么进一步的责任?

[4] CUC 公司的财务报表因舞弊而出现了多种错报。(a) 对于每种错报,说明该错报违反了哪项管理层认定。(b) 对于上述错报,审计师应该采取哪些审计程序以识别该错报?

[5] CUC 的财务团队中,部分成员原来是安永的审计师。(a) 为什么公司要雇用以前的审计师作为财务人员?(b) 如果公司雇用了以前的审计师,它会如何影响公司外部审计师的独立性?

---

⑦ "Former Cendant Vice Chairman E. Kirk Shelton Guilty on All Counts of Massive Accounting Fraud," United States Department of Justice News Release, January 4, 2005. 见以下网址,http://www.usdoj.gov/usao/nj/press/files/cend0104_r.htm。

⑧ "Former Cendant Vice Chairman E. Kirk Shelton Sentenced to 10 years in Massive Accounting Scandal," United States Department of Justice News Release, August 3, 2005. 见以下网址,http://www.usdoj.gov/usao/nj/press/files/cend0803_r.htm。

⑨ "Former Cendant Chairman Walter Forbes Convicted of Conspiracy to Commit Securities Fraud and False Statements to SEC," United States Department of Justice News Release, October 31, 2005. 见以下网址,http://www.usdoj.gov/usao/nj/press/files/pdffiles/forb1031rel.pdf。

⑩ "Former Cendant Chairman Walter Forbes Sentenced to 151 Months in Prison for Lead Role in Massive Accounting Fraud," United States Department of Justice News Release, January 17, 2007. 见以下网址,http://www.usdoj.gov/usao/nj/press/files/pdffiles/forb0117rel.pdf。

⑪ "Chief Cooperating Witness in Cendant Accounting Fraud Sentenced to Three Years of Probation, Six Months House Arrest," United States Department of Justice News Release, January 30, 2007. 见以下网址,http://www.usdoj.gov/usao/nj/press/files/pdffiles/cori0130rel.pdf。

案例 4.4 Waste Management 公司

——操纵会计估计*

学习目标

在学习和讨论本案例后，你可以：

[1] 识别哪些风险因素表明存在舞弊的三个条件。

[2] 识别以管理层的估计为基础的财务报表科目。

[3] 识别与会计估计有关的固有风险。

[4] 了解审计师在评估管理层的会计师估计合理性方面的责任。

背景

1997 年 3 月 28 日，Waste Management 公司提交给 SEC 的报备文件 10-K 中称，该公司是一家国际领先的垃圾处理服务提供商。报备文件显示，与其他废品管理公司一样，该公司为公司客户、公共服务机构以及私人住宅提供固体垃圾的收集、运输及处理服务，还提供塑料、金属及纸制品垃圾的收集及处理服务。同时，从垃圾填埋设施获得沼气用于发电，并为市民和特定客户提供移动卫生服务。除垃圾处理业务之外，Waste Management 公司还提供化学品及其他废料的储存、处理服务。

Waste Management 公司成立于 1968 年，总部位于伊利诺伊州的 Oak Brook。经过 28 年的发展，该公司已经成为垃圾处理行业的佼佼者。截至 1996 年 12 月 31 日，该公司全年收入 91.9 亿美元，净利润 1.92 亿美元，总资产 184 亿美元。公司股票在伦敦、法兰克福、芝加哥、瑞士以及纽约交易所上市。1996 年公司股票在纽约证券交易所的交易价格保持在每股 36 美元左右。

在公司 1996 年的年度报告中，公司披露由于环保技术的发展以及市场情况的变化，公司面临着竞争压力。尽管 1996 年的收入较上年有所增加，但净利润是减少的。财务报表概要如下：

---

* 该案例是由北卡罗来纳州立大学的 Mark S. Beasley 博士、Frank A. Buckless 博士以及杨百翰大学的 Steven M. Glover 博士和 Douglas F. Prawitt 博士编写的，作为课堂讨论的基础。案例并未试图说明对一种管理情境的处理方法是否有效。

年度截止日 12 月 31 日　　单位:百万美元

	1994 年	1995 年	1996 年
收入	8 483	9 053	9 187
营业费用	5 828	6 221	6 373
其他费用		335	472
销售及管理费用	997	1 005	979
利息支出	333	421	376
利息收入	-33	-37	-28
少数股东损益	127	82	57
其他业务净收入	-64	-76	-85
税前利润	1 295	1 102	1 043
所得税	553	484	565
持续经营净利润	742	618	478
非持续经营业务			
非持续经营收入	42	49	15
处置损益	—	-63	-301
净利润	784	604	192

在 1996 年的年度报告中,管理层披露 Waste Management 公司面临来自产业链上下的价格竞争压力。在垃圾收集环节,公司面临来自地区性收集商、国家级收集公司的竞争,同时公司还面临政府机构垃圾集中处理政策的压力。此外,一些国际型大公司逐步建立了自己的垃圾处理系统,也使公司面临的市场环境进一步恶化。公司的垃圾处理业务面临着价格压力。此外,公司在定价、移动卫生服务和现场清理业务方面面临激烈的竞争。

公司管理层认为,该行业的核心竞争力是实惠的价格、优良的品质、便捷的服务以及先进的设备。公司 1995 年和 1996 年的大部分资产为固定资产,包括土地(垃圾填埋场)、建筑物、车辆、机器设备,以及租入资产改良。1995 年年末和 1996 年年末,公司固定资产分别占总资产的 20% 和 27% 。垃圾填埋场面积合计约 66 400 英亩,按照管理层对于垃圾增长速度的预测,这些填埋场预计尚可使用 100 年。车辆资产中包括 21 400 辆垃圾收集车、160 万个垃圾桶以及 25 100 辆压土机。年报中还披露,公司拥有并租赁了 16 个垃圾转换厂,可将垃圾转换为能源;此外,还有 8 个非热发电厂、2 个煤炭加工厂、3 个生物处理厂、1 个废水处理厂以及多个办公场所及设施。

1996 年的年度报告显示,固定资产按照成本减去预计残值后的金额,在预计使用年限内按照直线法计提折旧。各种固定资产的预计使用年限如下:

房屋建筑物	10—40 年
机器设备	3—20 年
租入固定资产改良支出	租赁剩余期限内

公司 1996 年年末其他信息可见如下资产负债表:

单位:百万美元

资产	1995 年 12 月 31 日	1996 年 12 月 31 日	负债及权益	1995 年 12 月 31 日	1996 年 12 月 31 日
现金及现金等价物	170	323	长期负债的流动部分	1 088	554
短期投资	34	341	应付账款	994	948
应收账款净值	1 656	1 682	预提费用	906	1 324
其他应收款	8	10	递延收益	204	213
备品备件	150	142	流动负债总额	3 192	3 039
预计成本——流动部分	243	241			
预付账款	347	354	递延款项	2 102	2 197
流动资产总额	2 608	3 093			
			长期负债	6 390	6 972
固定资产					
垃圾填埋场	4 554	5 019	少数股东权益	1 385	1 187
房屋建筑物	1 532	1 495			
机器设备	7 165	7 521	卖出期权	262	96
租入固定资产改良	84	86			
固定资产原值	13 335	14 121	**股东权益**		
累积折旧	-3 829	-4 399	普通股	499	507
固定资产净值	9 506	9 722	资本公积	423	865
			外币报表折算差额	-103	-79
其他资产			留存收益	4 487	4 364
无形资产——商誉净值	3 823	3 885	库存股	-363	-360
杂项资产	1 551	1 453	股东权益总额	4 942	4 876
非持续经营资产净值	876	214			
其他资产总额	6 250	5 552			
资产总额	18 364	18 367	**负债及股东权益总额**	18 364	18 367

舞弊的发现

1998 年 1 月 5 日，在发布 1997 年的年度报告前，公司发布公告称，管理层将修正 1996 年的年度报告以及 1997 年第一季度的季度报告和 1997 年半年度报告。该公告同时提及，管理层即将修正 1994 年和 1995 年的年度报告中的收入和费用数据。

上述报表修正是在 SEC 的企业融资部的要求下进行的。1998 年 1 月 5 日的公告称，Waste Management 公司的董事会和审计委员会将对公司北美业务分部的资产、运营情况及会计政策展开大规模的核查。公司随后还发布公告称，公司将对其采用的会计估计进行检查，特别是对机器设备的折旧政策和垃圾填埋场的成本确认进行核查。公司公告中还称，将任命临时首席执行官和财务总监，来接替 1997 年辞职的首席执行官和财务总监。

1998 年 1 月 28 日，公司发布公告，宣布将对 1992—1997 年的历年财务报表进行修正，被修正的科目包括费用、机器设备折旧以及垃圾填埋场的成本。公告称，此次修正不影响公司的历年收入金额。

最终，在 1998 年 2 月 24 日，公司公布了 1997 年的年度财务报表，以及修正后的 1992—1996 年的财务报表。公布的 1997 年财务报表中包括 1997 年第四季度计入的一项以往会计调整。该笔调整影响税前利润 35 亿美元，影响税后利润 29 亿美元，使得 1997 年年末股东权益金额变为 13 亿美元。修正后的 1996 年财务报表中，净利润由原来的盈利 1.92 亿美元变为亏损 3 900 万美元。

1998 年 2 月，新闻公告进一步揭露了在以前年度的财务报告中某些费用项目存在错报。公告称，此次报表重述主要涉及车辆、设备和垃圾桶的折旧费用，以及垃圾填埋场的资本化的利息支出。公司承认以前使用了不当的车辆、垃圾桶残值金额以及可使用年限假设。作为应对，Waste Management 公司披露其已采取了新的更为稳健的会计政策和实务处理方法，包括垃圾填埋场的成本计量和关于车辆设备折旧摊销的新管理策略。特别是公司披露其已采用新的政策，缩短某些类型资产的折旧年限以反映它们的预计可使用年限，并消除了卡车和垃圾桶的残值。另外，公司披露其已修订了垃圾填埋场成本计量的某些要素，采用了更为具体的标准，来确定现有垃圾填埋场未经批准的扩张是否应被包括在垃圾填埋场总量中以计提折旧。

金融市场迅速对这一公告作出反应。1998 年 2 月 25 日，标准普尔将 Waste Management 公司的信用评级从 A－降低至 BBB，公司在以前年度虚增利润的新闻公布后，公司的股票价格下跌 33%，市值损失约 60 亿美元。1998 年，SEC 宣布将对公司的会计核算进行正式调查。

SEC 的调查结果

2002 年 3 月,SEC 宣布已经完成对 Waste Management 公司财务情况的调查,并提起了对公司创始人和五名前高级管理人员的诉讼,起诉他们在将近五年的时间里进行了大量财务舞弊。SEC 向芝加哥地区法院起诉上述人员在 1992—1997 年间,系统性地伪造和误报 Waste Management 公司的财务业绩。SEC 的执法部副主席 Thomas C. Newkirk 称:"这是我们见过的最大规模的舞弊案件之一,被告伪造会计记录,借此牟利,坑害了毫不知情的投资者们"。①

SEC 指控公司管理层为了达到预期的财务目标,进行舞弊行为。由于公司的实际利润没有达到预期的金额,管理层通过调减费用来虚增利润,以使财务报表达到预期。为了实现这一目的,他们使用了多种舞弊手段:

- 通过虚增垃圾车的净残值和折旧年限,来减少每年计入损益表的垃圾车折旧金额;
- 为没有净残值的资产设置净残值,来减少其每年折旧;
- 对已经填埋完毕的垃圾填埋场,不核销其账面价值;
- 对废弃的垃圾填埋场项目,未确认其相关的费用;
- 虚增收购有关的环保准备金,以调减费用;
- 将费用资本化;
- 未对税金及其他支出计提充分的准备金。

SEC 认为,上述舞弊行为在公司是自上而下进行的,公司创始人、董事长兼首席执行官 Dean L. Buntrock 是这宗舞弊的幕后指使人。Buntrock 为公司设置业绩目标,在公司中制造了一种鼓励欺诈性会计核算的环境,亲自发起了一部分会计政策变更以达到盈利目标,他同时还是公司的财务数据发布者。每年,Buntrock 同其他公司高层审阅公司实际的运营数据,将其同预先设定的季度盈利目标相比较,通过虚假的会计分录来使公司报表达到预期的盈利目标。第一期经操纵后的财务数据成为下一期财务数据的期初数。为了维持这种虚假的繁荣,在上一期达到盈利目标后,他们通常会对下一期的盈利目标进行修正。

SEC 认为,被告通过使用"相互抵消"和"地区分部"来防止虚假的财务数据引起其他人的怀疑。他们通过将出售资产获得的一次性收益与当期错报的金额相抵消,累计从账面核销了约 4.9 亿美元的错报。他们还通过将损益表的科目在不同地域分部之间分配,来达到管理层对业绩的预期。

除了 Buntrock,SEC 认为公司其他高层也参与了舞弊。六名其他被告包括总经理兼首席运营官 Phillip B. Rooney、财务总监 James Koening。Rooney 负责设定公司的主要业务——固体垃圾处理的盈利目标,同时还负责公司最大的子公司的运营。他确保

① Press release issued by the SEC on March 26, 2002 (see www.sec.gov).

应予以核销的资产不被计入账面,有时还会干预减少公司盈利的一些重大会计政策。Koening 是舞弊行为的主要执行者,他销毁舞弊相关的证据、误导公司的审计委员会以及内审人员,还向外部审计师隐瞒相关信息。

SEC 工作人员认为,被告的动机是出于贪婪,为了保持其公司在行业内的领先地位以及他们自身的社会地位。Buntrock 自诩为一个成功的企业家,用非法所得捐赠慈善事业,自我标榜为社会的中流砥柱。SEC 调查发现,就在舞弊被披露的 10 天前, Buntrock 通过向母校捐赠其持有的股票用以修建一座以他名字命名的大楼,并享受了税收优惠。Buntrock 通过这宗舞弊行为,获得了年终奖金、退休金、出售股票等多种收益,合计超过 1 690 万美元; Rooney 通过年终奖金、退休福利和出售股票非法获利 920 万美元; Koening 则非法获利 90 万美元。

SEC 认为,被告们在舞弊中据说得到了公司长期审计师安达信的帮助。安达信长期为公司提供服务,可以追溯到公司上市之前的 1971 年。Waste Management 公司被安达信视为重要客户,截至 1997 年,Waste Management 公司上市后的每位财务总监和会计总监均曾是安达信的审计师。

在 20 世纪 90 年代,大约有 14 名前安达信雇员在 Waste Management 公司工作,大部分担任财务和会计的关键岗位。1991—1997 年间,安达信向 Waste Management 公司收取了 750 万美元的审计费,以及合计 1 180 万美元的其他服务费用(包括税务、咨询、合规服务等)。安达信的关联机构安达信咨询还向 Waste Management 公司收取了 600 万美元的非审计服务费用。

SEC 指出,在舞弊被发现后,Waste Management 公司的管理层提高了安达信的服务费,并告知安达信的合伙人,公司可以支付额外费用来购买“特殊服务”。然而,在其执行业务过程中,安达信是发现了公司的大部分不合规会计处理的。安达信每年都会向公司管理层提供所谓的“建议调整分录”,这些分录可以更正公司低估费用及高估利润的错报。

SEC 的起诉书中称,公司管理层每年都拒绝按照安达信提供的“建议调整分录”进行调整。相反,公司管理层同安达信达成秘密协议,预计在长达十年的时间内逐步冲销这些不合规会计处理,并在未来改变公司的会计政策。这份秘密协议被称为“行动概要”。这份双方签字的“行动概要”长达四页,列示了公司会计政策存在的核心问题,以及拟采取的纠正这些问题的 32 个步骤。SEC 认为,这份“行动概要”成为 Waste Management 公司与其审计师安达信串谋通过未来的虚假错报来掩盖过去错报的证据。

在实际操作中,Waste Management 公司的管理层并未按照上述概要的步骤来逐步纠正错报,改变会计政策。因为这样会使得 Waste Management 公司达不到业绩预期,从而影响高管们发财致富。

然而舞弊最终还是暴露了。1997 年 7 月中旬,公司新上任的首席执行官要求对公司的会计政策进行审阅,这次审阅最终导致了前文所述的公司大规模修正 1992—1997 年前三季度的财务报表。

后记

在上述1992—1997年的舞弊行为之后,Waste Management公司的舞弊仍在继续。1999年7月SEC向Waste Management公司发布禁止令,指出Waste Management公司的管理层1999年上半年业务预告违反了美国的《证券法》。SEC指出,1999年6月,Waste Management公司的管理层不考虑已知的市场环境变化情况,维持对1999年上半年业绩的错误预期。显然,由于无法从公司内部获得准确的数据,Waste Management公司的信息系统无法作出对公司业绩的准确预测。

SEC的这项禁止令由1997年7月6日公司的业绩报告引发,第二季度收入与近2.5亿的内部预算相距甚远。这一通告的发布引起了公司股价的大幅下滑。1999年7月7日,公司股票价格从每股53.56美元下降至每股33.94美元。1999年8月4日,股价进一步下滑至每股22.25美元。《华尔街日报》随后披露公司以4.57亿美元的代价和解了针对1999年这一情况的集体诉讼。② 尽管有上述不利因素,公司仍在继续经营。

针对1992—1996年的舞弊案件,SEC最终同安达信及其四名合伙人达成和解。安达信同意赔偿700万美元,是当时会计师事务所作出的最高赔偿金额。SEC声称安达信明知公司在夸大其业绩,但仍多次向公司管理层妥协,每年都为公司出具标准审计报告。SEC的执法部主席Richard Walker说:"安达信的合伙人向公司管理层作出了妥协,违反了审计师对股东及投资者承担的责任。鉴于这些合伙人的职位和违规行为的持续时间,安达信事务所应该对其出具的误导性审计报告承担责任"。SEC向负责Waste Management公司项目的三名安达信合伙人提起了民事诉讼,三人均未承认或否认是否违规。三人同意支付每人3—5万美元的罚金,并在五年之内不再参与上市公司的审计业务。还有另外一名安达信合伙人被禁止从事审计业务一年。

这些针对安达信的Waste Management公司项目的有关诉讼,同当时其他的大型诉讼包括Sunbeam公司的舞弊案一起,构成了安达信会计师事务所在2001—2002年安然事件爆发后要面对的诉讼浪潮的一部分,并最终导致了安达信的覆灭。

要求

[1] 舞弊发生时通常存在三个条件:首先,管理层或员工有进行舞弊的动机或压力;其次,有舞弊的机会,如缺乏有效的内部控制机制,管理层可以凌驾于内部控制;最后,一些员工认同舞弊行为。回顾Waste Management公司的情况,识别哪些因素分别暗示了舞弊存在的这三个条件:动机、机会和态度。

[2] 查阅案例中列示的截至1996年12月31日的Waste Management公司资产负债表,识别哪些科目涉及管理层的会计估计,并说明为何这些科目涉及会计估计。

---

② Coleman, Calmetta, "Waste Management to Pay $457 Million to Settle Suit, Posts Profit in 3rd Quarter," *The Wall Street Journal*, November 8, 2001, page A4.

[3] 说明为何那些涉及重大会计估计的科目一般都被认为固有风险较高。

[4] 查阅审计准则,说明审计师在评价管理层会计估计方面的责任,并说明审计师一般采取哪些审计程序来评估管理层的会计估计。

[5] Waste Management 公司最大的舞弊方法是使用不当的固定资产净残值。说明安达信会计师事务所在审计该公司时,可能采取的用以评估管理层会计估计的方法。

[6] 若干 Waste Management 公司的会计人员曾在安达信任职,说明这种让前任审计师出任公司会计核心岗位人员的风险。研究《萨班斯-奥克斯利法案》的第 206 条款,简要说明该法案对于上市公司雇用那些曾在审计该公司的会计师事务所任职的人员的相关限制。

[7] 讨论为何安达信的合伙人允许 Waste Management 公司管理层不纠正已识别的会计错报。会计师事务所如何确保审计师不向类似情况的压力屈服?

案例4.5 施乐公司

——评估财务报表舞弊的风险*

学习目标

在学习和讨论本案例后，你可以：

[1] 说明审计师在发现因舞弊导致的重大错报方面的责任。

[2] 识别表明舞弊存在的风险因素。

[3] 描述审计师在评估管理层会计估计方面的责任。

[4] 说明会计师事务所应如何采取措施，确保审计师不屈服于客户的压力。

[5] 说明对于施乐公司这种会计操纵手段，审计师应该采取何种审计程序。

简介

科技领域的明星施乐公司（以下简称“施乐”）突然发现自己被指责在收入确认方面使用了过于激进的会计政策。① SEC 对施乐公司的起诉书中称，该公司在 1997—2000 年间使用了多种舞弊手段来掩盖公司的真实业绩，使得公司财务报表达到华尔街的预期。SEC 称，在 1997—2000 年间，施乐公司虚增收入 30 亿美元，虚增税前利润 15 亿美元。同时陷入这场丑闻的还有施乐的审计师毕马威，SEC 开始针对毕马威是否参与了操纵会计数据进行调查。

背景

施乐是一家以斯坦福校友纽带为基础建立的公司，其自称为“文件公司”。创立初期，施乐公司致力于研发、制造并提供文件处理各个环节的服务，以提高其客户的效率。它为全球近 130 个国家和地区的各种公司提供文件和图形处理设备的销售、租赁及处理服务。2000 年，施乐公司的收入为 187 亿美元（修正后），全球雇员合计约 92 000 人。施乐公司的股票在纽约和芝加哥证券交易所上市交易。

---

* 该案例是由北卡罗来纳州立大学的 Mark S. Beasley 博士、Frank A. Buckless 博士以及杨百翰大学的 Steven M. Glover 博士和 Douglas F. Prawitt 博士编写的，作为课堂讨论的基础。案例并未试图说明对一种管理情境的处理方法是否有效。

① 本案例背景来自于施乐公司向美国证券交易委员会报送的 8-K 和 10-K 报告，以及美国证券交易委员会（SEC）的会计审计实施公告（AAER）中第 1542、1796、2235、2333 和 2379 号公告。

文件处理行业在发生剧烈的变化。该行业迅速从黑白处理阶段进入彩色处理阶段,从光学镜头和模拟技术进入数字阶段,从纸质处理进入电子化时代。施乐 1997—1999 年的产品收入列示如下:

单位:十亿美元

	1999 年	1998 年	1997 年
数字产品	10.2	8.6	6.3
复印机产品	5.8	7.4	8.3
纸制品及其他产品	3.2	3.4	3.5
收入合计	19.2	19.4	18.1

20 世纪 90 年代后期以来,国外竞争对手的价格战加剧了因行业更新换代引起的问题。国外竞争对手在彩色印刷和数字产品方面的优势击败了施乐。激烈的市场竞争和恶化的市场环境使得施乐公司在 20 世纪 90 年代后期很难再创造收入和利润的增长。

然而,在这种严峻的背景环境下,多个因素又要求施乐公司能够保持其收入和利润的增长趋势。在 20 世纪 90 年代末的投资环境下,大家都希望公司能够保持收入和利润的持续增长。业绩没有达到华尔街预期的公司常常会遭受股价下跌的惩罚,施乐公司管理层也需要公司保持增长,以维持公司的信用评级,这样公司才能进入信贷市场,继续为公司的大部分客户销售融资。另外,施乐公司的薪酬体系也要求管理层保持收入和利润的增长,管理层的薪酬直接与公司增长预期的实现情况挂钩。

1998 年,公司宣布了一项重组计划,来应对面临的市场形势变化。公司董事长兼首席执行官 Paul A. Allaire 指出:

> 我们所服务的市场正在迅速发展并进入数字时代。在数字时代,收入增长只能通过各个环节和功能的技术创新来实现,而我们将引领这些创新。本次重组计划是保持我们在数字领域优势地位的重要手段。不断加剧的价格竞争要求某些领域出现革命性的技术创新。
>
> 本次重组将使我们变得更加强大,并带来强劲的现金流。我们将保持强劲的发展势头。我们的产品线和品牌已经深入人心,这将成为未来收入和利润大幅度增长的源泉。本次重组是我们未来引领数字时代、提供优质服务和股东回报的重大举措(摘自 1998 年 4 月 8 日施乐公司发布的公告)。

公司的首席运营官 G. Richard Thoman 称:

> 施乐做到了只有少数公司才能做到的事情——有前瞻性,迅速适应并引领行业和市场的新变革。随着我们的市场状况和客户需求的不断变化,施乐将继续富有前瞻性地引领这些变化。我们将努力成为数字时代各方面的佼佼者。为了增强竞争力,我们要提供成本更低的设备和服务、更加迅速地对市场作出反应、提供更优质的服务、拓展分销渠道的深度和广度(摘自 1998 年 4 月 8 日施乐公司发布的公告)。

施乐 1997—2000 年财务数据摘要参见下表(修正前):

单位:百万美元

截至12月31日	2000年	1999年	1998年	1997年
收入	18 632	19 228	19 447	18 144
成本及费用	19 188	17 192	18 684	16 003
持续经营利润(亏损)	-384	1 424	585	1 452
净利润(亏损)	-384	1 424	395	1 452
经营活动现金净流量	-827	1 224	-1 165	472

截至12月31日	2000年	1999年	1998年	1997年
资产				
现金及现金等价物	1 741	126	79	75
应收账款净值	2 281	2 622	2 671	2 145
其他应收款净值——流动部分	5 141	5 115	5 220	4 599
存货	1 930	2 961	3 269	2 792
其他流动资产	2 001	1 161	1 236	1 155
流动资产总额	13 094	11 985	12 475	10 766
应收款项——非流动部分	8 035	8 203	9 093	7 754
固定资产净值	2 495	2 456	2 366	2 377
长期投资	1 362	1 615	1 456	1 332
无形资产——商誉净值	1 639	1 724	1 731	1 375
杂项资产	3 062	1 701	1 233	1 103
非持续经营资产净值	—	1 130	1 670	3 025
资产总额	29 687	28 814	30 024	27 732
负债及权益				
短期负债及长期负债的流动部分	2 693	3 957	4 104	3 707
应付账款	1 033	1 016	948	776
预提费用	662	630	722	811
递延收益	250	186	210	205
其他流动负债	1 648	2 161	2 523	2 193
流动负债合计	6 286	7 950	8 507	7 692
长期负债	15 404	10 994	10 867	8 779
退休年金计划	1 197	1 133	1 092	1 079
递延款项	1 933	2 263	2 711	2 469
非持续经营负债	—	428	911	1 693
递延ESOP* 收益	-221	-299	-370	-434
少数股东权益	141	127	124	127
卖出期权	32	—	—	—
仅持有公司次级债券的附属信托机构的强制赎回优先债券	638	638	638	637
优先股	647	669	687	705
普通股	3 630	4 911	4 857	4 985
负债及股东权益总额	29 687	28 814	30 024	27 732

* Employee Stock Ownership Plan,员工持股计划——译者注。

但是预想中的增长在1999年并没有出现。恶化的商业环境对施乐1999年的经营情况产生了负面影响。不考虑重组成本,公司的收入和利润仍出现了下降。在1999年的年度报告中,公司管理层在给投资者的信中说:

> 公司1999年的经营成果是令人失望的,多种因素造成了这一局面,其中很多因素是我们所不能掌控的。我们为了引领数字时代而进行的变革需要更长的时间,这比我们预想的要更加艰难。然而,我们仍坚信这些变革是保持增长、节约成本和为股东创造更大价值的必要途径。
>
> 1999年我们面临着市场竞争的加剧。我们的竞争对手发布新产品,降低价格。我们已经做好准备去回击这些竞争从而稳固我们的统治地位(摘自施乐公司1999年年报)。

会计操纵的揭露

在2000年6月施乐称其墨西哥分部可能存在违规会计处理后,SEC启动了调查程序。SEC的调查结果显示,施乐在1997—1999年间采用以下违规会计处理,虚增了公司的利润。

- 加速确认捆绑租赁的销售收入。施乐公司的大部分收入来自捆绑租赁,即客户每月支付一定金额的租金,从施乐公司租赁设备,在租赁期内施乐公司将为客户提供设备维修、保养等日常服务。施乐公司通过将捆绑租赁的大部分金额分摊至其出租的机器设备(而不是将提供的后续服务),来增加可计入当期损益的租赁收入——在GAAP准则下,对构成销售行为的租赁,公司可在出租当期确认其收取的全部租金为收入;对非设备出租收入,如提供后续维修保养的费用,需要在未来租赁期间内分摊计入收入。通过将捆绑租赁的金额从后续服务等费用调至机器设备价值,施乐得以在出租当期确认更大金额的收入,而不用将这部分收入递延至未来租赁期间内分摊。施乐公司所采用的方法称为"利润归一化"(margin normalization)。通过这种方法,施乐公司将更多租金转移到海外的机器设备,由于海外市场竞争激烈,海外地区报告的设备总利润低于美国。事实上,施乐公司通过调整海外捆绑租赁金额,使其与美国报告的服务和机器设备总利润一致。

- 违规确认租金上涨。在某些国家和地区,施乐经常和客户重新签订租赁合同。在重新签订后的合同中,租金如上涨,施乐则将增加的租金计入当期收入,而不将增加的租金在剩余租赁期间分摊。GAAP要求将增加的租金递延,在剩余租赁期间内分期确认收入。

- 增加租赁设备的预计净残值。出租设备的成本是按照其购买成本减去签订租赁合同时的预计净残值计算的。施乐定期将出租设备的预计净残值调高,以减少应确认的当期出租设备成本。GAAP准则不允许这种更改设备净残值的处理。

- 加速确认资产组合交易的收入。施乐公司在巴西无法使用销售方式的租赁协议,所以公司只好采用了租赁合同。由于这些租赁的收入无法立即在当期全部确认,施乐公司将这些资产打包出售给其他投资者,以获取短期收益。施乐公司在向 SEC 的报备中没有提及这一重大商业处理。

- 操纵准备金。GAAP 要求对可辨认、可预测的亏损计提准备金。施乐为其进行的各种收购计提了准备金,并随后将与本次收购无关的费用计入准备金科目,以虚增利润。施乐公司在账目中借记准备金科目,以此来避免记录费用。
- 操纵其他收入。施乐公司曾赢得了一场关于税务的争议,美国国税局需退还公司部分税款及对应的利息。施乐没有将这部分税收返还记入返还事项发生的 1995 年和 1996 年,而是记入 1997—2000 年之间的财务报表。
- 未披露保理业务。分析师开始关注施乐公司的现金状况。上述的舞弊手段并不能改变公司的现金状况。为了优化现金状况,施乐公司将其应收账款打包出售给了当地的银行,以在短期内获得现金流入。但在施乐向 SEC 提交的报备文件中,没有披露这一交易。

虽然业务经理们强烈反对,但是公司高管执意进行了上述的会计处理。公司高管将上述会计操纵行为视为"会计机会"。公司的审计师毕马威也对上述会计处理方法提出了质疑,但毕马威审计人员与公司高管之间的讨论并未说服公司高管不再采用这些违规会计处理。最终,毕马威向公司屈服,同意了这些不当的会计处理。SEC 在起诉书中称:

> 这些违规会计处理对于施乐是如此重要,以至于当毕马威向公司提出这些会计处理方法不当的问题时,施乐的高管要求毕马威更换施乐项目的负责合伙人。毕马威屈从了公司的这一要求(摘自 SEC 对施乐公司的起诉书)。

上述违规会计处理对施乐公司 1997—1999 年的税前利润影响如下:

单位:百万美元

(截至 12 月 31 日)	1997 年	1998 年	1999 年	2000 年	合计
对税前利润的影响	405	656	511	-55	1 517

施乐公司的上述会计违规行为,保证了该公司在 1997—1999 年间达到了华尔街对公司业绩的预期。如果没有这些违规会计处理,公司在 1997—1999 年间,12 个季度中将有 11 个季度的报告无法达到华尔街的预期。2000 年,以前年度提前确认的收入以及恶化的市场环境同时向施乐提出了挑战。施乐无法继续隐瞒其衰退的业绩了。2000 年公司已没有足够的收入来弥补以前年度提前确认的那些收入了。

1997—1999 年间,施乐公司对外标榜自己是"成功盈利的公司",每季度和每年的业绩均达到了业界的预期。报表中收入和利润的持续增长使得公司管理层获得了超过 500 万美元的业绩奖金,并通过出售公司股票获利超过 3 000 万美元。SEC 同时指责施乐公司没有披露一些非常规的租赁交易,以及公司对其墨西哥分部缺乏控制。为了达到公司总部设定的业绩目标,施乐的墨西哥子公司放松了对客户的信用要求,将设备租赁给一些高风险客户。这一举动短期内提高了公司的业绩,但也产生了大量应收账款坏账。施乐的墨西哥子公司还同零售商和政府机构进行非法交易以虚增收入。

后记

在舞弊丑闻披露前,施乐的股价每股超过 60 美元。2000 年,舞弊丑闻曝光后,公司股价跌至每股 5 美元。2002 年 4 月,施乐公司同 SEC 就起诉事项达成和解。和解协议约定,施乐公司将修正其 1997—2000 年财务报表,支付 1 000 万美元的罚款,并组建一个外部董事委员会,监督并评估公司的会计政策和会计处理控制措施。2003 年 6 月,施乐公司的六名高管同 SEC 就诉讼事项达成和解,六人合计支付了超过 2 200 万美元的罚款。这六人分别是首席执行官 Paul A. Allaire、首席财务官 Barry B. Romeril、首席运营官 G. Richard Thoman、财务总监 Philip D. Fishback,以及其他两位高级财务人员 Daniel S. Marchibroda 和 Gregory B. Tayler。由于上述六人并未被判定犯罪,施乐同意支付他们 300 万美元的罚款。上述六人均从施乐公司辞职。

2001 年 10 月 4 日,普华永道接替毕马威成为施乐公司的审计师。2005 年 4 月,毕马威与 SEC 就该舞弊事件达成和解,毕马威支付 2 200 万美元的罚款,同时还将采取措施以提高其审计质量。2005 年 10 月至 2006 年 2 月之间,四名参与施乐公司审计项目的前毕马威合伙人分别同意支付 10 万—15 万美元不等的罚款,并接收暂停执业的处罚,直到 SEC 一年后允许其恢复执业。另外一名合伙人收到了 SEC 的公开谴责。

这则舞弊丑闻引发了大量针对施乐、公司管理层以及毕马威的集体诉讼。2008 年 3 月,施乐公司以 6.7 亿美元、毕马威以 8 000 万美元的代价和解了一宗针对此舞弊事件的股东集体诉讼。[②]

要求

[1] 本案例中已经列示了施乐公司在 1997—2000 年间的财务情况,请登录 SEC 网站,查阅 Hewlett Packard 公司在这一时间段的财务报表,说明施乐公司和 Hewlett Packard 公司在业务上有哪些相同和不同点。试对这两家公司进行基本的财务分析,比较两家公司的财务业绩,并说明你是如何进行比较的。

[2] 执业准则中规定了审计师对因错误和舞弊导致的重大错报应该考虑的因素。(a) 审计师在发现因错误和舞弊导致的重大错报方面有哪些责任? (b) 两种影响财务报表的舞弊行为分别是什么? (c) 审计师在评估是否存在因舞弊而导致的重大错报时,应考虑哪些方面的因素? (d) 在 1997—2000 年对施乐公司的审计期间,哪些因素表明可能存在舞弊行为?

[3] 舞弊发生时通常存在三个条件:首先,管理层或员工有进行舞弊的动机或压力;其次,有舞弊的机会,如缺乏有效的内部控制机制,管理层可以凌驾于内部控制;最后,一些员工认同舞弊行为。回顾 Waste Management 公司的情况,识别哪些因素分别暗示了舞弊存在的三个条件:动机、机会和态度。

---

② "Xerox Settles Securities Lawsuit," News release issued by Xerox on March 27, 2008. 见以下网址,http://www.xerox.com。

[4] 毕马威在其公告中称,施乐公司的事件并非是SEC所说的舞弊,而是对会计估计的不同理解。③ (a) 施乐公司操纵的会计政策中,哪些涉及会计估计?(b) 查阅执业准则,说明审计师在评价管理层会计估计方面的责任。

[5] 一些人认为,毕马威屈从于施乐公司管理层的意志。会计师事务所如何保证执业人员不屈从与被审计单位管理层的意志?

[6] SEC调查发现了若干会计舞弊行为。(a) 说明每种舞弊行为影响的会计科目。(b) 对每种舞弊行为,说明审计师应该采取何种审计程序来应对。

[7] SEC在其起诉书中称,施乐利用准备金科目来虚增利润。Walter P. Schuetze在1999年的演讲中指出:

> 近期我们关注的一个会计热点问题是重组费用和重组准备金的计量。重组准备金更具体讲包括普通准备金、应急准备金、困难时期准备金(rainy day reserves)和示好准备金(cookie jar reserves)。计量所谓的重组已经成为一种艺术。有些公司对之趋之若鹜,每年都计提重组准备金。为什么?因为现代分析师倾向于将其确认为负债,即为下一年或未来几年公司重组所准备的预算支出,以使当前损益表合理。公司很高兴按照"(重组)费用前"口径报告本年的利润。美国全国广播公司财经频道(CNBC)的分析师和评论员讨论了"费用前利润"。财经媒体谈论了"特别费用"前的利润。(然而,没有人讨论息税前利润,所谈论的只有费用)。似乎特别费用并不真实,人们看不见也漠不关心(SEC演讲稿:示好准备金,1999年4月22日)。

[8] 2002年,安达信事务所被判处妨碍司法公正罪成立(这一判决后被美国联邦最高法院推翻)。阅读本书"4.1 安然公司和安达信会计事务所"案例。(a) 通过对比两个案例,说明安然公司和施乐公司的情况有何相同和不同之处。(b) 当会计舞弊行为被曝光后,业界对这一情况作出何种反应?(c) 如果业界对两个案例的反应不同,为什么?(d) 两个案例中的审计师,毕马威和安达信所处的情况有何相同和不同之处?

[9] 2005年4月15日,毕马威以2 200万美元的代价同SEC就舞弊指控达成和解。登陆SEC网站,查阅关于此次和解的公开披露文件。你是否同意SEC的调查结果?为什么?

[10] SEC在其公告中通报了施乐公司的舞弊行为。查阅SEC关于此案件的公告,并说明在查阅了公告后,你对毕马威应承担的责任有没有进一步的了解,并说明理由。

[11] SEC在其通告中说明了毕马威需要改进的五个方面。获取SEC的通告(SEC网站,Accounting and Auditing Enforcement Release No. 2234),阅读这五个方面,说明并解释你认为毕马威在审计质量控制方面有哪些弱点?

[12] 2002年《商业周刊》的一篇文章引起了对于管理层薪酬的讨论。许多公司业务很差,但其管理层仍照常获取薪酬。1980年,公司管理层的薪酬是普通员工的42倍,到了2000年,这一数据扩大为531倍。④ (a) 你认为管理层的薪酬是合理的吗?(b) 解释你的观点。(c) 公司可以采取何种措施来确保管理层薪酬是合理的?

---

③ "After Andersen KPMG's Work With Xerox Sets New Test for SEC," by James Bandler and Mark Maremont, *The Wall Street Journal*, May 6, 2002, pp. A:1 and A:10.

④ "CEOs: Why They're So Unloved," *BusinessWeek*, April 22, 2002, p. 118.

案例4.6 Phar-Mor公司

——会计舞弊、诉讼和审计责任*

学习目标

在学习和讨论本案例后，你可以：

[1] 说明哪些因素可能导致助长会计舞弊的环境的产生。

[2] 说明哪些因素可能影响审计师和客户的关系以及审计师的独立性。

[3] 说明在成文法和习惯法下原告可能对审计师的法律责任提出的不同见解。

简介

1995年12月，名噪一时的连锁折扣商店Phar-Mor公司（以下简称“Phar-Mor”）的前首席运营官兼董事长Michael Monus被判处入狱19年7个月。Monus入狱是由于他利用会计舞弊手段，虚增了5亿美元Phar-Mor的所有者权益，导致10亿美元的亏损，以及这个美国第二十八大私营企业的破产。他的会计舞弊行为持续了六年而未被人发现。公司管理层中多名高管承认参与了舞弊，也因此被判刑。Phar-Mor的管理层合计被罚款超过100万美元，其中两名前高管被判处入狱。Phar-Mor的管理层以及Phar-Mor的债权人随后发起了针对Phar-Mor的外部审计师Coopers & Lybrand LLP（简称Coopers）的诉讼。他们起诉Coopers在执行审计工作时没有保持应有的职业谨慎，向Cooper索赔超过10亿美元。虽然没有针对Cooper参与串谋舞弊的起诉，但在1996年2月14日，法官判处Coopers在联邦和州法律下均有罪。最终，Coopers与原告进行了和解，和解金额未披露。

Phar-Mor连锁店[①]

1985—1992年间，Phar-Mor从15家分店发展到310家分店，其连锁店遍布美国32个州，年销售收入超过30亿美元。无论从哪个方面来看，Phar-Mor都是零售界的一颗新星，有人预言它将成为下一个沃尔玛。就连沃尔玛的创始人Sam Walton也曾表示，

---

* 该案例是由北卡罗来纳州立大学的Mark S. Beasley博士、Frank A. Buckless博士以及杨百翰大学的Steven M. Glover博士和Douglas F. Prawitt博士编写的，作为课堂讨论的基础。案例并未试图说明对一种管理情境的处理方法是否有效。

① 除非另有说明，本案例中的事实和陈述来自庭审记录。

在沃尔玛发展的道路上，他唯一惧怕过的对手就是 Phar-Mor。

Michael Monus 作为 Phar-Mor 的创始人、董事长兼首席运营官，是家乡俄亥俄州 Youngstown 的英雄人物。为了表明自己的忠诚，Monus 把公司总部设在 Youngstown 市区的一栋废弃的百货大楼里。Monus 把 Phar-Mor 的总部设在家乡。随着 Phar-Mor 的发展，这位在朋友面前很内向、在敌人面前很冷酷的 Monus 也越来越有名。在 Phar-Mor 衰落前，Monus 因给朋友赠送昂贵礼物、修建豪宅（包括一个巨大的室内篮球场）而出名。Monus 还是当地篮球队的投资人。他还是科罗拉多（Colorado Rockies）大联盟棒球队的初始股权投资人之一。投资科罗拉多洛矶队及 Phar-Mor 对其他广受关注的体育赛事的赞助满足了 Monus 对高端生活和快速行动的喜好。Michael Monus 经常飞去拉斯维加斯的 Caesar 赌场，并在旅途中赠送旅伴大量现金去赌钱。

Phar-Mor 是一家折扣百货连锁店，它以远低于市价的价钱出售各种日用百货处方药。Phar-Mor 保持低价的秘诀是“批量购买”。Monus 用最低价从生产商进货，然后用低于市价的价格出售给消费者。Phar-Mor 对于那些对价格敏感的消费者很有吸引力。竞争对手们经常诧异 Phar-Mor 是如何在这种匪夷所思的低价中获利的。在每一个与沃尔玛有直接竞争的市场上，Monus 的策略是 Phar-Mor 的价格一定要低过沃尔玛。

由于 Phar-Mor 的零售价格太低，公司开始亏损。为了不使亏损被发现从而影响 Phar-Mor 的发展，Monus 和他的团队开始设计会计手法来掩盖这些亏损。之后的调查显示，1987 年是 Phar-Mor 最后一个盈利的年度。

依赖于财务报表作出决策的投资者们把 Phar-Mor 视为一个零售行业绝佳的投资机会。Phar-Mor 的投资者包括 Westinghouse Credit 集团、Sears Roebuck 公司、大开发商 Edward J. de Bartolo，以及拉扎德公司合伙人投资基金。据称，依据舞弊后的财务数据，银行和投资者们总计为 Phar-Mor 投入了 11.4 亿美元的资金。

舞弊最终被发现是由于一家旅行社的代理人收到了 Monus 签字的 Phar-Mor 支票，用以支付与 Phar-Mor 无关的一些费用。代理人将支票拿给她的房东看，而房东恰巧是 Phar-Mor 的一个投资人。该投资人将此事告知了 Phar-Mor 的首席执行官 David Shapira。1992 年 8 月 4 日，David Shapira 向业界报告 Phar-Mor 发生了一宗大额舞弊案件，舞弊主要由 Phar-Mor 的首席运营官兼前董事长 Micheal Monus 及前任首席财务官 Patrick Finn 执行。为了掩盖 Phar-Mor 的现金流量问题，美化财务数据，吸引投资者，Monus 和 Finn 篡改了 Phar-Mor 的会计记录，调减了销售成本，虚增了期末存货。除了舞弊行为以外，公司的内部调查还发现了超过 1 000 万美元的资金挪用。②

Phar-Mor 的管理层操纵会计记录，其涉及的金额和范围是令人难以置信的。该舞弊行为由多名高级管理人员在七年间持续进行，舞弊者包括前任首席运营官、前任首席财务官、负责市场营销的副总裁、财务总监以及若干其他公司人员。

下面列示这宗舞弊采用的主要手段和掩盖舞弊的方式：

[1] 缺乏有效的管理信息系统（Management Information System, MIS）。联邦舞弊调查组发现，Phar-Mor 的 MIS 在许多方面存在不足。曾经有一名副总裁注意到了这些

② Stern, Gabriella, "Phar-Mor Vendors Halt Deliveries; More Layoffs Made," *The Wall Street Journal*, August 10, 1992.

不足,并组建了一个委员会来改进 MIS。但是参与舞弊的高级管理团队打消了这位副总裁的疑虑,并解散了委员会。

[2] 内部控制薄弱。Phar-Mor 的会计部门人员可以绕过公司的应付款管理政策,开出空白支票用以报销。只有那些参与了舞弊的人员才有权限使用这些空白支票。

[3] 首席执行官 David Shapira 的放任管理风格。至少有两次,David Shapira 注意到了 Monus 的可疑行为,以及 Phar-Mor 的财务数据存在的问题,但是他选择了回避这些问题。

[4] 内部审计功能执行不足。具有讽刺性的是,Monus 本人是审计委员会的成员。当内部审计人员向审计委员会提出要对某些与关联方相关的薪金支付进行审查时,Monus 及 Finn 预先制止了审查,并随后撤销了内部审计部门。

[5] 管理层互相串通。至少有六名 Phar-Mor 的高级管理人员,以及多名会计人员参与了舞弊。

[6] Phar-Mor 对于审计程序和审计目标十分熟悉。Phar-Mor 的舞弊团队中,有多名前审计人员,其中还有至少一名来自 Coopers 的审计员,他在 Coopers 曾经参与 Phar-Mor 的审计项目。舞弊团队承认,他们之所以能够这么长时间地进行舞弊而不被发现,很大一部分原因是他们知道审计师在找什么。

[7] 关联方交易。Coopers 在反诉 Phar-Mor 的证词中称,Shapira 和 Monus 设立了一系列的关联公司同 Phar-Mor 进行交易。Coopers 认为,这些关联公司从 Phar-Mor 获取了大额资金。联邦舞弊调查小组的调查支持 Coopers 的证词。Phar-Mor 繁杂的关联方交易使得发现舞弊非常困难。在舞弊调查中,调查小组发现了 91 宗关联方交易。

对 Coopers 会计师事务所的指控

债权人和投资者的律师声称,在 1987—1992 年间,Coopers 会计师事务所每年都对 Phar-Mor 的财务报表进行审计,并出具审计报告。但与此同时,Coopers 不断在同 Phar-Mor 管理层的沟通函中提及 Phar-Mor 在会计方面存在着漏洞,要求其进行改进。Phar-Mor 被 Coopers 视为高风险客户,Coopers 还在内部文件中记录了 Phar-Mor 存在夸大应收账款和存货的嫌疑。Phar-Mor 的期末存货金额从 1989 年的 1 100 万美元迅速增长至 1990 年的 3 600 万美元,并继续飞涨至 1991 年的 1.53 亿美元。

债权人认为,Coopers 合伙人迫切地希望向 Phar-Mor 出售更多的服务,因此影响了他们对 Phar-Mor 实际情况的判断。为审计客户提供更多的增值服务并不被法律禁止,在实际操作中也很普遍。但债权人认为,Coopers 对其员工施加了过多的压力,逼迫员工开拓新业务。③ 据称,Phar-Mor 项目的审计合伙人由于未能出售足够多的业务而未能参与上次事务所的分红,因而他十分渴望向 Phar-Mor 出售业务。在随后几年,这位合伙人获得了来自 Monus 的 23 个亲戚或朋友的业务,总金额合计超过 90 万美元。

③ Coopers & Lybrand 对 Phar-Mor 的审计之后发生的事情,导致《萨班斯-奥克斯利法案》及 PCAOB、SEC、AICPA 的相关规定禁止上市公司的审计师同时提供某些服务,例如信息系统实施、激进的税务筹划。

债权人和投资者——该采取何种行动

在舞弊被揭露后,债权人和投资者起诉 Phar-Mor 公司及其董事。这项诉讼最终和解,金额未知。虽然许多投资者是如 Sears 和 Wastinghouse 之类的大公司,但这些公司的管理层迅速指出,他们的股东(大部分为养老金机构和个人投资者)才是最终的受害者。这些投资者愿意承担 Phar-Mor 经营过程中存在的风险,但他们不应该承受由舞弊造成的信息失真带来的损失。在这些诉讼中,有一宗是针对 Phar-Mor 的外部审计师 Coopers 提出的。虽然投资者们都收到了 Phar-Mor 经审计的财务报表,但是他们和 Coopers 之间并没有书面协议,用以明确审计责任。同许多其他公司一样,唯一存在的书面协议是 Phar-Mor 同 Coopers 之间的审计业务约定。

三十八名投资者和债权人根据联邦证券交易法(1934)第 10b 条款和宾夕法尼亚普通法起诉 Coopers,其中八名原告最终同 Coopers 达成和解,没有对簿公堂。另外三十名原告选择将 Coopers 诉上法庭。

庭审实录

被告

Coopers 的律师一再强调,这是一起 Phar-Mor 造成的范围很广的舞弊事件。他们认为此次舞弊是由 Phar-Mor 的高级管理者串通进行的,他们故意向审计师隐瞒了证据。审计师 Coopers 也是此次舞弊的受害者, Phar-Mor 管理层千方百计地欺骗了审计师。开场陈述后,被告律师说道:

> 法官大人,您可以看到,这是一宗集体舞弊案件,但是大家归罪于公司的外部审计师 Coopers,责备审计师没有发现这一舞弊,但实际上,这宗舞弊只有舞弊执行当事人才可能知道。这是有史以来第一次,外部审计师被卷入了公司管理层的舞弊责任中(Robert J. Sick,纽约 Hughes Hubbard & Reed 律师事务所主席)。

原告

原告首先强调,舞弊本身并不能说明审计失败的存在,他们并不指控 Coopers 参与了 Phar-Mor 的舞弊活动,他们也不要求 Coopers 对没有发现舞弊承担责任。原告指控 Coopers 出具了错误的审计意见。以下是原告的证词节选:

> 我们并不打算通过本案来说明在 Coopers 内部发生了什么,这不是我们的责任。我们也不知道 Coopers 发生了什么。我们只知道我们依据 Coopers 出具的标准审计意见投资了 Phar-Mor,而我们血本无归。这是很简单的一件事情,我们只想

> 要回我们的投资本钱。如果 Coopers 能够证明他们依据准则执行了审计，那么各位可以作出有利于他们的判决；但是如果各位通过双方的证词不能得出 Coopers 依据审计准则执行其审计业务，那么各位应当判处我方胜诉（Ed Klett，Westinghouse 的律师）。
>
> 女士们先生们，问题不是 Coopers 是否发现了舞弊行为，而是 Coopers 是否虚假和误导性地声称其遵守了审计准则，是否虚假和误导性地告诉原告 Phar-Mor 的财务报表是公允列报的。而这两个问题的答案是"是的"（Sarah Wolff，Sears 的律师）。

在五个月的庭审过程中，原告不断强调以下事实，以说明 Coopers 有意地忽略了一些问题，而这些问题是勤勉的审计师应该发现的：

- 舞弊行为持续了六年，如果是一个勤勉称职的审计师，应该发现这些舞弊。
- Coopers 清楚了解 Phar-Mor 的会计人员从来不会立刻提供审计资料，均要经过多次督促才能获取资料。
- Coopers 负责 Phar-Mor 项目的合伙人 Greg Finnerty 曾被批评项目超过成本预算，因此他面临控制审计成本的压力。
- Greg Finnerty 将 Michael Monus 视为新业务的来源之一。

审计师 Coopers 没有勤勉尽责，没有按照准则要求围绕存货计量以及存货科目对财务报表的影响来展开审计工作。原告的证词主要包括以下五个方面。

早期警告的预兆——Tamco 事件和解

背景介绍

1988 年，内部利润报表显示 Phar-Mor 的利润率大幅下降。Phar-Mor 面临着 500 万美元的亏损。在 Coopers 一位专业人士的帮助下，Phar-Mor 发现利润率的大幅下降主要归结于 Phar-Mor 的主要供应商之一 Tamco 给公司提供的存货缺斤少两。Tamco 是 Phar-Mor 的大股东 Giant Eagle 的子公司，该公司向 Phar-Mor 收取全额货款，但只运送部分货物。然而，Tamco 的存货管理系统十分落后，以至于不能准确计算它拖欠 Phar-Mor 多少货物。由于 Phar-Mor 在这段期间没有逐笔记录其从 Tamco 购入的货物，Phar-Mor 也无法对这部分短缺金额进行准确的计算。

Phar-Mor 的一个会计人员进行了估算后，将差额预计为 400 万美元。Phar-Mor 同 Tamco 及其母公司 Giant Eagle 进行谈判后，将赔偿金额确定为 700 万美元。Phar-Mor 将这部分赔款冲减了购入的存货成本，从而使得 1988 年公司有 200 万美元的盈利。由于 Phar-Mor 和 Tamco 均为 Giant Eagle 的子公司，这笔赔偿构成了关联方交易，在财务报表的关联方交易附注中进行了披露。

庭审中，证据显示 700 万美元的赔偿金额是按照公司运营情况确定的，特别是参考了 Phar-Mor 以前年度的利润率。在这笔交易完成后，Phar-Mor 的毛利率和以前年度完全相同。在舞弊被披露后,大家发现实际上 Phar-Mor 的经营从 1988 年就已经开始恶化。

原告方面

原告认为此次和解是股东的变相捐赠,是美化 Phar-Mor 利润表的手段。原告指责 Coopers 没有获取充分适当的审计证据来支持这一大额交易。以下的证词摘自 Phar-Mor 的前首席财务官 Pat Finn 和原告邀请的专家证人 Charles Drott:

> 确实没有足够的证据支持 700 万美元金额的和解。我们进行了一些数据测试,我们也不认为我们能拿到 700 万美元。Monus 和 Shapira 谈判很成功,为我们争取到了 700 万美元。(Pat Finn,Phar-Mor 的前任首席财务官)
>
> Finn 先生所描述的,其实是 Phar-Mor 进行了一宗关联交易,使得他能够操纵利润,掩盖亏损。他所说的其实就是舞弊。Coopers 的工作底稿中没有针对此宗交易的任何独立判断记录,也没有对于正确金额的估算,他们就这样完成了审计工作。(Charles Drott,专家证人)

原告同时指控在财务报表附注中描述的此笔交易是有误导性的。虽然附注中描述了此笔关联交易的性质和金额,但原告认为附注中应该明确说明此笔交易的金额是估计的,具有不确定性;同时还应该说明,如果没有这笔关联交易,Phar-Mor 当年是亏损的。

被告方面

Phar-Mor 的会计估算 400 万美元的过程被记录在 Coopers 的工作底稿中。但是 Coopers 认为该计算过程非常粗糙,因此只是将其作为支持赔偿这一事件的证据,而不是支持赔偿金额的证据。虽然工作底稿中关于这 700 万美元的证据很少,但是 Coopers 作为交易所涉及的三家公司共同的审计师,执行了一系列的程序来对关联交易获取充分适当的证据。在发现 Tamco 供货缺斤少两后,Phar-Mor 开始对来自 Tamco 的存货进行详细的记录。Coopers 检查后发现了 Tamco 发货短缺的记录,还联系了另外一家从 Tamco 进货的公司,得知该公司从 Tamco 获得的存货也存在短缺。

Coopers 的专家检查了 Tamco 的存货系统,发现发货短缺是由于 Tamco 使用了新的存货管理系统。Coopers 负责此项目的合伙人 Greg Finnerty 说道:

> 这是一宗关联交易,我们没有义务去核实金额的准确性。GAAP 对此类交易的要求有两点:一是了解关联交易的商业实质;二是对关联交易进行适当披露。我们了解了这宗交易的实质,而且认为对其进行了充分披露。我们审计过许多此类关联交易,因此我们是按照准则要求来对此类交易进行审计。至于和解事件本身,是两个关联公司之间的事,我没有参与。我甚至分别打电话给两家公司的管理层,特别是 Phar-Mor 的 David Shapira(他同时也在 Giant Eagle 董事会任职),询问他们这 700 万美元是不是给 Phar-Mor 的资本投入。他明确说明此金额不是资本投入,

实际上,Phar-Mor 一开始认为能获得的赔偿比这个金额还多。因此,我认为双方是进行了合理的谈判的。(Greg Finnerty,Phar-Mor 项目的审计合伙人)

关于在附注中披露此交易,Coopers 认为这种披露方式是关联方交易的传统披露方式,而且很明显,减去 700 万美元后 Phar-Mor 在当年是亏损的。而且有证据表明,在财务报表披露之前,Phar-Mor 召集了投资人和债权人,解释此宗交易的性质和重要性。至今,参与交易的三方中,没有一方提出交易是不公允的。随后的庭审显示,在律师把这个问题牵涉入诉讼过程之前,投资人和债权人最初不把 Phar-Mor 和 Tamco 这宗和解视为问题。

计价测试

背景介绍

Phar-Mor 的存货余额快速增长,由 1989 年的 1 100 万美元增加到 1990 年的 3 600 万美元,然后进一步增加到 1991 年的 1.53 亿美元。Phar-Mor 的存货不采用永续盘存制,而是按照实地盘存制方法进行管理。Phar-Mor 雇用了一家外部公司来定期盘点清查存货,每年盘点两次。Phar-Mor 按照出售存货的成本来计算期末存货余额。Phar-Mor 最初的计划是在存货成本的基础上加价 20%,使销售能有 16.7% 的毛利率,成本率为 83.3%。但是,为了保持竞争力,Phar-Mor 降低了某些“价格敏感商品”的毛利率,以吸引顾客。这样 Phar-Mor 全部商品的毛利率降低到 15.5%,销售成本占收入的 84.5%。

Coopers 在工作底稿中将存货计价确认为高风险领域。在对存货进行细节测试时,Coopers 每年参加四个商店的盘点,并从每个商店选取 25—30 种商品进行计价测试。审计人员随机选择 25—30 种商品,检查其购买时的发票,并计算这些商品的综合毛利率。1988—1991 年,Coopers 用选取的商品计算的综合毛利率介于 16.1%—17.7%。Coopers 认为,使用选取商品计算的毛利率高于 Phar-Mor 的综合毛利率(15.5%)是由于选取的商品中没有包括很多价格敏感商品。Coopers 的审计结论认为这些差异是正常合理的。

舞弊被发现以后,人们发现由于价格敏感商品在销售中占了很大比例,Phar-Mor 的实际毛利率远低于 15.5%。当 Phar-Mor 的管理层发现 1989 年的实际毛利率低于预期时,他们就开始篡改毛利率数据,以避免 Giant Eagle 要回其在 Tamco 案件中支付的 700 万美元。在从那之后到舞弊被发现期间,管理层一直在篡改毛利率数据。

原告方面

原告认为,如果 Coopers 的审计师能够进行更大范围的计价测试,他们将会发现 Phar-Mor 实际的毛利率,而不会被管理层编造的毛利率蒙蔽。原告认为由于选取样本的局限性和缺乏代表性,审计师进行计价测试的范围和方法都是不足够和不可靠的。

> 审计人员对计价测试的态度是,虽然工作底稿中记录的方法明显有缺陷,但他们还是年复一年地认为这个测试是可靠合理的。我无法理解为何在计价测试存在明显缺陷的情况下,他们仍认为这是合理的。同时,他们曾考虑过做一个更好的计价测试,但事实上从未对此付出任何努力。他们每年都做同一种测试,年复一年,即便是他们明白这种测试会导致不可靠的结果。(Charles Drott,原告方面的专家证人)

原告同时指出,Coopers 的底稿中说明了即使 0.5% 的毛利率差异都可能导致重大错报,但 Coopers 忽略了表明可能存在重大错报的毛利率差异。毛利计算表不能被独立用于测试成本定额,因为计算出的利润率和期末存货是标准成本定额的函数,而这是实物盘存中确定零售存货余额的方法。因此,这就构成一个循环……价格测试是毛利测试的基础。价格测试可靠的原因是毛利测试可靠。但是,毛利测试可靠的唯一理由是:它是基于价格测试的。如此循环往复。问题是,这些都没有接受测试;并且测试时,价格测试和成本定额也不符合 Coopers 的预期。这是本来不该发生的。

被告方面

被告向法官表示,计价测试只是一种合理性测试,旨在为 Phar-Mor 恰当地执行存货计价和成本确认方法提供有限的保证。

> 我们对存货和毛利率的测试是一系列的,我们认为这一系列的测试能够为我们的审计目标提供足够的审计证据。计价测试只是我们用来识别和验证管理层计价方式的一种方法。所有的主要测试是采用实际库存的连续性,即全年通过协调存货计算表和确定毛利率。如果 Phar-Mor 能够达到预期的毛利率,说明其定价政策是有效的。这是一个有效性测试。在我们执行 Phar-Mor 的全过程中,计价测试是有效的,未来仍将有效。(Greg Finnerty,Phar-Mor 项目的审计合伙人)

Coopers 指出,在测试中可能会存在差异,但存在差异并不一定代表存在错报。Coopers 认为 Phar-Mor 采用了标准成本计价方法,在确定价格时考虑了多种因素。Coopers 选取进行价格测试的品种中,包括毛利率很低的品种,也有毛利率高达 30% 的品种。

Coopers 进一步指出,审计人员进行了多种其他测试,以弥补计价测试的不足。其中一项就是检查 Phar-Mor 的毛利率计算表。Coopers 从毛利率计算表出发,追查到了第三方出具的存货盘点记录。这一测试对于 Coopers 很重要,Coopers 认为,如果毛利率计算表中的数据与实际相符,则证明 Phar-Mor 对存货的控制是持续有效的。除此之外,Coopers 还针对 Phar-Mor 对采购和存货的控制环境进行了了解和记录,并测试了部分控制手段。Coopers 还将个别商场及公司总体存货水平和毛利与上年进行了比较,并执行了一些分析程序,如分析存货周转率和存货周转天数。

存货计算表

背景介绍

在第三方公司出具了存货盘点报告后，Phar-Mor 的会计人员会制作存货计算表。存货计算表包括第三方盘点的存货数量、存货价格、Phar-Mor 计算的存货成本以及销售成本。会计人员则根据存货计算表来录入明细账，将账面存货余额调整为盘点后的存货余额。每年 Coopers 的审计人员会选取一种存货的存货计算表进行详细测试，并选取 14 种其他存货的存货计算表进行有限的测试。审计人员对选取的 15 种存货的明细账进行审阅，检查其合理性。

舞弊被发现后的调查显示，Phar-Mor 的许多存货计算表存在虚假数据。虚假的会计分录通常金额巨大，数字为整数，没有记账凭证号码以及支持性附件。这些分录通常包含可疑的二级明细，例如，"应收存货对方"或"杂项"等。Phar-Mor 的造假团队用这些科目来虚增存货和利润。根据盘点和存货计算表的结果，合适的会计分录可以降低（贷方）存货。但是，借方会计分录用来记录"一系列"科目，而不是记录销售货物成本。这些科目每年都积攒虚假数据。年末为了躲避审计师的检查，这些科目会通过分配一部分给个体商店作为存货或其他资产而被清空。

原告方面

原告认为，Coopers 审阅的一些存货计算表中包含虚假数据，Coopers 本应该发现这些异常数据。

> Coopers 没有完全检查所有的调整分录，这是一种审计失败。我认为 Coopers 在这一事项上没有勤勉尽责，没有遵守有关的准则规定。他们将这些分录摆在面前，但是没有进行仔细的检查。如果他们检查了这些分录，就会发现舞弊行为。（Charles Drott，专家证人）

被告方面

Coopers 证明，审计师抽取的进行详细测试的存货计算表中不存在虚假数据。Coopers 虽然将进行过详细测试的存货计算表复印件保留在工作底稿中，但是对于进行有限测试的那些存货计算表，Coopers 在审计工作底稿中只记录了少数关键信息。

在庭审过程中，抽取了 Phar-Mor 的内部文件中包含的进行了有限测试的存货计算表，这些表中包含许多虚假记录。但是，也有证据显示，在 Coopers 审计过后，这些表被篡改过。例如，在许多内容上，Coopers 底稿中记录的关键信息与 Phar-Mor 文件中的不符。Coopers 负责 Phar-Mor 项目的审计经理 Mark Kirsten 在庭审中这样陈述为何他认为 Phar-Mor 的文件被篡改过：

> 我从来没有见过这些或其他虚假分录。我们进行审计时从 John Anderson 获取这些计算表,但 John 是舞弊团队的一员。我不认为会出现 John Anderson 走进我们的审计办公室,在我们埋头检查了若干天之后,对他说“我们认为第 XX 页有一笔分录没有支持凭证”这种情况。这是不可想象的。我们知道这是一场舞弊,因此我才在这里。我做了我的工作。我的工作就是获取并检查这些计算表。所以如果你告诉我现在这里的某张表里面有虚构的分录,我表示很吃惊,我从来没有见过这些虚构的东西。我是一名尽职的审计人员,我为此感到自豪,我们并不是盲目地做工作。(Mark Kirsten,Phar-Mor 项目的高级审计员)

总账

背景介绍

每个商店每月都会打印当月的总账,自己留存一份并报送 Phar-Mor 总部。原告认为,除了检查存货计算表,还可以通过检查每月的总账来发现舞弊行为。在舞弊被发现后的调查中,人们发现虚增的存货计算表数据被直接记录到总账,总账中同时还包含其他虚构的数据。由于舞弊团队知道期末余额为 0 的账户一般不会引起注意,他们在最后一个月会大量清空用来造假的日常账户。这些虚假账户中的金额被成笔成笔地结转至存货或其他资产。这些记录通常都金额巨大,例如,在 1991 年,有一项列示为“应计存货”金额 9 999 999.99 美元。另外,在 1991 年,有一项列示为“分配存货”金额 1.39 亿美元。

原告方面

原告指出,如果按照 Coopers 审计指引中的要求对总账进行检查,很容易发现这些虚假交易。另外,原告还指出,Coopers 对 Phar-Mor 的审计计划中包括对金额巨大和非常规交易的检查程序。以下是原告方面律师 Sarah Wolff 的陈词:

> 我想说说总账的问题……我们希望你们在这个问题上不要考虑律师怎么说,而仅仅是去看 Coopers 自己的说法。看 Coopers 自己的培训材料:审计师必须检查存货科目的金额重大和非常规性的交易。看 Coopers 自己的审计计划:要进一步关注第四季度大额和非常规性交易。女士们先生们,这是他们自己的说法,这是他们自己的审计计划,你们已经一次又一次地看到他们脱离了这些计划。(Sarah Wolff,Sears 的代表律师)

虽然原告方面的证人也承认,逐个仔细检查这些总账是不现实的(那将会是巨额的工作量),但是他们认为没有按照 GAAS 的要求至少仔细检查最后一个月的总账是鲁莽而不谨慎的。

原告重复播放一个 Phar-Mor 舞弊团队成员、前任首席财务官的视频,其在视频中声称"如果 Coopers 要求提供这些虚构分录的任何支持凭证，那么这场舞弊早就结束了"。

被告方面

Coopers 的审计人员获取了非常规调整分录，以对大额和异常交易进行进一步的检查。这一审计程序由审计人员签名执行，但并没有提供进一步的说明。Coopers 方面的证人称，这些程序有人签名，说明他们要么被执行了，要么被认为是不必要的。庭审记录证明，Coopers 的审计人员曾经就是否有重大和非常规调整分录询问 Phar-Mor 的会计人员，Phar-Mor 会计人员回复为"没有"。Coopers 指出，被审计客户向审计师提供明细账以用来同总账和报表核对是业内的普遍现象，Coopers 获得的明细账中没有虚假记录。对于原告律师提及的如果审计师仔细审核总账，就能发现虚假分录的情况，Coopers 合伙人这样回复：

> 不，我不这样认为。我们进行的是 GAAS 审计。GAAS 审计要求我们按照审计程序进行审计工作。GAAS 审计中没有准则要求我们对总账进行逐行的审核，对总账进行逐行审核的是舞弊审计。在 GAAS 审计中，我们对总账的审核程序仅限于与会计科目金额审计有关的。我们不对公司每天的经营活动进行检查。这不仅是我们对 Phar-Mor 的审计方式，也是对所有公司的审计方式。我们检查期末余额。（Greg Finnerty，Phar-Mor 项目的审计合伙人）

虽然 Coopers 获取了总账，但他们关注的重点是合并后的总账，包括期末余额但不包括期间发生额。在合并后的总账中，用于造假的科目已经清零或者注销。为了反击原告播放的 Phar-Mor 前任首席财务官视频，Coopers 播放了同一人的另一段视频（该前任首席财务官曾经为六大会计师事务所之一的员工）。在 Coopers 的视频中，该首席财务官承认他和他的舞弊团队花费了很大力气在账目舞弊中，在期末审计之前将用于舞弊的账户和科目清空。但舞弊团队成员也作证说，如果 Coopers 更仔细地检查总账，他们是可以发现舞弊手段的。

推算程序

背景介绍

由于存货盘点是在资产负债表日前进行的，需要对存货盘点日至资产负债表日间存货的购买和销售情况进行追溯程序或在资产负债表日对存货再次进行盘点。Coopers 的追溯程序总是能得到期末存在大量的存货余额。Phar-Mor 的解释是，期末存货余额大幅上升有两个原因：第一，由于各个商店在存货盘点前一周会减少库存，为存货盘点做准备，使得存货盘点日的存货余额一般小于存货平时的余额；第二，由于资产负债表日是 6 月 30 日，6 月末各个商店会为 7 月的假期销售而囤积大量商品，导致资产负债表日存货余额大幅上升。期末以后存货余额的快速减少正是由于 7 月 4 日的大量销售。虽然 Phar-Mor 的理由部分解释了期末存货余额上升的原因，但随后的调查却发现，期末存货余额上升的主要原因是舞弊。

原告方面

原告认为，期末存货余额大幅上升是值得关注的一个重大疑点，但是却被 Coopers 忽略了。

> 我们可以看到的是，在期末存货大幅上升，而在资产负债表日后存货余额又大幅下降。这很明显是一个疑点。如果我是审计师，我将很好奇为什么存货在期末迅速增加，而后又迅速减少。为什么在资产负债表日之前存货增加这么多，而在资产负债表日后两周存货就减少这么多？我认为，这种存货的大幅增加或减少正是我们之前提到的虚假分录导致的。回想一下，你会发现这些虚假分录金额非常大，在财务年度末向商场的账簿上添加了大量虚假存货。继续想，如果把金额高达 1.39 亿美元的虚假存货添加到这些商场的账簿上，当你在财务年度末这样做之后，存货当然会急剧增加，形成一个高高的峰值。然后在年终以后，这些虚假分录又被冲回，峰值当然会下降。（原告方面的专家证人，Charles Drott）

原告方面还提出，美国注册会计师执业准则中要求在中期对被审计单位的内部控制以及相关账户进行测试。原告还指出了审计准则中的一个条款，要求在追溯测试中对原始账目进行详细的测试。

被告方面

但被问及这种存货的大幅变动是否会引起有经验的审计人员对 Phar-Mor 存货科目的怀疑，审计合伙人这样回答：

> 不，我不这样认为。举例来说，圣诞节会发生类似的情况。圣诞节之前存货余额会大幅上升，过完圣诞节之后又会迅速回落。这同 Phar-Mor 期末存货余额的情况是类似的。（Greg Finnerty，Phar-Mor 项目的审计合伙人）

在认为存货余额大幅变动是正常情况的基础上，Coopers 预测存货追溯测试将出现差异。Coopers 将追溯测试出现的差异评价为在预期之内，而不代表潜在的重大错报。

Coopers 选择在追溯测试中不进行采购和销售的明细测试，而是依赖于期末前后的毛利率分析来支持追溯测试。这一策略的基础是 Coopers 认为 Phar-Mor 的购买和销售循环内部控制被有效地执行。Coopers 认为，如果报告期间有大额的虚假分录计入存货科目，两期的存货毛利率将有所改变，毛利率报告将会反映这一改变。但是舞弊团队直接操纵了毛利率报告。

宣判

1996 年 2 月 14 日,一名联邦法官判决 Coopers 在州立法和联邦法下舞弊罪名均成立。虽然在整个案件的审判中,Phar-Mor 的管理层、原告律师和其他任何与本案件有关的人均没有提及 Coopers 知晓 Phar-Mor 的舞弊情况,Coopers 还是被判处舞弊罪名成立。本案判决的关键点是原告律师提出的 Coopers 在执行业务过程中没有谨慎尽责,没有验证审计证据的真假,使得原告律师可以推定 Coopers 在舞弊中应承担责任。在庭审结束后,原告律师 Sarah Wolff 表示这一案件是里程碑式的,使得法庭可以判处一家会计师事务所在执业时没有谨慎尽责。最终,Coopers 与原告和解,和解金额不详。

Phar-Mor 后记

舞弊的发现导致了 16 000 员工被解雇以及 200 多家卖场关门。1995 年 9 月,经过三年的混乱之后,Phar-Mor 申请破产保护。Phar-Mor 当时的首席执行官 Robert Half 对 Phar-Mor 的未来表示乐观:“我们能够在这一行业实现盈利,我们将证明这一点。”④

2001 年 9 月,Phar-Mor 在 24 个州以 Phar-Mor、Rx Place 和 Pharmhouse 的名义开设 139 家分店。然而,2001 年 9 月 24 日,Phar-Mor 及其部分子总司根据《美国破产法》第 11 章提出自愿破产申请,试图通过重组业务以恢复盈利。管理层认为,重组是解决经营和流动性困难所必需的,这些困难由经济形势不佳,大型零售连锁商店的竞争,供应商给予的信用减少及债务成本高企等导致。但是 Phar-Mor 没能从这些问题中恢复过来,最终于 2001 年清算了它最后的资产。Phar-Mor 及其部分子公司提交了自愿破产申请,希望通过重组恢复盈利。管理层认为,本次重组将有助于 Phar-Mor 应对不佳的经济形势及来自其他大型连锁卖场的竞争。但最终,Phar-Mor 没能解决这些问题,于 2002 年变现了其最后一点资产。

1998 年,Michael Monus 被带回法庭,接受另一名法官的判决。Monus 被指控在他的第一次审理中骚扰法官,妨碍司法公正。他的一个朋友承认试图花费 5 万美元来行贿法官。Monus 由于参与公司舞弊,被判处在联邦监狱中服刑 19 年 6 个月。Monus 称他不知道贿赂法官的事情,并在庭审中宣判他妨碍司法公正罪名成立后当堂大哭。但后来 Monus 获得了减刑,因为他和妻子 Mary Ciferno 协助 FBI 侦破另一个经济犯罪案件。Monus 和 Mary 于 1998 年在俄亥俄州 Elkton 监狱成婚。Mary 曾是 Monus 辩护团队中的律师助理。⑤

④ “Our Destiny is in Our Hands,” *Drug Store News*, October 9, 1995, p.3.

⑤ Bill Moushey, “No Deal for Monus, Bad Deal for Fraud Victims,” *The Pittsburgh Post-Gazette*, September 17, 2000, and Gene Wojciechowski, “Rockies born of Monus'work, but he never saw his baby grow up”, *ESPN. com*, October 23, 2007.

要求

[1] Phar-Mor的一部分财务人员曾是Coopers的审计人员。(a) 为什么公司想雇用曾经的审计人员做财务人员?(b) 如果客户雇用了以前的审计人员,是否会影响会计师事务所的独立性?(c) 2002年的《萨班斯-奥克斯利法案》、PCAOB和SEC的相关规则对公司雇用以前的审计人员有何限制?(d) 审计师是否应该信任客户的管理人员?

[2] (a) 审计师和客户关系中的哪些因素会将客户置于更加有利的位置?(b) 注册会计师应该采取哪些措施来减少这种潜在的权利不平衡?

[3] (a) 假设你是投资人,你会对审计师提起法律诉讼吗?如果你对审计师提起法律诉讼,你将依据哪些法律提起诉讼?你的诉讼立足点在哪里?(b) 描述涉及审计师的诉讼中,如何定义粗心大意和疏忽。(c) 疏忽和舞弊的主要区别是什么?

[4] Coopers被在州立法和联邦法下同时起诉。法官裁决在宾夕法尼亚州法律下原告不是主要受益人。宾夕法尼亚州法律依据的是Ultramares案件的基本理念。(a) 在Ultramares式的裁决下,何种情况下审计师应对不是主要受益人的第三方负责?(b) 依据Rusch Factors案件判决的裁决同依据Ultramares案件判决的裁决有何不同?

[5] Coopers还被依据1934年《证券交易法》起诉。1933年《证券法》和1934年《证券交易法》下,举证责任方是不同的。识别两部法规对举证责任的不同规定,并理解两部法规中对审计师责任界定的不同目的。

[6] 存货舞弊是会计丑闻最容易发生的领域之一。(a) 列举其他两个利用存货进行舞弊的案例。(b) 为何存货的错报不易被发现?Phar-Mor如何在多年间利用存货来欺骗Coopers的审计师?(c) 哪些审计程序可以帮助审计师发现和防止存货的高估?

[7] (a) 审计师将Phar-Mor评估为高风险客户。哪些因素导致了Phar-Mor被评估为高风险客户?(b) 审计师在发现错报和舞弊方面的责任是否相同?(c) Phar-Mor的哪些因素、情况以及事实能够引起审计师的警觉?

案例4.7　Satyam电脑服务公司

——控制函证过程*

学习目标

在学习和讨论本案例后，你可以：

[1] 了解对货币资金进行审计的一般程序，包括函证程序。

[2] 了解审计准则对于审计记录的要求，特别是审计工作结束时应如何记录。

[3] 了解PCAOB的惩戒措施可能对事务所造成的影响。

[4] 了解SEC对于在美国证券交易市场发行美国存托股票(ADS)的公司的监管措施。

[5] 了解网络事务所内的成员所如何影响网络内其他事务所。

简介①

在Satyam电脑服务公司(以下简称"Satyam")的会计舞弊被发现后，其前任董事长B. Ramalinga Raju说："就像骑着一头猛虎，不知何时能逃离猛虎，而不被吃掉。"在五年多的时间里，Raju一直处于Satyam会计舞弊的中心。Satyam虚增了货币资金近10亿美元。在这不可思议的骗局中，Satyam的高管们伪造了超过6 000张发票，无数张假银行对账单，将公司的货币资金及其他带息证券虚增了超过10亿美元。

2009年1月，就在舞弊被发现之前，Satyam的股票在美国纽约证券交易所以9.35美元的价格上市。在上市第二天开盘后，这些股票下跌了85%，以1.46美元收盘。投资于该股票的机构投资者们遭受了超过4.5亿美元的损失。

对货币资金科目的审计通常被认为是最简单的。一般而言，由于货币资金科目的低风险性以及需要获取证据的客观性，货币资金科目通常被分配给新加入项目但有一定经验的审计人员。当舞弊被发现以后，大家都好奇这一科目的长时间舞弊为何没有被审计师发现。

---

* 该案例是由北卡罗来纳州立大学的Mark S. Beasley博士、Frank A. Buckless博士以及杨百翰大学的Steven M. Glover博士和Douglas F. Prawitt博士编写的，作为课堂讨论的基础。案例并未试图说明对一种管理情境的处理方法是否有效。

① 本案例中的信息基于以下资料：美国证券交易委员会(SEC)第21915号诉讼公告，(SEC)第3258号会计和审计执行公告，SEC对Satyam电脑服务有限公司(后更名为Mahindra Satyam)诉讼案[民事诉讼编号No. 1:11-CV-00672(D. D. C)]，PCAOB第105-2011-002号公告，以及关于对Price Waterhouse, Bangalore, Lovelack & Lewes, Price Waterhouse & Co., Bangalore, Price Waterhouse, Calcutta和Price Waterhouse & Co., Calcutta实施惩戒性程序、作出裁决、加以制裁的指令(2011年4月5日)。

Satyam 电脑服务公司

Satyam 是一家大型信息技术服务提供商,总部位于印度的 Hyderabad。在舞弊发生时,该公司在全球雇用了超过 5 万名员工,在包括美国在内的多个国家和地区设立了分支机构。公司股票在孟买证券交易所、印度国家股票交易所上市交易,并在纽约证券交易所发行了 6 500 万份美国存托股票(ADS)。这部分 ADS 占公司发行在外股票的 11%—20%。按照纽约交易所的要求,公司向 SEC 报备了其财务报表。

Satyam 的主要业务是向全球客户提供信息技术服务。公司向客户开出服务发票,并在发票管理系统中记录这些发票。发票管理系统中的数据被传递至公司的财务管理系统。管理层根据财务管理系统中的数据编制财务报表。公司的会计年度截止日为每年的 3 月 31 日。

虚增收入和货币资金

2009 年 1 月 7 日,Satyam 向 SEC 提交 6-K 表格,其中包括了董事长 Raju 的一封坦白信,承认 Satyam 将实际只有 6 600 万美元的货币资金虚增到了 10 亿美元。这一虚增货币资金的行为与管理层在过去五年(2004—2008)中虚增收入是相关的。

在舞弊期间,管理层通过向虚构的客户开出服务发票来虚增收入。管理层为某些员工设置了发票管理系统的"超级用户"权限。这些"超级用户"可以在发票管理系统中录入虚假的发票信息,而不被其他员工发现。涉案员工每月在发票管理系统中录入 100—200 张虚假发票,导致每年有 6 600 张虚假发票录入系统,从而虚增了公司的季度和年度收入。

下表简要列示了 Satyam 在截至 2009 年的五年半时间内虚假发票的影响:

单位:美元

会计年度	虚假发票数量	账面收入	虚增收入
2004 年	267	566 370 000	46 410 000
2005 年	451	793 600 000	68 860 000
2006 年	1 180	1 096 300 000	149 500 000
2007 年	654	1 461 400 000	151 650 000
2008 年	2 483	2 138 100 000	430 390 000
2009 年	1 568	1 289 500 000	275 860 000
合计	**6 603**	**7 345 270 000**	**1 122 670 000**

备注:由于舞弊在 2009 年中被发现,本表中 2009 年的数据只包括 2009 年上半年财务年度的数据。

如上表所述,舞弊行为使得公司在五年间对货币资金的虚增不断累积,最终超过了 11 亿美元,并使得公司在舞弊期间列示了利润,而公司实际为亏损。为了掩盖这些舞弊行为,管理层将虚增的货币资金分别列入六个银行账户,并伪造了这些银行账户每期的银行对账单。如下表所示,公司的货币资金科目余额被虚增:

单位:美元

资产负债表日	披露的货币资金	实际货币资金	虚增金额
2004 年 3 月 31 日	252 022 199	4 369 680	247 652 519
2005 年 3 月 31 日	417 067 645	260 436	416 807 209
2006 年 3 月 31 日	432 722 174	26 511 770	406 210 404
2007 年 3 月 31 日	780 756 619	13 365 348	767 391 271
2008 年 3 月 31 日	912 660 956	2 210 812	910 450 144
2008 年 9 月 30 日	784 605 511	2 177 546	782 427 965

除了虚增货币资金余额之外,管理层还虚增了应收账款余额。

对 Satyam 财务报表的审计

Price Waterhouse(PW)在印度的 Price Waterhouse(班加罗尔), Bangalore 分所(以下简称“PW Bangalore”)对 Satyam 2000—2009 年的财务报表进行了审计。PW Bangalore 是 PW 在印度的五家成员所之一。PW 在印度的其他四家成员所分别为 Lovelock & Lewes;Price Waterhouse & Co., Bangalore;Price Waterhouse, Calcutta;Price Waterhouse & Co., Calcutta。[②] 这些成员所接受共同领导,共享资源、办公场所和电话号码。

Lovelock & Lewes 参加了 Satyam 公司 2005—2008 年的财务报表审计,其他成员所并没有参加 Satyam 公司的审计。2005—2008 年间,PW Bangalore 为 Satyam 公司财务报表出具了无保留意见的审计报告。

对货币资金及应收账款的审计

2004—2008 年期间,Satyam 的货币资金占到了其资产总金额的 50%—60%。审计人员需要验证货币资金的真实性和准确性。作为审计程序的一部分,审计人员制作了对 Satyam 银行存款的询证函,并将询证函交给 Satyam 的工作人员发出。

Satyam 的工作人员随后交回了六家银行完成的询证函的回函。这些回函占到 Satyam 期末银行存款的 93%。与此同时,审计人员还收到了相同银行的其他支行直接寄回的询证函回函。有趣的是,银行直接寄回的询证函回函确认的金额远远小于公司管理层认定的金额,也远远小于通过 Satyam 工作人员收回的那些函证的金额。例如,在 2008 年度的审计中,通过 Satyam 工作人员收回的函证表明,公司在某银行的 Mubai 支行存有 1.76 亿美元的定期存款,与此同时,审计人员从同一银行的 Hyderabad 支行收回的函证表明公司在该支行没有定期存款。不幸的是,审计人员并没有执行任何程序去核实这些差异。

② 尽管名字相似,但是这四家事务所是不同的事务所,即 Price Waterhouse, Calcutta 与 Price Waterhouse & Co., Calcutta 是不同的事务所。

审计人员对应收账款采取的审计程序与货币资金类似。在2006和2007年度审计中,审计人员依赖Satyam的工作人员去寄发应收账款询证函。尽管从来没有收到这些询证函的回函,审计人员并没有对未回函的账户采取进一步的审计程序。

审计人员一度对未回函的账户进行了替代测试。但是他们没有将期后回款的金额同期末应收账款余额对应的发票联系起来。有时,期后测试的日期与资产负债表日不同。

审计人员也没有考虑在审计Satyam过程中发现的控制缺陷。在按照《萨班斯法案》的第404条款对Satyam公司2007年和2008年的内部控制进行评价时,审计人员发现了170多项内部控制缺陷,其中包括八个应收账款内部控制的缺陷。审计人员没有针对这些缺陷调整审计计划。

审计记录

让事件更加恶化的是,2007年11月,PW Bangalore和Lovelock & Lewes得知PCAOB将对Satyam项目2007年的审计底稿进行检查(PW Bangalore于2007年4月27日出具了对Satyam截至2007年3月31日的财务报表的审计报告)。在2007年11月至PCAOB检查人员到达事务所之间(2008年年初),Satyam审计项目组成员在审计工作底稿中增加了新的底稿。但是,这些新增加的工作底稿既没有日期,也没有制作人,更没有说明制作这些底稿的原因。

指控和处罚

舞弊被曝光后,印度政府迅速接管了公司,解散了公司董事会,并委任了政府指派的董事。2009年2月,印度公司法委员会授权新董事会为Satyam寻找战略投资者。2009年5月,一家印度信息技术公司Tech Mahindra Limited被选为战略投资者,该公司是Venturbay Consultants Private Limited的子公司。新任董事会为公司选派了新的管理层,其中一些来自Tech Mahindra Limited。公司于2009年6月更名为"Mahindra Satyam"。印度当局对公司的前任高管提起了犯罪指控。

2011年4月,SEC宣布与该公司就民事诉讼达成和解,该公司同意支付1 000万美元罚款。SEC的惩戒令中同时要求公司加强对员工在证券法规和会计准则方面的培训,改善内部控制。另外,公司同意雇用一名独立顾问,对公司的内部控制进行评估。

PCAOB对PW印度网络内的五家事务所均进行了谴责。PCAOB还对PW印度成员所的执业行为进行了一定限制,如六个月内不能承接新的美国上市公司客户。除此之外,PCAOB要求PW印度成员所设立独立监督员,改进事务所的质量控制体系,并对员工进行额外的职业培训。PCAOB对PW Bangalore和Lovelock & Lewes处以150万美元的罚款。

要求

[1] 研究美国存托股份和美国存托凭证的区别，然后登陆 SEC 网站，查阅 2007 年 12 月 21 日发布的 SEC 公告 No. 39-8879 号，讨论外国公司是否需要按照 GAAP 的要求向 SEC 提交财务报表。

[2] 研究 PCAOB 审计准则（可从 PCAOB 网站获取）中关于函证的要求。

[a] 基于你的理解，Satyam 项目审计师的函证程序存在哪些缺陷？

[b] 审计准则是否规定了对货币资金和应收账款进行审计时对函证程序的应用？

[3] Satyam 的审计师对货币资金和应收账款均进行了函证程序。货币资金和应收账款函证同哪个审计认定最相关？

[4] 研究 PCAOB 审计准则（可从 PCAOB 网站获得）中关于审计工作底稿归档日期的规定，以及对审计工作底稿中是否需要包括日期、执行人，依据你的研究结果，讨论 PW Bangalore 是否违反了这些准则。

[5] 研究 AICPA 的执业准则（Code of Professional Conduce，可从 AICPA 的网站获得），了解何为网络事务所，为何成员所中的一家违反法规会影响网络内的其他成员所。

[6] 从 PCAOB 网站获取 PCAOB 对于 Satyam 公司舞弊事项的最终惩戒令，了解 PCAOB 对 PW 印度所的惩戒措施。你将发现 PCAOB 对 PW 印度所有的五家成员所都进行了谴责，而其中的三家事务所没有参加 Satyam 公司的审计。讨论为何 PCAOB 处罚所有的五家事务所，而不是仅处罚执行了审计业务的 PW Bangalore 和 Lovelock & Lewes。

第五部分

财务报告内部控制

案例 5.1 Simply Steam 公司 …………………… 137
——内部控制环境评价

案例 5.2 Easy Clean 公司 …………………… 144
——内部控制环境评价

案例 5.3 Red Bluff Inn & Café …………………… 151
——在小企业中建立有效的内部控制

案例 5.4 St. James Clothiers …………………… 153
——手工基础与 IT 基础的销售会计系统风险评价

案例 5.5 Collins Harp Enterprises …………………… 158
——提议 IT 系统开发控制

案例 5.6 Sarbox Scooter 公司 …………………… 161
——财务报告内部控制审计的范围与评价判断

案例 5.7 兴业银行 …………………… 174
——一个低风险的交易领域如何导致了72 亿美元的损失

案例 5.1 Simply Steam 公司

——内部控制环境评价*

学习目标

在学习和讨论本案例后,你可以:

[1] 评价新审计客户的控制环境。

[2] 认识根据访谈数据来评价总体内部控制环境的过程中所涉及的判断。

[3] 对客户控制环境的某些构成要素进行初步评价。

[4] 为你的内部控制评价提供依据。

简介

Tina 是一个会计师事务所的审计经理,她的一个客户是 Simply Steam 公司。该公司提供工业和家用地毯的蒸汽清洁服务。这是该公司第一次接受审计,因此,Tina 没有任何以前年度的审计资料可供参考。Doug Dosio 和他的弟弟 Phil 掌管着 Simply Steam 公司,Tina 最近对 Doug Dosio 进行了一次初步访谈。Tina 的目标是通过访谈来了解公司的控制环境。

为准备这个访谈,Tina 查阅了专业审计准则。审计准则写着:控制环境奠定了一个组织的基调,影响组织成员的控制意识。它是内部控制其他构成要素的基础,为其他要素提供了规则和框架。控制环境包括以下要素:

- 诚信与道德价值观
- 董事会
- 管理理念与经营风格
- 组织结构
- 财务报告胜任能力
- 授权与责任
- 人力资源

---

* 该案例是由北卡罗来纳州立大学的 Mark S. Beasley 博士、Frank A. Buckless 博士以及杨百翰大学的 Steven M. Glover 博士和 Douglas F. Prawitt 博士编写的,作为课堂讨论的基础。Simply Steam 公司是一个虚构的公司,所有涉及的人物和姓名也是虚构的。如有雷同,纯属巧合。

要求

利用下面的访谈对话来评价客户控制环境的七要素,进而对总体控制环境进行评价。为了帮助你做总体评价,对话后面提供了一个表格,这个表格详细列出了可能削弱或增强控制环境七个组成要素的因素。在阅读对话之前,请花几分钟时间浏览一下你将要做的评价。

在读完对话之后,你需要在"控制环境总体评价表"上做出总体评价。除非教师另有要求,请根据七个要素对 Simply Steam 公司控制环境的影响进行打分。当你做出判断的时候,请根据提供的等级将对应的数字圈出。

客户访谈

[**TINA**] Doug,你能给我简单介绍一下 Simply Steam 公司的背景吗?

[**DOUG**] Simply Steam 公司提供民用和工业地毯的蒸汽清洁服务,同时也销售少量产品,比如去污剂和地毯清洁剂。我们公司在三个县提供这种服务,覆盖 40 多个人口稠密的镇。Simply Steam 公司完全归我和 Phil 所有。

在不到六年的时间里,我们的企业从一辆汽车拉着的拖车快速发展为 12 辆全副装备的货车,每辆价值 3 万美元。在购买第二辆货车以后,由于生意出乎意料得好,我们打算全速前进。我们将每年购置一辆新车直到不能使这些车都忙碌。公司去年大约获得了 165 万美元的收入,其中大约一半是现金收入。我认为我们的不断成功很大程度上是因为我们的良好口碑。

[**TINA**] 你能给我介绍一下日常经营情况吗?

[**DOUG**] 好的。Day 先生是我们的办公室经理,他和我管理着一支销售队伍,他们出去向新业务提供报价。Day 先生拿的是基本工资加每个月的销售提成。我的弟弟 Phil 通常在外面管理公司的 20 位清洁工人。Phil 是唯一帮我做出管理和经营决策的人,当我和 Day 先生不在的时候掌管整个公司。

我们对销售人员按佣金制支付工资,他们按照我们制定的价格标准来推销家用和工业地毯清洁服务。在春季和秋季的销售淡季,销售人员有时可以提供折扣,但是这需要 Day 先生或我的批准。大型工业清洁业务一般需要提前预约。

销售人员获得的业务一般都提交给 Day 先生,Day 先生签字批准后返还给销售人员。然后,销售人员把业务单交给数据录入员处理。

电脑会对业务进行编号,并按价格文件中的标准价格处理。对于专门协商的业务,会按照输入文档中的价格处理。收入、应收账款和业务文件得到更新,发票也一并开出。对于特殊价格会开一个例外确认单让销售人员确认专门协商业务的处理是否正确。

Day 先生自己建立了这个销售系统,目前这个系统一直运行良好。Day 先生还没有编好系统的用户手册。我也发现他有时会对系统进行调整。他说这样是为了提高会计处理的效率。我要求他每两个月至少对流程进行一次重新评价。

[**TINA**] 那会计部门怎么样呢？它规模有多大？谁来监督会计处理呢？

[**DOUG**] Simply Steam 公司的会计部由七名兼职职员组成，包括两个数据录入员，他们都是按小时支付工资。尽管这些职员都没有会计学位，但是除一个人之外，他们都是会计专业的大学生。Day 先生会对所有新招录的会计员进行培训。他们只干几年，一毕业就会离开公司。他们在这里工作非常忙碌，但是尽管工作量大，在需要的时候，大家还是会互相帮助，因此总能完成任务。

[**TINA**] 你弟弟 Phil 的职责是什么？

[**DOUG**] Phil 管理公司的清洁业务。他通常训练所有新来的清洁工，告诉他们需要知道什么及如何做好这份工作。当他感觉时机到了，就会把新手和一位有经验的工人结成一组分到一辆车上。当需要额外帮助时，Phil 会在当地报纸上登招聘广告。Phil 非常善于经营这部分业务。

[**TINA**] 你们员工的流动性如何？

[**DOUG**] 这种情况在公司里面一直都有，但是 Phil 会处理这些。我们努力防止员工出现任何担忧或问题，我们实行门户开放政策，任何员工遇到工作上的问题都可以告诉我们或向我们寻求帮助，而无须感到尴尬。如果出现了影响所有人的问题，我和 Phil 会在下次月度公司会议上讨论这些问题，以使每个人都对此有认知。我和 Phil 会确保这些问题无论如何都会得到解决。

Doug 离开了，去给客户报价，Tina 则继续对公司进行调查。在那天晚些时候，在和会计人员待了一段时间后，Tina 问了办公室经理 Day 先生几个问题。

[**TINA**] Day 先生，我在对会计人员的观察中发现了一些情况，你能否给我解释一下？

[**MR. DAY**] 当然，非常乐意。我能为你做点什么呢？

[**TINA**] 会计人员给我的印象是他们有时并不明白自己被分配的职责。你们是否清楚规定了工作职责呢？

[**MR. DAY**] 在分配任务上，Doug 认为，一个主要的考虑是当有一项工作必须完成时，谁有时间谁就做，当然前提是他们熟悉这项任务并且有能力去做。这确实导致了某些人的工作和别人重叠。但是日常事务的分配和会计记录的检查都由我负责，我并不感觉有什么混乱。

[**TINA**] 员工提到他们有时在处理货款收回上有问题。你会在他们记录前预先列出现金收据吗？

[**MR. DAY**] 实际上不会。按照这个系统运行的方式，我们可以在一天结束的时候收集所有的支票并一次记录完，所以我们不需要将他们记两次。另外，即便是出现收款处理的问题，我们也总能找到办法解决它。

[**TINA**] 你曾经碰到过会计政策问题吗？

[**MR. DAY**] 不常遇到。我通常会处理出现的会计政策问题，但是如果 Doug 认为事关重大，会由他处理相关问题。

[**TINA**] 好的，谢谢你，Day 先生。我要趁 Doug 还没走再跟他谈一下。

一会之后,在 Doug 的办公室……

[**TINA**] 你对应收货款的处理满意吗?

[**DOUG**] 你不必为此担心。Day 先生在办公室管理上小心翼翼,应收账款有系统、良好的控制。另外,应收账款被质押给银行作为不断增加的贷款的担保。过去的一年半以来,银行一直根据我们每周提供的质押应收账款清单给我们发放贷款。贷款数额相对较小,贷款合同允许银行在贷款偿还出现问题时进入 Simply Steam 公司的账户。

Phil 和我对会计了解不多,在所有会计实务上完全信赖 Day 先生,但是只有 Phil 和我才有权签发公司支票。

[**TINA**] 一名会计人员提到你正在考虑对会计系统进行改进。

[**DOUG**] 实际上,Day 先生一直在研究使用一个新的会计软件包,这样可以使职员的记账过程更为简单。这个软件包包括一个预算系统,Day 先生认为这可以帮助我们控制成本并识别需要关注的领域。直到现在,我一直都是凭直觉监控公司的支出,从来没有感觉到我们需要一个正式预算。如果有什么异常情况,Phil 和我会在非正式月度会议上向所有员工提出这个问题,并予以解决。但由于我们的业务一直在扩大,或许我们将来不得不花钱来购买一种先进的预算系统。

[**TINA**] 我对你们的安全措施也感兴趣。你们是如何保护会计记录和实物资产的呢?

[**DOUG**] 在下班之后,办公室的门窗都会被牢牢锁上。我、Phil 和 Day 先生三个人都有办公室钥匙。说实话,存放会计记录打印件和数据盘的文件柜在晚上是不锁的。我们也没有把电脑用螺栓固定到桌子上。我们也曾想过把所有东西都锁起来,但是我们从来没有出过问题。

那些货车被放在办公室后一个有篱笆的院子里。我们给了每位司机一把门钥匙,所以他们工作时可以进出。我们不得不这么做,因为很多商业清洁工作是在下班之后做的,这时候办公室已经关门了。为了防止偷盗,我们每隔一段时间就会换锁。

[**TINA**] 那现在就这样吧,直到我能来做一些预先的审计调查。但是在离开之前,我想问你一些一般性的问题。首先,你能告诉我你认为的 Simply Steam 公司最近成功的原因吗?

[**DOUG**] 好的,Tina。因为 Simply Steam 使用最新的蒸汽清洁法,这比竞争对手用的传统旋转清洗方法效果好得多。我们的顾客也可以证明这一点。另外,Phil 和我很了解这个行业,我们都很有能力并对自己提供的优质服务感到骄傲。

[**TINA**] 请我们事务所审计是一件大事。你们为什么决定现在接受审计呢?你们曾经被审计过吗?

[**DOUG**] Phil 和我都为公司取得的成功感到高兴,因为这使我们能够在将来追求更大的进步。我们认识到公司发展得越大、形象越好,我们获得的外部机会就越多。为了实现这个目标,我请你们事务所不仅是对我们的财务报告发表意见,也是为了使我们的财务报告看起来尽可能更专业。我们认为审计过的财务报告会树立 Simply Steam 公司的可靠形象,增进当地企业与银行对 Simply Steam 公司的信任。

我们从来没有被审计过，尽管自营业以来我们就使用一个当地的报税员来填写我们的纳税申报表。一个偶然的机会，大约两年前，我们曾请另外一家事务所来做审计。但是最终这个审计并没有实施。尽管我记不清那家事务所的名字了，Phil 和我都认为我们当时负担不起审计的费用。但现在我们已经做好了接受审计的准备。

[**TINA**] 对于审计，你有什么担忧的问题吗？

[**DOUG**] 没有。我对 Simply Steam 公司感到骄傲。公司至今没有不良记录，几乎没有遇到坏账，因为我们的大部分应收账款都是在两三周之内收回的。

[**TINA**] 我知道 Simply Steam 公司没有审计委员会，这在这种规模的公司中十分普遍。那么 Simply Steam 公司有董事会吗？如果有的话，董事会有哪些成员？董事会在监管 Simply Steam 重大事件方面的活跃程度如何？

[**DOUG**] 我们有一个勉强称得上董事会的组织，但并不太正式，Phil、我及我们的妻子是董事。我们每年至少召开一次定期会议，如果有必要我们会在其他场合会面。显然，Phil 和我对 Simply Steam 的情况相当了解。我们认为没有必要引入外人到董事会中。或许我们会在几年后那么做，如果我们继续发展的话。

[**TINA**] 我想问的最后一个问题是：你和 Phil 有没有制定关于未来发展的目标？

[**DOUG**] 尽管我们没有书面拟定什么目标，但是我和 Phil 一致认为，未来的计划包括扩大市场范围、增加广告、投资引进更多人员和装备、去夏威夷度过一次应有的假期。对于长期目标我们不太确定，但是赚大钱然后早点退休似乎不错。

Simply Steam 公司内部控制环境评价表

2011 年 12 月 31 日

索引：CE 1a

编制：________

日期：________

复核：________

	严重削弱控制			既不削弱也不增强			极大增强控制
1. 诚信与道德价值观	1	2	3	4	5	6	7
在评价这个要素时，考虑是否符合： • 管理层和员工足够诚信 • 管理层把道德价值观传达给公司的每个层级，存在监控其执行的程序，对于偏离道德价值观的行为能够及时地发现并恰当地处理							

（续表）

	严重削弱控制			既不削弱也不增强			极大增强控制
2. 董事会 在评价这个要素时,考虑是否符合: • 存在董事会和审计委员会,并包含足够的成员,使其能够恰当地处理一些重要问题 • 董事或审计委员会成员有足够的知识、行业经验和时间,能够有效地履行职责 • 有一些董事和审计委员会成员是独立于管理层之外的 • 与会计人员及外部审计师举行会议的频率和及时性 • 董事会对公司进行监管并在必要时采取行动	1	2	3	4	5	6	7
3. 管理理念与经营风格 在评价这个要素时,考虑是否符合: • 商业风险得到足够监控 • 管理层愿意承担较低的商业风险 • 管理层高度重视内部控制 • 管理层明确地努力降低错报风险	1	2	3	4	5	6	7
4. 组织结构 在评价这个要素时,考虑是否符合: • 组织的授权和责任脉络被清晰地定义 • 经营政策由高级管理层集中制定 • 交易政策和程序被清晰地建立和严格地执行 • 组织结构与其规模和复杂程度相适应 • 管理层积极参与数据处理的监管 • 职务说明和组织结构图得到维护和定期更新	1	2	3	4	5	6	7
5. 财务报告胜任能力 在评价这个要素时,考虑是否符合: • 管理层明确指定了特定工作所需的能力水平,并把所需的能力水平转化为必备的知识和技能 • 有证据表明员工具备必备的知识和技能 • 管理层为员工提供培训来考察并提高他们的能力	1	2	3	4	5	6	7

（续表）

	严重削弱控制			既不削弱也不增强			极大增强控制
6. 授权与责任	1	2	3	4	5	6	7
在评价这个要素时，考虑是否符合： • 为应对可接受的商业惯例、利益冲突制定恰当的政策和行为准则，并将其传达给员工 • 有清晰的授权和职责分配来实现目标、经营职能和管理需求 • 员工的职责与具体任务被清晰地制定和传达 • 计算机系统文件能够清楚地表明授权事项与审批系统的变动 • 数据处理政策和程序被恰当地存档							
7. 人力资源	1	2	3	4	5	6	7
在评价这个要素时，考虑是否符合： • 员工拥有工作所需的背景和经验 • 员工理解他们的工作职责和程序 • 组织为新员工提供足够的培训 • 会计人员的工作负担不至于影响他们对工作质量的控制 • 会计人员的流动率低 • 组织制定并定期更新职位描述、政策和程序							

控制环境总体评价：根据访谈取得的证据，评价 Simply Steam 公司的控制环境，并圈出相应的数字：

非常弱的控制环境		较弱的控制环境			中等的控制环境		较强的控制环境		非常强的控制环境
1	2	3	4	5	6	7	8	9	10

请列几条影响你评价的主要信息：

案例 5.2　Easy Clean 公司

——内部控制环境评价*

学习目标

在学习和讨论本案例后，你可以：

[1] 评价新审计客户的控制环境。

[2] 根据访谈数据识别在评价总体内部控制环境的过程中所涉及的判断。

[3] 对客户控制环境的某些构成要素进行初步评价。

[4] 为你的内部控制评价提供依据。

简介

Ted 是一个会计师事务所的审计经理，他的一个客户是 Easy Clean 公司。该公司提供工业和家用地毯的蒸汽清洁服务。这是该公司第一次接受审计，因此，Ted 没有任何以前年度的审计资料可供参考。Doug Dosio 和他的弟弟 Phil 掌握着 Easy Clean 公司，Ted 最近对 Doug Dosio 进行了一次初步访谈。Ted 的目标是通过访谈来了解公司的控制环境。

为准备这个访谈，Ted 查阅了专业审计准则。审计准则写着：控制环境奠定了一个组织的基调，影响组织成员的控制意识。它是内部控制其他构成要素的基础，为其他要素提供了规则和框架。控制环境包括以下要素：

- 诚信与道德价值观
- 董事会
- 管理理念与经营风格
- 组织结构
- 财务报告胜任能力
- 授权与责任
- 人力资源

* 该案例是由北卡罗来纳州立大学的 Mark S. Beasley 博士、Frank A. Buckless 博士以及杨百翰大学的 Steven M. Glover 博士和 Douglas F. Prawitt 博士编写的，作为课堂讨论的基础。Easy Clean 公司是一个虚构的公司，所有涉及的人物和姓名也是虚构的。如有雷同，纯属巧合。

要求

利用下面的访谈对话来评价客户控制环境的七要素,进而对总体控制环境进行评价。为了帮助你做出总体评价,对话后面提供了一个表格,这个表格详细列出了可能削弱或增强控制环境七个组成要素的因素。在阅读对话之前,请花几分钟时间浏览一下你将要做的评价。

在读完对话之后,你需要在"控制环境总体评价表"上做出总体评价。除非教师另有要求,请根据七个要素对 Easy Clean 公司的控制环境的影响进行打分。当你做出判断的时候,请根据提供的等级将对应的数字圈出。

客户访谈

[**TED**] Doug,你能给我简单介绍一下 Easy Clean 公司的背景吗?

[**DOUG**] Easy Clean 公司提供民用和工业地毯的蒸汽清洁服务,同时也销售少量产品,比如去污剂和地毯清洁剂。我们公司在三个县提供这种服务,覆盖 40 多个人口稠密的镇。Easy Clean 公司完全归我和 Phil 所有。

五年前我们以一辆汽车拉着的拖车起家,之后的几年生意平稳发展。这些年我们增加了 12 辆全副装备的货车,每辆价值 3 万元。今年是我们事业的第六个年头,我们计划大约每年购置一辆新车来满足不断增长的需求。公司去年大约获得了 165 万美元的收入,其中大约一半是现金收入。我认为我们的不断成功很大程度上是因为我们良好的口碑。

[**TED**] 你能给我介绍一下日常经营情况吗?

[**DOUG**] 好的。Day 先生是我们的办公室经理,他和我管理着一支销售队伍,他们出去向新业务提供报价。Day 先生的薪酬是基本工资加每个月的销售提成。我的弟弟 Phil 通常在外面管理 20 位公司的清洁工人。Phil 也帮助制定管理和经营决策。

我们对销售人员按佣金制支付工资,他们按照我们制定的价格标准来推销家用和工业地毯清洁服务。在春季和秋季的销售淡季,销售人员有时可以提供折扣,但是这需要 Day 先生或我的批准。大型工业清洁业务一般需要提前预约。

销售人员获得的业务一般都提交给 Day 先生,Day 先生签字批准后返还给销售人员。然后,销售人员把业务单交给数据录入员处理。

电脑会对业务进行编号,并按价格文件中的标准价格处理。对于专门协商的业务,则按照输入文档中的价格处理。收入、应收账款和业务文件得到更新,发票也一并被开出。对于特殊价格会开一个例外确认单让销售人员确认专门协商业务的处理是否正确。

Day 先生自己建立了这个销售系统,目前这个系统一直运行良好。Day 现在正在编制系统的用户手册。我也发现他有时会对系统进行改进,这使会计处理更有效率。我们一致同意他每八周至少对流程进行一次重新评价。

［**TED**］ 那会计部门怎么样呢？它规模有多大？谁监督会计处理呢？

［**DOUG**］ Easy Clean 公司的会计部由七名兼职职员组成，包括两个数据录入员，他们都是按小时支付工资。除一个人之外，他们都是会计专业的大学生。Day 先生会对所有新招录的会计员进行培训。他们一般会一直工作到毕业，通常是两整年。他们在这儿工作非常忙碌，但是大家互相帮助，因此总能完成任务。

［**TED**］ 你弟弟 Phil 的职责是什么？

［**DOUG**］ Phil 管理公司的清洁服务。他通常训练所有新来的清洁工，并说明他们的任务和职责。当他感觉这些新员工学成了，就会把他们和一位有经验的工人结成一组分到一辆车上。当需要额外帮助时，Phil 会在当地报纸上登招聘广告。Phil 非常善于经营这部分业务。

［**TED**］ 你们员工的流动性如何？

［**DOUG**］ 我们在员工流动上没有问题。Phil 预料到这种公司会有人员流动，也知道如何处理。我们努力防止出现任何员工担忧，我们有门户开放政策，鼓励有问题或疑虑的员工寻求帮助或跟我们谈话。如果有时出现了影响所有人的问题，我和 Phil 会马上在月度公司会议解决这个问题，让所有的员工都清楚这件事。我和 Phil 努力确保任何问题都能得到迅速解决。

Doug 离开了，去给客户报价，Ted 则继续对公司进行调查。在那天晚些时候，在和会计人员相处了一段时间后，Ted 问了办公室经理 Day 先生几个问题。

［**TED**］ Day 先生，我在对会计人员的观察中发现了一些情况，你能否给我解释一下？

［**MR. DAY**］ 当然，非常乐意。我能为你做点什么呢？

［**TED**］ 会计人员给了我一种感觉，他们有时并不明白自己所分配的职责。你们是否清楚规定了工作职责呢？

［**MR. DAY**］ 在分配任务上，Doug 说，一个主要的考虑是：工作应该被那些熟悉这项任务并且有能力去做的人做。但是他也承认这个人是否有时间做也是一个考虑因素。尽管这会造一些工作的重叠，但是不会造成责任上的混淆。我会仔细分配日常事务并检查每天的会计记录。这让公司运行顺利、组织良好。

［**TED**］ 员工提到他们有时在处理货款收回上有问题。你会在他们记录前预先列出现金收据吗？

［**MR. DAY**］ 我们感觉这个没有必要。按照这个系统运行的方式，我们可以在一天结束的时候收集所有的支票并一次记录完。所以我们不需要将他们记两次。另外，即便是出现很少发生的收款处理的问题，我们也会马上解决它。

［**TED**］ 你曾经碰到过会计政策问题吗？

［**MR. DAY**］ 不常遇到。我通常会处理出现的会计政策问题，但是如果 Doug 认为事关重大，会由他处理。

［**TED**］ 好的，谢谢你，Day 先生。我要趁 Doug 还没走再跟他谈一下。

一会之后，在 Doug 的办公室……

［**TED**］ 你对应收货款的处理满意吗？

[**DOUG**] 是的,当然。Day 先生在办公室管理上小心翼翼,管理非常系统化。他对应收货款控制得非常好。实际上,一年半以来,银行都以质押的应收账款作为担保给我们发放贷款。从那时起,我们向银行提供一个每周更新的应收账款清单,从而获得持续不断的新贷款。贷款数额相对较小,出现还款问题时,合同允许银行进入 Easy Clean 的账户,不过这发生的可能性很小。

也许我该补充一点,Phil 和我没有接受过正规的会计训练,我们将会计实务全部交给 Day 先生负责,但是只有 Phil 和我才有权签发公司支票。

[**TED**] 一个会计人员提到你正在考虑对会计系统进行改进。

[**DOUG**] 实际上,Day 先生一直在研究使用一个新的会计软件包,这样可以使职员的记账过程更为简单。这个软件包包括一个预算系统,Day 先生认为这可以帮助我们控制成本并识别需要关注的领域。

因为我一直都监控公司的支出,我起初并不认为需要一个正式的预算系统。如果有什么异常情况,Phil 和我会在非正式月度会议上向所有员工提出这个问题,并予以解决。但是考虑到目前的成功,建立一个更先进的预算系统似乎是一项明智的投资。

[**TED**] 我对你们的安全措施感兴趣。你们是如何保护会计记录和实物资产的呢?

[**DOUG**] 在下班后,办公室的门窗都会被牢牢锁上。只有我、Phil 和 Day 先生三个人有办公室钥匙。尽管没有出过什么问题,我们正在考虑将晚上存放会计记录打印件和数据盘的文件柜锁起来。我也考虑把电脑用螺栓固定到桌子上。

那些货车被放在办公室后面一个有篱笆的院子里。我们给了每位司机一把门钥匙,所以他们工作时可以进出。我们不得不这么做,因为很多商业清洁工作是在下班之后做的,这时候办公室已经关门了。作为预防措施,我们会定期换锁。

[**TED**] 那现在就这样吧,直到我能来做一些初步审计工作。但是在离开之前,我想问你一些一般性的问题。首先,你能告诉我 Easy Clean 最近成功的原因吗?

[**DOUG**] 好的,Ted。因为 Easy Clean 使用最新的蒸汽清洁法,这比竞争对手用的旋转清洗方法效果好得多。我们的客户也可以证明这一点。另外,Phil 和我很了解这个行业,我们都很有能力,我们对自己提供的优质服务感到骄傲。

[**TED**] 请我们事务所审计是一件大事。你们为什么决定现在接受审计呢? 你们曾经被审计过吗?

[**DOUG**] Phil 和我都相信 Easy Clean 是一个非常值得考虑的公司。我们认为经过审计的财务报告可以增强我们的说服力。我们迫切想了解你们事务所能够给我们提供什么建议,用最专业的方法来记录和呈现我们的财务报告。我们也想学习如何增强公司在当地企业和银行中的信用,我们打算继续壮大我们的公司,以寻求更多的商业机会和进步。

我们从来没有被审计过,尽管自营业以来我们就让一个当地的报税员来填写我们的纳税申报表。大约两年前,我们曾请另一家事务所来做审计。但最终我们决定不进行审计,因为那家事务所的收费太高了。尽管我不得不查一下那家事务所的名字,但是 Phil 和我决定 Easy Clean 等到能够合理负担审计费用时必须接受审计。我们认为现在是时候了。

［TED］ 对于审计,你有什么担忧的问题吗?

［DOUG］ 没有。我对 Easy Clean 感到骄傲。公司至今没有重大问题记录,很少遇到坏账,因为我们的大部分应收账款都是在两三周之内收回的。

［TED］ 我知道 Easy Clean 没有审计委员会,这在这种规模的公司中十分普遍。那么 Easy Clean 有董事会吗?董事会有哪些成员?董事会在监管 Easy Clean 重大事件方面活跃程度如何?

［DOUG］ 我们有一个董事会,但是不太正式,Phil、我及我们的妻子是董事。我们每年至少召开一次定期会议,如果有必要我们会在其他时间会面。显然,Phil 和我对 Easy Clean 的情况相当了解。我们认为我们的公司还没发展到那个阶段,不足以支撑一个由外部董事组成的董事会。如果我们继续发展的话,我们或许会在几年后那么做。

［TED］ 我想问的最后一个问题是,你和 Phil 有没有制定关于未来的目标?

［DOUG］ Phil 和我花了大量时间来讨论我们的目的与目标,但是我们从没有把它们正式记录下来。我们的长期目标相当不确定,但是我们希望能够建立足够的储蓄使我们能够早点退休。我们一致认为我们未来的计划包括扩大我们的销售区域、增加广告投入、引入更多人员和设备。同时,我必须承认,应该去夏威夷进行一次应有的度假。

Easy Clean 公司内部控制环境评价表

2011 年 12 月 31 日

索引:　CE 1a
编制:______
日期:______
复核:______

	严重削弱控制			既不削弱也不增强			极大增强控制
1. 诚信与道德价值观	1	2	3	4	5	6	7
在评价这个要素时,考虑是否符合: • 管理层和员工足够诚信 • 管理层把道德价值观传达给公司的每个层面,存在监控其执行的程序,对于偏离道德价值观的行为能够及时地发现和恰当地处理							

（续表）

	严重削弱控制			既不削弱也不增强			极大增强控制
2. 董事会 在评价这个要素时，考虑是否符合： • 存在董事会和审计委员会，并包含足够的成员，使其能够恰当地处理一些重要问题 • 董事和审计委员会成员有足够的知识、行业经验和时间，能够有效履行职责 • 有一些董事和审计委员会成员是独立于管理层之外的 • 与会计人员和外部审计师举行会议的频率和及时性 • 董事会对公司进行监管并在必要时采取行动	1	2	3	4	5	6	7
3. 管理理念与经营风格 在评价这个要素时，考虑是否符合： • 商业风险得到足够监控 • 管理层愿意接受较低的商业风险 • 管理层高度重视内部控制 • 管理层明确地努力降低错报风险	1	2	3	4	5	6	7
4. 组织结构 在评价这个要素时，考虑是否符合： • 组织的授权和责任脉络被清晰地定义 • 经营政策由高级管理层集中制定 • 交易政策和程序被清楚地建立和严格地执行 • 组织结构与其规模和复杂程度相适应 • 管理层积极参与数据处理的监管 • 职务说明和组织结构图得到维护和定期更新	1	2	3	4	5	6	7
5. 财务报告胜任能力 在评价这个要素时，考虑是否符合： • 管理层明确指定了特定工作所需能力水平，并把所需能力水平转化为必备的知识和技能 • 有证据表明员工具备必备的知识和技能 • 管理层为员工提供培训来考察并提高他们的能力	1	2	3	4	5	6	7

（续表）

	严重削弱控制			既不削弱也不增强			极大增强控制
6. 授权与责任	1	2	3	4	5	6	7
在评价这个要素时，考虑是否符合： • 为应对可接受的商业惯例、利益冲突制定恰当的政策和行为准则，并将其传达给员工 • 有清晰的授权和职责分配来实现目标、经营职能和管理需求 • 员工的职责与具体任务被清晰地制定和传达 • 计算机系统文件能够清楚地表明授权事项与审批系统的变动 • 数据处理政策和程序被恰当地存档							
7. 人力资源	1	2	3	4	5	6	7
在评价这个要素时，考虑是否符合： • 员工拥有工作所需的背景和经验 • 员工理解他们的工作职责和程序 • 组织为新人提供足够的培训 • 会计人员的工作负担不至于影响他们对工作质量的控制 • 会计人员的流动率低 • 组织制定并定期更新职位描述、政策和程序							

控制环境总体评价：根据访谈取得的证据，评价 Easy Clean 公司的控制环境，并圈出相应的数字：

非常弱的控制环境		较弱的控制环境			中等的控制环境		较强的控制环境		非常强的控制环境
1	2	3	4	5	6	7	8	9	10

请列几条影响你评价的主要信息：

案例 5.3 Red Bluff Inn & Café

——在小企业中建立有效的内部控制*

学习目标

在学习和讨论本案例后,你可以:

[1] 评价在小企业中缺乏有效的内部控制会如何增加舞弊的可能性。

[2] 利用你的常识和创造力,提出一些能够有效减少舞弊可能性的内部控制建议。

背景

一位名叫 Francisco Fernandez 的企业家最近进行了一项新的投资,控制并经营了一家有 26 间客房的小型汽车旅馆与咖啡馆。这个旅馆位于犹他州南部的一个偏远地区。这个地方很受旅游者的欢迎,他们徒步或骑自行车穿越本地特有的红色岩石地带。Francisco 雇你来给他一些建议。

Francisco 雇了一对年轻夫妇负责旅馆与咖啡馆的日常经营,并计划按月付给他们工资。这对夫妇免费住在旅馆办公室后面的一个房子里。他们还负责雇用和管理四五个兼职人员,这些兼职人员帮忙打扫房间、做饭、在咖啡馆中为顾客服务等。这对夫妇会记录出租的客房、提供的饮食及收到的款项(无论是现金、支票还是信用卡)。他们每周把取得的收入存到当地银行。

随着旅馆开业的时间越来越近,考虑到日常的经营由那对夫妇全权负责,Francisco 担心他对旅馆与咖啡馆的经营与记录控制不足。他住在犹他州北部,离这里有 5 小时的车程,所以只能偶尔来一次。这个距离让 Francisco 有点不安。他信任他雇用的那对夫妇,但他深知让员工身处容易诱使他们犯错误的环境中是不明智的。

Francisco 需要你的帮助,来识别他的旅馆与咖啡馆可能发生舞弊的地方。他特别想得到你的帮助,来建立创造性的内部控制来预防与识别舞弊。

---

* 该案例是由北卡罗来纳州立大学的 Mark S. Beasley 博士、Frank A. Buckless 博士以及杨百翰大学的 Steven M. Glover 博士和 Douglas F. Prawitt 博士编写的,作为课堂讨论的基础。Red Bluff 公司是一个虚构的公司,所有涉及的人物和姓名也是虚构的。如有雷同,纯属巧合。

要求

[1] 你认为汽车旅馆业务最可能发生的两种舞弊是什么？对每种舞弊,提出两到三个能够有效减少舞弊风险的控制手段。利用常识并发挥你的创造力。

[2] 你认为咖啡馆业务最可能发生的两种舞弊是什么？对每种舞弊,提出两到三个能够有效减少舞弊风险的控制手段。利用常识并发挥你的创造力。

[3] 简要说明提出的控制将会对企业的经营效率产生的影响。你提出的控制手段是否既有效果又有效率？

[4] 说明你提出的控制手段对负责日常经营的夫妇的情绪可能产生的潜在影响。Francisco 该如何处理这些问题？

案例 5.4 St. James Clothiers

——手工基础与 IT 基础的销售会计系统风险的评价*

学习目标

在学习和讨论本案例后,你可以:

[1] 识别手工基础会计销售系统风险。

[2] 解释信息技术 (IT)基础的会计系统能如何降低手工系统风险。

[3] 识别使用 IT 基础会计系统所引起的新的潜在风险。

[4] 识别由手工系统转换为 IT 基础的会计系统所涉及的事项。

简介

St. James Clothiers(以下简称为"St. James")是一个田纳西州小镇的高端服装商场。St. James 只有一家商场,位于小镇广场旁边的一个购物区。St. James 被誉为当地买好衣服的去处。现在是商场经营的第二十个年头。

商场的老板 Sally St. James,最近决定把相对简单的手工销售系统转换为一个 IT 基础的销售应用软件包。这个销售应用软件将向一个软件供应商购买。作为 St. James 项目的审计经理,你最近要求你的一名审计员 Joe McSweeney 对客户进行正式拜访,以了解关于推荐的会计系统变更的更多信息。你让 Joe 去查阅一下去年他编制的审计文件中的说明(这个说明描述了现有的手工销售会计系统)并根据今年的变化对它进行更新。你还要求他利用与 St. James 的人员讨论中获得的信息另外编制一个说明,来描述推荐的 IT 基础销售会计系统。去年审计文件中的说明和 Joe 新编制的说明会在后面提供。

要求

St. James 项目的审计合伙人 Betty Watergate 要求你审阅一下 Joe 所编制的说明,把它作为截至 2012 年 12 月 31 日本年的财务报表审计的审计计划程序的一部分。Betty 让你对下列问题编制一个备忘录:

---

* 该案例是由北卡罗来纳州立大学的 Mark S. Beasley 博士、Frank A. Buckless 博士以及杨百翰大学的 Steven M. Glover 博士和 Douglas F. Prawitt 博士编写的,作为课堂讨论的基础。St. James 是一个虚构的公司,所有涉及的人物和姓名也是虚构的。如有雷同,纯属巧合。

[1] 当前手工销售会计系统的哪些方面会带来风险,增大财务报告出现重大错报的可能性?详细说明每种风险及其可能导致的错报。例如,不要只写"风险:销售发票是收银员手工编制的"。相反,你应该说明为什么这个会增加重大错报风险,比如写上"这会增加重大错报风险,因为它增加了收银员偶然计算错误的风险"。

[2] 推荐的IT基础销售会计系统是否有某种特征可以将问题1中的风险降到最低?如果有,是什么特征?如果现有的缺陷在新的系统下会继续存在,就指出"没有计算机控制能够减少这种风险"。

[3] IT基础的销售系统会如何产生新的重大错报风险?

[4] 对于向新系统的转换你有什么建议?

编制一个包含你对Betty问题回答的备忘录。你可能会发现把问题1和问题2的答案结合起来会更好。例如,你可以用下页的表格来呈现问题1和问题2的答案。

回答问题1和问题2的工作表 姓名:____________

手工系统风险	风险如何影响财务报告	能够缓解手工系统风险的新的IT系统特征

St. James Clothiers
手工基础销售会计系统说明
截至 2011 年 12 月 31 日的年度

索引:	P 1-1
编制:	JMc
日期:	2011 年 6 月 29 日
更新:	2012 年 7 月 10 日
复核:	

这个说明是根据 2011 年 6 月 29 日与客户 St. James Clothiers 人员的讨论编制的，与 2011 年 12 月 31 日财务报表审计相配合。这个说明描述了 2011 年的手工销售系统。

对现有的销售会计系统的说明

St. James 有几个直接面对客户的销售员。销售员的报酬包括小时工资和销售奖金，销售奖金根据他们因帮助客户而创造的销售额而定。当客户决定购买商品时，销售员把客户领到商场收银员那里付款。

为处理一项销售，收银员利用服装价格标签上的信息在预先编号的销售发票上手工记录下销售员的姓名、产品编码、销售数量、销售价格。销售发票一式两联。对于特殊的销售项目，收银员查阅广告剪报或店内促销标志确定价格。收银员偶尔只能靠销售员确定价格。收银员用价格乘以数量手工计算销售额，然后加上销售税金得到总的销售金额。销售发票计算完后，税前销售额和销售税金被输入到收银机中，收银机记录下这些金额，然后计算并在一式两份的收银机纸带上记录下总的金额。收银员把收银机收据和手工编制的销售发票的客户联交给客户。

收银机纸带的另外一份被存在锁着的收银机中。只有商场会计 Meredith McGlomm 能够打开收银机取出纸带。收银机是一种相对简单的机器——它基本是用来生成销售发票并提供一个存放现金的锁着的抽屉。这个抽屉一般是在输入销售时打开，但是按“总计”键也能打开。

原始的销售发票保留在收银机旁边的文件盒中。销售员会在间歇时间及繁忙时段(特别是星期六)帮助收银员。只有客户能够提供销售发票时，St. James 才会接受客户退货。收银员通过编制一个金额为负的销售发票来处理销售退回。

商场经理 John Thornberg 每天晚上清点收银机中的现金并编制存款单。他每天晚上把现金拿到当地银行放进隔夜存款箱中。第二天，银行会处理存款并把存款确认单直接寄给商场会计。

在每天下班时，Meredith 会从收银员那里收集所有的销售发票并取出锁在收银机中的纸带。这些都被放在会计办公室的一个保险箱中。第二天，Meredith 按销售员编号将所有的销售发票分组并把销售员的销售额分栏记录到一个表格中。Meredith 汇总每个销售员的销售额进而得出商场那天的销售总额。

Meredith 把日销售总额手工记入销售日记账中。她会将销售日记账中的日销售总额与那天收银机纸带的总额进行比较。当银行的存款确认单到达时,Meredith 将核对检查存款金额和销售日记账是否一致。商场老板 Sally St. James 偶尔核对日存款单与销售日记账记录金额。每个月末,商场会计会结出销售日记账余额并把它记入总账中。她用销售员的月销售额来计算当月的销售奖金。由于销售交易量很大,商场难以维持一个永续的存货系统。因此,在月末商场通过进行存货盘点来确定月末存货。

为截至 2012 年 12 月 31 日的年度审计的更新:

根据我的回顾和 2012 年 7 月 10 日与 St. James Clothiers 人员的讨论,上面对手工销售会计系统的说明清楚地说明了正在使用的销售会计系统。

Joe McSweeney

2012 年 7 月 10 日

St. James Clothiers

推荐的 IT 基础销售会计系统说明

截至 2012 年 12 月 31 日的年度

索引: P 1-3

编制: JMc

日期: 2012 年 7 月 10 日

复核:

这个说明是根据 2012 年 12 月 31 日我和 St. James 人员的讨论编制的。这个说明描述了推荐的新 IT 基础销售会计系统的主要组成部分,St. James 计划在本年第四季度安装这个系统。

推荐的 IT 基础销售会计系统说明

St. James 计划本年晚些时候安装的新 IT 基础销售系统是一个外部开发的销售会计软件包,这个软件包将从 Olive States 软件公司购买。Sally St. James 是在几个月前参加一次行业会议时了解到这个软件包的。从和几位商场老板的谈话中,Sally 确信这个软件包对 St. James 非常好。

Sally 的一些当地朋友推荐了一个 Nashville 的计算机顾问来帮助安装。这个顾问曾在五个不同场合见过 Sally,并讨论了他们的安装计划。安装被安排在 2012 年 11 月的最后两周。St. James 将会在 12 月 1 日开始使用新系统。

即使系统安装好了,也还有大量的系统功能可以由 St. James 选择是否激活。考虑到自己和商场其他员工都没有计算机程序或软件安装方面的经验,Sally 已经要求顾问来负责设置那些功能。

新系统安装好之后,旧的收银机会被拆除,收银员会使用新的计算机来处理销售。计算机有一个附带抽屉,只有当一笔销售被输入计算机时才能打开。如果要在其他任何时间打开抽屉都必须输入一个特别的密码,这个密码只有商场经理才有。因此,如果收银员在录入销售时出错的话,商场经理必须输入密码来撤销这笔销售。

要操作新的计算机收银机，收银员必须在处理每笔销售之前输入一个三位的密码。销售员会继续在需要时帮助收银员工作，但是每个员工都有唯一的密码来操作计算机。对每笔销售，计算机会将操作员的密码记录在一个内部存储器上，这个存储器只有商场经理才能进入。商场经理能够通过输入密码来生成报表，而不必再编制销售发票。相反，收银员输入产品编码、销售数量和销售员编号。计算机会用价格乘以数量计算出税前销售额、销售税金及总的销售额，并会根据输入的产品编码从价格列表主文件中查找对应的价格。因此，如果销售编码错误或价格列表主文件中没有对应的销售价格，这笔销售就无法处理。

计算机会生成一个收据，这个收据会被交给客户。收据会显示产品编码、数量、交易金额及销售员编号。它不会再单独生成收银机纸带。相反，每天的销售数据都被存在硬盘上。每天下班的时候，收银员只要选择"日结算程序"菜单项，硬盘上的销售日记账和永续存货主文件就会自动更新。销售退回只能由商场经理用一个特殊的密码才能处理。

要改动价格列表主文件必须使用与系统配套的维护软件。这个软件会被装在另外一个计算机上，进入这个软件受到保护，必须输入主文件密码。Sally 和顾问决定把价格列表维护软件装在商场经理的计算机上，使商场经理能在价格变动时更新文件。商场经理的计算机通过网络与收银员及会计的计算机相连。

商场经理继续按照与手工系统程序一样的方式进行隔夜存款。

新系统会极大地改变商场会计的职责。由于计算机会自动把每个销售员的交易自动过入销售日记账中，商场会计不必再编制销售日记账。实际上，销售日记账不会再以纸质的方式存在。相反，商场会计只能在会计办公室的计算机上以"只读"方式查看每天的销售数据。"只读"意味着会计只能浏览文件内容。

当每天的银行确认单到达后，商场会计会将存款单金额输入到会计系统中，系统会将存款金额和每天记录的销售额比较。任何差异都会被列示在例外报告中并通过电子邮件发送给 St. James。另外，每晚过账时会同时更新永续存货主文件。因为商场会计的日常工作程序发生了极大的变化，她能够按日期来检查永续存货记录，检查的方式是清点选定存货项目的数量并与永续存货记录进行比较，而永续存货记录可以在会计办公室打印。差异会被商场经理复核或被老板抽查。

作为每月结账程序的一部分，计算机会自动将销售和存货交易记入总账中。商场经理会打印总账试算平衡表来编制财务报告，不再生成其他纸质的报表或日记账。

Joe McSweeney

2012 年 7 月 10 日

案例 5.5 Collins Harp Enterprises
——提议 IT 系统开发控制*

学习目标

在学习和讨论本案例后,你可以:

[1] 识别一个潜在审计客户的与 IT 组织结构和系统开发过程相关的风险。

[2] 识别那些可以减少与 IT 系统开发相关的风险的 IT 相关一般控制。

[3] 把负面信息传达给潜在的新审计客户,用一种可能使那家公司接受审计服务的方式传达。

背景

你是 Townsend and Townsend 会计事务所新的 IT 审计专家。一个审计合伙人 Harold Mobley 让你评价一下一个潜在新审计客户 Collins Harp Enterprises(以下简称为"Collins Harp")的一般和应用 IT 相关控制的有效性。Collins Harp 是一家私营企业。在上周的一场高尔夫球中,Collins Harp 的一位经理让 Harold 派一个接受过良好 IT 训练的人检查一下 Collins Harp 的 IT 系统开发过程。Harold 根据最近与 Collins Harp 的 IT 副总裁 Linda Seth 的谈话,总结了关于该公司 IT 系统开发过程的信息。

IT 总结

由于该公司独特的业务流程,Collins Harp 的大多数计算机软件都是内部开发的。在过去的几年中,Linda Seth 招聘了几个有很强编程经验的程序员。她组建了一个由五个程序员组成的团队,该团队处理大多数应用软件和系统编程要求。由于他们有很强的背景,Seth 让五个人都参与新软件的开发或现有软件的修改,也让他们所有人参与运行、防护、使用工作和其他系统软件编程及维护任务。由于员工相对来说都是全能的,

* 该案例是由北卡罗来纳州立大学的 Mark S. Beasley 博士、Frank A. Buckless 博士以及杨百翰大学的 Steven M. Glover 博士和 Douglas F. Prawitt 博士编写的,作为课堂讨论的基础。Collins Harp 是一个虚构的公司,所有涉及的人物和姓名也是虚构的。如有雷同,纯属巧合。

他们中任何一个人都能适应不断变化的编程要求。

Linda 说由于程序员一般都是崇尚自由的,在开发新软件或修改现有软件时他会给程序员相对自由的空间。她说程序员喜欢把他们的工作视为一项艺术,因此他们会用自己独特的编程风格和方法进行软件逻辑开发。她相信这种自由能够提高软件开发的质量。

新软件的开发一般是由 Linda 发起的,在此之前她会和其他公司的 IT 人员谈话并听取他们改进现有软件的建议。因为她定期参加 IT 研发会议,她认为自己最适合确定改进软件的方法。偶尔会由非 IT 人员(例如,使用会计系统的会计部门人员)确定要做的改进。Linda 说她听到非 IT 人员软件改进或开发新软件的建议一般是在非正式场合,例如,午餐时间在公司餐厅或在办公室走廊撞见。遇到这种情形,她会用脑子记下来然后告诉她的程序员们。

在软件开发或改进时,负责这项工作的程序员一般会给负责这个软件的非 IT 人员打电话或发电子邮件来讨论要修改的地方或使他们的愿望在技术上得以实现。有时如果必要,程序员会和相关人员见面。然而,程序员一般感觉这种会面益处有限,因为用户对编程原理没多少了解。

如果程序员是对现有软件进行修改,他会先对当前版本进行拷贝,因而他就不必重新编写整个程序。在开始之前,这个程序员会和以前参与编写这个程序的程序员见面,来获得对软件的整体了解。由于程序员人数较少,负责修改程序的程序员能够通过和其他程序员谈话找到曾经参与编写这个程序的程序员。然后程序员从编程部门文件中找到程序逻辑文件。一般来说,这个文件包括电子文件和备忘录,备忘录记录了程序员编写这个程序的逻辑。新任命的程序员能够根据这些记录明白最新的修改是如何做出的。

程序员会对所有的软件开发与修改进行测试。为增加测试的独立性,Linda 会委任其他的程序员来对软件进行测试。测试程序员会通过复制其他相似软件使用的数据集来创建一个虚拟数据集。测试程序员对新软件或其修改版本测试并存储测试结果。Linda 说软件测试有严格的控制,在软件投入使用前她会仔细查看软件测试结果并对软件进行审批。另外,软件测试结果的备份会被保存在文件中以备后续查阅。

一旦 Linda 认为软件准确处理了测试数据,她会批准软件投入使用。Linda 说软件投入使用对程序员来说是一件大事。她说程序员为软件的完成而骄傲,一旦项目程序员宣布他已经把最终版本编译成了目标代码并把目标代码提交给 IT 管理员,所有的程序员都会为此庆祝。

要求

Harold 想让你起草一封信给 Linda Seth,

[1] 描述一下 Collins Harp 的 IT 系统开发和程序修改过程中存在的缺陷。

[2] 简要描述一下你对问题 1 中每个缺陷的主要担忧。

[3] 推荐几种 IT 系统开发控制方法以使问题 1 中的缺陷最小化。

记住你在写信给 Collins Harp。因此,你的回答应该是信的格式而不是备忘格式。在你的回答中请保持专业性。考虑到 Collins Harp 可能成为一个新客户,你应该准确描述明显的缺陷而不能失礼。

作为起草信件的替代方法,你的老师可能会让你完成下面这个表格。

回答问题[1]、[2]和[3]的表格　　　　姓名:________

IT 系统开发和软件修改中的缺陷	缺陷描述	消除缺陷的建议

案例 5.6 Sarbox Scooter 公司

——财务报告内部控制审计的范围与评价判断*

学习目标

在学习和讨论本案例后,你可以:

[1] 理解 PCAOB 审计准则第 5 号要求的整合审计中财务报告内部控制审计的复杂性。

[2] 识别整合审计中的重要会计账户。

[3] 识别整合审计中的重要位置和业务单元。

[4] 使用估值技术来确定控制缺陷的可能性和严重程度。

[5] 理解评价控制缺陷所需要的判断。

简介

2002 年的《萨班斯-奥克斯利法案》的第 404 条款要求公众公司报告财务报告内部控制的有效性。第 404 条款要求公司雇用审计师来进行一个整合审计,包括传统的财务报表审计和对财务报告内部控制的审计。PCAOB 审计准则第 5 号——《与财务报表审计配合的财务报告内部控制审计》(AS5)提供了内部控制审计的指引并要求审计师获取充分有效的①审计证据,以确保财务报告所有重要账户所有相关认定的控制有效性。审计师在识别要测试的控制之前,需要做一些重要的审计决定。其中的一些决定如下:

- **识别重要账户。**重要性是运用合并财务报表重要性的定量和定性指标确定的。

- **识别财务报告相关认定。**对每个重要账户,识别相关认定时要考虑对账户是否公允列报有重要影响的认定。相关认定是那些关于重要账户的认定,这些账户一旦不正确,就为包含错报提供了合理可能,甚至导致财务报告出现重大错报。

- **识别重要流程和主要交易类型。**审计师必须理解重要账户涉及的交易事项的相关处理过程。审计师要测试的控制存在于重要交易过程中(例如,销售预收款循环,期末财务报告过程)。

---

* 该案例是由北卡罗来纳州立大学的 Mark S. Beasley 博士、Frank A. Buckless 博士以及杨百翰大学的 Steven M. Glover 博士和 Douglas F. Prawitt 博士编写的,作为课堂讨论的基础。Sarbox Scooter 公司是一个虚构的公司,所有涉及的人物和姓名也是虚构的。如有雷同,纯属巧合。

① PCAOB 审计准则中用的是充分"有效的"证据,而 AICPA 审计准则中提到的是充分"适当的"证据。

一旦识别出重要账户、相关认定和重要流程,审计师就可以识别要测试的控制。决定要测试的位置并不总是那么容易。在合并主体水平的重要账户是公司各种营业单位账户的汇总,这些营业单位可能散步在几个不同的地方。例如,合并应收账款是公司每个独立营业单位(即区域、分部或子公司)。因此,对于每个重要账户,审计师要做出另外一个重要的合理决定,即决定走访哪个营业单位来测试属于该账户的控制。

AS5 不要求审计师走访公司的所有营业单位或业务区域。相反,AS5 要求审计师获取合并水平每个重要账户的充分适当的审计证据,来支撑他对公司管理层关于财务报告内部控制有效性认定的意见。举个例子,假如说一个公司有 10 个营业单位,每个都有应收账款。假设在合并公司水平,应收账款被认为是重要账户,审计师可能会决定在公司的 6 个最大业务区域测试对应收账款的控制,这些区域的应收账款占合并应收账款余额的 75%。

这个案例的 A 部分要求你识别重要账户并决定走访哪些业务区域来对 Sarbox Scooter 公司(一家虚拟的小型摩托车与踏板车制造商)的内部控制进行测试。完成 A 部分需要你运用职业判断来决定哪些账户应该被视为重要账户。

这个案例的 B 部分与 A 部分相互独立,B 部分要求你按照 AS5 的要求评价控制缺陷的可能性和严重程度。当一个缺陷被视为重大缺陷时,审计师会对公司财务报告内部控制有效性发表否定意见。2005 年,在第一批需要施行第 404 条款的公司中大约 17% 因为重大缺陷而被出具否定意见。在最近几年这个数字已经降低到了不足 5%。

背景

Sarbox Scooter 公司是一家国际性的生产与销售袖珍型摩托车和踏板车的公司,它在美国、墨西哥和欧洲经营。袖珍型摩托车(也叫做“迷你摩托”、“迷你 GP”或“袖珍火箭”)是微型的大普里克斯赛车(Grand Prix,GP)。袖珍摩托车大约是普通摩托车的四分之一大小,精确地按世界级 GP 赛车的比例制作。袖珍摩托车一般包括以下特征:二冲程汽油发动机(容量 40—50cc),前后碟式刹车,赛车轮胎,坚固而轻便的铝制或铝合金制车架,如同真实 GP 赛车的外观与体验。袖珍摩托车是为比赛而制造,用于在高速公路、赛道或封闭停车场行驶。袖珍摩托车在欧洲和日本非常流行,在美国也变得越来越流行。

传统的踏板车多年来都是孩子们的最爱。然而对马达驱动的踏板车的狂热始于 21 世纪初,现在已遍及全球。Sarbox Scooter 保留了一条传统的无马达驱动踏板车生产线,同时开始专注于生产汽油和电力驱动的踏板车。

Sarbox Scooter 创立于 2002 年,总部设在新泽西的 Basking Bridge。该公司是袖珍型摩托车和机动踏板车的主要制造商之一。Sarbox 的愿景是成为世界首要的袖珍型摩托车和机动踏板车的生产商与销售商。为实现这个愿景,Sarbox Scooter 计划在今后五年中将每年的品牌占有率提高 1%,直到达到机动踏板车市场份额的 30%。然而,这个行业围绕价格、质量和外观的竞争十分激烈。去年,几个品牌认知度很高的竞争对手

(如 Schwinn)通过昂贵的广告表现出对机动踏板车市场的兴趣。

Sarbox Scooter 公司的客户基础主要由国内和国际的经销商构成。对经销商的销售额几乎占 Sarbox Scooter 公司年销售额的 90%。其余的 10% 销售额来自直接销售给租赁公司和度假胜地的大额订单。

Sarbox Scooter 公司的营业单位是按地理区域划分的,分为美国、墨西哥和欧洲。美国地区又被进一步划分成五个营业单位:东北、东南、中部、西南、西北。国外的营业单位由独立的财务经理直接向 Basking Bridge 总部的财务总监 Warwick Schawb 报告。墨西哥的财务经理最近在公司内部审计组对他的控制、监控、报告行为进行深入检查后辞职。所有的独立营业单位都设有销售经理和制造厂经理。

Sarbox Scooter 公司的计算机系统位于每个区域营业单位的数据中心。所有财务报告的收集和合并工作都是在公司总部完成的。公司在 2009 年利用同一套会计软件系统首次实现了所有业务单位收入记录与报告的同步。

公司也不断在公司治理和社会责任方面取得进步,通过邀请备受尊敬的商业领袖、Rubio 公司的总裁兼首席执行官 Morris Graybeard 担任公司董事,加强了董事会。Sarbox Scooter 公司还通过聘任一家大型国际食品经销商的前内部审计主管 Jenna Jaynes 来加强公司的内部审计职能。

你是 Sarbox Scooter 公司的外部审计事务所 Delmoss Watergrant 的一名审计师。Sarbox Scooter 公司自 2004 年上市以来就是你们事务所的客户。由于 Sarbox Scooter 公司的股票是公开交易的,对该公司必须按 AS5 的要求进行整合审计,即财务报告内部控制审计和财务报表审计。2002 年颁布的《萨班斯-奥克斯利法案》的第 404 条款以及 SEC 的相关规定要求公司管理层评价财务报告内部控制的有效性。管理层必须识别测试的重要账户和位置。尽管管理层会向审计师提供公司的风险评估、控制、测试文档,审计准则仍要求审计师独立地对与财务报告重要账户和披露有关的内部控制要素的设计和执行有效性进行评价。此外,审计师必须独立识别每个业务类别的重要流程,并测试重要位置的控制来获取充分适当的关于财务报告内部控制有效性的审计证据。在做出判断时,你要考虑上面的背景信息、Sarbox Scooter 公司的财务报告和 Delmoss Watergrant 的审计政策。

要求——A 部分

[1] 根据 AS5:

[a] 在决定一个账户是否为重要账户时,审计师应该考虑什么?

[b] 什么定性因素会导致一个数量相对较小的账户被认定为重要账户?

[c] 什么定性因素会导致一个超过重要性水平的账户不被认定为重要账户?

[2] 根据 Delmoss Watergrant 识别重要账户的政策(见附录 A)和 Sarbox Scooter 公司的合并资产负债表以及利润表回答下列问题:

[a] 确定一个计划的重要性水平用以识别 Sarbox Scooter 公司的重要账户。请写出过程并说明判断的依据。

[b] 在合并财务报表水平上,Sarbox Scooter 公司是否存在超过计划的重要性水平而不被认定为重要的账户? 说明理由。

[c] 识别两个在合并水平数量上不重要,但是考虑定性因素应被认定为重要的账户。写出你考虑的定性因素。

[d] Sarbox Scooter 公司是否有数量上重要的营业单位(地理区域)? 如果有,是哪个? 哪个营业单位(地理区域)存在特殊风险,使得不必考虑数量规模就应认定该营业单位重要?

[e] 如果让你排除一个完整的营业单位(地理区域),你会选哪个? 请说明理由,包括你考虑的定量和定性因素。

[3] 审计准则要求对客户整体水平的控制进行识别和测试。整体水平的控制有哪些? 在评价和测试客户的期末财务报告过程时,审计师的责任是什么?

要求——B 部分(可以独立于 A 部分完成)

[1] AS5 中控制缺陷、重要缺陷和重大缺陷的定义是什么? 审计师必须将哪种类型的缺陷包括在审计报告中?

[2] 根据 Delmoss Warergrant 的评价控制缺陷的政策(见附录 B)判断以下三个缺陷是否构成控制缺陷、重要缺陷或重大缺陷。请分开考虑以下缺陷并说明判断的理由。

[a] 在检查 Sarbox Scooter 公司的期末财务报告过程时,你发现 Sarbox Scooter 公司对那些已经收到和完成但尚未发货的订单确认了收入,但是并没有为这些订单具体拨出相应货物,尽管公司目前有足够的货物来满足这些订单。同时,你发现有些订单已经发货但还没有确认收入,所以你估计了一下总的收入少计大约 230 万美元。

[b] Sarbox Scooter 公司的收入确认政策要求所有的非常规销售(即对经销商之外的客户的销售)都要得到管理层的批准来核实价格和销售条款是否恰当。然而,在抽查了一些非常规销售记录以后,你发现这种控制并没有被严格遵守,一些销售代表提供了折扣或改变的销售条款但是公司并没有恰当记录。因此,在这项控制没有被遵守的情况下,记录的价格趋于过高或一些条款没有在销售发票或客户投诉中正确反映。有些情况下,客户会由于报价过高或改变销售条款而取消订单。非常规销售约占 Sarbox Scooter 公司销售收入的 10%。你从对审批控制的抽样检查中发现控制没有执行的情形为 4%,上界为 9%(即根据你的样本,你以 95% 的置信度确认例外率不超过 9%)。

[c] Sarbox Scooter 公司要求所有对新客户的赊销及对超过预先批准的信用额度的客户的赊销都要在发货前得到信用管理经理的批准。然而在销售旺季,为了快速处理订单,这项政策并没有被严格遵守。由于这些发现,你认为坏账准备被严重低估了。对审批控制在销售旺季未被有效执行的情况,Sarbox Scooter 公司没有争辩。但是 Sarbox Scooter 公司认为它采取的补充控制能够把缺陷的大小降到重大缺陷以下。第一个补充控制是应收账款账龄表在每个季度都会经管理层审核,所有账龄超过 180 天的应收账款都会被注销。同时,管理层每个月都会将一个拖欠款项或未按时付款的公司列表发给所有销售员,以禁止对这类公司进行任何额外赊销。

Sarbox Scooters 公司合并利润表

2011 年 12 月 31 日

单位：千美元

	合并数	美国东北部	美国东南部	美国中部	美国西南部	美国西北部	墨西哥	欧洲
销售收入	1 987 174	59 615	298 076	208 653	317 948	218 589	89 423	794 870
其他收入	435 548	13 066	65 332	45 733	69 688	47 910	19 600	174 219
总收入	2 422 722	72 681	363 408	254 386	387 636	266 499	109 023	969 089
装配成本	1 091 939	32 758	163 791	114 654	174 710	120 113	49 137	436 776
维护成本	344 037	10 321	51 605	36 125	55 046	37 844	15 482	137 614
无形资产减值损失	44 875	1 346	6 731	4 713	7 180	4 936	2 019	17 950
遣散费	14 958	449	2 244	1 571	2 393	1 645	673	5 983
总销售成本	1 495 809	44 874	224 371	157 063	239 329	164 538	67 311	598 323
销售毛利	926 913	27 807	139 037	97 323	148 307	101 961	41 712	370 766
销售费用	88 200	2 645	13 230	9 261	14 112	9 702	3 969	35 281
市场费用	84 744	2 542	12 712	8 898	13 559	9 322	3 813	33 898
研究开发费用	51 785	1 557	7 783	5 448	8 301	5 707	2 235	20 754
管理费用	50 155	1 505	7 523	5 266	8 025	5 517	2 257	20 062
折旧	46 694	1 401	7 004	4 903	7 471	5 136	2 101	18 678
摊销	24 212	726	3 632	2 542	3 874	2 663	1 090	9 685
总营业费用	345 790	10 376	51 884	36 318	55 342	38 047	15 465	138 358
营业利润	581 123	17 431	87 153	61 005	92 965	63 914	26 247	232 408
净利息收入	11 673	350	1 751	1 226	1 868	1 284	525	4 669
其他净收入	(3 194)	(96)	(479)	(335)	(511)	(351)	(144)	(1 278)
暂计收入	—	—	—	(600)	(700)		1 300	
税前利润	589 602	17 685	88 425	61 296	93 622	64 847	27 928	235 799
所得税	204 806	6 144	30 721	21 505	32 769	22 529	9 216	81 922
净利润	384 796	11 541	57 704	39 791	60 853	42 318	18 712	153 877

Sarbox Scooters 公司合并资产负债表
2011 年 12 月 31 日

单位：千美元

	合并数	美国东北部	美国东南部	美国中部	美国西南部	美国西北部	墨西哥	欧洲
资产								
流动资产：								
现金和现金等价物	10 236	2 607	1 535	1 075	1 638	1 126	461	1 794
有价证券	423 474	10 704	63 521	44 465	67 756	46 582	19 056	171 390
应收款项								
应收账款净额	93 199	2 796	13 980	9 786	14 912	10 252	4 194	37 279
净融资性应收款的当期部分	820 652	24 620	123 098	86 168	131 304	90 272	36 929	328 261
其他应收款	3 208	96	481	337	513	353	144	1 284
应收票据	7 892	237	1 184	829	1 263	868	355	3 156
存货								
原材料	81 035	2 431	12 155	8 509	12 965	8 914	3 647	32 414
在产品	15 518	466	2 328	1 629	2 483	1 707	698	6 207
产成品	75 861	2 276	11 379	7 965	12 138	8 345	3 414	30 344
递延所得税	42 459	1 204	6 369	4 458	6 793	4 670	1 911	17 054
预付费用和其他流动资产	27 544	14 896	2 132	1 891	2 409	2 029	1 240	2 947
流动资产总额	1 601 078	62 333	238 162	167 112	254 174	175 118	72 049	632 130
长期资产：								
净融资性应收款	610 762	18 023	91 614	64 130	97 722	67 184	27 484	244 605
净固定资产	868 438	20 053	130 266	91 186	138 950	95 528	39 080	353 375
商誉	44 553	1 337	6 683	4 678	7 128	4 901	2 005	17 821
其他资产	297 236	8 917	44 585	31 210	47 558	32 696	13 376	118 894
资产总额	3 422 067	110 663	511 310	358 316	545 532	375 427	153 994	1 366 825

（续表）

	合并数	美国东北部	美国东南部	美国中部	美国西南部	美国西北部	墨西哥	欧洲
负债和股东权益								
流动负债：								
应付账款	182 828	13 078	25 019	17 609	27 215	19 211	8 363	72 333
工资和相关费用	65 734	1 972	9 857	6 904	10 519	7 231	2 960	26 291
应计费用和其他负债	277 057	9 176	41 742	29 519	44 125	31 211	12 263	109 021
融资性负债的当期部分	267 673	7 575	40 376	28 263	43 068	28 609	12 113	107 669
流动负债总额	793 292	31 801	116 994	82 295	124 927	86 262	35 699	315 314
融资性负债	556 901	16 707	83 535	58 475	89 104	61 259	25 061	222 760
其他长期负债	7 562	227	1 134	794	1 210	832	340	3 025
退休后医疗补贴	195 780	5 873	29 367	20 557	31 325	21 536	8 810	78 312
递延所得税	108 448	3 253	16 267	11 387	17 352	11 929	4 880	43 380
股东权益：								
普通股	1 153 004	34 590	172 951	121 065	184 481	126 830	51 885	461 202
留存收益	607 080	18 212	91 062	63 743	97 133	66 779	27 319	242 832
负债和股东权益总额	3 422 067	110 663	511 310	358 316	545 532	375 427	153 994	1 366 825

附录 A 摘自 Delmoss Watergrant 识别重要账户和位置的审计政策

(用于案例的 A 部分)

识别重要账户和认定

为了确定财务报告内部控制审计的范围,我们会考虑计划的重要性水平以从数量角度识别重要账户。① 一般地,财务报告列示项目或账户中超出计划的重要性水平的应当被考虑设为重要账户,无论是在财务报告内部控制审计中,还是在财务报表审计中。然后,需要对每个财务报告列示项目进行分解以确定其组成账户余额是否重要。例如,"其他资产"可能包括几个组成账户余额,其中的一些是个别重要的,其他的不是个别重要的。一个账户超出重要性水平越多被认定为重要账户的可能性越大,即使定性风险因素很小。然而,由于还要考虑定性因素,一个超出重要性水平的账户也不一定是重要账户。定性因素可能会使我们将一个低于重要性水平的账户或披露考虑为重要的。

定性地,如果一个账户受固有风险或舞弊风险影响,存在合理可能会导致重大错报(单独或汇总基础上),我们就认为这个账户是重要的。相关的定性因素包括:

- 由于错误或舞弊导致损失的难易程度;
- 这个账户处理的具体事项涉及的经济活动的数量、复杂性和一致性;
- 账户的本质;
- 账户的核算和报告复杂程度;
- 该账户反映的损失的披露;
- 该账户反映的活动导致大额或有负债的可能性;
- 该账户是否存在关联方交易;
- 与前期相比账户特征的变化。

例如,即便一个账户在数量上怎么看都不重要,只要它包含了重要活动(例如,现金、在产品、暂计账户)就应被认为是重要账户。

类似地,一些账户虽然在数量上重要但考虑到定性原因可能并不需要测试。那些不易受错误或舞弊影响,涉及的经济活动量较少,本质上不复杂的账户可能不需要测试——特别是相关部分曾在最近被测试过的时候。例如,在一个服务性组织中固定资产可能是一个大的账户,但它在不同年度之间可能没什么变化,因而包含较低的固有风险与舞弊风险。对这样的账户我们可以进行交替测试或更多地依靠他人的工作来评价相关控制。

---

① Delmoss Watergrant 的关于重要性的政策表明:从数量角度来说,计划的重要性水平一般是税前利润的 3% —5% 或销售收入的 1% —2% ,不必管两者中哪个更低,因为这两个基准都能准确反映公司的规模、过去的业绩及复杂程度(即当利润接近零或为负的情形一般被认为不具有代表性)。

另外,在决定是否对单独的账户组成部分进行测试时,要考虑账户组成部分相关的定性因素。例如,现金账户中的零用现金导致财务报告出现重大错报的风险是极小的。

在识别重要账户后我们要考虑相关认定。相关认定是那些包含风险存在合理可能导致重大错报的认定。因此,在评价 ICFR 时只有与这些认定相关的控制需要进行测试。例如,如果我们确定工资费用是一个重要账户,我们可能确定只有完整性和计价认定包含存在合理可能会导致重大错报的风险,因此我们会通过穿行测试及与这两个认定相关的控制测试获取 ICFR 设计和执行有效性的证据。

作为识别重要账户及其相关认定的一部分,我们应确定可能导致财务报告出现重大错报的潜在错报来源。对于给定的重要账户和披露,我们可以问一下自己"哪里可能出错?"来确定潜在错报来源。

识别重要营业单位或区域

在决定要进行审计测试的营业单位或区域时,我们要考虑一些因素。例如,该营业单位或区域在财务上的相对重要性以及该营业单位或区域引发重大错报的风险。在做出决定时,我们应将营业单位或区域分成以下四类:(1) 个别重要;(2) 包含了特有风险,这些风险自身就可能使合并财务报表产生重大错报;(3) 在单独或汇总水平都不能使合并财务报告出现重大错报的营业单位或区域(对这些营业单位或区域我们不进行测试或只进行很少的测试);(4) 汇总起来会呈现出财务重要性,从而可能导致合并财务报表出现重大错报。

在识别要测试的营业单位或区域时[上面第(1)条],我们希望审计保证的大部分来自对个别重要的营业单位或区域的测试。

确定个别重要的营业单位或区域

个别重要的营业单位或区域是那些对整个被审计单位来说具有财务重要性的单位或区域。从定量的角度,我们确定个别重要的营业单位或区域的方法是选取超过以下任何一个标准的营业单位或区域:

营业单位或区域的净利润超过合并净利润的 10%	或	营业单位或区域的资产超过合并总资产的 10%

确定含有特有风险的营业单位或区域

即使在考虑了以上定量因素后,项目团队在确定个别重要业务单位或区域的定性或特有风险时仍然需要运用重要性判断。一个营业区域或单位可能存在特有风险,这些风险自身就能导致公司财务报告出现重大错报,即使这个营业单位单独并不具有财务重要性。例如,一个负责外汇交易的营业单位就可能使公司遭受重大错报风险,尽管个别交易的相关财务重要性比较低。

对那些最初没有被选定为个别重要的区域要详细考虑重大错报的固有风险和舞弊风险。在评估某个营业区域是否具有会使它们变得重要的特有风险时,项目经理必须运用高度的审计师职业判断。项目团队一般只会获取与可能导致重大错报的特有风险相关的控制有效性的审计证据。

附录 B 摘自 Delmoss Watergrant 的评价控制缺陷的审计政策

(用于案例的 B 部分)

评价控制缺陷

审计准则第 5 号(AS5)要求对所有的控制缺陷单独地或与其他缺陷联合进行评价,区分为:

- 未达到重要缺陷水平的内部控制缺陷;
- 重要缺陷;
- 重大缺陷。

AS5 把这些类型定义为控制缺陷、重要缺陷和重大缺陷,这三种类型不是相互排斥的。控制缺陷包含所有的缺陷,它包括重要缺陷和重大缺陷。因此,我们先识别控制缺陷。然后考虑,个别或汇总地,通过重要账户余额、披露、相关认定或内部控制要素(即 COSO 要素)来决定这些控制缺陷是否会导致重要缺陷或重大缺陷。如果多个控制缺陷影响同一个财务报告科目或披露,会增大出现错报的可能性,这些缺陷合起来可能会构成一个重大缺陷,即使这些缺陷单独来看并不严重。

AS5 要求我们在评价内部控制缺陷的重要性时考虑:

- **可能性**(合理可能,很可能或极小可能)。该缺陷单独地或与其他缺陷合并地导致账户余额或披露出现错报的可能性。
- **严重程度**(既不重大也不重要,重要但是不重大或重大),即控制缺陷导致潜在错报的大小。

重要缺陷和重大缺陷定义中的"合理可能"和"很可能"要根据《财务会计准则公告》第 5 号——或有事项会计(FASB No. 5, Accounting for Contingencies)进行解释。Delmoss Watergrant 把合理可能解释为可能性大于 5%。

如果一个理性的人在考虑了未来未发现错报的可能性后发现,该错报无论单独还是与其他错报汇总起来对财务报告都明显不重要,那么这个错报就是"不重要"的。Delmoss Watergrant 把"不重要"解释为小于计划重要性水平的 10%。

在评价缺陷时,我们一般先考虑可能性然后再考虑严重程度,因为根据 PCAOB 的定义,只有至少具有"合理可能"的控制缺陷才可能成为重要缺陷或重大缺陷。

错报的潜在严重程度越大,对可能性和严重程度的联合考虑就越重要。例如,当控制失效导致的任何错报很可能重大时,对于该缺陷是否有合理可能或很可能的判断就变得至关重要。一个控制缺陷是否被认定为重要缺陷或重大缺陷不取决于已发现的与该缺陷相关的错报的大小。相反,我们必须评估缺陷导致错报的潜在可能性和潜在严重程度。

如果我们发现了实现相同控制目标的、有效的补充或额外控制,我们可以认为仅存在一般控制缺陷或没有缺陷。我们要收集补充或额外控制运行有效的证据。

下面的表格说明了错报可能性与潜在严重程度之间的相互作用。

潜在金额	可能性	
	极小可能	合理可能或很可能
重大金额	内部控制缺陷但不是重要缺陷	重大缺陷
重要(即超过总体重要性水平的 10%)但低于重大的金额	内部控制缺陷但不是重要缺陷	重要缺陷但不是重大缺陷
既不重大也不重要的金额(即小于总体重要性水平的 10%)	内部控制缺陷但不是重要缺陷	内部控制缺陷但不是重要缺陷

AS5 的第 69 段列示了一些缺陷,它们是财务报告内部控制重大缺陷的标志。我们在评价缺陷时要认真考虑这个列表。重大缺陷的标志基本都会导致控制缺陷。例如,如果一个公司不得不重述以前发布的财务报告,我们就需要仔细分析重述的原因。如果这个公司对公认会计原则的应用是合理的,它做出这项决定的控制设计合理有效,我们就可以得出结论重述并不是由于控制缺陷引起的。

当评价和区分流程/交易水平的控制缺陷时,我们使用如下的决策树。决策树假设审计师已经确定测试中的例外代表控制缺陷。

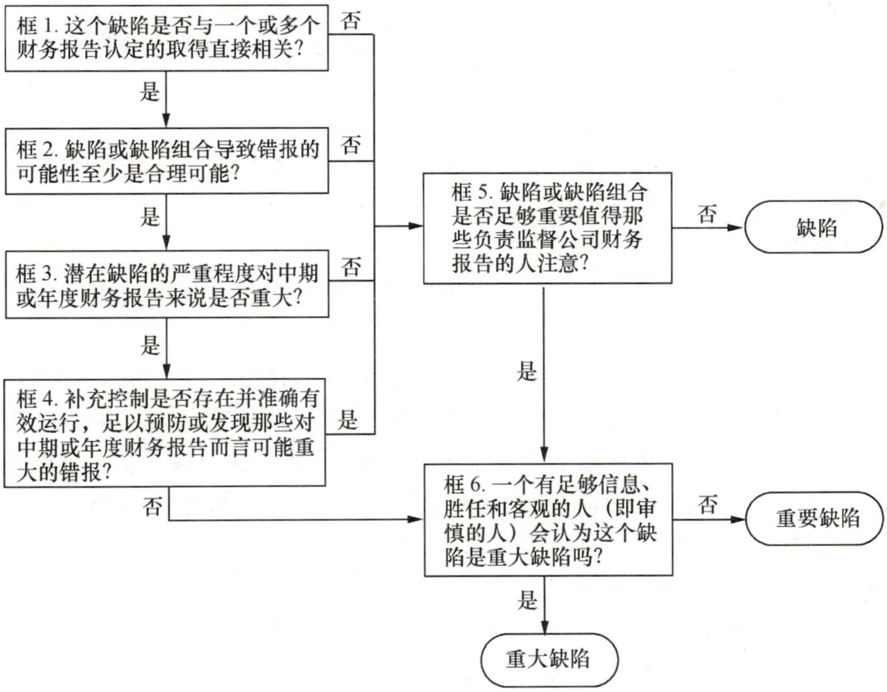

评价流程/交易水平控制缺陷的决策树

决策树是从以下方面评价控制缺陷分类的:

- 设计有效性评价;
- 运行有效性测试;
- 导致在实质性测试中被管理层或审计师发现的财务报告错报的缺陷。

决策树使用指南

框1 考虑识别出的控制缺陷是否与财务报告认定的取得直接相关。一些控制只是间接相关的。例如，与控制环境相关的被审计单位整体水平的控制及信息技术一般控制。评价那些与财务报告认定仅仅间接相关的缺陷的严重性时，要考虑那些可能发生的其他控制缺陷以及由于间接控制的缺陷导致的其他控制缺陷的可能性和重要性。

框2 确定控制或控制组合的失效是否有合理可能导致不能预防或发现账户余额的错报。在这里，我们只考虑错报发生的可能性，而不管它的大小（即我们的评价不局限于重大错报的可能性，严重程度的评价是分开进行的）。

缺陷或缺陷组合是否有合理可能导致账户余额或披露的错报受某些风险因素的影响。AS5.65 提供了一些例子，这些包括但不限于：

- 财务报告账户、披露和相关认定的本质；
- 相关资产或负债遭受损失或舞弊行为影响的难易程度，即更容易受影响会增加风险；
- 确定相关金额时的主观性、复杂性或需要个人判断的程度，即更大的主观性、复杂性或个人判断之类的会计估计会增加风险；
- 与其他控制的相互作用或关系，包括它们是相互依赖的还是补充的；
- 缺陷的相互作用；
- 缺陷可能的未来后果。

框3 在评价控制缺陷时，那些控制潜在严重程度的因素包括但不限于以下因素（AS5.66）：

- 受缺陷影响的财务报告金额或总的交易事项；
- 受当期或可预期的未来期间出现的缺陷影响的账户余额或交易类别所包含的经济活动的规模。

对缺陷的严重程度的评价包括实际和/或潜在的错报对年度和中期财务报告的影响。在考虑潜在严重程度时，考虑“总影响”或者说受所识别的缺陷影响的总金额是很有用的。例如，如果影响的总金额低于重要性水平，那么这个缺陷就不可能达到重大缺陷的水平。在考虑了“总影响”后根据测试结果考虑一下“可能影响”会很有用。例如，如果抽样技术表明例外率的上限是12%，那么“总影响”的12%就可以作为“可能影响”的估计。

在考虑重要性时，我们要按照 SEC 工作人员会计公告第 99 号的要求，既要考虑定量因素，又要考虑定性因素。

框4 如果我们找到了实现相同控制目标的有效的补充或额外控制，那么就只存在一般的控制缺陷或根本没有缺陷。如果没有有效的补充或额外控制，我们要对补充控制进行评价确定是否有合理可能导致重大错报不能被发现。我们必须获取补充控制运行有效的证据。有效的补充控制要以精确的水平运行，从而能够预防或发现重大错报，因而消除或减轻由所识别的控制缺陷导致的潜在错报的严重程度。如果补充控制能够精确运行以防止或发现年度或中期财务报告的重大错报，我们就可以得出结论这个缺陷不是重要缺陷或重大缺陷。

框 5 在评价控制缺陷是否足够重要值得那些负责监督公司财务报告的人员的注意时,需要运用职业判断,并依赖于现实环境。

在评价财务报告内部控制缺陷时,审计师要确定详细水平和保证程度,以使那些不参与该项目的审慎的人获得合理保证:交易事项是恰当记录的,能够编制符合公认会计原则要求的财务报告。如果审计师确定这个缺陷会阻碍那些从事各自事务的审慎的人认为自己获得了合理保证,那么审计师应把这个缺陷至少视为重要缺陷。用这种方法确定一个缺陷构成重要缺陷后,审计师必须对该缺陷进行进一步评价,以确定单独地或与其他缺陷结合起来,该缺陷是不是重大缺陷。

框 6 对控制缺陷或控制缺陷组合严重性的评价要考虑:一个有足够信息、胜任和客观的人(即审慎的人)是否会认为这个控制缺陷构成重大缺陷,因为重大错报的风险高得令人难以接受。

案例5.7 兴业银行

——一个低风险的交易领域如何导致了72亿美元的损失*

学习目标

在学习和讨论本案例后，你可以：

[1] 理解有效的风险评价和风险管理的重要性。

[2] 理解控制的有效设计与运行之间的区别。

[3] 理解恰当控制的重要性和控制不足导致损失的潜在严重程度。

[4] 评价控制缺陷并考虑如何改善这些控制。

[5] 理解进行舞弊的必要条件。

简介

2008年1月24日，法国第二大银行——兴业银行，宣布了有史以来最大的交易损失——惊人的46亿欧元(合72亿美元)，这归罪于一个魔鬼交易员。这个交易员叫Jérôme Kerviel，在兴业银行一个被视为低等级、低风险的交易柜台工作。这个公告引起了全球金融服务业的震动，也立即使人们想起了另一个魔鬼交易员——Nick Leeson，他在13年前一手导致了拥有233年历史的伦敦巴林银行的破产。

过去的教训

Nick Leeson曾经看来是绝对不会出错的。在1993年，他传奇的高超交易本领创造了巴林银行大约10%的利润。巴林银行总部设在伦敦，是世界上最古老最受尊敬的银行之一。但是银行领导没有意识到派驻新加坡的Leeson正在逾越公司的既有规定进行交易。Leeson不是通过本职工作——远期合同套利，获取收益，相反，他从事了极高风险的投机却没有进行任何对冲的套期以防止巨额损失。

到1995年年初Leeson已经损失了5.12亿美元。他没有承认自己的错误，相反，他徒劳地用银行的资源豪赌试图弥补损失。本来，Leeson打算“翻倍停叫”(doubled-

---

* 该案例是由北卡罗来纳州立大学的Mark S. Beasley博士、Frank A. Buckless博士以及杨百翰大学的Steven M. Glover博士和Douglas F. Prawitt博士编写的，作为课堂讨论的基础。案例并未试图说明对一种管理情境的处理方法是否有效。

down)，豪赌日本主要股票指数不会跌破 19 000 点。这原本看来是一次安全的博弈，因为日本已经从 30 个月的经济衰退中复苏过来。然而，在 1995 年 1 月 17 日，一场毁灭性的地震袭击了日本神户。这场悲剧导致日本股票指数暴跌。当 Leeson 意识到他的赌博失败以后，他试图通过下单卖出 20 000 份合约来撼动市场，其中每份合约大约 180 000 美元。最终，Leeson 的赌博使银行损失了 13 亿美元。

在分析出错的地方时，银行发现 Leeson 在一个秘密账户中隐藏了他的巨额损失。在这个过程中银行发现了严重的控制缺陷，使得 Leeson 能够从事大量的投机交易并掩盖他的损失。最严重的缺陷是允许 Leeson 身兼两职，既做交易主管又可以自己进行交易，这些职能本应该是分离的。巴林银行这个控制设计上的缺陷对它这个历史悠久的银行是致命的。由于违法从事未经授权、未告知雇主的活动，Leeson 被处以近 5 年的监禁。

很多人都认为诸如 Leeson 造成 13 亿美元巨额损失的事不会再发生，因为其他银行会从巴林银行倒闭案中吸取教训，认识到风险评价和有力的控制对银行健康发展的重要性。然而，Jérôme Kerviel 的交易损失却使 Leeson 的 13 亿美元损失相形见绌。

交易员背景

Jérôme Kerviel，31 岁，是兴业银行欧洲股票套利部门的一名低级交易员，他从事未经授权的投机交易导致了 72 亿美元的损失。Kerviel 说他并不想损害银行或贪污资金，他只是想提高自己作为交易员的声誉并增加奖金。

Kerviel 任职于“Delta One”柜台，这个柜台由那些专门从事低风险、低收益交易的交易员组成。Kerviel 的工作是根据股票市场指数涨跌设定交易仓位来限制银行风险。然而，Kerviel 按要求需要持有抵消仓位来限制银行的敞口。这样的对抵要求不仅限制了潜在的损失也限制了每项交易的潜在收益，只有通过大量交易才能获得利润。当 Kerviel 的抵消仓位没有完全对抵时，他需要把净敞口维持在 50 万欧元以下。

Kerviel 一年挣 147 万美元，远低于那些高级交易员数百万的收入。具有讽刺意味的是，Kerviel 在银行的等级序列中如此之低以至于很多人根本不把他当做交易员。这种观念刺激了他，并以某种方式允许他进行大量舞弊行为。Kerviel 向警方坦白，他之所以在市场上投机并向上级隐瞒他的行为，是因为他想成为一名星级交易员。

兴业银行的交易员们并不看重 Delta One 交易柜台。对 Kerviel 来说，到达 Delta One 已经是一个成功了。他进入银行的前五年都在后台办公室辛苦工作，这个地方被其他交易员讽为“矿井”。在后台长期工作中，Kerviel 对银行的交易运作和与交易相关的内部控制及监控活动变得非常熟悉。

假如 Kerviel 是兴业银行最金贵的交易区——那些处理复杂股票衍生工具的柜台的 A 级交易员的话，他的行为可能会引起更多关注。但是位于巴黎西部的银行总部七楼的 Delta One 柜台处理的只是股票市场的一个乏味的角落。兴业银行的一名高管[①]说:“我们总是恐惧那些奇怪的金融产品中某些东西会使我们栽跟头。我们从来没有想到我们会在 Delta One 上出问题。”

他是如何隐藏虚假交易的

Kerviel 很自信他一定能够取得成功,如果允许他不受抵消仓位的限制对市场变动下注的话。然而,Kerviel 知道他必须在交易账簿里显示抵消交易,使之看起来遵守了公司的规定。Kerviel 决定利用自己对交易系统和相关控制的了解,向系统中录入虚假交易来抵消他的真实交易。银行的风险管理小组如果不仔细检查总仓位,就不能核实他录入银行交易系统的数据,从而按面值接受的他的虚假合约。Kerviel 的上级只关注他的净仓位以确保他进行了适当的抵消交易,但是他们却没有任何机制去发现虚假的录入。在两年多的时间里,Kerviel 通过在股指期货和个股的期权或权证上进行未套期的真实交易建立起巨额仓位。这些都没有被发现,因为他总能平衡他 Delta One 柜台的账簿,并从不报告大额的净盈利或亏损(这时他的虚假交易也被考虑在内)。

Kerviel 知道交易控制中夜间系统检查和对账会对交易的某些特征进行检查,有可能发现他的虚假交易。由于他的后台工作经验,他知道这些对账及其他系统检查发生的时间。为了躲避这项控制,他会在检查将要发生前将所有的虚假交易清除,然后在检查过后又立即重建这些虚假的仓位,以保持他的交易仓位平衡。而暂时的不平衡并不会引发系统警告。在一份由 40 名银行职员编写并经普华永道(它并非兴业银行的外部审计师)审阅的内部调查报告中显示,他隐藏损失或收益的方法是:录入成对的虚假交易,一个买进一个卖出,数量相等但价格不同,因此就造成了一个虚假的损失或收益来掩盖他真实的损失和收益。[②]

Kerviel 的交易量超过了 Delta One 交易员正常情况下应有的交易量。他知道后台办公室的控制人员被分成各组分别监控不同类型的金融工具,他们对流经他们资产负债表的大笔异常交易量很敏感,所以 Kerviel 小心地通过不同的金融工具将其真实和虚假的交易分散。因此,即便是 Kerviel 的一个交易引起了警觉,那看起来也只是涉及一类金融工具的孤立事件。

Kerviel 还通过使用远期合约而不是期货合约来避免被发现。期货合约是在未来为给定商品支付确定价格的协议。例如,交易员可以在期货合约中写入在 3 个月后以 130 美元每桶的价格买入原油。如果 3 个月后原油交易价格高于 130 美元,交易员就会获利;如果价格低于 130 美元,交易员就会遭受损失。期货合约通常是在每天用现金补足差价来结平或归零。

相反,远期合约只在合约到期日才进行结算。因此,通过使用远期合约,Kerviel 就

① David Gauthier-Villars and Carrick Mollenkamp, “How Kerviel turned fake trades into real losses,” *Wall Street Journal*, January 28, 2008.

② Societe Generral Inspection Department, “Report Part 3,” May 20, 2008.

确保了在结算日期之前不会有资金流出。为避免他的虚假合约被送到实际部门批准，Kerviel 会在它们确认、结算或控制发生前取消这些虚假交易。为此，他使用了一些功能，这些功能会留给他时间取消这些交易或代之以新的虚假交易。③

当需要凭证来支持交易时，Kerviel 会伪造凭据。例如，Kerviel 供认说④，“我利用室内信息系统的一种功能伪造了邮件，这种功能允许你重复使用收到的电子邮件信头，却可以改变信的内容”。Kerviel 也告诉调查人员他经常使用同事的账号和密码。

Kerviel 根据市场变动进行大额投机而不持有抵消仓位的策略最初相当成功。2007 年年末证券监管人员的问题使他非常紧张，他平了所有仓位，锁定了 16 亿欧元（合 23.5 亿美元）的收益。这对 Delta One 柜台的人来说是一个惊人的业绩！然而，为不泄露他未经授权的行为，他不能报告全部收益，这使他很沮丧，他感觉他的上级没有发现和赏识他的交易技巧和成功。仅仅几个星期以后，Kerviel 的策略导致了史上最严重的交易损失。

控制与警告

对 Kerviel 行为的第一次警告很可能是在 2006 年年末或 2007 年年初，那时 Kerviel 在一次单向投机中赚了 50 万欧元的利润。Kerviel 在 Delta 交易柜台的身份不允许他动用银行的钱进行投机，他遭到了老板的斥责，老板说他赚的利润不能包括在年末奖金计算中。单凭这个事件就足以解雇 Kerviel。然而，法国的银行专家说，对不当行为的这种反应是与兴业银行的冒险文化相一致的。交易员因用银行的钱进行冒险投资获利而被奖励是平常的事，即使他们这样做超越了交易限制。

另一次警告是在 2007 年 11 月，衍生工具交易所——欧洲期货交易所（Eurex）的监督办公室向兴业银行的合规部门发了两封电子邮件，质疑 Kerviel 持有的正常交易时间之后输入的巨大仓位。在这封信件中，Eurex 询问 Kerviel 的交易策略。这个质问导致了针对 Kerviel 和 Delta One 主管的询问。兴业银行于 11 月 20 日回复说没有违规行为，还说美国和欧洲股市的波动解释了对收盘后交易的需求。Eurex 并不满意又索要了更多信息。兴业银行在 12 月 10 日做出答复，Eurex 认为第二次答复比较恰当。

兴业银行的控制系统设计会向合规人员警示异常和意外的交易，Kerviel 的虚假交易无疑会引发警告。实际上之后的内部调查表明，从 2006 年 6 月到 2008 年年初至少有 75 次警告，这本来应该引起对 Kerviel 越权交易行为的调查。Kerviel 的交易引发警告的异常或意外方面包括：

- 到期日在周六的交易；
- 与未经认可的交易对手的交易；
- 交易方在兴业银行内部的交易；
- 超过交易方限制的交易；

---

③ 脚注同上。

④ David Gauthier-Villars and Stacy Meichtry, “Kerviel felt out of his league,” *Wall Street Journal*, January 31, 2008.

- 经纪商名称丢失或列示为“未决”;
- 经纪费的大量增加。

“有几次,Kerviel 的主管在他的账簿中发现了错误。但是 Kerviel 声称这只是一个错误,自己会改正它。”兴业银行的投资银行部经理 Jean-Pierre Mustier 说。“兴业银行的失误就像一个人安装了先进的报警系统,却因为忘了关窗户而遭受抢劫一样。”兴业银行经理说。⑤

内部调查发现 Kerviel 自 2007 年 1 月在他的直接经理辞职后增加了他的欺诈仓位规模。这个经理职位没有得到及时补替,在两个半月中交易柜台缺乏有效的控制。继任经理上任后没有对交易员的收益和仓位进行仔细分析,因此没有完成这项属于交易经理的主要任务。Kerviel 的敞口继续增加。

根据内部调查报告,在 Kerviel 隐藏虚假交易期间,那些本可以识别舞弊的控制措施缺失了。然而,即使当银行的控制措施恰当地识别出了舞弊因素,合规性检查人员也常常只是进行例行的检查,而不系统地实施更细致的审查以核实 Kerviel 的说法,即便这些说法缺乏可信性。在 2008 年年初合规性检查人员对 Kerviel 的交易询问了额外的信息,Kerviel 的答复得到了接受,检查员后来为自己在调查中过于较真向 Kerviel 道歉。内部人员把交易员和后台员工间的关系描述为困难的甚至对抗的。银行检查人员只能从交易员和他们的主管那里得到含糊不清的答案。就像一个银行职员说的那样:“这场游戏的名字就是尽量少跟(内部)检查员说话。”⑥

内部调查报告表明,后台人员在发现 Kerviel 交易中的违规行为时并不会通知主管人员,即使这个交易涉及的金额异常之高,“因为这并不在他们的职位描述中。”⑦报告说,当把疑似可疑行为向经理们报告时,他们有时候不做任何反应。

银行控制人员的一个主要缺点是,他们被指示只监控 Delta One 交易员的净风险敞口而不是总风险敞口。同时,控制人员信赖了 Kerviel 账簿记录的余额。

在两年多的时间里,Kerviel 利用他对控制程序的了解,伪造文件和电子邮件支撑他数量大致相当的虚假交易,以隐藏他的投机行为。

Kerviel 和另外一个交易员 Moussa Bakir 的电子邮件通信记录显示他对自己行为的严重性十分清楚。在被兴业银行的合规性检查人员就 Eurex 的疑虑询问后,Kerviel 说他紧张得寝食难安。Bakir 写道,“你确实必须休假了。”

“在监狱里,”Kerviel 答道。

后来,Kerviel 向 Bakir 炫耀他的交易。“这会显示出 Kerviel 的力量。”他写道。

Bakir 答道,“或者他的不负责任……一个单纯又不引人注意的人,谦虚不爱出风头。赚了一大笔钱,自己的真实价值却不被人认可。”

1 月 17 日,合规性人员开始提问题,Kerviel 感觉好像绞索越来越紧,他给 Bakir 发

---

⑤ David Gauthier-Villars and Carrick Mollenkamp, “The Loss Where No One Looked; How Low-Level Trader Cost Societe Generale,” *Wall Street Journal*, January 28, 2008.

⑥ Nicola Clark, “More questions for bank chief; Societe Generale leader to face lawmakers,” *The International Herald Tribune*, April 9, 2008.

⑦ David Gauthier-Villars, “Societe Generale Datakls Lapses; Probe Says Staff Entrusted to Verfy Kerviel's Trades Failed to Dig Deep Enough,” *Wall Street Journal*, February 21, 2008.

邮件说,“我要成为‘水中亡灵’了。”

当天晚些时候,Bakir 回复道,“朋友,祝你好运。”

“这个朋友死了。”Kerviel 写道。[⑧]

舞弊的发现

兴业银行的联席首席执行官描述了 Kerviel 被抓住的过程,“他改变了一直以来使用的隐藏交易的方法,他选择的一个仓位可能引起了保证金的增加(或对资金的需求),这引发了一些警报。”[⑨]同时,银行的控制系统发现一个交易伙伴的账户显示了异常高的水平。而被问及这件事的时候,这个交易伙伴表示对此一无所知。进一步的调查指向了 Kerviel。

银行迅速了解到那些虚假合约以及 Kerviel 已经秘密地使银行持有了 735 亿美元的单边投机仓位,超过了银行的总市值。在三天时间里,银行平了这些仓位,导致了 72 亿美元的损失。

Kerviel 被指控窃取电脑密码,发送伪造电子邮件,非法进入银行电脑系统以逾越交易权限并掩盖自己的行为。他买入期货合约却无视需要用对抵性的买入来抵消这些合约的规定。

后果

兴业银行在 2007 年财务年度确认了舞弊导致的巨额损失。首席执行官 Daniel Bouton 在交易舞弊发生后辞职。法国银行监管官员说,中央银行的人员曾经在交易丑闻发生前警告兴业银行说它的后台办公室人员配备不足。不像其他银行,兴业银行并不畏惧承担业主交易风险(即用银行的钱进行交易而不是仅为客户交易提供方便),而且这些交易占该银行收入的很大比例。专家们认为兴业银行业务的发展速度超过了风险管理部门的控制能力。

兴业银行在 2008 年 4 月宣布它计划在 2008 年花费高达 1 亿欧元来改进银行的风险管理系统。然而,该银行告诫说额外的投资永远无法完全杜绝舞弊。兴业银行说风险控制人员占投资银行部的 62%,而在 2002 年只占 55%,这表明其在交易丑闻发生后严格了控制。[⑩] 兴业银行还设立了一个由大约 20 人组成的内部舞弊调查组,它将独立于前台和后台运行。

Kerviel 告诉警方,Delta One 办公室的主管知道他超过了交易权限。他说他曾被告

---

⑧ Katrin bennhold, "Transcript Reveals Details of French Trader's Actions," *The New York Times*, February 10, 2008.

⑨ David Gauthier-Villars, "French Bank Rocked by Rogue Trader," *Wall Street Journal*, January 25, 2008.

⑩ Nicola Clark, "Societe Generale tightens controls after trading scandal," *International Herald Tribune*. Paris: April 10, 2008.

知“把这个弄清楚。”[11]Kerviel 说他相信他的主管们知道他的虚假交易,但是只要他还在赚钱,他们就不在意。他说:“我相信我的主管们不会没有意识到我投机的金额。用小的仓位是不可能创造这么大的利润的。所以我说,当我赚钱的时候,我的主管们对我的做法和交易量视而不见。”[12]

2008 年 4 月在伦敦的一场商业会议上,Nick Leeson 说,“对控制职能的投资仍然不够。很多钱仍然是针对前台的,也就是那些实际赚钱也制造了危险的不平衡的地方。”Leeson 在把自己和 Kerviel 的交易行为对比时说,糟糕的系统和控制很大程度上要为此负责。他继续说,“在组织中没有人懂我所做的事,因而也没有人能够挑战我。这点和 Jérôme Kerviel 相似。”[13]

在等待判决期间,Kerviel 临时在郊区一家电脑公司上班,在一次媒体活动中,他说自己只是一位出身卑微的普通人。2010 年,一位法国法官判决 Kerviel 有罪:违反信任、伪造、未经授权使用电脑。他被判处 3 年监禁并被要求向兴业银行归还 49 亿欧元。兴业银行的一位女发言人说这个损害赔偿只是“象征性的”,银行并不指望能收回这笔钱。[14]

要求

[1] 利用审计准则或课本,解释以下与控制相关的术语:

[a] 控制环境

[b] 职务分离

[c] 访问限制

[d] 预防性和发现性控制

[e] 设计和运行有效性

[2]“高层的声音”这个词通常和公司的控制环境相关。你如何描述兴业银行高层的声音?你认为这对交易柜台层级的监督会产生什么影响?

[3] 对舞弊行为的研究表明,舞弊发生前一定存在三个条件:(1) 压力/动机;(2) 合理化;(3) 机会。你认为 Jérôme Kerviel 进行舞弊的动机和合理化是什么?是什么为他的舞弊创造了机会?

[4] 在对大银行财务报告的独立审计中,审计师为什么通常遵循控制依赖策略(即通过控制测试获取一些审计保证)?在兴业银行的案例中,你认为外部审计师关于 Delta One 交易柜台是否获取了较多的控制相关证据?为什么?

[5] 你认为兴业银行最严重的三个控制缺陷是什么?对列出的每个缺陷,指出是设计无效还是运行无效?试描述你如何补救或改正这些缺陷。

[6] 在公司内跨职能领域(即从风险和控制到经营)提升员工的优点和缺点是什么?

[7] Kerviel 欺诈交易造成的损失比审计重要性水平高很多倍。但外部审计师没有发现这个错报。这是审计失败吗?研究一下网络资料,确定外部审计师安永和德勤是否卷入了交易舞弊损失的法律诉讼中?

---

[11] Nicola Clark, “French Trader's Bets Said to Have Set off Alarms,” *The New York Times*, February 15, 2008.

[12] David Gauthier-Villars and Stacy Meichtry, “Kerviel felt out of his league,” *Wall Street Journal*, January 31, 2008.

[13] Nicola Clark, “More questions for bank chief/ Societe Generale leader to face lawmakers,” *The International Herald Tribune*, April 9, 2008.

[14] Nicola Clark, “Rogue Trader at Societe Generale Gets 3 Years,” *The New York Times*, October 5, 2010.

第六部分

信息技术的影响

案例 6.1 Harley-Davidson 公司 …………………… 183
——电子商务市场中电子商务风险识别及相关保证服务

案例 6.2 Jacksonville Jaguars …………………… 188
——评估信息技术优势与风险以及识别诚信服务的时机

其他与本部分内容相关的案例:

案例 2.1 Your1040Return. com ………………………… 13
——评估电子商务环境下收入确认、信息隐私、电子化证据问题

案例 5.4 St. James Clothiers ………………………… 153
——手工基础与 IT 基础的销售会计系统风险的评价

案例 5.5 Collins Harp Enterprises ………………… 158
——提议 IT 系统开发控制

案例 9.2 Henrico Retail 公司 ………………………… 237
——理解 IT 会计信息系统和识别零售销售审计证据

案例 6.1 Harley-Davidson 公司

——电子商务市场中电子商务风险识别及相关保证服务*

学习目标

在学习和讨论本案例后，你可以：

[1] 识别目前供应链管理系统应用的电子商务模型中的经营风险。

[2] 描述审计师可向参与电子商务合作的客户提供的保证服务。

[3] 结合电子商务供应链系统的相关风险，推荐有效的内部控制方法。

简介

Harley-Davidson Motor 公司（以下简称为"Harley-Davidson 公司"）成立于100年前，实现了21岁的 William S. Harley 和20岁的 Arthur Davidson 的梦想。1903年，他们制造了第一辆 Harley-Davidson 机车，把自行车变成了赛车。他们工作的工厂是一间10×15英尺的木制库房，门上潦草地写着"Harley-Davidson 机车公司"几个大字。后来，Arthur 的哥哥 Walter 也加入了公司。

100年后，Harley-Davidson 公司的总资产和净销售额均已经超过40亿美元，每年机车生产量超过22万台，包括2010年度车型在内，该公司拥有31种国内车型，占美国重型机车市场份额的55%。

这家坐落在密尔沃基的公司有众多的机车爱好者。Harley-Davidson 车主俱乐部，通常简写为"H. O. G"，是全世界最大的工厂赞助的机车俱乐部，全球会员超过100万。2002年，《福布斯》总结了 Harley-Davidson 公司取得巨大成功的原因：

> 在一个对于成百上千家公司是灾难性的年份里，Harley-Davidson 公司估计2001年销售量增长15%，达到33亿美元，并且其盈利增长了26%，达到4.35亿美元。2001年它的股价上涨40%，然而，同期标准普尔指数下降了15%。这个盈利机构没有随大环境一同衰退。Harley-Davidson 公司也朝着正确的方向成长。实际上，从1986年 Harley-Davidson 公司最初开始公开发售股票至今，公司实现的平均年盈利增长率达到37%。如果与 Harley-Davidson 车主俱乐部联合，那些去寻找技术发烧友和封面男孩的投资人能够做得更好。从 Harley-Davidson 公司股票开始

* 本案例由北卡罗来纳州立大学 Mark S. Beasley 博士、Frank A. Buckless 博士以及杨百翰大学 Steven M. Glover 博士和 Douglas F. Prawitt 博士编写的，作为课堂讨论的基础。案例并未试图说明对一种管理情境的处理方法是否有效。

公开发行至今,其股价已经上涨了15 000%。英特尔公司股价是什么情况呢?英特尔公司股价自1986年以来仅上涨了7 200%。通用公司股价又如何呢?通用公司股价上涨情况更是微不足道,才1 056%。[①]

Harley-Davidson 公司的电子商务供应链

20世纪90年代中期,Harley-Davidson公司面临着如何满足机车生产需求的重大挑战。和当今全球市场中的许多公司一样,Harley-Davidson公司试图管理其所有上游供应商(提供零部件和原材料的供应商)来确保下游能有效地为客户制造及交付机车。公司领导发现,管理这条复杂的供应链,其中包括涉及新产品研发、系统管理、操作和装配、生产调度、订单处理、存货管理、运输、仓储和客户服务的物流与信息流,对Harley-Davidson公司这样的大型生产商来说是个巨大的挑战。

Harley-Davidson公司着手解决供应链问题,它把复杂的官僚化供应链流线化,转变成垂直的、科技一体化系统,这是供应商对Harley-Davidson公司的成功最感兴趣的地方。为了配合这个转换,Harley-Davidson公司物料管理副总裁Garry Berryman开始执行公司供应链的合并,整顿公司管理至关重要的方面。他的计划包括公司范围内众多采购部门的合并、新商务合作伙伴构成的合并以及新科技创新的合并。

与其他有复杂供应链系统的公司一样,Harley-Davidson公司面临着一个与大批材料必需品和供应商调整有关的巨大障碍。为了能有效地实现公司内部供应链的重大改造,公司不得不彻底将其企业的采购理念改变为一个更加集中的采购过程。在开始实施改革之前,Harley-Davidson公司有九个独立的采购系统,超过4 000家独立供应商,几乎没有进行集中的采购指导。Harley-Davidson公司整合了它的采购功能,并从众多的供应链中选择出一组供应商,最终将供应商数量从4 000家削减至800家,减少了80%。

除了整合其采购功能外,Harley-Davidson公司还努力培养与这些主要供应商的新商务合作伙伴关系,但要把供应商变成战略合作伙伴是非常困难的。如果供应商能被Harley-Davidson公司选为主要供应商,这会给供应商经营带来巨大的积极影响。此外,Harley-Davidson公司需要说服供应商同意它们提出的某些条件。例如,Georgia Pacific's Unisource分公司必须致力于双重品质,削减一半的研发时间,同时降低货物成本,以满足Harley-Davidson公司加入其供应链的要求。幸运的是,Unisource分公司发现了潜在回报。由于Unisource分公司被Harley-Davidson公司选为主要供应商,其收入增长超过了十倍。

供应商一旦被整合进入Harley-Davidson公司的供应链,它们将面临另一个难题:怎样利用新供应商的网络有效、无缝地共享信息?Harley-Davidson公司将互联网作为整合其供应商网络的方案。互联网的使用,能够让小供应商以往无法连接的公司传统

① Fahey, Jonathan. "Love Into Money." *FORBES*, January 7, 2002:60—65.

电子数据接口(EDI)系统变为可行,并能参与到供应链进程中。用途广泛的互联网为其大多数供应商提供了一个交易和互动的接口,清除了在旧EDI系统应用中由于技术兼容性限制带来的成本高昂所形成的障碍。[②]

为了能给其供应商提供满足交流的技术接口,Harley-Davidson 公司选择 Manugistics 集团对其供应商网络进行管理,以实时访问订单详情和存货数据。Manugistics 集团是企业利润优化(EPO)服务的主要供应商之一。这些服务利用信息技术创新,使公司及其供应商降低运营成本,同时提高供应链管理和供应商关系的管理水平。[③]

Manugistics 集团设计的自有的互联网贸易网络,能使 Harley-Davidson 公司和它的贸易伙伴围绕该公司供应链的主要方面进行交流合作。该网络提供了公司供应链的交易执行能力。供应商能够发起并监控自订单处理到发票管理的相关订单的生命周期。例如,Harley-Davidson 公司的电子商务供应链网络能够使供应商使用 Harley-Davidson 公司关于未来零部件需求和过去订单历史记录的信息。该系统包括供应商报告工具,允许 Harley-Davidson 公司和其供应商为零部件需求提供合作的预测。这个电子商务网站提供了安全的订单历史记录和不同零部件全年总需求的预测信息。

该公司同时鼓励通过创新和提高效率来降低成本。在削减需要管理的各种关系之后,Berryman 邀请 Harley-Davidson 公司的主要供应商在其公司内部安插员工。这样一来,重要供应商不仅可以参与采购决策,还可以参与产品设计和加工的讨论。这些内部供应商可进入 Harley-Davidson 公司的内部网,以及会议纪要、日程安排、计划和其他内部系统。通过 Harley-Davidson 公司内部网,Harley-Davidson 公司和其供应链之间的共享信息不断增多,该公司成为成功地应用电子商务并通过技术手段强化合作关系进而促进和提高核心经济活动的典型。

Dave Cotteleer,Harley-Davidson 公司的规划与控制经理,解释了变革的一些动因:

> 我们应用科技来减少交流次数和类似发票跟踪这样的管理琐事,因此我们可以关注更多涉及战略问题的合作关系。我们不是说:"这有一个简单易行的技术。我们要把它应用到我们的模型中……"我们的目标是让供应商用这个网站去添加一些他们自己的补充。他们能够看到我们的消耗率,而不是努力根据历史信息来估计这些消耗率。[④]

这些变化有什么不同之处吗?通过与它所有的顶级供应商组成战略联盟,让它们参与设计和规划过程,用互联网将它们结合成为一体,Harley-Davidson 公司大大降低了生产其著名的"hogs."产品的成本。该公司用超过五年的时间削减了4000万美元的材料成本,产品研发时间减少了30%。对于75%以上的供应商来说,机车零件缺陷等级直线下降,从平均每100万有1万个有缺陷的零部件(1%),降至每100万中只有48个有缺陷的零部件(0.0048%)。[⑤]

② Milligan, Bryan., "Harley-Davidson Wins by Getting Suppliers On Board." *Purchasing*, September 21, 2000:52—65.
③ *PR Newswire*, September 27,2001.
④ Sullivan, Missy, "High-Octane Hog." *Forbes*, September 10, 2001:8—10.
⑤ 脚注同上。

电子商务模式的优势与风险[⑥]

电子商务方案,例如,Harley-Davidson 公司的供应链系统,利用信息技术和电子化交易网(互联网),来转变公司的关键经营策略和业务流程。这些电子商务模型消除了传统的时间和地理的限制,让全新的供应商与客户虚拟社区的创建成为可能。

电子商务的正式定义是利用信息技术和电子化交易网来交换商业信息以及进行电子化、无纸化形式的交易。正如定义中指出,电子商务包括交换商业信息,与货物或服务的购买和销售可能直接相关,也可能无关。例如,企业不断用促进合作、员工间数据共享及提供完善的客户支持的电子装置来提高公司业绩。电子商务交易和信息交换的参与者可能是个人(客户和员工)或者是自动化代理(指那些设计及运行过程中需要较少数或不需要人为干预的信息系统)。交易和信息交换能够在一个公司内部、公司之间、公司和个人之间以及个人与个人之间发生。

Harley-Davidson 公司的供应链网络证实,互联网是公司用来支持核心商务功能的最常用的电子工具之一。那些认识到互联网有能力协助基本业务操作的企业,常常会发现通过该技术的实施而产生的协同效应。电子商务正在成为许多企业开展业务所必需的组成部分。

然而像 Harley-Davidson 公司这样应用技术整合的企业,必须要对其引入的新问题及风险进行有效的管理。企业必须确保其具备有效整合新技术的资源。通常是通过企业内的供应链形成战略合作伙伴关系,并通过增加合作伙伴来获取目前组织内不具备的技术能力。

电子商务合作伙伴关系使商业伙伴间具有了相互关联的性质,能够大幅度增加其中每个组织所面临的经营风险水平。技术关联合作伙伴关系的成功,通常是由每个合伙人识别和降低商业及信息技术系统风险的能力所决定的。每个合伙人的信息技术系统和合伙人之间的通信系统的完整性和质量是至关重要的。由于电子商务合作伙伴之间信息渠道及信息共享行为的存在,参与的公司必须关心本身信息系统的完整,以及其他商务战略伙伴拥有的信息技术系统的质量。一个有效、完整的信息集成系统不仅包括商业伙伴间的依存关系,还包括完整的硬件、软件、人力、程序和数据系统,必须能有效地分离和管理电子商务模式的风险。电子商务环境中通常存在着关联性,因此组织机构要充分认识到,它们对保证交易伙伴可使用有效的风险识别管理系统、保护整个关联企业网络的完整性负有责任。

理解电子商务模型的优势与风险对注册会计师来说非常重要,这主要基于以下原因:首先,注册会计师需要理解电子商务模式的主要技术基础,以便能够有效地识别、测量和评价正在被评估的电子商务方案潜在的相关成本和收益。此外,担任客户财务报表审计的注册会计师,需要对客户电子商务系统有很好的理解,以便能够有效评估财务

⑥ 参见 Glover, Liddle, Prawitt, *eBusiness: Principles & Strategies for Accountants*, Prentice Hall,2001。

报表中重大错报可能增加的经营风险。根据新制定的风险评估准则，今天对这些风险的理解特别重要。另外，2002 年颁布的《萨班斯-奥克斯斯利法案》，要求上市公司审计师对财务报告内部控制的运行有效性发表审计意见。因此，审计师必须要理解电子商务合作关系中互联网的作用及相关风险控制的本质。

要求

[1] 识别 Harley-Davidson 公司将电子商务整合纳入其供应链管理系统以及允许供应商访问公司内联网后，面临的最为重大的新经营风险。如果指导教师没有要求你需要列示的风险数量，请列举出至少三个风险。

[2] 对于问题[1]你已识别出的每个风险，提出一个 Harley-Davidson 公司能够用来实施以降低风险的控制方法。

注：你可用网站（www. pearsonhighered. com/beasley5e）上的工作表对问题[1]和问题[2]进行解答。

[3] 根据电子商务系统中各商务伙伴之间的技术联系，请说明 Harley-Davidson 公司的电子商务系统是如何增加其商业伙伴经营风险的？

[4] 通过以下网站研究 SysTrust 和 WebTrust 服务的相关信息，http://www. webtrust. org（或者搜索互联网或美国注册会计师协会信息技术中心网站“TrustServices”），描述 WebTrust 服务和 SysTrust 服务的差异及关联之处。

[5] 在 SysTrust 项目中检查“信任服务准则”哪些内容？请描述评估 SysTrust 项目准则所需的标准。

[6] 根据问题[4]中列出的 CICA 网站，在对 WebTrust 或者 SysTrust 提供保证服务、出具审计意见时，审计师必须遵守哪些专业标准？

[7] 假设 Harley-Davidson 公司要求你的会计师事务所提供对 WebTrust 和 SysTrust 的保证服务。请给原材料管理副主任 Gerry Berryman 写一份简单的备忘录，详述 WebTrust 和 SysTrust 服务对 Harley-Davidson 公司的潜在利益。备忘录包括你认为以上哪种保证服务对 Harley-Davidson 公司的供应链管理系统是最为合适的。请向 Berryman 先生解释这两种不同类型服务的本质和建议选择你倾向的那种服务系统的原因。

案例 6.2 Jacksonville Jaguars

——评估信息技术优势与风险以及识别诚信服务的时机*

学习目标

在学习和讨论本案例后，你可以：

[1] 识别企业从应用信息技术中获得的利益。

[2] 识别使用信息技术所带来的风险。

[3] 理解保证业务框架中的“信任服务的原则与标准”。

[4] 区分 SysTrust 和 WebTrust 服务。

[5] 当引进新信息技术系统时，确定审计师如何为降低程序设计所产生的风险提供保证。

简介

Jacksonville Jaguars 全国橄榄球联盟（NFL）球队是首次利用信息技术工具在体育场销售零食和纪念品的大型体育组织之一。从 1995 年开始，橄榄球球迷开始在 Jacksonville Jaguars 球队进行主场比赛的 Alltel 体育场（现在称为 EverBank 体育场），用点卡（Spot Cards）购买软饮料、啤酒、爆米花和 Jaguars 球队纪念品，而不用在购买时费力找寻现金和零钱。① 这些可充值的点卡包含一个嵌入式计算机芯片，与其他智能卡，如 Kinko's ExpressPay 卡的操作方式类似，在许多零售场所就像大学校园一卡通那样用来付款、买饭、买书和刷卡进门。

点卡给体育场里的球迷提供了便利，信息技术的使用也通过监控经营过程为出售零食和纪念品的商贩提供了更便捷的经营信息监控过程。虽然信息技术为球迷和商贩均带来了改善，但是这些依靠点卡的人需要确保技术和产生的相关信息是准确及可信赖的。

---

* 本案例是由北卡罗来纳州立大学 Mark S. Beasley 博士、Frank A. Buckless 博士以及杨百翰大学 Steven M. Glover 博士、Douglas F. Prawitt 博士编写的，作为课堂讨论的基础。案例并未试图说明对一种管理情境的处理方法是否有效。

① 许多关于点卡系统的故事都是基于一篇名为“Jacksonville Jaguars Fans Score Big with Smart Cards”的文章，作者是 Maura McEnaney，此文发表在 *EC World* 上，1998 年 1 月，第 24—27 页。

背景

1995 年秋天，Jacksonville Jaguars 球队体育场点卡的实施，标志着第一个现代信息技术在主要体育场的成功应用。该体育场和第一联合银行（该银行随后被美联银行收购，现在是富国银行的一部分，富国银行是美国最大的金融机构之一）签订合同，研发及实施点卡系统。第一联合银行与俄亥俄州的一家主营卡片交易系统设计的 Diebold Incorporated of Canton 公司签订合同，邀请该公司研发点卡系统。

以下是该系统最初设计方案的描述：顾客可以使用不同金额，例如，20 美元、50 美元和 100 美元购买点卡；体育场设有类似 ATM 的机器，允许顾客从银行或者信用卡转账到点卡的电子芯片上，球迷也可以用现金或者借记卡购买点卡，Jacksonville 附近的众多银行分行设有许多服务终端；球迷可以用体育场中的读卡器查询点卡余额。

球迷在购买零食和纪念品时，可以将他们的点卡出示给纪念品销售点的经销商，他们会计算销售金额并且用销售终端机（POS）刷卡。销售点的每笔交易都由软件对其进行跟踪。在交易完成前，球迷要重新检查拟扣除的金额，按 POS 机的“Yes”键进行确认。此时，POS 装置从点卡嵌入式芯片总额中扣除购买的金额。这些卡同时也适用于比赛期间穿梭于体育场看台的商贩携带的由电池供电的 POS 机使用。

POS 机可以采集每笔交易的信息，包括卡号、位置编号、出售的商品及出售的交易日期和时间。这些信息稍后汇集后提供给商贩。

比赛结束后，商贩将他们的 POS 机联网，将每台 POS 机上存储的信息全部转移到体育场会计室的一台电脑上。在所有数据都下载到那台电脑上之后，信息就会被传输到在 Jacksonville 的银行主机。主机利用传送的数据生成每个商贩当天在体育场的销售量信息。与此同时，主机生成各种报告，追踪在体育场特定位置的特定产品的销售量，为商贩提供详细的销售信息。

银行会对每张点卡收取交易费用，并且任何两年内未使用的点卡将会被银行收回。很快，在这个项目实施之后，银行也开始出售有运动员签名和图片的点卡，这需要额外的费用。国内其他体育场，例如，北卡罗来纳州的 Carolina Panthers 体育场，也采用了类似的技术。

审计师提供保证服务的契机

20 世纪 90 年代中期，美国注册会计师协会（AICPA）开始开发注册会计师“保证服务”，提供的契机包括允许注册会计师对决策人生产经营的相关信息的相关性和可靠性提供保证。

注册会计师决定保证服务的形式。例如，历史财务报表的审计师提供关于客户财务报表是否与一般公认会计准则相一致的保证服务。信息技术的连续变化，给注册会计师对技术产生的信息的准确性、可靠性和相关性提供保证服务提供了新的契机。有人认为,由于在企业经营中信息技术正在扮演并继续扮演着更为重要的角色,信息技术系统和控制方面的保证服务需求将持续存在。

为了对这种潜在需求作出回应,美国注册会计师协会制定了“信任服务原则和标准”(Trust Service Principles and Criteria),为注册会计师评估和报告信息系统可靠性及准确性的各方面工作提供了框架。该“信任服务原则和标准”是基于“鉴证项目准则公告”(“鉴证准则”)的框架开发出来的。只有注册会计师可以提供“信任服务”、形成“信任服务”的专业意见。

在“信任服务”框架下,注册会计师能够从事美国注册会计师协会的 SysTrust 服务,该服务为信息技术系统的可靠性提供保证。在这些项目中,注册会计师能够为使用者提供保证,信息技术系统设计是合理的,能够生成可靠的数据。注册会计师在分析简单信息技术输出准确性的同时,还可以检验该信息系统的完整性。提供保证服务的专业人员还可提供其他有偿服务,如帮助机构分析该系统是否安全,在系统失败或者发生故障时是否有适当的应急计划。

要求——A 部分

[1] 为了能更加熟悉保证业务的契机,请在网上查找并下载“信任服务原则和标准”的相关文件。请使用网页浏览器搜索“信任服务原则和标准”查找该保证服务业务的框架文件。在搜索框输入“信任业务原则(trust service principle)”,便可以在美国注册会计师协会网站(http://www. aicpa. org)上找到该框架链接。利用该框架回答以下问题:

[a] 请用自己的语言概括什么是“信任服务”业务。

[b] “信任服务原则”提出的五个原则是什么?请简述每条原则的内容。

[c] 请从点卡技术遵守这五项“信任服务原则”的每条原则出发,逐条描述为什么 Alltel 体育场或体育场里的球迷能够从鉴证点卡技术遵循这些原则状况的保证服务中受益。例如,为什么管理层对点卡系统遵守“安全性”原则的保证服务感兴趣?

[d] “原则”和“标准”的目的是什么?它们之间有哪些联系和区别?

[e] SysTrust 业务和“信任服务原则和标准”的关系是什么?你可能需要上网搜索更多 SysTrust 服务的信息。

[f] SysTrust 业务和 WebTrust 业务有什么区别?你可能需要上网搜索更多关于这两项服务的信息。

[2] 信息技术的应用提供了巨大的便利。点卡的使用为以下组织提供了哪些好处:

- Jaguars 体育场零食和纪念品商贩
- 体育场里的球迷
- 第一联合银行

[3] 在点卡提供若干好处的同时,相关信息技术在处理零食和纪念品交易的应用会产生新的风险。请识别以下组织面临的风险:

- Jaguars 体育场零食和纪念品商贩
- 体育场里的球迷

- 第一联合银行

[4] 体育场和第一联合银行可以实施哪些程序或者控制来降低风险?

[5] 为确保体育场商贩在做生意时信赖点卡系统,注册会计师需要检查和评估哪些信息?

[6] 请利用"信任服务原则和标准"中的"在线隐私原则",给 Alltel 体育场制定在线隐私政策,将该政策公布在体育场网页上,以便顾客在使用点卡技术前重新检查该在线隐私政策。

案例 6.2 Jacksonville Jaguars——B 部分*

背景

你最近已经荣升为事务所经理。强烈的工作责任心以及优秀的大学培训将你的事业推向一个新的高度。

新角色的挑战之一,就是你现在承担着为公司寻找新商业契机的责任。你定期阅读金融和商业出版物(例如,报纸、商业杂志)以检验你是否能够识别新的服务契机。

事务所的执行合伙人今天找到你,并询问你是否知道任何一家最近引进了新信息技术的公司,该新技术可为公司带来提供"信任服务"的机会。在听说你正在围绕一些设想开展工作之后,他很兴奋并希望听到更多内容。他让你准备一个针对以下几个问题对策的备忘录。

要求——B 部分

[1] 请描述某公司最近引进新信息技术到企业经营中的例子。你应该从经营管理出版物中找到真实案例,如一家最近不断依赖信息技术的公司,Jacksonville Jaguars 体育场点卡的使用就是一个很好的例子。请附上你用来准备备忘录的文章。

[2] 请描述该技术及它的具体应用。此外需要为合伙人提供足够的信息,使其无须参考附录文章就能理解该技术。

[3] 请解释公司为什么引进该技术,要突出信息技术影响带来的好处。这些好处能够很容易识别,甚至会在相关文章中进行讨论。然而,文章很可能没有指出引进新技术的风险。请提供给受新技术应用影响的所有有关组织或者个人带来的风险方面的详尽讨论。

* 若非教学需要,本章节无须学习。

[4] 鉴于已识别的风险,描述是否存在任何提供相关"信任服务"的契机,说明你为什么可能会为你识别出的上述风险状况提供此类服务。描述你公司能够提供保证服务所针对的相关信息技术风险。你的备忘录是与潜在客户洽谈正式商业计划的基础。请确保你的备忘录能简洁概括说明"信任服务"的内容,因为潜在客户可能会不熟悉这个项目。确保你用自己的语言对该项服务进行解释,以便潜在客户可以准确地理解你打算提供的是哪种类型的服务。

[5] 在描述你计划提供的保证服务的性质时,请着重说明为了提供保证需要搜集的各类证据。例如,你可以考虑评估公司针对技术方面硬件软件故障或基础通信设施故障的应急计划的可行性。在该案例中,你要详细描述此计划中需搜集的信息类型。

你的合伙人很忙,他不希望你的备忘录过长。因此,尽量简明扼要,确保备忘录中附有相关文章。尽量避免典型的会计术语,语言要生动。现实工作中希望你也能这样做。

第七部分

计划的重要性水平

案例 7.1 Anne Aylor 公司 …………………………… 195
——计划重要性水平与可容忍错报的确定

其他与本部分内容相关的案例:

案例 5.6 Sarbox Scooter 公司 ………………………………… 161
——财务报告内部控制审计的范围与评价判断

案例 12.1 EyeMax 公司……………………………………………… 345
——评估审计差异

案例 12.2 Auto Parts 公司 ………………………………………… 350
——评估会计政策和注释披露时考虑重要性

案例 7.1 Anne Aylor 公司

——计划重要性水平与可容忍错报的确定*

学习目标

在学习和讨论本案例后,你可以:

[1] 为审计客户确定审计计划重要性水平。

[2] 为你的重要性水平决策提供支持。

[3] 将审计计划重要性水平分配到财务报表要素上。

简介

Anne Aylor 公司(以下简称"Anne Aylor")是国内主要销售"Anne Aylor"品牌高档女装、女鞋及配饰的专业零售商。Anne Aylor 是一个引领时尚、高度受关注的国内品牌。Anne Aylor 产品代表经典的款式,能够反映当前的时尚潮流。该公司专卖店提供一系列产品,如休闲女装、裙子、帽子、周末服装、鞋子和配饰,这些都是衣橱战略的一部分。该公司非常强调顾客服务。公司销售人员需要进行培训,帮助顾客选择商品和搭配衣橱,在保持顾客个人风格的同时帮助他们符合"Anne Aylor" 风格。

Anne Aylor 公司选择的是标准的零售业财务年度,即 52 周或 53 周周期,截至距离次年 1 月 31 日最近的星期六。Anne Aylor 截至 2011 年 1 月 29 日财务年度(即 2011 财务年度)的净收入是 14 亿美元,净利润是 5 800 万美元。

2011 财务年度末,公司拥有分布在 46 个州大约 584 家以 Anne Aylor 命名的零售店。公司的核心业务目标是相对富裕、缺少购物时间的时尚职业女性。Anne Aylor 公司的所有产品都是其开发团队内部设计的。其产品生产来源于分布在 19 个国家的 131 家独立生产商。大约 45%、16%、13%、12% 和 9% 的产品分别是在中国、菲律宾、印度尼西亚、印度和越南制造的。产品通过坐落在美国肯塔基州 Louisville 的配送中心,发送给公司的零售商。

Anne Aylor 的股票在纽约证券交易所上市,Anne Aylor 被要求进行合并财务报表和财务报告有关的内部控制的整合审计,审计需要遵循美国公众公司会计监督委员会

---

* 本案例是由北卡罗来纳州立大学 Mark S. Beasley 博士、Frank A. Buckless 博士以及杨百翰大学 Steven M. Glover 博士和 Douglas F. Prawitt 博士编写的,作为课堂讨论的基础。Anne Aylor 公司为虚构的公司,所有涉及的人物和姓名也是虚构的。如有雷同,纯属巧合。

(PCAOB)制定的准则。2011 年 3 月 11 日交易结束后,Anne Aylor 有 48 879 663 股公开上市的普通股股份,交易价格是每股 22.57 美元。

背景

你所在的会计师事务所,Smith and Jones,PA.,处在对 Anne Aylor 2012 财务年度(即截至 2012 年 1 月 28 日的年度审计)审计的初级计划阶段。作为审计经理,你承担着确定主要财务报告审计计划重要性水平和可容忍错报的责任。现已提供给你会计师事务所编制的重要性水平和可容忍错报指南(见附件 1),帮助你完成这项工作。

审计合伙人 Donna Fontain 已经完成对 Anne Aylor 及其业绩的初步分析,她认为经理人舞弊的可能性很低。Donna 把公司业绩的初步分析反映在工作底稿索引号为 G-3(工作底稿右上角)的备忘录中。除此之外,Donna 在单独的备忘录、工作底稿 G-4 中反映了在进行初步分析时所关注到的问题和事项。你在审计导引表 G-7 中记录了 2011 财务年度财务报表审定的数据,以及预测的 2012 财务年度财务报表数据。公司的会计政策见附件 2。假设 2011 财务年度的审计没有发现重大错报。

要求

[1] 研读附件 1 和附件 2,审计备忘录 G-3 和 G-4,审计导引表 G-5、G-6 和 G-7。基于你的观察,回答以下问题:

[a] 当确定审计计划重要性水平时,为什么需要考虑不同的重要性水平基础?

[b] 为什么不同的审计项目有不同的重要性水平阈值?

[c] 为什么通常将基于不同重要性水平基础产生的最小阈值用于计划目的?

[d] 为什么当确定可容忍错报时需要考虑管理层舞弊风险?

[e] 为什么审计师不能将同样的可容忍错报金额或账户余额比例用于所有财务报表账户?

[f] 为什么单个账户可容忍错报的合计一般都超过对计划重要性水平的估计?

[g] 为什么考虑审计计划重要性水平时,需要预测某些试算表的金额?

[2] 基于你对附件(1、2),审计备忘录(G-3、G-4),审计导引表(G-5、G 6-1 和 G 6-2)的研读,请完成审计导引表 G-5、G-6 和 G-7。

附件 1 Smith and Jones, PA. 政策公告:计划重要性水平

在决定审计计划重要性水平和可容忍错报的责任,以确定审计程序的性质、时间和范围时,本政策公告可以为会计师事务所人员提供一般指南。本政策公告的意图,并不是要求所有的审计项目都要遵照这些重要性水平指南。这些重要性指南是否恰当,必须根据每个项目的具体情况、运用专业判断加以确定。

计划重要性水平指南

计划重要性水平是指在影响依赖财务报表的理性人决策的,财务报表错报或漏报综合的最大值。财务报表错报或漏报的性质和数量对所有财务报表使用者的影响不是相同的。例如,与股东相比,一个流动资产的 5% 错报对债权人的影响更大。然而,与债权人相比,一个净利润的 5% 错报可能对股东的影响更大。因此,在确定审计计划重要性水平时,首先要考虑的是财务报表的预期使用者。

相关财务报表要素以及对错报或漏报综合影响是否重要的假定,说明如下:

- **税前净收益**——假设少于税前净收益 2% 的错报或漏报是不重大的,大于税前净收益 7% 的错报或漏报是重大的。(注:如果客户税前净收益持续低于其他同等规模的公司或者变动幅度大,则所选取的税前净收益不是一个合适的参数。)
- **净收入**——假设少于净收入 0.5% 的错报或漏报是不重大的,大于净收入 2% 的错报或漏报是重大的。
- **流动资产**——假设少于流动资产 2% 的错报或漏报是不重大的,大于流动资产 7% 的错报或漏报是重大的。
- **流动负债**——假设少于流动负债 2% 的错报或漏报是不重大的,大于流动负债 7% 的错报或漏报是重大的。
- **总资产**——假设少于总资产 0.5% 的错报或漏报是不重大的,大于总资产 2% 的错报或漏报是重大的。(注:对于服务性组织或者其他几乎没有经营资产的组织来说,总资产可能不是一个合适的参数。)

每个财务报表要素具体重要性金额的建立,必须在参考主要使用者和质量因素之后才能确定。例如,如果客户接近违反贷款协议中最小流动比率要求,则流动资产和负债需要使用一个较小的审计计划重要性水平金额。相反地,如果客户已经大大超过了贷款协议的最小流动比率要求,则流动资产和负债使用一个较大的计划重要性金额更为合理。

审计计划重要性水平的确定,需要采用由相关重要性计算基础得到的最小金额,以便对于任何使用者在财务报表整体上都不存在重大错报做出合理保证。

可容忍错报指南

在为财务报表整体确立计划重要性水平之外,也需要给单个财务报表账户确立计划重要性水平。给单个账户确立的金额就是“可容忍错报”。可容忍错报代表单个财务报表账户账面金额与真实金额的差异,这种差异不影响财务报表整体的公允反映。单个账户可容忍错报的确立,可以使得审计师能够设计和实施每一个业务循环的审计策略。

确立单个账户可容忍错报的目的,总的来说,就是使审计以较低的成本,为财务报表整体在所有重大方面的公允表达,提供合理保证。

为了提供财务报表不包含重大错报的合理保证,给单个财务报表账户确立的可容忍错报不能超过计划重要性水平的75%。预期管理层舞弊可能性增加时,可容忍错报占审计计划重要性水平的比例阈值应该要降低。在许多审计中,预期单个账户识别的错报少于可容忍错报是合理的,而且账户间的错报会相互抵消(某些识别的错报会夸大净收益,某些识别的错报会减少净收益)。但当管理层舞弊可能性很高时,以上期望就是不合理的。如果管理层故意对财务报表做出错误陈述,则错报在不同账户会出现系统性的方向偏差。可容忍错报比例阈值不能超过:

- 计划重要性的75%(如果管理层舞弊可能性低);
- 计划重要性的50%(如果管理层舞弊可能性合理地低);
- 计划重要性的25%(如果管理层舞弊可能性适中)。

最后,因为某些账户与使用者的需求相关,所以对特定的账户可能要求一个更低的可容忍错报。具体账户的可容忍错报不能超过影响理性使用者决策的金额。

批准日期:2009年4月24日

附件2 Anne Aylor公司会计政策

收入确认——公司在将商品出售给客户时确认为收入。因为礼品券和礼品卡都可以兑换商品,公司的政策是把它们也确认为收入。在兑换之前,礼品券和礼品卡都记为负债。一方面,公司承兑所有的礼品券和礼品卡,同时,管理者参照无人认领财产法等相关法律,决定需要捐献给相关政府机构的礼品券和礼品卡的金额。在销售交易中,销售产品相关运输和整理的金额包含在账单中并确定为收入,相关产品运输到客户的成本确定为销售成本。在记录销售时,建立产品退货拨备。在"经营情况表"里,公司从净销售额中扣除从顾客收取的销售税。

销售成本、销售和管理费用——下表列出按每个主要费用科目对应的成本:

销售成本	销售和管理费用
• 已售商品成本	• 零售和企业联营公司的工资、奖金和福利成本
• 商品从供应商到配送中心的运输成本	• 设计和销售成本
• 商品过海关成本	• 零售和企业设施租用成本
• 完成在线客户订单成本	• 零售和企业资产折旧
• 商品管理系统的折旧	• 广告和营销成本
• 样品开发成本	• 经营配送中心的租用和其他成本
• 商品短缺	• 商品从配送中心到零售商店的运输成本
• 客户运输成本	• 法律、财务、信息系统和公司其他间接成本

广告——广告的印刷和其他成本,以及杂志广告成本,在广告首次印刷出来时都需要记入费用。当广告首次到达客户家里时,支付的广告直接邮寄成本和明信片成本均全部记入费用。

租赁和递延租赁债务——零售商店和行政设施是以经营租赁方式使用,租赁合同大部分是不可撤销的。有些商店在与原租赁合同实质上相同的条款和条件下,有延长额外的一个或两个五年租赁期限的权利。有些商店有权在特殊情况下提前终止商店租赁合同。大多数商店租赁合同包含一个特定的最低支付租金,以及一个当商店销售达到特定水平后,按照超过部分净销售额一定比例计算出来的或有租金。此外,在未来需要支付的最低租金基础上,大部分租赁合同要求支付房产税、保险费以及指定公共区域维护成本。附有定期增长的不可撤销经营租赁合同中的租金费用或者免租时期的费用,在租赁期限内用直线法计算。租赁期限是从公司最初进入这个空间并且开始施工建设之日计算,已考虑任何合理的续签保证。按照直线法计算的租赁费用减去按期付款,得到的差额记为递延负债。建设折让和其他类似租赁激励记为递延贷项,从他们认定开始获得的时候起(通常在最初拥有日期之后,时间通常和商店开业日期一致),用直线法分期摊销,作为租金费用的抵扣。未摊销递延租赁成本和建设折让的当期部分记在"应计租赁"内,长期未摊销部分记在公司资产负债表的"递延租赁成本"内。

重组成本——2008 年 1 月 30 日,公司开始实施一个用来提高盈利能力和改善综合经营效率的多年期重组项目。重组项目包括关闭超过三年表现不佳的商店,减少大约 10% 的公司员工,实施具有广泛基础的提高生产率举措,其中包括非商品货物和服务的采购战略。重组成本包括非现金费用,主要是和商店关闭有关的资产减值,主要与遣散费有关的现金支出,以及实施这个重组项目的许多其他成本。重组费用负债包括"应计薪酬和奖金"、"应计租赁"、"应计费用和其他流动负债"和"其他负债"。

现金及现金等价物——现金和自投资日起三个月内到期的短期高流动性投资认定为现金及现金等价物。公司把超额现金主要投资在货币市场和短期商业票据上。

金融工具——公司按照拍卖利率取得的债券分类为可出售金融资产,按照成本或票面价值计价,大致与公平市场价值相同。该债券票面到期日超过三个月,但由于利率每 28 天或 35 天通过拍卖竞标重新设定,因此它们作为短期债券标价和交易。

商品存货——库存商品按照个别项目平均成本与市价孰低法进行计价。市价依据估计的可实现净值确定,通常为商品的市场销售价格。分级别监控商品存货,确定滞销商品和破损商品(商品规格不够大的存货),通过降价来清理这些商品。当销售价格降到低于成本以下水平时,商品存货价值会减记。每年的 1 月进行实际存货盘点,并且估算存货盘点日和资产负债表日期间的任何短缺。

商店筹建成本——新店开业前发生的租赁、广告和薪酬开支这类非资本性支出,在它们发生时记入费用。

财产和设备——财产和设备按照成本计价。折旧和摊销参考以下的可使用年限、按直线法计算:

建筑物……………………………………………40 年

租赁物改良…………………………………………10 年或者更短的租赁期限

家具、装置和设备…………………………………2—10 年

软件…………………………………………………5 年

长期资产减值或处置——根据公司从预计未来税前现金流量(无折现且无利息费用)中恢复长期资产的账面价值的能力,估计可能的减值。若现金流量小于长期资产的账面价值,按照估计的公允价值与账面价值之间的差异确认减值损失。公允价值的确定主要依据现金流贴现方法计算得到的结果。减值的衡量要求管理层对与长期资产有关的现金流量作出估计。

商誉和无限期无形资产——公司对记为商誉和无限期无形资产的账面价值按年度进行减值测试。

递延融资成本——使用实际利率法在债务期限内、计算每年的摊销额。

自我保险——公司针对员工的医疗和牙医费用、员工补偿计划和一定限额内的短期伤残等损失办理自我保险。对当员工提出自我保险索赔、包括对已发生但未报告的索赔的成本,管理层依据从计划管理人、第三方活动、历史分析和其他相关数据获取的信息进行估计。按照已知的索赔和历史经验,预提已提出的自我保险索赔和已发生但未报告的自我保险索赔的可能费用。

所得税——公司使用资产负债法确定收益。使用此方法,可以确认递延所得税资产和负债,记入收益或者费用。估计的未来税收后果取决于财务报表现有资产和负债的账面价值和它们各自的计税基础之间的差异。

库存股回购——公司根据市场条件和当时的股票市场价格,不定期通过公开市场购买或者通过私下协商交易回购普通股。回购的普通股股票按照成本计价。

股权激励——公司用修正的预期法记录股权激励。股权激励费用的计算需要高度主观的假设,包括预期的股权奖励条件、股票价格波动率以及行权前没收。公司依据过去行权的估计预期股票寿命,允许用假设能代表未来行为的历史运动模式与股权奖励建立联系。赠与日的普通股票波动率可以依照历史波动率的平均值进行估计,同时可以估计普通股公开上市期权的隐含波动性。此外,可以估计预期的没收率,只有那些预期授予的股份才能记为费用。根据授予的股权奖励的历史经验,已行使和已注销,并考虑未来预期行为,这样才可以估计没收。

储蓄和养老计划——2006 年 6 月，公司董事会授权管理者冻结公司由雇主承担的福利养老计划（“养老计划”），执行新制订的 401（K）储蓄计划[“401（K）计划”]。此计划于 2006 年 10 月 1 日生效。

储蓄计划——大体上来说，每周工作 30 个小时以上或者连续 12 个月工作 1 000 个小时的公司及其子公司的员工，都有资格参与公司的 401（K）计划。在此计划之下，参与者可除特定限制外以任何税前和税后的组合将他们 75% 以内的年收入存入该项储蓄。公司对每个参与者 401（K）计划第一个 3% 的存入匹配 100% 的存入，对每个参与者 401（K）计划的第二个 3% 的存入匹配 50% 的存入。

养老计划——基本上公司所有员工都是在 2006 年 10 月 1 日以前被雇用的，并且在此日期之前都完成了连续 12 个月工作 1000 小时的服务，因此他们都有资格享受养老计划福利。养老计划用平均职业生涯公式计算福利。对于 2006 年 9 月 30 日当天或之前有资格享受养老计划的员工，在他们完成五年要求的服务后，就能够享受养老计划的福利。由于养老计划冻结，没有员工在 2006 年 10 月 1 日当天或之后参与养老计划，养老计划在 2006 年 10 月 1 日当天或之后也就没有新的福利。

公司把退休福利计划净资金超出或不足的状况，记为其他资产或者其他负债，把任何未确认的前期服务成本、转移性负债或者报告的精算收益/亏损记在股东权益下的累积其他综合收益。

其他负债——其他负债包括公司重组项目、养老计划、采购固定资产的借款和使用超额企业办公室空间形成的债务。

Anne Aylor 公司

备忘录：第一季度业绩分析

年度截止日：2012 年 1 月 28 日

索引：G 3
制表：DF
日期：2011 年 6 月 15 日
复核：

2012 财务年度第一季度净销售额比 2011 财务年度第一季度净销售额增长 7.5%。2012 财务年度第一季度可比商店销售额增加 5.1%，2011 财务年度第一季度可比商店销售额增加 2.5%。同一店面销售的增长，源于定位客户的宣传策略，导致驾车到公司商店采购数量的增加。该公司也继续从事电子商务销售，销售量同比增长了 20%。

毛利占净销售额的百分比从 2011 财务年度第一季度的 53%，增加到 2012 财务年度第一季度的 54.5%。2012 财务年度第一季度和 2011 财务年度第一季度毛利占净销售额的百分比是相近的，主要是因为把较高的全价销售额占总销售额的百分比，与商店全价和非全价销售的较高的毛利率结合起来。这是产品的改进、有效的营销活动、公司存货水平的合适定位三者共同作用的结果。

2012 财务年度第一季度销售额和一般管理费用占净销售额的百分比减少到 48.1%,2011 财务年度第一季度销售额和一般管理费用占净销售额的百分比为 50.8%。销售额和一般管理费用占净销售额的百分比的减少,主要是因为较高净销售率导致的经营杠杆的改善,相关重组计划导致的人工成本和租赁费用的节约,以及公司持续推出的节约成本措施。销售额和一般管理费用的减少,部分地被较高的营销和以业绩为基础的奖励费用抵消。

2011 财务年度第一季度净收益占净销售额的百分比是 2.6%,2012 财务年度第一季度净收益占净销售额的百分比增加到 3.8%。净收益占净销售额的百分比增加,是因为公司商店对全价销售的强力推动及工作效率的提高。

Anne Aylor 公司

备忘录:当前的事项和问题

年度截止日:2012 年 1 月 28 日

索引: G 4

制表: DF

日期: 2011 年 6 月 15 日

复核:

公司计划关注优化商店生产效率和改善现有商店的店内环境。去年公司用最新美术风格重新装修了 4 家店,减少了 30%—40% 平方英尺的空间。公司计划以去年装修的店面为样品,在 2012 财务年度再装修 20 家店面。计划使用经营现金流满足重新装修的资金需求。

2011 年 3 月 18 日,公司与第一银行和贷款财团签署了信贷工具协议,该协议对 2011 年 10 月到期的 1 亿美元的高级担保循环使用的信用额度作了修订。该协议同意给公司提供 2 亿美元的信贷承诺,只要每个贷款人同意接受增加的信贷承诺。该信贷协议安排于 2016 年 9 月 30 日到期,贷款可用于运营资金周转、信用证和其他一般公司经营目的。信贷规定的某些流动性和其他要求不能被满足,所有贷出的款项可能成为要求立刻偿付的应付款。协议要求公司保持 0.8 的速动比率和 2.0 的流动比率。此外,在任何一个财务年度,公司只允许回购最多 10 万美元的员工持有的普通股股票。

Anne Aylor 公司
备忘录:计划重要性水平评估
年度截止日:2012 年 1 月 28 日

索引号: G 5

制表:

日期:

复核:

财务报表的主要使用者(清单):

重要性计算基础 单位:千美元

基础	2011 年实际金额	2012 年预计金额	计划重要性水平			
			下限		上限	
			比例	金额	比例	金额
税前收益			2		7	
净收入			0.5		2	
流动负债			2		7	
流动资产			2		7	
总资产			0.5		2	

计划重要性水平 单位:千美元

解释:

Anne Aylor 公司

备忘录:可容忍错报评估

年度截止日:2012 年 1 月 28 日

索引:G 6

制表:________

日期:________

复核:________

管理层舞弊的可能性(选出一个):

________管理层舞弊可能性低

________管理层舞弊可能性合理地低

________管理层舞弊可能性适中

可容忍错报 单位:千美元

计划重要性水平	
倍增系数(如果是管理层舞弊可能性低,就是 0.75;如果是管理层舞弊可能性合理地低,就是 0.5;如果是管理层舞弊可能性适中,就是 0.25)。	×

要求较低可容忍错报的具体账户:

账户	**可容忍错报**
解释:	
解释:	
解释:	
解释:	
解释:	
解释:	

Anne Aylor 公司
备忘录:计划重要性水平财务信息
年度截止日:2012 年 1 月 28 日

索引: G 7
制表:
日期:
复核:

单位:千美元

	2012 年 1 月 28 日预测值	2012 年 1 月 29 日实际值
销售净额	1 355 400	1 243 788
销售成本	599 700	562 427
毛利	755 700	681 361
销售和管理费用	659 800	627 622
重组费用	0	3 856
营业利润/亏损	95 900	49 883
利息收入	700	636
利息支出	1 200	1 009
税前利润/亏损	95 400	49 510
所得税拨备/福利	36 900	18 408
净利润/亏损	58 500	31 102
资产		
流动资产		
现金及现金等价物	156 600	138 194
应收账款	12 100	12 670
库存商品	133 800	111 229
可退还所得税	18 400	16 394
递延所得税	19 400	23 542
预付费用和其他流动资产	39 600	29 995
流动资产总额	379 900	332 024
财产和设备,净额	229 700	240 641
递延融资成本,净额	500	640
递延所得税	21 600	15 574
其他资产	8 600	4 376
资产总额	640 300	593 255
负债		
流动负债		
应付账款	67 200	50 615
预提薪酬和奖金	20 300	21 154

（续表）

	2012年1月28日预测值	2012年1月29日实际值
预提租赁费	29 400	29 512
可兑换礼品券和商品积分	33 900	31 273
预提费用和其他流动负债	43 900	48 534
流动负债总额	194 700	181 088
递延租赁成本	114 200	120 945
递延所得税	600	1 042
长期业绩补偿	22 300	6 200
其他负债	15 900	9 635
负债总额	347 700	318 910
股东权益		
普通股和实收资本	553 900	511 847
未分配利润	291 243	232 443
累积其他综合损失	－1 600	－2 734
库存股份	－550 943	－467 211
股东权益总额	292 600	274 345
负债和股东权益总额	640 300	593 255

第八部分

分析程序

案例 8.1 LaramieWire Manufacturing ………… 209
——在审计计划中使用分析程序

案例 8.2 西北银行 ………………………………… 212
——分析程序中期望值的确定

案例 8.3 Burlingham Bees ………………………… 216
——使用分析程序进行实质性测试

其他与本章内容相关的案例：

案例 1.1 Ocean Manufacturing 公司 ………………………… 3
——接受新客户的决策

案例 2.3 Flash Technologies 公司 ………………………… 22
——风险分析

案例 8.1 LaramieWire Manufacturing

——在审计计划中使用分析程序*

学习目标

在学习和讨论本案例后，你可以：

[1] 审阅和分析公司存货和相关账户的信息。

[2] 识别需要在实质性审计中加大关注的潜在风险和领域。

[3] 理解初步的分析程序如何帮助制订存货审计计划。

简介

分析程序是审计的强大工具。它有助于审计师理解客户业务，并在识别需要加大实质性审计关注的潜在风险和领域时非常有用。如果能够仔细地制定分析程序，审计师就能够形成账户余额应该是多少的准确期望；每个客户的账簿余额就可以和期望值进行比较。因此，“分析”有时可以提供一个花费少、功能强大的实质性证据，以弥补甚至代替耗时的细节测试。最后，分析程序在帮助审计师评估客户是否面临持续经营问题，或者评估财务报表在审计调整后是否“有意义”方面非常有用。

上述分析程序的三方面一般用途相当于审计的三个阶段：计划、搜集证据和最终审阅。审计准则指导审计师怎样和何时使用分析程序。该准则要求审计师在计划和最终审阅阶段使用分析程序，鼓励但不要求在搜集实质性证据阶段使用分析程序。

以下案例涉及在审计计划阶段使用分析程序。在计划阶段，分析程序有助于审计师全面了解客户及其经营环境。分析程序通过帮助审计师识别需要加大实质性审计关注的潜在风险和领域，帮助审计师制订众多领域的审计证据搜集计划。

背景

你是负责审计 Laramie Wire Manufacturing（Laramie 公司）的高级审计师。这是你所在会计师事务所第一年对这个特殊客户进行审计。实际上，Laramie 公司虽然曾经聘

---

* 本案例是由北卡罗来纳州立大学 Mark S. Beasley 博士、Frank A. Buckless 博士以及杨百翰大学 Steven M. Glover 博士和 Douglas F. Prawitt 博士编写的，作为课堂讨论的基础。案例并未试图说明对一种管理情境的处理方法是否有效。

请审计师执行以获取银行贷款为目的的有限的审阅业务,但这是 Laramie 公司第一年对其财务报表进行全面审计。该公司计划在未来 2—3 年内将其股票进行首次公开发行(IPO)。它聘请你所在的会计师事务所进行首次财务报表审计,为将来 IPO 做准备。

Laramie 公司是一家通过购买铜棒和塑料材料生产绝缘铜布线的中等规模公司。Laramie 公司经营面积总占地 400 000 平方英尺,分为办公区(3%)、生产区(57%)、装运和接收区(15%)以及产成品和原材料存货仓储区(25%)。Laramie 公司主要为美国东北部市场提供绝缘铜布线。该公司的产品质量有很好的声誉,并且与它的外部审计师在过去有一段长达 10 年的良好工作关系。你负责审计 Laramie 公司的存货。在审计计划阶段,你准备进行一些分析程序,以识别可能存在更高风险的领域,这些领域将来可能需要进一步关注。

你的助理搜集了相关存货和其他项目的信息,还有一个对 Laramie 公司产品和存货区的简单描述。你的助理是新人,不能很好地剔除无关信息,因此你不需要使用他提供的每条信息。他搜集的信息如下表所示。

单位:美元

	2011	2010
销售收入	8 350 000	8 050 000
销售成本	6 142 500	5 980 000
产成品存货(大约 2.5 亿英尺)	1 554 500	1 075 500
铜棒存货(大约 550 万磅)	2 525 000	1 550 000
塑料存货(大约 100 万磅)	214 500	172 000
应付账款(购买存货)	440 000	415 000
应付账款周转天数	25.4 天	27.1 天
应收账款周转天数	55.8 天	47.9 天
绝缘电线市价(每英尺)	0.007	0.009
铜棒市价(每磅)	0.470	0.470
塑料市价(每磅)	0.130	0.190

Laramie 公司生产若干不同标准尺寸和类型的绝缘铜布线,以及从家庭电话用线到工业级高压输电线等一系列产品。产品生产区分成三块,每个区都专门生产一类特定产品组,包括家用产品、工业产品和特别订购的产品。公司根据订单分批完成产品。对于每批产品,机器都会根据生产产品的类型和尺寸进行调整和校正,分批的尺寸取决于所需产品的数量。机器从开始到完成的平均准备时间大约是四小时,生产效率略高于行业平均水平。

Laramie 公司用相似的原材料生产不同类型的产品,因此原材料存货被放置在同一个地方。原材料分为铜和塑料。产成品(例如,绝缘铜布线)被安置在不同尺寸的大型可堆叠线轴上,每个线轴大约有 50 万英尺的铜线。铜棒存货被安置在货架上,它们没有堆叠起来。每个货架尺寸是 6 英尺 ×6 英尺,高 5 英尺,可存放 1 500 磅铜棒。塑料存货被安置在 4 英尺高的可堆叠桶内,每桶大约存放 350 磅塑料。为了运输方便,原材料存放区位于装运和接收区附近。存货的入站和出站装运都由卡车运输到最近的火车站,它们从那里被配送到美国的东北部地区。一辆 18 轮卡车能够装载 15 个货架的铜棒,40 桶塑料,或者 24 个绝缘铜布线产成品线轴。

Laramie 公司的生产过程实现了部分的自动化,但仍需要相对大量的手工劳动力。因此,Laramie 公司的加工成本包括直接人工费用和工厂制造费用。间接费用主要包括辅助生产成本、折旧和机器维修费。Laramie 公司采用混合产品成本系统(例如,一个既包括分批法又包括分步法特征的系统)来适应制造过程既连续均匀、又分别执行可识别订单的批处理式生产运行的特点。基于 Laramie 公司产品的性质相对均匀一致的特点,间接费用从单一成本池按照机器和直接人工时间的混合进行分摊。

绝缘铜布线产品加工完成后,被卷在不同尺寸的大线轴上,通常有 50 万英尺。这些产成品存货线轴被安置在原材料存货旁边,它离工厂的八个装卸码头都很近。在很多情况下,生产出来的存货对应特定的客户订单。这些线轴都贴上了装运给顾客的截止日期标签。已经生产出的为紧急订单提供“缓冲”的存货,被安置在产成品存储区最远处。

存货和生产区安排合理,井然有序。机器设备看上去得到了很好的维护。粗略的存货视觉检查没有发现任何问题。产成品区的两个线轴贴上了标签,表明它们属于最近被联邦安全指南禁用型号的家用电线。这些线轴被标记得很清楚,存货监督员指出它们下周就要被销毁。从材料抵达、进入生产过程到产品完工、产品装运的整个过程的追踪程序和记录,看上去设计完善。

要求

[1] 执行有助于你识别相对高风险区域的分析程序,并指出是否存在需要在未来审计中特别注意的地方。

[2] 特别关注以下与每个存货账户余额相关的管理当局认定:存在、完整、计价、权利和义务。将问题[1]中识别出的任何风险与相关的管理当局认定联系起来。简要解释需要进一步关注的、识别出的任何存货账户风险。

案例8.2 西北银行

——分析程序中期望值的确定*

学习目标

在学习和讨论本案例后，你可以：

[1] 用分析程序进行利息收入的合理性测试。

[2] 识别导致确定更精确期望值的因素。

[3] 理解期望值的精确性与从分析程序获取的保证程度之间的关系。

[4] 理解不精确审计期望值的局限性。

背景

西北银行（NWB）在位于华盛顿州、俄勒冈州和爱达荷州的35个社区有银行业务。银行的总部在华盛顿州的瓦拉瓦拉。NWB的贷款组合主要包括农业贷款、商业贷款、房地产贷款和个人贷款。授信审批机关主要集中在瓦拉瓦拉。某些经验丰富的贷款官员可以决定当地的小额贷款。在瓦拉瓦拉，所有贷款都要进行组合贷款的绩效评估、监控和持续的贷款质量评估。

NWB是一家有三年审计历史的客户。因为它对银行贷款严格控制，所以审计小组高度依赖控制（即控制风险评估为低）。审计方法要求审计小组通过分析程序的实施增加对贷款利息收入公允性的保证。只有当分析程序提示利息收入存在重大错报时，才需要进行额外的详细测试。2011年报告的利息总收入是35 337 204美元，银行净收益是12 484 000美元。525 000美元的错报被认为是重大错报。

除了比较2010年和2009年的利息收入，去年的审计小组还用平均贷款额乘以加权平均利率，为贷款利息收入确定一种审计期望值。去年的审计文件显示，使用的平均贷款额与审计文件中其他测试的有关数据一致，用来计算的加权平均利率与华盛顿州立银行委员会出版物公布的利率相近。

下表是去年完成的计算。

---

* 本案例是由北卡罗来纳州立大学 Mark S. Beasley 博士、Frank A. Buckless 博士以及杨百翰大学 Steven M. Glover 博士和 Douglas F. Prawitt 博士编写的，作为课堂讨论的基础。本案例摘自由 S. Glover，D. Prawitt 和 J. Wilks 发表在 *Auditing: A Journal of Practice and Theory*（2005）第25周年纪念版上的一篇文章。西北银行为虚构的公司，所有涉及的人物和姓名也是虚构的。如有雷同，纯属巧合。

2010 年 NWB 的贷款利息分析程序

单位：千美元

2010 年平均贷款额（或余额）	361 225
乘以加权平均年利率（2010）	×8.65%
审计计算的 2010 年贷款利息收入	31 246
2010 年 NWB 记录的贷款利息收入	31 435
差额	**189**

以下信息可以用于本年审计。

2011 年 NWB 的贷款利息分析程序

单位：千美元

2010 年 12 月 31 日贷款总额（或余额）	388 110
2011 年 12 月 31 日贷款总额	383 860
2011 年平均贷款额（或余额）	385 985
乘以加权平均年利率（2011）	×9.115%
计算得到 2011 年贷款利息收入	35 183
2011 年 NWB 记录的贷款利息收入	35 337
差额	**154**

要求——A 部分

[1] 作为年末审计的一部分，用与去年审计相似的分析程序方法（平均贷款额乘以加权平均利率），判断西北银行报告的在 2011 年 12 月 31 日的贷款利息收入是否看上去公允表达。分析程序的结果提示你能够接受 2011 年报告的利息收入吗？

是______　　否________　　请简要解释你的答案。

[2] 基于分析程序结果，2011 年利息收入存在重大错报的可能性有多大？

0%　10%　20%　30%　40%　50%　60%　70%　80%　90%　100%

确定不是错报　……　确定是错报

[3] 根据利息收入分析程序提供的证据，请指出你对证据力度（质量和充分性）的评估：

1　……　4　……　7

极弱 / 无用证据　……　极强 / 消除所有疑问

若非教学需要，B 部分无须学习　停

案例 8.2 西北银行—B 部分*

为了努力确定一个更加精确(例如,更高质量)的审计期望值,你向同事询问他搜集的更详细的信息,这些信息如下表所示。每个季度的利率和华盛顿州立银行委员会出版物报告的数据是近似的。季度贷款额与其他领域的审计工作底稿文件相联系。因为"个人和其他贷款"数额相对很小,并且是由许多不同贷款组成,你决定不让助理搜集这个科目更详细的信息。然而,你了解个人和其他贷款科目的贷款额以及 2010 年 12 月 31 日和 2011 年 12 月 31 日的加权平均利率。再次说明该领域的重要性水平是 525 000 美元。

单位:千美元

2011 年		商业和农业贷款	房地产贷款	个人和其他贷款
第一季度				
平均贷款额(或余额)		267 003	99 998	见以下信息★
×加权平均利率(季度)		2.15%	2.40%	
第一季度预期利息收入	①	5 741	2 400	
第二季度				
平均贷款额		263 868	101 200	见以下信息★
×加权平均利率(季度)		2.08%	2.35%	
第二季度预期利息收入	②	5 488	2 378	
第三季度				
平均贷款额		264 400	95 608	见以下信息★
×加权平均利率(季度)		2.13%	2.35%	
第三季度预期利息收入	③	5 632	2 247	
第四季度				
平均贷款额		266 510	96 200	见以下信息★
×加权平均利率(季度)		2.17%	2.43%	
第四季度预期利息收入	④	5 783	2 338	

* 若非教学需要,B 部分无须学习。

（续表）

2011 年	商业和农业贷款	房地产贷款	个人和其他贷款
不同类型贷款年预期利息收入			
基于每季度数据①+②+③+④	22 644	9 363	2 515★
		审计计算利息总收入	34 522
		(22 644 + 9 363 + 2 515)	
		2011 年西北银行记录的贷款利息收入	35 337
		差额	815
★计算个人和其他贷款	**2010 年 12 月 31 日**	**2011 年 12 月 31 日**	**平均**
平均年贷款额	21 109	21 152	21 131
×加权平均利率	11.7%	12.1%	11.9%
个人和其他年预期利息收入			2 515

要求——B 部分

[1] 根据 B 部分提供的附加信息（例如，不同类型贷款的季度信息），判断西北银行在 2011 年 12 月 31 日的贷款报告中报道的利息收入是否是公允表达。根据分析程序的结果，你能接受 2011 年报告的利息收入吗？

是________　　否________　　请简要解释你的答案。

[2] 基于 B 部分的分析程序结果，2011 年利息收入是重大错报的可能性有多大？

0%　10%　20%　30%　40%　50%　60%　70%　80%　90%　100%

确定不是错报　　　　确定是错报

[3] 根据利息收入分析程序提供的证据，请指出你对证据力度（质量和充分性）的评估：

1　　4　　7

极弱/无用证据　　　　极强/消除所有疑问

[4] 现在重新评估你第一次完成的分析程序（例如，仅基于平均贷款总额和平均利率计算分析）。根据事后的感悟，对根据综合程度高的数据进行的利息收入分析程序所提供的证据，提出你对证据力度（质量和充分性）的评估：

1　　4　　7

极弱/无用证据　　　　极强/消除所有疑问

案例 8.3　Burlingham Bees

——使用分析程序进行实质性测试*

学习目标

在学习和讨论本案例后，你可以：

[1] 用分析程序来确定营业收入账户的审计期望值。

[2] 理解评估期望值和报告的账户余额间差异所需要运用的职业判断程度。

[3] 认识影响形成账户余额精确期望值的因素。

[4] 理解将分析程序作为账户余额实质性测试对审计计划的影响。

背景

Burlingham Bees（Bees 球队）是一个独立的小联盟棒球队，参加西北海岸的联赛。2011 年，该队以 92—52 的得分位居第二名。Bees 球队 2011 年累计赛季出席的观众共有 516 783 人，创造了球队一个新的纪录，出席观众比上一年多了 8%。

银行贷款条款要求 Bees 球队向银行提交经审计的年度财务报表。Hickman and Snowden 会计师事务所的注册会计师在过去五年中一直是 Bees 球队的审计师。

对 Bees 球队审计的主要领域之一就是检查票务收入。Bees 球队 2010 年的票务收入将近 395 万美元。Bees 球队 2011 年报告的未经审计票务收入 4 292 970 美元，税前净收益 731 845 美元。前几年，审计计划要求进行大量的票务收入的详细测试，以获得报告的票务收入公允表达的保证。

Michelle Andrews 是新上任的审计经理，刚刚接到承担该球队 2011 年审计的项目经理的任务。Michelle 前几年一直担任 Bees 球队的一般审计师。当知道要管理当年的审计项目时，她立刻回想起过去花费大量时间完成的票务销售的详细测试。Michelle 曾经在许多审计项目中成功地重新设计审计计划，以更好地利用分析程序作为实质性测试。现在，她开始思考有没有一个更有效的方法来搜集与 Bees 球队业务票务收入有关的实质性证据。

Michelle 第一次和 Bees 球队经理开会讨论 2011 年审计时就了解到，Bees 球队现在

---

* 本案例是由北卡罗来纳州立大学 Mark S. Beasley 博士、Frank A. Buckless 博士以及杨百翰大学 Steven M. Glover 博士和 Douglas F. Prawitt 博士编写的，作为课堂讨论的基础。Burlingham Bees 球队为虚构的球队，所有涉及的人物和姓名也是虚构的。如有雷同，纯属巧合。

聘用一家外国公司,Tickets R Us,运作主场比赛的票务。合同条款要求 Tickets R Us 公司搜集门票存根,从而它可以报告每场比赛搜集的总票数。然而 Tickets R Us 公司没有将票务总销售额进一步按照不同价格进行分解,Michelle 认为可以利用前期审计独立产生的门票号码和数据来制定一个分析程序。为了调查这个想法实现的可能性,Michelle 要求工作人员搜集与报告销售相关的一些信息。

这是工作人员从客户记录、Tickets R Us 公司和上年度审计文件中搜集的信息:

2011 年公园出席人数(所有比赛)

公园出席总人数(人)	516 783

2011 年比赛场数

工作日比赛(场)	44
周末比赛(场)	28

虽然上年度周末比赛只有 26 场,但是从上年度审计文件中得到的信息表明,主场比赛场数总体上接近。审计文件数据显示,周末每场比赛的平均出席观众人数比工作日每场比赛的平均出席观众人数高出 20%。

2011 年每场比赛的票价 单位:美元

俱乐部席位	12
包厢	10
一般席位:	
成人	6
儿童(老人)	4

比较 2010 年和 2011 年门票价格发现,门票价格在这两年平均增长了 9%。

销售组合	工作日	周末
俱乐部席位	25%	26%
包厢	30%	29%
一般席位:		
成人	23%	24%
儿童(老人)	22%	21%

上年度审计文件信息显示,销售组合在过去几年里相当稳定。

2011 年促销:比赛场数

工作日(场)	8
周末(场)	9

上年度审计文件信息显示,当有促销活动时(例如,免费棒球帽、海报或者特殊娱乐活动),观众通常会增加 15%。上年度一共只有 15 个促销日。

要求

[1] 研究审计专业准则,列出当需要提供实质性证据时,有关确定审计期望值和实施分析程序的要求。形成更为详细层级的审计期望值(即使用分类数据)而不是总体或者汇总水平审计期望的好处是什么?

[2] 根据提供的信息,请为 2011 财务年度的票务收入确定精确的审计期望值(即可以使用已提供的详细数据或者分类数据)。

[3] (a) Bees 球队 2011 年报告的票务收入和你形成的收入期望值的差异在何种范围内,才可以使你得出结论——报告的的票务收入是合理的,或者表达公允的? (b) 如果报告的票务收入在你认为合理的范围之外,如何解释这种差异?

[4] (a) 使用分析程序作为实质性测试的好处是什么? (b) 如果审计小组决定 Bees 球队的审计使用分析程序,审计计划将要与上年度有什么不同? (c) 你认为 Bees 球队 2011 年审计是否应该使用分析程序作为实质性测试? 并进行讨论。

第九部分

库存现金、公允价值及销售收入审计

案例 9.1 Wally's Billboard & Sign Supply ········ 221
——库存现金审计

案例 9.2 Henrico Retail 公司 ························ 237
——理解 IT 会计信息系统和识别零售销售审计证据

案例 9.3 Longeta 公司 ······························ 240
——收入合约审计

案例 9.4 Bud's Big Blue Manufacturing ··········· 243
——应收账款询证函

案例 9.5 Morris 矿业公司 ························· 253
——公允价值审计

案例 9.6 Hooplah 公司 ····························· 259
——审计抽样概念在销售收入循环控制测试以及实质性测试中的应用

其他与本部分内容相关的案例：

案例 4.7 Satyam 电脑服务公司 ························ 129
——控制函证过程

案例 8.2 西北银行 ·· 212
——分析程序中期望值的确定

案例 8.3 Burlingham Bees ······························ 216
——使用分析程序进行实质性测试

案例9.1 Wally's Billboard & Sign Supply

——库存现金审计*

学习目标

在学习和讨论本案例后,你可以:

[1] 理解库存现金余额审计中实质性审计程序的目标。

[2] 熟悉审计程序的效力与可靠性。

[3] 识别和评估影响不同类型审计证据充分性和适当性的重要因素。

[4] 理解标准化银行询证函的框架和内容。

简介

Wally's Billboard & Sign Supply(以下简称为"Wally 公司")由 Walter Johnson 于四年前成立。公司致力于提供标识以及广告牌位置服务,且目前已计划进军标识设计市场。在一家大公司营销部门工作几年后,Wally 认为在他从事的市场领域中存在着对专业招牌和广告牌公司的需求。根据已有的营销经验,他创立了自己的公司。

目前该公司准备扩大业务,并得到了 Taylor & Jones 会计师事务所的大力协助。在过去的两年里,Taylor & Jones 会计师事务所为满足公司迫切寻求外部资金的需要提供审计及其他鉴证业务服务。事务所派你配合高级审计师 Bill Thompson 来完成 Wally 公司的年度审计工作。

Taylor & Jones 会计师事务所的任务是进行现金余额实质性测试。Bill 已为公司的各个交易循环进行了控制测试,且评估的交易循环控制风险相对较低。他同时询问了管理层有关外部各方对现金使用是否以及施加何种限制的内容。管理层确定无此类限制,但事务所计划向银行函证以证实管理层的这一说法。

Wally 公司目前有三个独立银行账户。第一个账户是一般账户,主要用于业务收

---

* 本案例是由北卡罗来纳州立大学 Mark S. Beasley 博士、Frank A. Buckless 博士以及杨百翰大学 Steven M. Glover 博士和 Douglas F. Prawitt 博士编写的,作为课堂讨论的基础。Wally 公司为虚构的公司,所有涉及的人物和姓名也是虚构的。如有雷同,纯属巧合。

支。公司会将客户的付款及其他形式的现金销售收入存入该一般账户。第二个账户是工资账户。资金每月两次从一般账户转入此账户用以支付工资。第三个账户是无息账户,用以维持额外的未来可能需要使用的现金。在此项任务中,事务所无须测试跨行转账。

要求

完成工作底稿 C 2 中列示的审计程序,在 C 2 中记录已完成的审计程序并将提供的文件进行标记(使用如现金汇总表——工作底稿 C 1 中的审计注释)作为你的工作底稿。汇总审计结果并记录于审计摘要(工作底稿 C 3),并指出所有错误、关注点、调整事项及建议。如果需要对期末的账户余额进行调整,请将调整事项记录于现金汇总表。注意:您也可以通过 www. pearsonhighered. com/beasley5e 下载电子版的工作底稿。

完成审计程序后,回答下列问题:

[1] 为什么库存现金审计是审计工作的重要组成部分?

[2] Bill 针对所有交易循环进行的控制测试均取得了较理想的结果。但是,即使在影响库存现金账户的交易循环控制测试中得到了该控制运行有效的结论,为什么针对期末库存现金余额的实质性审计程序仍然非常重要?

[3] 根据美国注册会计师协会的审计准则,审计证据被视作"适当的"的必要条件是什么?

[4] 根据工作底稿 C 2 中列示的审计程序的各个步骤,说明每一步骤对应的审计结论。

[5] 针对审计摘要(附表 C 3)中列示的各个错误、关注点或调整事项,简要描述至少一个可以证明库存现金账户存在重大错报的追加审计程序。

[6] 美国注册会计师协会和美国银行家协会制定了标准化的银行询证函——见工作底稿 C 6。银行询证函中第二项确认信息的目的是什么?确定询证函第二项与哪些账户及哪些审计认定相关。

[7] 如果要证明该公司涉及库存现金账户的舞弊风险相对较高,可执行哪些审计程序?

[8] 网络搜索"电子银行询证函"并对所了解的网络银行询证函的发展现状做至多一页的简短总结。总结中应包括对电子询证函优势的简短讨论。

Wally 公司
库存现金汇总表
截至 2011 年 12 月 31 日的财务年度

索引：C-1

制表：

日期：2012 年 1 月 16 日

复核：

单位：美元

账户编号及名称	2011 年末余额	净调整额	2011 经调整的年末余额	2010 年末余额	百分比变动（调整前）
10100					
零用金	216‡	0	216	200	8%
	G/L			PY	
10200					
银行一般账户	100 750			97 431	3.41%
	G/L			PY	
10225					
银行工资账户	1 500			3 923	-61.76%
	G/L			PY	
10250					
银行无息账户	84 024			73 341	14.57%
	G/L			PY	
总额	186 490			174 895	
	F			F	

注释含义：

G/L——与总账相符并试算平衡；

PY——与上年工作底稿相符；

F——加总无误；

‡——追踪至工作底稿 C-14 中的手工账户余额。

Wally 公司
库存现金审计程序
截至 2011 年 12 月 31 日的财务年度

索引:C-2
制表:
日期:2012 年 1 月 16 日
复核:

审计程序	执行人	日期	索引
1. 获取截止日银行对账单和函证回函并浏览核对。			
2. 获取客户编制的银行余额调节表,并对每个账户执行下列审计程序:			
A. 对银行余额调节表的准确性进行测试。			
B. 检查调节表中的“银行对账单余额”与银行函证回函及银行对账单余额是否一致。			
C. 检查调节表中未偿还支票的编号和金额与银行对账单余额是否一致。			
D. 检查调节表中未偿还支票的日期、编号及金额是否与现金支出日记账的相关记录相一致。			
E. 检查调节表中在途存款的金额与银行对账单及现金收款日记账的金额是否一致。检查未预期时间差异。			
F. 检查调节表中“未存入银行的现金收入余额”与“未存入现金收款清单”中的余额是否一致。			
3. 在被审计单位员工陪同下,选择适当审计程序清点留存现金。	BT	2012 年 1 月 12 日	C-13
4. 询问被审计单位关于现金使用限制的管理制度,并根据信息披露需求检查被审计单位的反馈信息。	BT	2012 年 1 月 12 日	

Wally 公司

审计摘要

截至 2011 年 12 月 31 日的财务年度

索引: C-3

制表:

日期: 2012 年 1 月 16 日

复核:

工作底稿索引	错误或重要事项描述记录

Wally 公司
部分现金收入日记账
截至 2011 年 12 月 31 日的财务年度

索引：C-4

制表：

日期：2012 年 1 月 16 日

复核：

单位：美元

Wally 公司现金收入日记账					
		借方		贷方	
日期	描述	一般账户	工资账户	应收账款	其他
12/23	接上页	13 750	0	7 500	6 250
12/24	现金销售总额	400			400
12/27	每日收回应收账款	755		755	
12/27	现金销售总额	400			400
12/28	每日收回应收账款	800		800	
12/28	现金销售总额	425			425
12/28	一般账户工资转出		5 725		5 725
12/29	每日收回应收账款	725		725	
12/29	现金销售总额	390			390
12/30	每日收回应收账款	740		740	
12/30	现金销售总额	315			315
12/31	每日收回应收账款	730		730	
12/31	现金销售总额	300			300
	12 月合计	**19 730**	**5 725**	**11 250**	**14 205**
1/1	期初余额				
1/3	每日收回应收账款	825		825	
1/3	现金销售总额	725			725
1/4	现金销售总额	400			400
1/4	每日收回应收账款	725		725	
1/5	现金销售总额	425			425
1/5	每日收回应收账款	800		800	
1/6	现金销售总额	400			400
1/7	现金销售总额	415			415
1/7	每日收回应收账款	745		745	
	总计	**5 460**		**3 095**	**2 365**

Wally 公司

部分现金支出日记账

截至 2011 年 12 月 31 日的财务年度

索引: C-5

制表:

日期: 2012 年 1 月 16 日

复核:

单位:美元

Wally 公司现金支出日记账						
					现金支出	
日期	支票号#	描述	收款人	总账账户#	一般账户	工资账户
12/23		接上页			3 250	0
12/24	5 721	存货	Greg's Signs	80 100	700	
12/24	5 722	存货	Jones Printing	80 100	950	
12/26	5 723	存货	Western Paper	80 100	650	
12/27	5 724	存货	Taylor Inc.	80 100	700	
12/27	5 725	水电费	Waszte Removal Inc.	82 000	75	
12/28	5 726	存货	Newport Promotions	80 100	85	
12/28	5 727	存货	Magneto Industrial	80 100	225	
12/29	5 728	水电费	Aurora City Power	82 000	210	
12/29	5 729	办公用品	Office City	67 000	75	
12/29	5 730	广告	Young Promotions	66 000	150	
12/30	5 731	存货	Sign Solutions	80 100	675	
12/30		工资账户转移	Sunnydale Bank	10 000	5 725	
12/30	10 123	工资	Wally Johnson	69 100		2 310
12/30	10 124	工资	Tricia Holmes	69 100		1 200
12/30	10 125	工资	John Riley	69 100	825	925
12/30	10 126	工资	Jane Harris	69 100	725	665
12/30	10 127	工资	Steve Norton	69 100	400	625
12/31	**12 月合计**				**13 470**	**5 725**
1/3	5 732	租金支付	LLD Property Inc.	69 000	1 750	
1/3	5 733	存货	Merida Manufacturing	80 170	525	
1/3	5 734	存货	Greg's Signs	80 100	430	
1/3	5 735	存货	Jones Printing	80 100	350	
1/4	5 736	办公楼供应	Haroldson Hardware	68 010	50	
1/4	5 737	董事会费用	Colorado Board	69 200	125	
1/4	5 738	清洁卫生	TTC Janitorial	68 000	100	
1/6	5 739	新打印机	Duff Computers	67 000	225	
1/7	5 740	清洁卫生	W Lawn Care	68 000	50	
接下页					**3 605**	**0**

标准格式确认函
金融机构账户余额信息

索引: C-6

制表:

日期: 2012 年 1 月 16 日

复核:

原件

请寄至审计师

金融机构 [Woodland 国家银行]

名称地址 犹他州 Provo 市
Stadium 街 530 号
[邮编:84604]

Wally 公司
客户名称

我方已根据存贷款余额信息将2011 年 12 月 31 日之前的下列信息提供至审计师。请就提供的资料确认信息的准确性,并指出是否存在异常。如果余额为空,请在合适空白处填写余额完成表格。虽然我方不要求和期望贵方进行全面、详细的记录搜寻,如果在完成询证函中有关额外其他存款贷款账户信息的过程中,发现我方需要贵方给予关注的事项,请在回函中说明有关信息。请使用随附的信封直接将表格寄至我方审计师。

1. 至上述企业截止日期,我方记录显示存款余额如下:

账户名称	账户编号	利率	余额(美元)
Wally 公司	0504-02	—	100 515

2. 至上述企业截止日期,我方对以下贷款余额负有直接责任:

账户编号/描述	余额	到期日	利率	利息支付日	抵押物描述信息

Wally Johnson
客户授权签名

2012 年 1 月 2 日
日期

客户提供的上述资料与我方记录一致。虽然我方并未进行全面、详细的记录搜寻,但除下述标注信息之外,我们并未关注到其他存、贷款账户信息。

Cindy Lunt
金融机构授权签名

2012 年 1 月 10 日
日期

秘书
职位

例外事项或注解

请将回复函寄至审计师:[Taylor & Jones]
注册会计师事务所
717 East Bay Drive
[Aurora, CO 73442]

一般地,在本表进行编制时余额不能被获取的情况下,余额处为空白。

Wally 公司
Woodland 国家银行—截止日银行对账单

索引：C-7

制表：

日期：2012 年 1 月 16 日

复核：

单位：美元

Woodland 国家银行
犹他州 Provo 市 Stadium 街 530 号
邮编：84604

对账单编号#0504-02
对账单日期：01/01/12—01/10/12 截止性银行对账单

Wally 公司

日期	交易描述	金额	新余额
1/1	期初余额		100 515
1/3	支票号#5723	-650	99 865
	存入	1 030	100 895
1/4	支票号#5725	-75	100 820
1/5	支票号#5729	-75	100 745
	支票号#5727	-225	100 520
	存入	825	101 345
1/6	支票号#5731	-675	100 670
	存入	725	101 395
1/9	支票号#5732	-1 750	99 645
	支票号#5734	-430	99 215
	存入	1 125	100 340
	支票号#5735	-350	99 990
	支票号#5736	-50	99 940
	存入	1 055	100 995
1/10	存入	1 255	102 220
1/11	余额		102 220

Wally 公司

Woodland 国家银行—银行余额调节表(客户制表)

截至 2011 年 12 月 31 日的月份

索引: C-8

制表: PBC

日期: 2012 年 1 月 16 日

复核:

单位:美元

Wally 公司

Woodland 国家银行——银行核对单

截至 2011 年 12 月 31 日的月份

银行对账单余额: 100 515

加:

	日期	金额
在途存款:	12/30	1 055
未存入银行现金收入:	12/31	1 030

2 085

减:

未兑现支票

签发日期	编号	金额
12/26	5 723	650
12/27	5 725	75
12/28	5 727	225
12/29	5 729	75
12/29	5 730	150
12/30	5 731	675

-1 850

账面余额 100 750

金融机构账户余额信息标准格式确认函

索引：C-9

制表：

日期：2012 年 1 月 16 日

复核：

原件

请寄至审计师

金融机构 ［Sunnydale 银行］

名称地址 科罗拉多州 Aurora 市
West Irvine 街 267 号
［邮编：73454］

Wally 公司
客户名称

我方已根据存贷款余额信息将2011 年 12 月 31 日之前的下列信息提供至审计师。请就提供的资料确认信息的准确性，并指出是否存在异常。如果余额为空，请在下方合适空白处填写余额完成表格。虽然我方不要求和期望贵方进行全面、详细的记录搜寻，如果在完成询证函中有关额外其他存款贷款账户信息的过程中，发现我方需要贵方给予关注的事项，请在回函中说明。请使用随附的信封直接将表格寄至我方审计师。

1. 至上述企业截止日期，我方记录显示存款余额如下：

账户名称	账户编号	利率	余额(美元)
Wally 公司	6315-789	—	3 625

2. 至上述企业截止日期，我方对以下贷款余额负有直接责任：

账户编号/描述	余额	到期日	利率	利息支付日	抵押物描述信息

Wally Johnson
客户授权签名

2012 年 1 月 2 日
日期

客户提供的上述资料与我方记录一致。虽然我方并未进行全面、详细的记录搜寻，但除下述标注信息之外，我们并未关注到其他存、贷款账户信息。

Tim Mokrey
金融机构授权签名

2012 年 1 月 11 日
日期

秘书
职位

例外事项或注解

请将回复函寄至审计师：［Taylor & Jones］
注册会计师事务所
717 East Bay Drive
［Aurora，CO 73442］

一般地，在本表进行编制时余额不能被获取的情况下，余额处为空白。

Wally 公司

Sunnydale 银行—银行对账单

参考资料: C-10

制表:

日期: 2012 年 1 月 16 日

复核:

单位:美元

科罗拉多州 Aurora 市
West Irvine 街 267 号
邮编:73454

对账单编号#6315-789
对账单日期:01/01/12—01/10/12　截止性银行对账单

Wally 公司

日期	交易描述	总额	新余额
1/1	上期账单余额		3 625
1/4	支票号#10124	-1 200	2 425
1/4	支票号#10125	-925	1 500
1/10	余额		1 500

Wally 公司
Sunnydale 银行—银行余额调节表(客户制表)
截至 2011 年 12 月 31 日的月份

索引: C-11
制表:
日期: 2012 年 1 月 16 日
复核:

单位:美元

Wally 公司
Sunnydale 银行—银行余额调节表
截至 2011 年 12 月 31 日的月份

银行对账单余额: 3 652

加:

	日期	金额
在途存款:		0
未存入银行现金收入:		0

0

减:

未兑现支票

签发日期	编号	金额
12/30	10 124	1 200
12/30	10 125	925

-2 125

账面余额 1 500

索引: C-12

制表:

日期: 2012年1月16日

复核:

2012年2月26日 星期四 下午13:15 Brigham国家银行 传真:3037586842 P.01/01

Brigham国家银行

科罗拉多州Aurora市North State街155号 邮编:73451

2012年2月26日

Taylor & Jones
注册会计师事务所
科罗拉多州Aurora市East Bay Drive街717号
邮编:73442

尊敬的Taylor & Jones:

为满足贵方关于Wally公司审计需要的询证请求,我方提供如下账户余额信息:

账户名称	账户编号	利率	余额(美元)
Wally公司	73647-1234	—	84 024

以上提供的信息为机密,并得到了本表中涉及的各方书面许可。未经许可,严禁在任何情况下使用此信息。

此致
敬礼!

Gretchen Larson
Gretchen Larson

Wally 公司

Brigham 国家银行—银行余额调节表(客户制表)

截至 2011 年 12 月 31 日的月份

索引: C-13

制表:

日期: 2012 年 1 月 16 日

复核:

单位:美元

Wally 公司

Brigham 国家银行——银行余额调节表

截至 2011 年 12 月 31 日的月份

银行对账单余额: 84 024

加:

	日期	金额
在途存款:		0
未存入银行现金收入:		0

0

减:

未兑现支票

签发日期	编号	金额

0

账面余额 84 024

Wally 公司
未存入银行现金收入及留存现金
截至 2011 年 12 月 31 日的月份

索引： C-14

制表：

日期： 2012 年 1 月 16 日

复核：

单位：美元

Wally 公司
未存入银行现金收入
需存入 Woodland 国家银行的现金
截至 2011 年 12 月 31 日的月份

日期	名称	金额
12/31	Hardy Real Estate	200
12/31	Hamilton Homes	315
12/31	Washington Banker	215
12/31	每日现金销售	300
	总计	1 030

日常交易留存现金

面值	计数	总额
20	7	140
10	4	40
5	5	25
1	11	11
		216 ‡

上述截至 2011 年 12 月 31 日的未存入银行现金收入及留存现金已经进行审查及验证。

Bill Thompson（高级审计师）

注释含义：

‡——追踪至工作底稿 C-1 中现金汇总表余额。

案例9.2 Henrico Retail公司

——理解IT会计信息系统和识别零售销售审计证据*

学习目标

在学习和讨论本案例后,你可以:

[1] 概述零售业销货交易的审计线索。

[2] 了解当缺少传统纸质审计轨迹时需要搜集的电子版审计证据。

[3] 制订测试零售销货交易发生和准确性认定的审计计划,搜集所需要的审计证据。

简介

Henrico Retail, Inc.(以下简称"Henrico公司")为第一年的审计客户。在最近的一次办公会议之后,审计合伙人自被审计单位取得了如下关于被审计单位销售体系的说明。

销售系统说明

Henrico公司的销售系统是基于IT技术的电算化收银系统,在各个商店的所有楼层设有计算机收银机。在销售发生时,销售人员都可以对出售商品价签上的条码进行扫描从而取得产品编号。如果正在出售的产品数量超过1个,销售人员可输入该特定代码商品的出售数量,也可对同种出售商品进行逐一扫描。在这一流程中,计算机收银执行以下操作:

- 从服务器上存储的价格主文件中获取对应商品编号的正确单价;
- 若产品数量无效,则通知销售人员;
- 计算购买总价(单价×数量);
- 生成交易总额,计算销项税额,并决定最终的交易金额。

在销货交易完成前,销售人员须确认该笔交易是现金支付还是使用借记卡或信用

---

* 本案例是由北卡罗来纳州立大学Mark S. Beasley博士、Frank A. Buckless博士以及杨百翰大学Steven M. Glover博士和Douglas F. Prawitt博士编写的,作为课堂讨论的基础。Henrico公司为虚构的公司,所有涉及的人物和姓名也是虚构的。如有雷同,纯属巧合。

卡支付。对于信用销售,Henrico公司只接受维萨卡或万事达卡。信用卡客户通过读卡器终端刷卡,直接连接维萨卡或万事达卡的网上信用卡审批过程。当信用卡机构的电子批准传回收银系统时,收银系统的硬盘会在用于客户签名的付款凭据生成之前存储信贷审批代码。当信用卡被拒付时,客户必须支付现金,否则销售人员取消交易。附有客户签名的付款凭据副本在现金匣中存放。除了在线支付系统收集客户的银行授权情况之外,借记卡的交易流程与信用卡基本相同。

对于所有类型的销售,计算机收银系统会生成顾客的纸质票据,同时交易记录副本将会储存在计算机收银系统硬盘中与商店计算机服务器每小时备份一次的在线文件中。这份储存于计算机收银系统硬盘中的交易信息电子文件包括商品编号、单价、交易数量、交易明细、信用卡开卡机构以及银行审核信息等内容。

销售人员无法对交易的电子文件进行访问,他们仅可浏览单价信息,无法在网上的价格主文件中修改产品单价。只有商店经理级别的工作人员才可以对价格主文件进行修改。商店经理每周都将更新的商品价格和要上架新品的价格信息录入价格主文件。此外,只有商店人力资源经理才可被授权对员工主文件中在职雇员的身份证件号码进行更新、修改等操作。

只要商店的店员拥有一个有效的雇员编号,便被允许可以操作店内任何一台机器。如果收银系统当前状态未被使用,在扫描准备出售产品前,店内所有雇员均需输入自己的员工编号。没有有效的员工编号,收银系统不会开始运行。尽管收银系统此前曾经发生过一些问题,但一般来说系统的工作是能不解自明的。新的销售人员在进店进行销售工作前需要接受两小时的收银操作培训,Henrico公司管理层认为,边干边学是最有效的。

每天营业时间结束时,销售人员须在收银系统中进行"登记结算"操作。这一程序会在收银系统硬盘中的在线交易文件及商店服务器的备份文件中进行自动更新。结算程序会在收银系统中生成并打印出当天包括现金、信用卡、借记卡销售总额、销售退货以及其他日常交易等内容的单据。销售人员将清点收银匣中的现金,并在"日现金存入表"(预印的空白表格)中列示当天现金结余数额。此外,店员将以借记卡和信用卡销售单的明细为凭证,在现金存入表中列出当天借记卡和信用卡销售明细,同时会依据结算程序生成的票据在"日现金存入表"中记录现金、借记卡、信用卡及其他形式的销售总额。接下来,店员会核对交易总额以及现金、借记卡、信用卡销售单数额,并注明金额有无差异;然后携带销售单和现金匣至商店出纳员办公室,由出纳核实"日现金存入表",并在确定现金匣和"日现金存入表"中的金额核对无误之后,将每台收银系统对应的"日现金存入表"中所列示现金、借记卡、信用卡销售栏的金额签字确认。

出纳每天会在各个现金匣中留存200美元现金,用以保证第二天的交易顺利进行。在夜间现金匣会被存放在商店的保险柜中。每晚,当地的Brinks安全服务人会将白天营业的现金、信用卡销售单和借记卡付款凭据运送至商店所在开户银行的通宵托管处。第二天银行会立即根据所有的收款单据向商店支付现金(具体操作基于银行对维萨卡和万事达卡的规定),借记卡交易的资金会从顾客的开户银行自动转账至Henrico公司的开户行。同时,银行自动将收到的现金划拨到商店的账户,并向商店的会计及出纳人员发送每日处理存款确认函的电子邮件。

在每家商店,会计部门的独立第三方会核实所有前一天"日现金存入表"上列示的现金总数、借记卡交易及信用卡销售单总数是否与银行发送的每日处理存款确认函的内容相符。这一核实流程执行后,银行寄发的电子确认函将打印并按日期归集好作为每日现金存入表的附件。

每晚,商店的计算机服务器将当日所有交易信息从收银系统中通过结算程序下载,并总结信息生成当日的销售报告,该电子文件则存储在商店服务器中。每晚,每一家商店的该日销售报告复件会被自动传送至公司办公室的主服务器。该服务器在夜间也会自动生成每店每日的销售总报告。此报告包括商店的销售总额以及分类汇总的现金交易、借记卡交易和信用卡交易。这些报告将按日期和商店归集存档。

每晚,商店里的计算机服务器会自动更新存储在服务器上的永续盘存记录。永续盘存记录一旦被更新,该记录的电子副本则被传送至公司办公室的主服务器。此外,该永续盘存记录采用电子格式存储并更新,无须纸质报告。

每月月末,商店服务器会根据永续盘存记录自动生成存货报告。该存货报告提供各个编号产品的数量信息。同时,商店服务器会利用每日销售报告生成每家商店的月度销售报告,并自动传送至公司办公室。这些文件包括当月每家商店每个营业日的销售总额信息。另外,每家商店的服务器会在月末生成并打印月度销售报告。公司办公室的电脑服务器会利用此报告编制打印合并总分类账,汇总每家商店的月销售额在总销售额账户中的过账情况。

要求

假设你是被分配到 Henrico 公司进行年度审计的高级审计师。近期,你的审计合伙人请你根据对客户销售系统的说明资料的审阅,协助制订关于零售销售系统的审计计划。你的合伙人要求你解决下列问题:

[1] 描述单笔销售从发生到记入总分类账、再到汇总记入公司总部公布的合并销售账户的销售交易审计轨迹。强调说明各个审计轨迹属于纸质形式还是电子形式。

[2] 制定针对销售交易发生认定的总体审计策略。说明在不依靠 IT 系统审计专家工作测试计算机程序是否运行有效的情况下,审计师是否有足够的纸质审计轨迹来测试该认定。

[3] 为了测试某家商店销售交易的发生认定,你会依据何种来源证据去选择销售交易样本?请给出选择这种证据的原因。针对已选择的每笔交易,你将会对哪些证据进行测试?

[4] 制定针对销售交易准确性认定的总体审计策略。说明在不依靠 IT 系统审计专家工作测试计算机程序是否运行有效的情况下,审计师是否有足够的纸质审计轨迹来测试该认定。

[5] 会计系统中哪一部分要求依靠 IT 系统审计专家,谁应该负责评估电子形式审计证据是否充分、适当?

[6] 在现有的销售系统中,你可以识别出哪些控制缺陷?

案例 9.3 Longeta 公司

——收入合约审计*

学习目标

在学习和讨论本案例后,你可以:

[1] 分析复杂的收入交易是否体现了公认会计准则的公允性。

[2] 编制文件证明有关账目列报是否具有公允性。

[3] 理解收入确认的标准。

[4] 当口头或书面约定超出正常合同约定时,评估被审计单位的会计处理。

背景

当你进入全新的会计职业生涯时,对于你的第一次财务报表审计总是会非常激动。你是刚毕业并拥有会计学学位的研究生,且非常兴奋即将应用你在严谨的会计项目中所获得的一切技能。

你目前的客户是 Longeta 公司,这是一家总部位于加利福尼亚州的软件开发商和营销商,主要经营复杂计算机网络的数据存储功能所需要的软件,Longeta 公司特别注重对那些专门将其产品转售给政府购买者的中介机构的市场推广。这些中介机构购买 Longeta 的产品,然后将它们"转售"给政府购买者及其他机构。该公司的股票报价可在纳斯达克全国股票市场系统查询。

负责本次合作事项的审计经理指定你负责 Longeta 公司的收入审计。对于负责如此重要账目的审计,你非常激动;你很喜欢迄今你所做过的本年记录的一些重大收入事项的审计工作。接受审计的财务报表会计年度截至 2010 年 9 月 30 日。

评估已取得的证据

你已收集了较多的有关本年收入事项的信息,其中一项经济业务因其规模而特别引起你的注意。因此,你在评估所获得证据的过程中,需要确定来自该交易的收入额是

---

* 本案例是由北卡罗来纳州立大学的 Mark S. Beasley 博士、Frank A. Buckless 博士以及杨百翰大学的 Steven M. Glover 博士和 Douglas F. Prawitt 博士编写的,作为课堂讨论的基础。案例并未试图说明对一种管理情境的处理方法是否有效。

否被公允列报，你通过审阅与该交易有关文件及询问销售副总裁和财务主管获取该信息。对于所了解的信息，你做出以下说明，并正在为即将召开的为讨论该交易相关事项的审计经理会议做准备。以下为目前为止你所记录的信息内容：

• 2012 年 7 月期间，为了将 700 万美元的 Longeta 软件和服务销售给美国空军，Longeta 公司销售副总裁给 Magicon 有限公司发出一份提议。由于 Magicon 与美国空军有密切联系而 Longeta 公司却没有，所以 Longeta 公司希望同 Magicon 有进一步的合作。依据政府的采购条例，Magicon 为必需中间人。

• 依据该提议条款，Magicon 将在 Longeta 公司财务年度的最后一天（即 2012 年 9 月 30 日）前预定 700 万美元的 Longeta 软件和服务。作为交换，Magicon 将收到一笔相当大的佣金，并成为美国空军 Longeta 产品的独家转销商。

• 通常情况下，为了完成这些交易，Longeta 公司必须与中介机构（如 Magicon）订立"转销商协议"。然而，鉴于时间较短，Magicon 不能在 9 月 30 日前从其法务部获得必需的审批、与 Longeta 签订转销商协议。

• 作为转销商协议的替代，Magicon 的采购人同意通过随后一份附有订购单和转销商协议的"订购函"形式下订单。

• 在订购函提交之前，Magicon 法务部要求 Longeta 公司同意，如果 Longeta 公司与其未能在 30 天内协商出双方均可接受的转销商协议，那么 Magicon 具有取消支付 Longeta 公司 700 万美元的权利。

• 同年 9 月下旬，Longeta 公司销售副总裁通过邮件和传真给 Magicon 法务专家发送了一封印有"Longeta"信头的信件。以下为该信件的内容摘录：

> 按照我们之间的讨论，以下是日期为 2012 年 9 月 30 日 Longeta 公司和 Magicon 有限公司之间的订购函的目的说明。该订购函符合 GAAP 97-4 对收入确认的要求。该订购函允许 Longeta 公司在 2012 年 9 月 30 日即本公司本财务年度结束时确认收入。该订购函给出双方 30 天时间以达成双方同意的条款和条件。若不可能出现的情况发生，我们双方未能达成"双方均同意的条款和条件"，Magicon 将有权终止该订购函以及一切相关义务。该可能性可能没有在该订购函中明确表述。然而，我方保证若我们双方未达成最终协议，我方不会要求贵公司遵守支付订购函中所提及的款项。

• 2012 年 9 月 30 日，Magicon 法务部同意了该交易，且 Magicon 的采购人签订并从 Magicon 传送了一份订购函给 Longeta 公司，以购买 700 万美元的软件和支持服务。然而，这封来自销售副总裁给 Magicon 的单独信件并没有随附在订购函后，且未被订购函引用。

• 该订购函被提交给 Longeta 公司财务部。与此同时，Longeta 公司已经进行会计处理，将 580 万美元确认为 Longeta 公司已发出商品的当期收入。余下的 120 万美元用于升级和技术支持服务并单独开具发票，因此被确认为递延收入。

要求

你想为审计经理会议做好充分准备。请执行下列程序以确保你已拥有该交易处理的所有需要的信息。

[1] 研究案例所需的与收入确认相关的会计处理标准,从而确保你对满足收入确认的明确的标准具备清晰的理解。SEC 第 101 号员工会计公报——“财务报表收入确认”很好地总结了必须考虑的重要元素。阅读 SEC 的指导并说明根据 SEC 的规定,收入确认必须满足的四个标准。

[2] 用你自己的语言,解释该公司将 580 万美元记为当前收入而把剩余的 120 万记为递延收入的原因。同时,说明在财务报表中递延收入应被记入哪个科目。

[3] 评定 Longeta 公司销售副总裁单独发送给 Magicon 的信件内容;编制文件说明你对这封信的内容在 2012 年 9 月 30 日结束的财务年度中如何影响或没有影响 Longeta 公司的收入确认的结论。

[4] 鉴于来自销售副总裁的信并未附加到或记录在 Magicon 提交给 Longeta 公司的订购函中,如果你认为尽管它并不是该订购函的一部分,却仍存在某种影响,请以书面文件说明副总裁的信件对该交易会计处理的影响。

[5] 根据案例内容,这位销售副总裁的信件用邮件和传真发送给 Magicon 的代表。如果 Longeta 公司副总裁仅以口头形式而非以书面形式将该信息提供给 Magicon 的代表,将会有什么影响?

[6] 2012 年 9 月 30 日,Magicon 仅提交了该笔交易的订购函。请说明如果 Longeta 公司和 Magicon(a) 在 30 天内签订转销商协议或(b) 在 30 天内没有签订转销商协议,对该笔交易会计处理的影响。

[7] 请说明你关于 Longeta 公司和 Magicon 之间该笔交易会计处理的最终结论并说明你的依据。

案例 9.4 Bud's Big Blue Manufacturing

——应收账款询证函*

学习目标

在学习和讨论本案例后，你可以：

[1] 理解应收账款函证的相关审计准则。

[2] 理解影响函证可靠性的因素。

[3] 描述为了取得可靠审计证据，应收账款函证程序的处理方式。

简介

在收集适当、充分的审计证据过程中，应收账款函证起到了非常重要的作用。询证函的主要优势之一是它们提供了从第三方直接获取的证据。审计准则为审计师就如何以及何时使用询证函给出了指导。

公认审计准则要求应收账款（A/R）应该被函证，除非应收款项总额不重要或由于被审计单位自身情况导致函证被认定为不起作用。虽然函证采用多种形式，但是应收账款询证函通常被准备为从被审计单位致其客户的信件形式。该信件要求被审计单位的客户对是否同意如信中所示的被审计单位账面余额做出回复。①

虽然典型的应收账款询证函需由被审计单位签字，但是审计师需要将询证函直接邮递给该被审计单位客户，并要求将确认回复函直接交回给审计师。为了将客户对函证过程进行操纵的可能性最小化，审计师直接邮寄及接收该询证函是非常重要的。如果在整个过程中审计师没有维持正确的控制，通过截取和修改确认函或确认回复函的行为将可能引起错报。

当函证请求的收信人未回复时，审计师通常会发出第二次或第三次请求。如果审计师没有收到重复请求的回复，为获取有关未回复客户余额的相关信息，通常可执行替代程序，如检查随后的现金收入。

---

* 本案例是由北卡罗来纳州立大学 Mark S. Beasley 博士、Frank A. Buckless 博士以及杨百翰大学的 Steven M. Glover 博士和 Douglas F. Prawitt 博士编写的，作为课堂讨论的基础。案例并未试图说明对一种管理情境的处理方法是否有效。BBB 公司为虚构的公司，所有涉及的人物和姓名也是虚构的。如有雷同，纯属巧合。

① 这一类型的询证函被称为非空白的积极式询证函。

背景

总部位于堪萨斯城的 Bud's Big Blue Manufacturing(以下简称为“BBB 公司”)为小型飞机生产标准飞行仪器公司。BBB 公司的一级市场包括小型飞机制造商和修配店。

你是在一家公众会计师事务所已经工作一年多的审计师。本周你的工作任务是继续即将完成的 BBB 公司审计工作。之前负责 BBB 公司审计的审计师刚刚被重新指派给一个新的外地客户项目,所以不能继续完成对 BBB 公司的审计工作。当你到达该被审计单位总部时,你遇见了负责 BBB 公司的高级审计师 Jenna Checketts。Jenna 要求你从完成应收账款余额的评估开始工作。几周前询证函就已经被邮寄给选定的客户。之前的审计师也已完成了全部评估,但仍有七份需要被重新确认的应收账款询证函。这七份询证函可能有错报,或在上一位审计师离开前并未收到。Jenna 也说:“部分已回复的询证函可能要求额外的细节落实,以确认被审计单位及其客户提供的余额差异是否属于真实错报或可以解释并解决(如时间差异)。”

从你开始评估询证函至现在已经过了一段时间,所以你决定回顾审计准则中的相关要求。在重新确定审计准则中的相关要求之后,你开始评估 BBB 公司应收账款的最后七份询证函。

要求

[1] 列举审计师在评估函证、得出结论的过程中应该考虑的四个因素。一份可信赖的询证函所具备的三个特征是什么?(对于本问题及其他问题,可参考相关的审计准则)。

[2] 对函证及其回复函“保持控制”是什么意思?如果审计师未对函证确认过程保持控制,会发生何种错误?

[3] 完成下一页列示的七份询证函的审计日志。考虑每份询证函是否给出了充分且适当的审计证据,对于未回复的询证函是否执行了充分的替代程序,是否应当在根据询证回复函得出支持被审单位账户余额的结论之前进行追加程序。说明尽可能做到精确、简明。

[4] 积极式询证函和消极式询证函的差异是什么?两种类型询证方式的优势及劣势各是什么?

[5] 上网查询并分辨出一则审计师明显没有对函证程序维持充分控制的真实案例。简略说明你发现的案例及存在的问题。

BBB 公司
应收账款函证记录表
截至 2012 年 12 月 31 日的财务年度

函证轨迹编号	发送日期	回复日期	客户是否标注例外事项？（是/否）	标注的例外事项是否属于审计例外事项？（非时间差异导致）	是否已获得充分适当的审计证据？如果没有，请描述你认为应该实施追加的审计程序。
71	1/12	1/22			
72	1/12	2/5			
73	1/12	1/26			
74	1/12	2/9			
75	1/12	2/6			
76	1/12	1/30			
77	1/12	1/19			

BBB 公司

堪萨斯州堪萨斯城
West Ranch 路 1599 号
(邮编:66131)

函证编号: 71

收到日期: 2012 年 1 月 22 日

2012 年 1 月 12 日

Private Planes Plus 制造公司
印第安纳州 Courier 街 122 号
邮编:46987
联系人:Sandy Donner

为协助我公司的年度审计,请完成这封信函的底部部分内容并将整封信件寄回给我公司的审计师,地址为堪萨斯城 3221 信箱(邮编:66122)。我方记录显示 2011 年 12 月 31 日贵公司与我公司的应收账款余额总计 257 449 美元。

如果上述金额与贵公司记录一致,请在下面标记“A”。

如果上述金额与贵公司记录不一致,请在下面标记“B”。

在标记适当内容之后,请在该确认函上署名、注明日期,并将之寄回至信封中附上的审计师地址。此封邮件不属于要求支付的信函;请勿汇款给我公司审计师。

此致

敬礼!

Patty Rice
主计长

A. □上述余额与我公司账簿记录一致。
B. ☒我公司账簿记录显示余额为207 449 美元。

该余额差异可能由以下原因导致:

我公司账簿记录显示,我公司在 2011 年 12 月 29 日付款 50 000 美元。

Sandy Donner
(签名)

2012 年 1 月 19 日
(日期)

日期:2012 年 2 月 5 日　下午 15:20　NewHeights 有限责任公司　302-223-9271P. 01/01

BBB 公司

堪萨斯州堪萨斯城　传真接收:2012 年 2 月 15 日

West Ranch 路 1599 号

(邮编:66131)

2012 年 1 月 12 日

NewHeights 有限责任公司

内布拉斯加州 Omaha 市 Kingly 街 9750 号

邮编:69375

联系人: James Kindel

为协助我公司的年度审计,请完成这封信函的底部部分内容并将整封信件寄回给我公司的审计师,地址为 Kansas 城 3221 信箱(邮编:66122)。我方记录显示 2011 年 12 月 31 日贵公司与我公司的应收账款余额总计 177 821 美元。

如果上述金额与贵公司记录一致,请在下面标记"A"。

如果上述金额与贵公司记录不一致,请在下面标记"B"。

在标记适当内容之后,请在该确认函上署名、注明日期,并将之寄回至信封中附上的审计师地址。此封邮件不属于要求支付的信函;请勿汇款给我公司审计师。

此致

敬礼!

Patty Rice

主计长

A. ☒上述余额与我公司账簿记录一致。

B. ☐我公司账簿记录显示余额为________。

该余额差异可能由以下原因导致:____

____

____

James Kindel

(签名)

2012 年 2 月 5 日

(日期)

BBB 公司

堪萨斯州堪萨斯城

West Ranch 路 1599 号

(邮编:66131)

函证编号: 73

收到日期: 2012 年 1 月 26 日

2012 年 1 月 12 日

Pilot's Passion 制造公司

蒙大拿州 Lavina 市 West Carter 路 4544 号

联系人:Paula Sutton

为协助我公司的年度审计,请完成这封信函的底部部分内容并将整封信件寄回给我公司的审计师,地址为 Kansas 城 3221 信箱(邮编:66122)。我方记录显示 2011 年 12 月 31 日贵公司与我公司的应收账款余额总计 257 449 美元。

如果上述金额与贵公司记录一致,请在下面标记"A"。

如果上述金额与贵公司记录不一致,请在下面标记"B"。

在标记适当内容之后,请在该确认函上署名、注明日期,并将之寄回至信封中附上的审计师地址。此封邮件不属于要求支付的信函;请勿汇款给我公司审计师。

此致

敬礼!

Patty Rice

主计长

A. ☒上述余额与我公司账簿记录一致。

B. ☐我公司账簿记录显示余额为________。

该余额差异可能由以下原因导致:____

____

____

Paula Sutton

(签名)

2012 年 1 月 21 日

(日期)

电子邮件

函证编号：74

收到日期：2012 年 2 月 9 日

Jenna Checketts

来自： Carl Metser[cmets@ highflyer. com]

发送日期： 周一,2012 年 2 月 9 日上午 11:46

至： jenna. checketts@ stllp. com

主题： 应收账款询证函

Jenna：

我收到了 Patty 发送的你的电子邮件地址。这封邮件目的是确认我公司账簿记录的与 BBB 公司的未付账款账面余额与信中列示余额相符。

此致

敬礼！

Carl Metser

High Flyer 公司

主计长

cmets@ highflyer. com

BBB 公司

堪萨斯州堪萨斯城

West Ranch 路 1599 号

(邮编:66131)

函证编号: 75

收到日期: 2012 年 2 月 6 日

2012 年 1 月 12 日

Bird Buddies 公司
南达科他州 Rapid 城 Industrial Loop 路 7220 号
邮编:57400
联系人:Victoria Holman

为协助我公司的年度审计,请完成这封信函的底部部分内容并将整封信件寄回给我公司的审计师,地址为 Kansas 城 3221 信箱(邮编:66122)。我方记录显示 2011 年 12 月 31 日贵公司与我公司的应收账款余额总计 343 810 美元。

如果上述金额与贵公司记录一致,请在下面标记"A"。

如果上述金额与贵公司记录不一致,请在下面标记"B"。

在标记适当内容之后,请在该确认函上署名、注明日期,并将之寄回至信封中附上的审计师地址。此封邮件不属于要求支付的信函;请勿汇款给我公司审计师。

此致

敬礼!

Patty Rice
主计长

A. ☒上述余额与我公司账簿记录一致。

B. □我公司账簿记录显示余额为________。

该余额差异可能由以下原因导致:____

____

____

Vicki Holman
(签名)

2012 年 1 月 30 日
(日期)

BBB 公司

堪萨斯州堪萨斯城

West Ranch 路 1599 号

(邮编:66131)

函证编号: 76

收到日期: 2012 年 1 月 30 日

2012 年 1 月 12 日

Higher Flyers 制造公司

爱达荷州 Boise 城 Mountain Pass 路 410 号

邮编:83680

联系人:Phillip Bramwell

为协助我公司的年度审计,请完成这封信函的底部部分内容并将整封信件寄回给我公司的审计师,地址为 Kansas 城 3221 信箱(邮编:66122)。我方记录显示 2011 年 12 月 31 日贵公司与我公司的应收账款余额总计 98 033 美元。

如果上述金额与贵公司记录一致,请在下面标记"A"。

如果上述金额与贵公司记录不一致,请在下面标记"B"。

在标记适当内容之后,请在该确认函上署名、注明日期,并将之寄回至信封中附上的审计师地址。此封邮件不属于要求支付的信函;请勿汇款给我公司审计师。

此致

敬礼!

Patty Rice

主计长

A. □上述余额与我公司账簿记录一致。

B. □我公司账簿记录显示余额为________。

该余额差异可能由以下原因导致:基本属实。

Phillip Bramwell

(签名)

2012 年 1 月 26 日

(日期)

BBB 公司

堪萨斯州堪萨斯城
West Ranch 路 1599 号
(邮编:66131)

函证编号: 77
收到日期: 2012 年 1 月 19 日

2012 年 1 月 12 日

Aviator Assembly 公司
俄克拉何马州 Choctaw 城 Steer Dr. Suite 路 3100 号 207 室
邮编:73099
联系人: Jason DeVue

为协助我公司的年度审计,请完成这封信函的底部部分内容并将整封信件寄回给我公司的审计师,地址为 Kansas 城 3221 信箱(邮编:66122)。我方记录显示 2011 年 12 月 31 日贵公司与我公司的应收账款余额总计 302 717 美元。

如果上述金额与贵公司记录一致,请在下面标记“A”。

如果上述金额与贵公司记录不一致,请在下面标记“B”。

在标记适当内容之后,请在该确认函上署名、注明日期,并将之寄回至信封中附上的审计师地址。此封邮件不属于要求支付的信函;请勿汇款给我公司审计师。

此致
敬礼!

Patty Rice
主计长

A. ☐上述余额与我公司账簿记录一致。
B. ☒我公司账簿记录显示余额为302 177 美元。

该余额差异可能由以下原因导致:______________________________

Jason DeVue
(签名)

2012 年 1 月 14 日
(日期)

案例 9.5 Morris 矿业公司

——公允价值审计*

学习目标

在学习和讨论本案例后，你可以：

[1] 了解公允价值审计的一般审计程序。

[2] 理解公允价值审计面临的挑战。

[3] 理解公允价值评估的不确定性以及输入参数的微小变化影响账面价值的敏感性。

[4] 了解并掌握三类公允价值评估各自所需的审计评判标准。

简介

美国财务会计准则委员会颁布的会计准则汇编专题第 820 号的规定"公允价值计量和披露"(ASC 820)为计量或评估公司资产与负债的公允价值提供了框架。它提供了可得出不同估计值的输入值三级层级体系：第一层级是在活跃市场上有相同的资产或负债的报价信息时，使用该报价信息所估计的公允价值；第二层级是在活跃市场上直接或间接得到的、没有相同但有相似的资产(负债)的报价，市场参与者之间的有序交易在估价日当天可能不会被观测到(这种相似的报价可用来进行公允价值的估计，但应当调整相同与相似之间的差异)；第三层级是根据管理层对不可观测到输入参数的假设和判断计算得到的结果。因此，第三层级是在第一层级和第二层级的估计尚不可能时，应用估值技术方法进行公允价值的估计，是管理层对未观测到输入值的判断及假定。当准则制定者及大多数使用者相信该三层级估值体系可以提供适当的有价值的信息，且比替代值更佳时(例如，可能不相关的历史观测值)，一些评论家却认为第三层级估值方法是"虚构的"①。通常来说，有许多用于第三层级计量的估价模型：股票期权定价模型(如 Black-Scholes 模型)、现金流贴现法、股利贴现法以及其他方法。即使这些模型输入值可以被区分为第一层级或第二层级进行处理，如果由于资产或负债等级基

---

* 本案例是由北卡罗来纳州立大学 Mark S. Beasley 博士、Frank A. Buckless 博士以及杨百翰大学的 Steven M. Glover 博士和 Douglas F. Prawitt 博士编写的，作为课堂讨论的基础。Morris 矿业公司为虚构的公司，所有涉及的人物和姓名也是虚构的。如有雷同，纯属巧合。

① Weil, J. "Mark-to-make-believe perfumes rotten bank loans," Bloomberg 观点详见 http://www.bloomberg.com/news/2010-11-18/mark-to-make-believe-perfumes-rotten-loans-commentary-by-jonathan-weil.html。

于最低水平输入值决定导致重要的输入值不可观测,那么整体模型以及相关资产或负债将被视为第三层级模型/估价。

在接下来的章节,你将看到审计经理与审计主管讨论被审计单位 Morris 矿业公司为了对其公允价值进行估价而使用的公允价值方法和假定的对话。Morris 矿业公司的财务年度截止日为 12 月 31 日,在美国和加拿大拥有并经营采矿设备,并将各种萃取的矿石及矿物质配售给全球各地的客户。

2012 年 1 月,Morris 矿业公司收购了 King 矿业公司。由于 King 矿业公司的经营地点及公司性质非常符合 Morris 矿业公司的长期战略,所以该收购有望具有协同效应。合并后的联营公司拥有更大的重要矿石及矿物的市场占有率,且一些多余的间接成本也可被削减从而提升公司整体盈利能力。根据 Morris 矿业公司及并购咨询顾问进行的估价分析,购买价格将超出可辨认净资产价值。因此,Morris 矿业公司将记录并购产生的商誉,且 King 矿业公司可辨认净资产将以公允价值在 Morris 矿业公司入账。

需以公允价值计量的资产之一为 King 矿业公司两年前获得的专利权。King 矿业公司的工程师们研发了一种可明显提高采矿效率的新采矿机并取得了专利权。King 矿业公司获得的本项专利权可使该公司在 20 年内令其他公司不得从事该项商业开发。King 矿业公司研发出了“采掘自动化装置 1000”新型采矿机的技术原型,并与 Build-IT 制造公司签订了协议。该协议授予 Build-IT 制造公司为期 12 年的“采掘自动化装置 1000”机器的生产销售特许权。作为交换,King 矿业公司每年收取“采掘自动化装置 1000”机器销售收益的 10% 作为特许权使用费。在收购 King 矿业公司后,Morris 矿业公司为目前该专利的法定持有方,并同样有权收取特许使用费。

由于“采掘自动化装置 1000”机器可在矿物采掘过程中明显降低矿石浪费,因此该机器销售进展非常顺利。事实上,在本次收购之前,Morris 矿业公司就已购买一台“采掘自动化装置 1000”机器,运行状况正如 King 矿业公司承诺的一样,非常良好。

关于公允价值估计的电话记录

以下是负责 Morris 矿业公司公允价值审计的审计经理 Rob 与审计主管 Gabriela 就 Morris 矿业公司的“采掘自动化装置 1000”专利估值进行的电话交谈。

[ROB] Gabriela,我听说你已查出更多有关 Morris 矿业公司在收购 King 公司过程中获得的关于该专利的估价信息。

[GABRIELA] 是的,我查到了。今早我遇见了 Morris 矿业公司的财务总监 Chris Carter,他和我讨论了他们对“采掘自动化装置 1000”专利进行的公允价值评估的一些想法。

[ROB] 哦,如果这个机器如它的名字般给人以深刻的印象,它必须是相当值得重视的事。我知道该设备降低了浪费,且该公司正在其运营中使用该设备。我也获悉该公司有一份每年从销售额中收取专利特许使用费的协议,对吗?

[GABRIELA] 是的,该公司当前正在使用该设备,且与 Build-IT 制造公司签订

了10年的《特许权协议》。根据该《协议》,Build-IT 制造公司拥有生产并销售该采掘自动化装置的特许权,且 Morris 矿业公司每年收取该部分销售收入的10%作为专利特许使用费,该费用在每年年底支付。头几年的销售增长是明显的,并在其达到平稳状态之前至少会持续几年,然后在该专利的剩余使用期限中呈现下降趋势。来自客户的报告是极其正面的:据报道,采掘自动化装置确实降低了浪费并提高了整体产量。该专利的准予以及与 Build-IT 制造公司之间协议的签订,以及设备运行非常良好,这令公司对潜在的专利特许使用费会在后续10年持续产生的现金流激动不已。

[ROB] 好的,该设备目前已经投产,而且已有了相关销售的追踪记录,且在市场上有积极的回应——这全是好消息,而且表明该专利是有价值的资产。Morris 矿业公司打算如何对该专利估价呢?我认为市场上没有与之相同或相似的产品或专利。

[GABRIELA] 对。当然,在该行业中也有其他专利,我们也将在该公司的估价中考虑。但是采掘自动化装置在市场上肯定是独一无二的。该公司正使用现金流贴现法对该专利的公允价值进行评估。关键输入值包括该资产的预期寿命、贴现率、有关销售的特许使用费以及预期的销售增长。这些机器并不便宜,每台大约是200万美元。

[ROB] 嗯,现金流贴现法应该较为合理。他们考虑其他方法吗?在评估价值时是否使用超过一种的方法?

[GABRIELA] 财务总监确实提到过,在得出现金流贴现法是最佳方法之前,他们考虑过其他模型。如你所知,评估资产的三种常用方法是市场法、成本法以及收益法。市场法是基于市场中类似资产或专利的报价来评估该专利。该方法的问题是该专利为独一无二的以至于很难找到相似资产的市场报价,从而没有合适的价值评估基础。采掘自动化装置就是这样的情况。市场上没有合适的参照物。

[ROB] 嗯,言之有理。那么成本法呢?

[GABRIELA] 成本法是替换它所需的成本来对公允价值进行计量。由于专利不能像其他资产一样可被替代,所以通常不使用该方法。另外,获得特定的开发成本很烦琐,特别是 King 制造公司并没有单独跟踪该专利设计的开发成本。所以置换成本法似乎是不明智的。在与公司财务总监讨论之后,我同意使用收益法或现金流贴现法。

[ROB] 有道理。该专利的公允价值计算是通过特许使用支付产生的预期现金流折现的现值。基于过去的经验,应用现金流贴现法需要许多努力,从而确保该模型的输入值是合理且可支持的。幸好该公司貌似已经花了很多时间和精力详细阐述该估价并对其输入值进行支持。我明白了你上面说的话。他们依照现金流贴现法计算得出的公允价值总额是多少?

[GABRIELA] 嗯,是相当大的一个数字:预测的现金流量现值超过了2 570万美元。Morris 矿业公司获得的估计值来自 Build-IT 公司有关"采掘自动化装置1000"销售预计产生的未来现金流。该预计现金流被用来对该专利进行估价。Build-IT 公司在去年关于采掘自动化装置的销售额是3 000万美元,且预期销售额在接下来的四年里每年以15%的比例递增,然后再接下来的三年每年以5%降低,并在该协议的最后三年每年降低15%。Morris 矿业公司获得了来自 Build-IT 公司后续10年的现金流贴现预期值,在此基础上,他们可算出在特许权协议期间每年收到的特许使用费的现值(详见附

录A)。然而专利许可的实际特许权为20年,该行业的经验是该专利将很可能产生长达12年的竞争优势,其他类似的竞争技术最终会出现。在这一情况下,余下的有效使用期限与Build-IT公司协议中的10年使用期限相匹配。我已经看过该模型。他们使用10%的贴现率以及Build-IT公司提供的预期销售趋势。

[**ROB**] 嗯,所有这些数字都是估计值,且它们都将影响公允价值估价以及未来摊销额。你怎么看待这些输入值,你觉得它们合理吗?

[**GABRIELA**] 我进行了一些研究,基于相关的比例指标以及行业规范,该贴现率基本合理,但你知道在过去的几年该比率有过大幅波动。鉴于剩余10年使用期限,我不确定在估价模型中使用10%是否是最佳比率。利率的合理范围大概在8%—11%,但是该范围下限貌似更可接受。贴现率处于该范围上限位置,会降低资产的净现值从而降低未来确认的摊销额。如果他们使用更低的贴现率,也会提高入账的商誉额。关于头四年的销售增长率,Chris告诉我们,Build-IT公司董事长根据其对设备的销售经验并不认为头两年25%的增长率是可持续的,他坚信在头四年中他们仅可取得15%的增长率。他也认为由于采矿技术的改良会限制使用期限,所以销售额接下来会下降。

[**ROB**] 嗯,我很高兴Chris和Build-IT公司董事长对预测感觉比较稳健,但不幸的是似乎我们没有足够的证据支持估计增长率及后期的降低预期。对已经获得专利并在最近几年销售的类似的采矿机械,你或者该公司有任何基准数据吗?

[**GABRIELA**] 我也做了这方面的研究并给出了初步调查结果。根据前两年的增长率和我所收集的信息,前四年15%的增长率可能过于保守。几年前,美国西部另一个矿业公司从事生产并销售新专利设备业务,对于当时现存的技术来说是一个相当大的进步。该公司在市场和销售此设备上相当成功,且在最初几年有着平均高于22%的增长率,最高年份约为25%,这也是Build-IT公司在前两年销售所经历的过程。尽管我认为在最后的一两年它会下降15%以上,但其在使用寿命中后期的降低基本合理。

[**ROB**] 我们需要做一些更深入的研究,并让被审计单位依据目前您确定的现金流预期模型中的初始增长率及后期降低预期提供更多的证据。已选的您确定的合理范围内的折现率和前期销售增长率会降低现金流净现值。您对估计的资产使用年限有何意见?

[**GABRIELA**] 关于这一方面,其数字基本合理。在研究其他矿业公司财务报告附注的过程中,专利资产的使用寿命为10—12年似乎较为常见。在这种情况下,估算剩余使用寿命为10年是很合理的,如前所述,与Build-IT公司特许经营权协议中的剩余使用年限相同。我也从Chris那里收集了更多可支持该使用年限的证据。

[**ROB**] Gabriela,目前为止,您在专利权估价方面做得很出色,感谢您的工作。现在我们需要确保能应用该模型和输入值。在一定程度上,我们并不同意Morris矿业公司的所有输入值,我们希望自行计算估计值并观察估计值对输入值变化的敏感性。我们希望看到其范围相对于重要性的影响有多大。

[**GABRIELA**] 是的。该公司使用的输入值估计即使发生微小的变化也会对财务报表产生显著影响。我会继续研究预期销售增长率和贴现率,同时进行敏感性分析,并与您保持联络。

要求

[1] 根据 ASC8 20,公允价值的定义是什么？您认为现金流贴现法对于计算 Morris 矿业公司持有专利权合理可靠的公允价值来说,是否为一个计算估计值的合适方法,为什么？

[2] Morris 矿业公司所计算的公允价值预期是否应考虑 Gabriela 和 Rob 的意见？为什么？该公司最可能在估计(高估或低估)专利权公允价值过程中有着怎样的动机？请解释您的答案。

[3] 研究审计准则并描述审计师在评估如 Morris 矿业公司专利权价值公允价值的审计中执行的典型程序。此专利权为一级、二级还是三级公允价值资产？为什么？

[4] 检查附件 1 中被审计单位提供的(电子版本详见 www.pearsonhighered.com/beasley5e)10 年现金流贴现分析,并验证基于 Morris 矿业公司使用的输入值,此模型得出了在数学方面较为理想的公允价值估计值。假设 Morris 矿业公司计划或者执行的重要性水平为 1 000 万美元,回答下列问题:

[a] 公允价值估计值对贴现率变化的敏感性如何？估计的贴现率值在多大范围改变,可能要对财务报表产生重大影响？

[b] 公允价值估计值对估计的销售增长率变化的敏感性如何？估计的销售增长率在多大范围变化,可能会对公允价值的估计值产生重要影响？早期还是晚期的比率变动会产生更大的影响？为什么？

[5] 现在,假设 Morris 矿业公司计划或者执行的重要性水平为 60 万美元,回答下列问题:

(注:如前所述,您可在 www.pearsonhighered.com/beasleySe 获得 10 年现金流贴现分析的电子版本)

[a] 公允价值估计值对贴现率变化的敏感性如何？估计的贴现率值在多大范围变化,会对财务报表产生重大影响？

[b] 公允价值估计值对估计的销售增长率变化的敏感性如何？估计的销售增长率在多大范围变化,会对公允价值的估计值产生重要影响？早期还是晚期的比率变动会产生更大的影响？为什么？

[c] 对公允价值进行评估时需要进行大量职业判断,且对于重要性水平来说,估计值的“合理范围”可能较大。在公允价值审计中,职业判断包含了什么含义？估计值对输入值微小变化的敏感性如何？

[6] 专利权公允价值估计相关的最重要的审计风险是什么？假设执行的重要性水平为 60 万美元,审计师为提高所收集的用于支持专利权公允价值审计证据的充分性和适当性可采取哪些措施？

附录 A　专利费现金流贴现分析

制表:Morris 矿业公司
财务总监 Chris Carter

2011 年收入	30 000 000	**增长率:**	
		第 1—4 年	15%
贴现率:	10%	第 5—7 年	-5%
专利费率:	10%	第 8—10 年	-15%

单位:美元

年度	1	2	3	4	5	6	7	8	9	10
Morris 矿业公司	2012	2013	2014	2015	2016	2017	2018	2019	2020	2021
Extract-o-Matic 收入	34 500 000	39 675 000	45 626 250	52 470 188	49 846 678	47 354 344	44 986 627	38 238 633	32 502 838	27 627 412
专利费(10%)	3 450 000	3 967 500	4 562 625	5 247 019	4 984 668	4 735 434	4 498 663	3 823 863	3 250 284	2 762 741
专利费现金流现值	3 136 364	3 278 926	3 427 968	3 583 784	3 095 087	2 673 029	2 308 525	1 783 860	1 378 438	1 065 156
专利费现金流现值总额	**25 731 137**									
专利费(10%)	3 450 000	3 967 500	4 562 625	5 247 019	4 984 668	4 735 434	4 498 663	3 823 863	3 250 284	2 762 741
每年折旧额	2 573 114	2 573 114	2 573 114	2 573 114	2 573 114	2 573 114	2 573 114	2 573 114	2 573 114	2 573 114
年度专利费净收入	**876 886**	**1 394 386**	**1 989 511**	**2 673 905**	**2 411 554**	**2 162 321**	**1 925 549**	**1 250 750**	**677 170**	**189 628**

案例 9.6　Hooplah 公司

——审计抽样概念在销售收入循环控制测试以及实质性测试中的应用*

学习目标

在学习和讨论本案例后，你可以：

[1] 理解统计和非统计抽样的差异。

[2] 掌握确定抽样范围的专业判断。

[3] 掌握抽样风险对确定样本大小和评估结果的作用。

[4] 理解在控制测试中如何进行属性抽样。

[5] 了解利用审计抽样获取审计证据前，基于规模和基于风险的实质性测试的重要性及方法。

[6] 理解控制测试结果对实质性测试的意义。

简介

Garrett & Schulzke 会计师事务所正在进行 Hooplah Inc.（Hooplah 公司）截至 2011 年 12 月 31 日的财务年度的审计。Hooplah 公司为一家非上市公司，销售电子元件给生产多种电器的企业客户。为获得银行贷款，该公司聘请了会计师事务所对其财务报表进行审计。事务所已经对 Hooplah 公司过去三年的财务报表进行了审计。对于当前审计业务，审计团队已经完成了大部分审计工作，然而仍然有一些琐碎资料需要整理。下文提供了 Garrett & Schulzke 会计师事务所关于审计抽样部分的审计政策，以辅助完成相关审计程序。

---

* 本案例是由北卡罗来纳州立大学 Mark S. Beasley 博士、Frank A. Buckless 博士以及杨百翰大学 Steven M. Glover 博士和 Douglas F. Prawitt 博士编写的，作为课堂讨论的基础。案例并未试图说明对一种管理情境的处理方法是否有效。Hooplah 公司为虚构的公司，所有涉及的人物和姓名也是虚构的。如有雷同，纯属巧合。

审计抽样

通常情况下,审计抽样用于控制测试及细节测试。审计抽样,是指注册会计师在实施审计程序时,从审计对象总体中选取一定数量的样本进行测试,并根据测试结果为推断审计对象总体特征提供合理依据的一种方法。通常,样本是通过随机(使用随机数生成器形式)或随意(审计师尝试随机选择项目,但不正式使用随机数生成器)选择的。

审计师经常使用与基础统计理论和原则相关的抽样方法,类似你在统计学导论课程里所学到的知识。统计抽样要求样本为随机选择,即基于正式随机数生成器(如内置在 Microsoft Excel 或审计软件如 ACL 中的生成器)确定需要选择的样本项目。审计准则也允许审计师使用"非统计"抽样方法。非统计审计抽样方法是基于统计原则的基础,但允许与正式统计抽样方法有一定偏离以简化审计师的工作。其中的一项简化的非统计抽样指可以随意选择要检查的项目。

当审计师只检查一个样本而不是总体项目时,其得出的结论会有不确定因素。这种不确定性称为抽样风险,是因为所选择样本可能无法代表总体,导致审计师不能得出与总体相关的正确结论。在评估所有涉及抽样的审计程序得出的结果时,将抽样风险纳入考虑是非常重要的。

审计抽样方法也会因审计师所审核的项目性质以及审计师的工作目标而有所不同。基于抽样方法的不同,你可使用不同的公式和表格来确定样本所包括的项目数。本案例包括两部分:第一部分,要求你在控制测试中使用统计属性抽样;第二部分的应收账款实质性测试中,你需要使用非统计抽样。

第一部分　控制测试

在开始应收账款实质性测试之前,你以及 Darrell 需要对收入过程进行的重要控制进行测试,以证明初步控制风险评估为低风险,并进而确定依赖内部控制设计实质性测试是否恰当。你已经决定测试 Hooplah 公司收入过程的三种控制:

(1) 销售经过适当的信用审批授权。

(2) 销售经理将审阅销售,确保定价是合适的。

(3) 一旦所有货物被退回,销售退货通知单经恰当授权。

Garrett & Schulzke 会计师事务所在控制测试中的抽样方法是属性抽样。在测试控制实施有效性过程中,你对确定可能出现的"偏差率"或控制行为实施不当的比率比较感兴趣。测量控制的偏差率,能为确定控制是否在可接受范围的较多时间内有效实施提供依据,并帮助审计师确定是否可以依赖公司的控制活动。Garrett & Schulzke 会计师事务所的属性抽样样本规模表见附录 A。使用此表在给定可容忍偏差率和预计总体偏差率情况下,帮助确定控制测试需要的样本规模大小, Garrett & Schulzke 会计师事务所的控制测试抽样政策要求，对内部控制的信赖程度为高度依赖（即低水平剩余控制风险），该测试必须在高控制水平下进行，定义为95%置信区间。因此，仅提供95%置信区间的样本规模表。除了样本规模表，附录A还提供了一个评估表，有助于你利用给定的样本偏差次数以及所用样本规模来计算确定控制活动的总体偏差率上限，所计算的偏差率上限为估计的总体偏差率与抽样风险允许限度的合计数。换句话说，它代表了总体偏差率95%置信区间的上限。如果估计的总体偏差率上限大于控制活动的可容忍偏差率，审计师则不应信赖控制活动。

为了确定测试所需的合适的样本规模，你需要评估测试控制的重要性。Garrett & Schulzke会计师事务所的方法显示，审计师所考虑依赖的所有控制均为“非常重要”或“中度重要”。根据该事务所的审计政策，“非常重要”水平的控制可容忍偏差率为4%，“中度重要”水平的控制可容忍偏差率为8%。在使用审计抽样方法时，始终存在“可容忍”误差，因为审计抽样过程包含抽样风险。可容忍偏差率越高，要求的样本规模越小。

基于你对Hoopla公司的了解，您认为前两个控制是中度重要的，而第三个控制是非常重要的。确定样本规模所需的另外一个输入值为估计总体偏差率。依据以往的被审计单位的经验并考虑历史上的比率，你确定了三种控制的预计总体偏差率分别为1%、2%和0%。[①]

Darrell决定，既然所有的销售都通过了前两个控制且这些控制的容忍偏差率是一样的，那么使用相同的交易样本测试这两个控制会更有效。他随机选择了58笔销售交易并做了测试，以得到适当的信用审批依据和销售经理定价审查。样本检查找到第一个控制的一个例外事件以及第二个控制的两个例外事件后，Darrell确认这两种控制都在有效运作。

既然Darrell测试了前两个控制，在进行实质性测试前你需要测试第三个控制。

要求

[1] 评估Darrell得出的关于前两个控制的结论的适当性：

[a] 使用同一套交易以及相同的样本规模来测试两个不同的控制是否可接受？

[b] 你同意Darrell关于前两个控制的结论吗？如果不同意，请给出理由。你可以参照附录A的属性抽样评估表来评估Darrell的结论。

[c] 如果需要增加工作，需要什么附加工作来支持其两个控制都有效运行的评价。

[2] 单独评估下列问题：

[a] 参照Garrett & Schulzke会计师事务所的样本规模表（附录A），确定有关授权退货通知单控制测试的合适样本规模。

[b] 不考虑你对问题[a]的答案，假设Darrell随机选择了一个样本规模为75的授权退货贷项通知单包，每一贷项通知单包都包含了收货报告和存货入库单匹配的信贷通知单，并全部进行了审查，

① 为了更有效率，大多数控制不需运行100%的时间，因为控制失败的时间是无法预测的，且执行控制的人员在适合的控制活动中调查例外事项。然而为更加有效，控制活动不需要有效运行合理的高百分比时间。

除了最后五个贷项通知单无例外事项。每个授权客户退款或由于退货而减少金额的贷项通知单都应由应收账款会计主管 Brian Thompson 进行授权。当客户要求返回不必要的或有缺陷的产品时,他们可以去 Hooplah 公司的网站下载一个"客户退货报告",并填写其个人信息以及退回货物的描述和数量。Hooplah 公司收货部门的 Chris Jacobs 将"客户退货报告"作为货物运到时的收货报告,Felix Katt 对货物进行清点和检查,确保其完好无损。然后这些货物会运回 Jed Baxter 的仓库,并由其发出"库存收据"。一旦客户退货报告后附了库存收据,这些文件会转发至 Brian,保证他能够审批贷项通知单。当接收了和实际数量相符的货物时,Brian 检查客户退货报告和库存收据,以确保该信用销售已经过授权。然后,他通过在贷项通知单上标记自己名字的缩写来记载他的授权。你已同意帮助 Darrell 检查剩余五个贷项通知单包。你可在 www. pearsonhighered. com/beasley5e 上找到最后五个贷项通知单。检查这些文件的 Brian Thompson 缩写,如果有的话,就表明这些通知单通过了审核(对于这一问题,仅集中于他的缩写作为控制有效运行的审计证据),然后评估整个样本的测试结果。为评估控制测试的有效性,请提供相应的依据。

[3] 通过检查 Brian 签署的贷项通知单,在问题 2[b] 中你已收集了关于控制的依据。虽然这为控制活动评估提供了一些依据,表明控制活动有效运行的更高质量的证据可通过重新执行 Brian 的控制程序获得。这点可通过核实每一贷项通知单是否可以得到客户退货报告和库存收据的支持,以及贷项通知单上的货物数量和描述是否可以与上述两种辅助文件上的数量和描述相匹配来进行验证。如果贷项通知单上有 Brian 的签署,但是该贷项通知单上货物的数量和描述与辅助文件上的数量和描述不一致,则被称为控制偏差。假设 Darrell 重新执行了前 70 个贷项通知单包且没有发现例外事项。

[a] 为剩余 5 个贷项通知单包重新执行控制,并评价整个样本的测试结果。为评估控制测试的有效性,请提供相应的依据。

[b] 如果你在 2[b] 和 3[a] 中得到的答案不同,哪个答案更有依据? 为什么?

[4] 假设不准备扩大控制测试以提供额外的与控制有效性相关的证据支持,对于须收集的可证明应收账款余额公允性的性质、时间及范围的实质性的证据,问题 3[a] 中控制测试的意义是什么?

第二部分 细节测试

无论你在第一部分中发现了什么,对于第二部分,假设你能在测试控制中给予中等信赖程度,且你已经从实质性分析程序中获得了可支持应收账款公允性的实质性证据。虽然你已获得关于期末应收账款余额公允性的一些保证,但是对于给定应收账款大小和控制剩余重大错报风险方面,你还没有足够的证据。你计划要求 Hooplah 公司的某些客户直接向你确认其应收账款余额。在上一年度的审计中,通过向公司客户函证测试,审计师发现了小于 0.5% 的应收账款余额被虚增。Hooplah 公司及时改正了这一虚报。

下面提供的当年信息有助于你确定细节测试的性质和范围,以便获取足够适当的证据可以得出应收账款余额具有公允性的结论。

本年度信息:

净利润 = 900 万美元

资产总额 = 8 500 万美元

应收账款总额 = 12 881 551 美元

逾期超过 90 天的应收账款 = 200 万美元

应收账款可容忍错报 =40 万美元

在大多数情况下，进行细节测试有以下两种方法，且可以单独或同时使用以实现被测试总体所需的保证水平：(1) 定向测试；(2) 审计抽样。

定向测试也称为“针对性测试”或“特定项目测试”，根据对被审计单位的了解、评估的重大错报风险以及所测试总体的特征等，审计师可以确定从总体中选取特定项目进行测试。不同于审计抽样，这些项目并非通过随机（或随意）抽样得到的。相反，这些选择基于特定的特点而具有“定向”或“针对性”。因此，定向测试不考虑“抽样”本身，因为选定项目的子集预计不能作为总体的代表。Garrett & Schulzke 会计师事务所的审计政策要求审计小组直接测试账户中大于可容忍错报数的所有单个项目。因此，即使审计师打算用审计抽样的方法测试某个账户（如应收账款），审计师必须先检查大于可容忍错报数的所有项目（如单个客户账户）。

在测试了所有项目之后，扩大定向测试的范围、专门选择已经识别的风险相对较高的项目往往是合适的。审计师也可以扩大定向测试的范围从而选择除大于可容忍错报数的较大项目，实现按货币单位计算审计项目占总账户较高比例的“覆盖”。定向测试的选择标准可以同时包括风险和规模因素。扩大定向测试须检查的项目数量，往往可以与从其他审计程序获得的充分证据相结合（如风险评估、控制测试、实质性分析程序以及关联账户测试等）。在这种情况下，审计抽样方法的使用就并非十分必要了。

Garrett & Schulzke 会计师事务所的实质性审计抽样政策允许使用非统计抽样方法。样本项目是从总体中随机或随意选出的。要确定适当的样本规模，该公司提供了以下公式：

$$\text{样本规模} = \left(\frac{\text{总体账面价值}}{\text{可容忍错报} - \text{预计总体错报}}\right) \times \text{置信系数}$$

总体账面价值为用于样本中可选用的所有项目的总账面价值。这一总数并不包括已经用于定向测试的项目（即大于可容忍错报的所有项目，或基于规模和风险特征被选用的项目）。可容忍错报是指被测试账户在并未被给出该账户存在重大错报结论的情况下可以容忍的最大错报量。预计总体错报是审计师预计在被测试账户中发现的错报金额。上述公式中包含的“置信系数”，是由某账户已评估的重大错报风险水平以及该样本所需的置信水平确定的。下述置信系数表出自 Garrett & Schulzke 会计师事务所的抽样政策。

非统计抽样置信系数表

重大错报风险评估	**所需置信水平**		
	高水平	中等水平	低水平
高水平	3.0	2.3	2.0
中等水平	2.3	1.6	1.2
低水平	2.0	1.2	1.0

审计抽样的目的在于通过测试总体的一个子集从而得出关于整个总体的结论。为了得出对整个总体的结论，所得的样本结果必须推算至总体。Garrett & Schulzke 会计

师事务所的审计抽样政策提供了两种推算方法:比率分析法和差额分析法。比率分析法是通过计算关于样本账面价值的错报率,之后根据下列公式将其推算至总体账面价值错报额的方法:

$$推算错报 = \left(\frac{样本错报}{样本账面价值}\right) \times 总体账面价值$$

差额分析法是通过计算每个样本项目(即单个客户账户)的平均错报额,之后,根据下列公式将其推算至总体项目个数的方法:

$$推算错报 = \left(\frac{样本错报}{样本规模}\right) \times 总体项目个数$$

要求

[1] 在选择对哪个客户余额通过应收账款函证方式来进行细节测试时,假设你已决定只对需要的最少的客户账户进行定向测试,即你将只定向测试大于可容忍错报的客户账户,并且你将利用审计抽样方法来测验总体余下的其他项目。你可在 www.pearsonhighered.com/beasley5e 上查看应收账款详情。与网站公布信息相同,Hooplah 公司共有 357 位客户,其中应收账款余额总计 12 381 551 美元。根据审计项目小组对 Hooplah 公司应收账款过程和政策的了解、在以往年度审计中所积累的经验以及对控制测试和实质性分析程序的测试结果,对于应收账款的重大错报风险评估等级已被设定为"中等"。请制定导引表,内容包括:

[a] 列出计划进行定向测试的所有客户的编号以及相关的余额;

[b] 注明你(利用上页提供的样本计算公式)计算的样本量,并为你计算的样本量提供计算过程和依据,包括对选择的置信系数和用于计算样本量的预计总体错报等级的说明。

[2] 利用[1]中的信息,假设你在选择对哪个客户余额进行细节测试时,想要通过风险和规模来选择额外项目的方式来进行扩大的定向测试,重新评估定向测试和审计抽样的组合。如果你相信增加定向测试可以有效地改善审计的效率与效果,请制定导引表,内容包括:

[a] 确定哪种特征可以被用来选择较高风险项目;

[b] 列出定向测试设计中通过风险选择的客户账户编号以及相关的余额,并提供你选择所使用的特征;

[c] 列出你为进行定向测试而根据规模和"覆盖范围"选择的额外的客户账户;

[d] 确定是否有必要通过审计抽样对总体剩余部分进行测试;如果有必要,请通过审计抽样计算对总体剩余部分进行测试的所需样本量,并说明在样本量公式中你所使用的输入值。

[3] 本案例情况下,以下哪种细节测试方法最为合适:审计抽样的大样本加最低数量的定向测试;无审计抽样的扩大定向测试;扩大的定向测试与审计抽样的结合。讨论时,应考虑测试的效果和效率,以及结合控制测试、实质性分析程序已获得的证据所确定的、要求的保证水平。

[4] 不考虑你对上面思考题的回答,假设你对大于可容忍错报的客户账户余额进行了定向测试,并且随机选取了 40 个额外客户余额样本用于函证。这 40 个样本账面价值总计 761 030 美元。在定向测试中没有检查出任何例外事项,样本检查发现 Hooplah 公司账簿记录存在 4 215 美元的高估错报。应收账款主管 Brian 承认由于定价错误导致了该错报。请回答如下问题:

[a] 应收账款余额中已知的错报金额是多少?

[b] 利用比率分析法计算的总体(如应收账款总额)推算错报金额是多少?

[c] 利用差额分析法计算的总体推算错报金额是多少？

[d] 请解释为什么两种方法会产生不同的结果，并说明哪种情况下其中一种计算方法较另一种方法更为合适。

[e] 根据本节思考题得出的细节测试结果，以及从控制测试和实质性分析程序中获得的审计证据，是否能够断定应收账款余额的列报是公允的？为什么？

附录 A

属性抽样中统计抽样样本规模——95%置信水平

预计总体偏差率	可容忍偏差率						
	2%	3%	4%	5%	6%	7%	8%
0.00%	149(0)	99(0)	74(0)	59(0)	49(0)	42(0)	36(0)
0.25%	236(1)	157(1)	117(1)	93(1)	78(1)	66(1)	58(1)
0.50%	*	157(1)	117(1)	93(1)	78(1)	66(1)	58(1)
0.75%	*	208(2)	117(1)	93(1)	78(1)	66(1)	58(1)
1.00%	*	*	156(2)	93(1)	78(1)	66(1)	58(1)
1.25%	*	*	156(2)	124(2)	78(1)	66(1)	58(1)
1.50%	*	*	192(3)	124(2)	103(2)	66(1)	58(1)
1.75%	*	*	227(4)	153(3)	103(2)	88(2)	77(2)
2.00%	*	*	*	181(4)	127(3)	88(2)	77(2)

* 在审计应用中，如果样本规模过大，则与成本效益要求不匹配。括号中的数字表示对应样本规模可接受的最大偏差数量，从而使审计师可以得出可容忍偏差率是否被超过的结论。

属性抽样中统计抽样结果评估表（计算得到的偏差率上限）——95%置信水平

样本规模	发现的实际偏差数量			
	0	1	2	3
25	11.3	17.6	*	*
30	9.5	14.9	19.6	*
35	8.3	12.9	17.0	*
40	7.3	11.4	15.0	18.3
45	6.5	10.2	13.4	16.4
50	5.9	9.2	12.1	14.8
55	5.4	8.4	11.1	13.5
60	4.9	7.7	10.2	12.5
65	4.6	7.1	9.4	11.5
70	4.2	6.6	8.8	10.8
75	4.0	6.2	8.2	10.1
80	3.7	5.8	7.7	9.5

* 超过 20%。

第十部分

收入和支出循环中审计程序的计划与实施
——一个审计模拟

案例 10.1 Southeast Shoe Distributor 公司 ……… 269
——收入循环(销售收入和现金收款)中控制测试的识别

案例 10.2 Southeast Shoe Distributor 公司 ……… 283
——收入循环(销售收入和现金收款)中实质性测试的识别

案例 10.3 Southeast Shoe Distributor 公司 ……… 293
——收入循环(销售收入和现金收款)中审计测试的选择和风险评估

案例 10.4 Southeast Shoe Distributor 公司 ……… 300
——支出循环(采购和现金支付)中交易测试的实施

案例 10.5 Southeast Shoe Distributor 公司 ……… 320
——支出循环(采购和现金支付)中余额测试的实施

案例 10.1　Southeast Shoe Distributor 公司

——收入循环(销售收入和现金收款)中控制测试的识别*

学习目标

在学习和讨论本案例后,你可以:

[1] 识别收入循环中交易记录使用的一般凭证和文件。

[2] 识别收入循环中交易处理过程使用的一般控制活动。

[3] 识别客户用来降低重大错报发生概率的控制活动。

[4] 将客户控制活动与管理层认定联系起来。

[5] 对已确认的每一个控制活动,识别其控制测试方法。

简介

Southeast Shoe Distributor, Inc.(简称 SSD)为非上市公司,由 Stewart Green 和 Paul Williams 于 10 年前创立。SSD 是一个购买和销售男鞋、女鞋、童鞋的经销商,向中小型社区的鞋店批发零售。公司的基本战略是首先以低价获得大量有设计师标签的名牌商品,然后将其转售给同地区的小零售商。公司利用以下策略维持商品的低成本:(1) 以显著折扣从工厂和其他零售商那里,挑选大量过时产品、超额订单、季节中期或者末期交付产品和上一季存货;(2) 直接从巴西、意大利和西班牙的工厂里寻找当季的名牌和品牌设计师的商品;(3) 在产品淡季订购,并与厂家进行谈判,得到满意的价格,最后在中心仓库交货。

公司从 50 多个长期有过剩存货的国内外供应商、独立经销商、工厂和其他零售商那里购买商品。每年由公司销售的时髦鞋品牌包括:阿玛菲、其乐、德克斯特、斐乐、富乐绅、娜然和乐步。目前 SSD 在佐治亚州亚特兰大有一个仓库。去年有 123 个零售鞋店成为它的客户,其净收入达到 7 311 214 美元。第二和第四季度的收入最高,第一季度与其他季度相比整体偏低。

---

* 本案例是由北卡罗来纳州立大学 Mark S. Beasley 博士、Frank A. Buckless 博士和杨百翰大学的 Steven M. Glover 博士和 Douglas F. Prawitt 博士编写的,作为课堂讨论的基础。SSD 是一个虚构的公司,所有涉及的人物和姓名也是虚构的。如有雷同,纯属巧合。

背景

为了达到金融机构的贷款合同要求,SSD需要对每年的财务报表进行审计。审计工作的完成遵照AICPA对非上市公司的专业审计准则。你所在的审计公司目前正依照这些专业准则的要求计划2011年度的审计工作。SSD有关销售和现金收入活动的总分类账户如下:

- 销售收入
- 销售折扣
- 销售退回及折让
- 坏账损失
- 应收账款
- 坏账准备

审计经理Susan Mansfield按照专业标准,复核了SSD公司的控制环境、风险评估程序和监督系统,并将其评估为强。审计人员Bill Zander复核SSD的信息系统,以及与销售收入和现金收款有关的控制活动,并附上流程图(参考右上角索引号为R 30-1、R 30-2、R 30-3和R 30-4的工作底稿)。在特定客户的账户中,销售退回及折让、注销的数量和规模都相对较小。因此,对于这两项业务活动,Susan认为没必要形成说明SSD政策的工作底稿,也没必要进行控制测试。作为一名资深审计师,你的任务是:(1)识别内部控制活动,即确保与销售和现金收款活动有关的交易、账户、披露等无重大错报;(2)识别控制测试,即对于已识别的有关销售和现金收款的内部控制活动,确认测试其设计和运行有效性的方法。

要求

[1] 完成审计方案R 1-1中的步骤5,识别SSD的控制活动。完成审计工作底稿R 1-1、R 31-1、R 31-2和R 31-3(注意:假设流程图中只存在已识别的控制活动)。

[2] 完成审计方案R 1-1中的步骤6,然后识别潜在的控制测试。完成审计工作底稿R 1-1、R 40-1、R 40-2和R 40-3(注意:参照给出的例子为测试编号)。

[3] 完成审计方案R 1-1中的步骤7,识别SSD公司可能存在的内部控制缺陷,并完成审计工作底稿R 1-1和R 32。

[4] 如果SSD是上市公司,你的任务会有哪些不同?需要考虑哪些其他因素?

[5] 对于审计工作底稿R 32(要求3)中你所列举的每一个内部控制缺陷,指出至少一种补救缺陷的控制活动。

[6] 考虑到SSD拥有大量的客户和供应商,说明其控制活动的重要性。

Southeast Shoe Distributor 公司
收入循环计划审计方案—控制测试的识别
截至 2011 年 12 月 31 日的财务年度

索引: R 1-1

编制: BZ

日期: 2011 年 6 月 10 日

复核:

审计程序	签字	日期	参考
1. 获得并研读有关客户销售收入和现金收款的政策和程序手册。	BZ	2006 年 10 月 11 日	——
2. 观察并与客户人员讨论所执行的有关销售收入和现金收款的控制活动。	BZ	2006 年 10 月 11 日	——
3. 对客户有关销售收入和现金收款的政策和程序进行穿行浏览。	BZ	2006 年 10 月 11 日	——
4. 制作展示控制活动、凭证、记录的销售收入和现金收款流程图。	BZ	2006 年 10 月 11 日	R 30-1 R 30-2 R 30-3 R 30-4
5. 对与销售收入和现金收款相关的管理层认定,用控制活动矩阵来识别能降低重大错报可能性的客户控制活动。			R 31-1 R 31-2 R 31-3
6. 用计划审计测试模型来识别潜在的控制测试。			R 40-1 R 40-2 R 40-3
7. 基于前面的程序,识别有必要在内部控制缺陷表上向客户报告的内部控制缺陷。			R 32

Southeast Shoe Distributor 公司
收入循环—销售流程图
截至 2011 年 12 月 31 日的财务年度

索引：R 30-1
编制：BZ
日期：2011 年 6 月 10 日
复核：

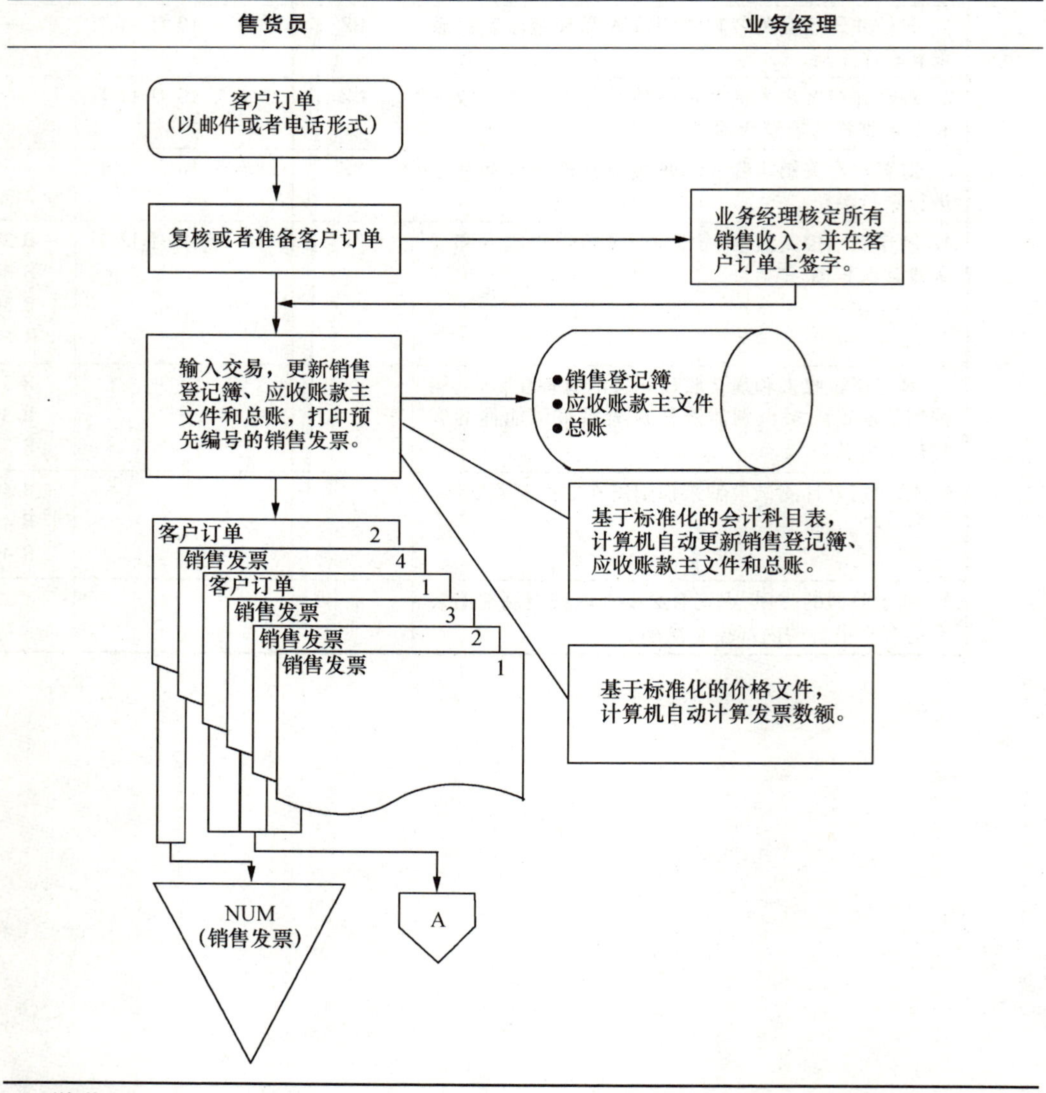

说明：
NUM——按编号数字顺序存档；
A——页间连接器。

Southeast Shoe Distributor 公司
收入循环—销售流程图
截至 2011 年 12 月 31 日的财务年度

索引：R 30-2

编制：BZ

日期：2011 年 6 月 10 日

复核：

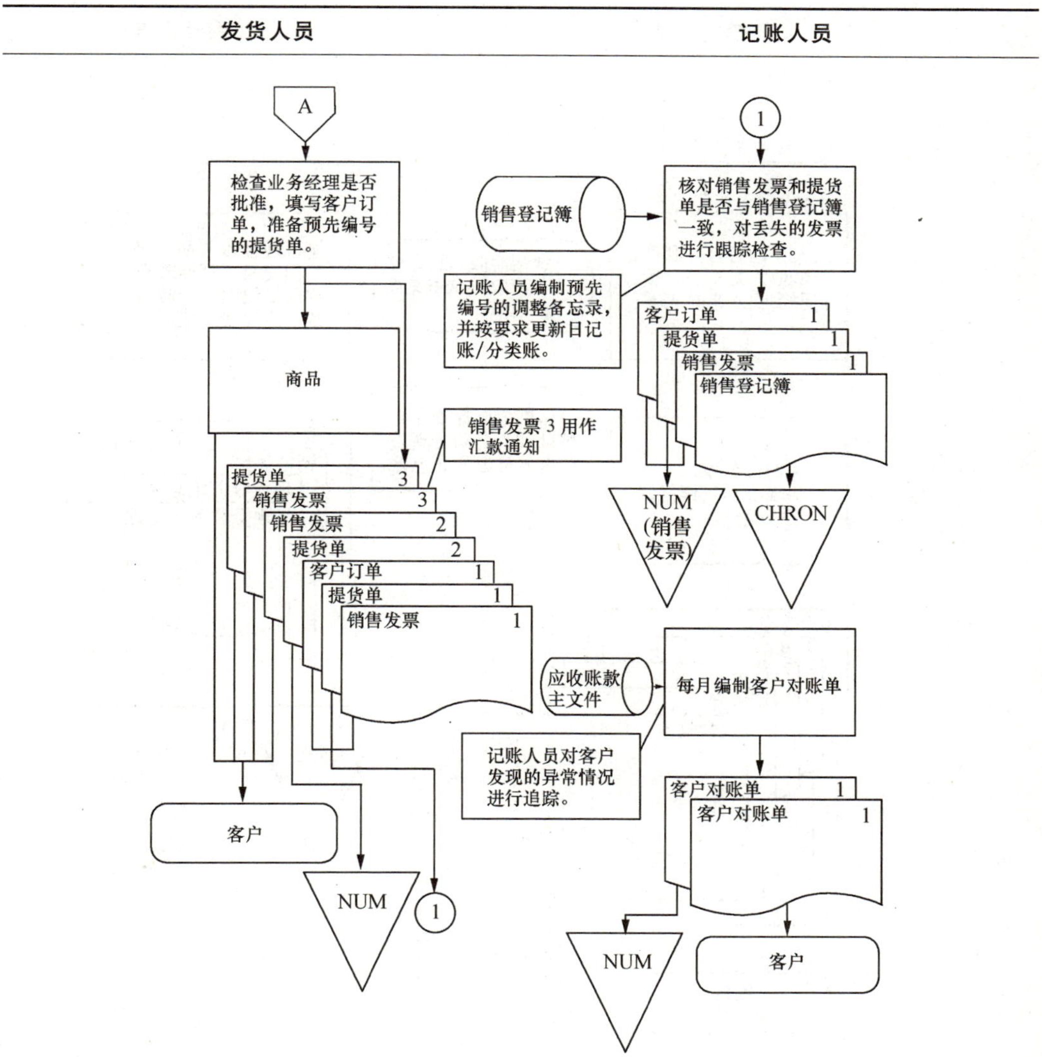

说明：

CHRON——按年份日期顺序存档；

NUM——按编号数字顺序存档；

A——页间连接器。

Southeast Shoe Distributor 公司
收入循环—现金收款流程图
截至 2011 年 12 月 31 日的财务年度

索引: R 30-3

编制: BZ

日期: 2011 年 6 月 10 日

复核:

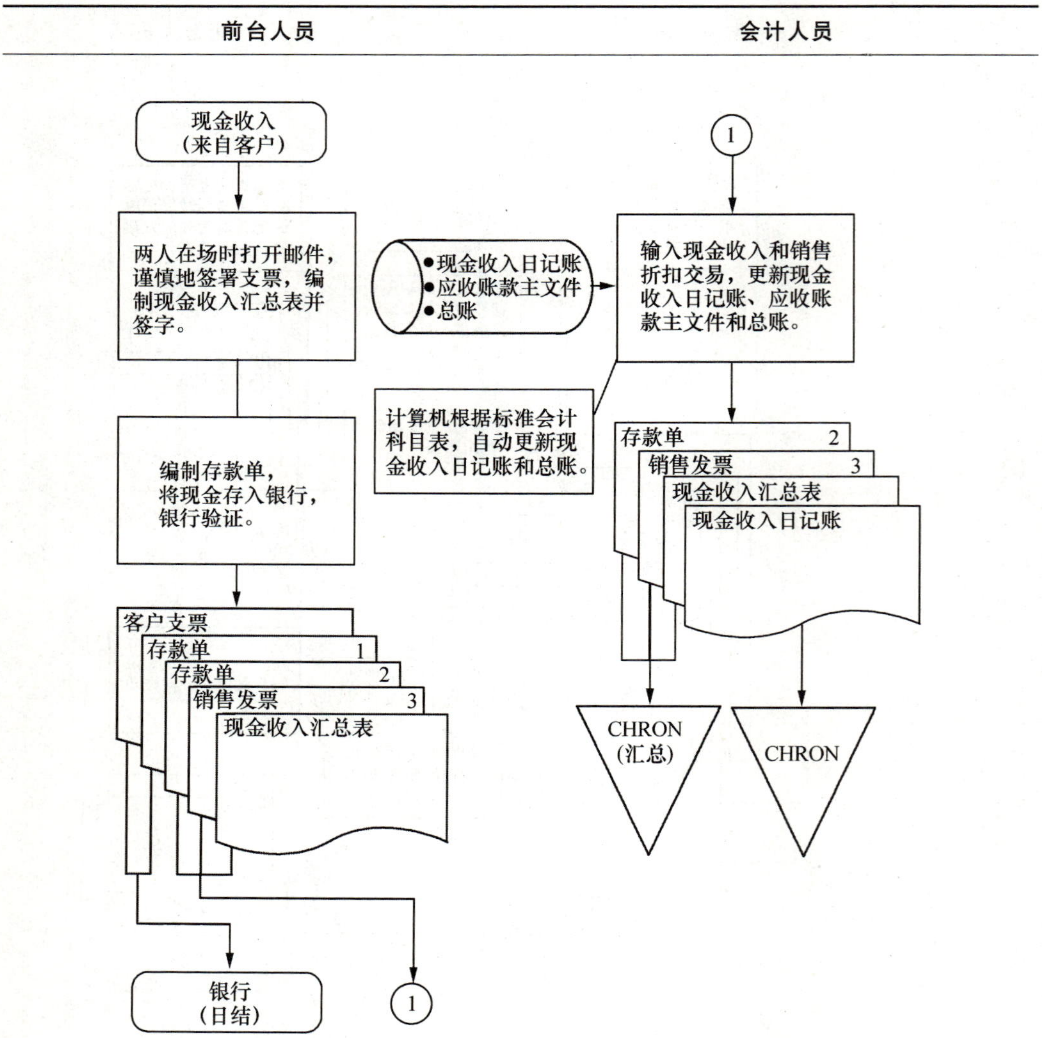

说明:

CHRON——按年代日期顺序存档。

Southeast Shoe Distributor 公司

收入循环—现金收款流程图

截至 2011 年 12 月 31 日的财务年度

索引：R 30-4

编制：BZ

日期：2011 年 6 月 10 日

复核：

业务经理

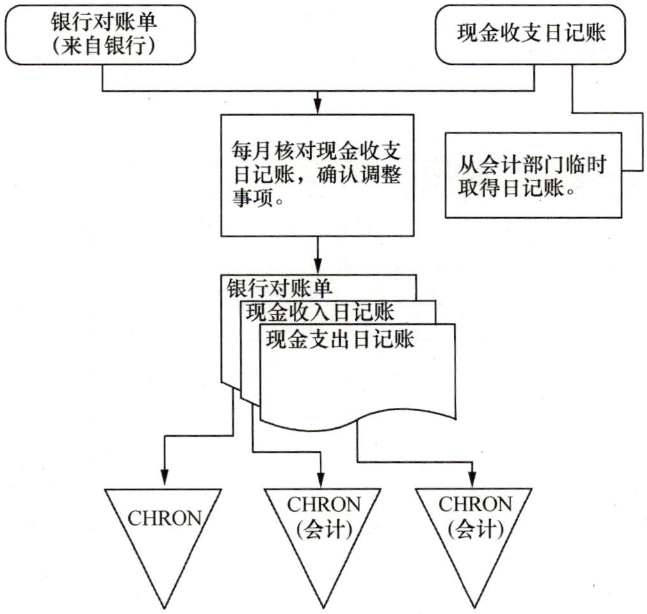

说明：

CHRON——按年代日期顺序存档。

Southeast Shoe Distributor 公司

收入循环—控制活动矩阵

截至 2011 年 12 月 31 日的财务年度

索引: R 31-1

编制:

日期:

审、复核:

	销售					现金收款					应收账款				披露			
控制活动	发生	完整性	准确性	截止	分类	发生	完整性	准确性	截止	分类	存在	权利/义务	完整性	计价	发生/权利/义务	完整性	分类/可理解性	准确性/计价
CA(1) 所有销售经过业务经理批准。	×													×				
用"×"标识每一控制活动影响的管理层认定。																		

Southeast Shoe Distributor 公司
收入循环—控制活动矩阵
截至 2011 年 12 月 31 日的财务年度

索引: R 31-2

编制: ______

日期: ______

复核: ______

控制活动	销售收入					现金收款					应收账款				披露			
	发生	完整性	准确性	截止	分类	发生	完整性	准确性	截止	分类	存在	权利/义务	完整性	计价	发生/权利/义务	完整性	分类/可理解性	准确性/计价

用“×”标识每一控制活动影响的管理层认定。

Southeast Shoe Distributor 公司

收入循环—控制活动矩阵

截至2011年12月31日的财务年度

索引: R 31-3

编制:

日期:

复核:

控制活动	销售收入					现金收款					应收账款				披露			
	发生	完整性	准确性	截止	分类	发生	完整性	准确性	截止	分类	存在	权利/义务	完整性	计价	发生/权利/义务	完整性	分类/可理解性	准确性/计价
用“×”标识每一控制活动影响的管理层认定。																		

Southeast Shoe Distributor, Inc.
收入循环—内部控制缺陷
截止 2011 年 12 月 31 日的财务年度

索引：R 32
编制：
日期：
复核：

内部控制缺陷	参与讨论的客户人员
1）对销售收入和现金收款交易，客户内部没有查证总账记录分类的恰当性。	

Southeast Shoe Distributor 公司

收入循环—审计测试计划矩阵

截至 2011 年 12 月 31 日的财务年度

索引: R 40-1

编制:

日期:

复核:

	销售收入					现金收款					应收账款				披露			
控制活动	发生	完整性	准确性	截止	分类	发生	完整性	准确性	截止	分类	存在	权利/义务	完整性	计价	发生/权利/义务	完整性	分类/可理解性	准确性/计价
TC(1) 询问和观察业务经理销售授权的过程。	*W*													*W*				

S、*M*、*W* 分别表示测试为特定的管理层认定所能提供的证据为强、中等、弱。

Southeast Shoe Distributor 公司
收入循环—审计测试计划矩阵
截至 2011 年 12 月 31 日的财务年度

索引：R 40-2

编制：

日期：

复核：

控制活动	销售收入					现金收款					应收账款				披露			
	发生	完整性	准确性	截止	分类	发生	完整性	准确性	截止	分类	存在	权利/义务	完整性	计价	发生/权利/义务	完整性	分类/可理解性	准确性/计价
S、*M*、*W* 分别表示测试为特定的管理层认定所能提供的证据力度为强、中等、弱。																		

Southeast Shoe Distributor 公司
收入循环—审计测试计划矩阵
截至 2011 年 12 月 31 日的财务年度

索引：R 40-3

编制：

日期：

复核：

	销售收入					现金收款					应收账款				披露			
控制活动	发生	完整性	准确性	截止	分类	发生	完整性	准确性	截止	分类	存在	权利/义务	完整性	计价	发生/权利/义务	完整性	分类/可理解性	准确性/计价

S、*M*、*W* 分别表示测试为特定的管理层认定所能提供的证据力度为强、中等、弱。

案例 10.2 Southeast Shoe Distributor 公司

——收入循环(销售收入和现金收款)中实质性测试的识别*

学习目标

在学习和讨论本案例后,你可以:

[1] 识别收入循环中使用的一般文件和记录。

[2] 将审计测试与管理层认定联系起来。

[3] 掌握分析性测试以发现重大错报。

[4] 掌握交易的实质性测试以发现重大错报。

[5] 掌握余额的实质性测试以发现重大错报。

简介

Southeast Shoe Distributor, Inc.(简称 SSD)为非上市公司,由 Stewart Green 和 Paul Williams 10 年前创立。SSD 是一个购买和销售男鞋、女鞋、童鞋的经销商,同时对中小型社区的鞋店批发零售。公司的基本战略是首先以低价获得大量有设计师标签的名牌商品,然后将其转售给同地区的小零售商。公司利用如下策略维持商品的低成本:(1) 以显著折扣从工厂和其他零售商那里,挑选大量过时产品、超额订单、季节中期或者末期交付产品和上一季存货;(2) 直接从巴西、意大利和西班牙的工厂里寻找当季的名牌和品牌设计师的商品;(3) 在产品淡季订购,并与厂家进行谈判,得到满意的价格,最后在中心仓库交货。

公司从 50 多个长期有过剩存货的国内外供应商、独立经销商、工厂和其他零售商那里购买商品。每年由公司销售的时髦鞋品牌包括:阿玛菲、其乐、德克斯特、斐乐、富乐绅、娜然和乐步。目前 SSD 在佐治亚州亚特兰大有一个仓库。去年有 123 个零售鞋店成为它的客户,其净收入达到 7 311 214 美元。第二和第四季度的收入最高,第一季度与其他季度相比整体偏低。

---

* 本案例是由北卡罗来纳州立大学 Mark S. Beasley 博士、Frank A. Buckless 博士和杨百翰大学的 Steven M. Glover 博士和 Douglas F. Prawitt 博士编写的,作为课堂讨论的基础。SSD 是一个虚构的公司,所有涉及的人物和姓名也是虚构的。如有雷同,纯属巧合。

背景

为了达到金融机构的贷款合同要求,SSD需要对每年的财务报表进行审计。审计工作的完成遵照AICPA对非上市公司的专业审计准则。你所在的审计公司目前正依照专业准则要求计划2011年度的审计工作。SSD有关销售和现金收入活动的总分类账户如下:

- 销售收入
- 销售折扣
- 销售退回及折让
- 坏账损失
- 应收账款
- 坏账准备

审计人员Bill Zander复核SSD的信息系统,以及与销售和现金收款有关的控制活动,并附上流程图(参考工作底稿索引号R 30-1、R 30-2、R 30-3和R 30-4)。销售退回与坏账的数量和规模都相对较小。因此,审计经理Susan Mansfield决定,不让Bill编制说明销售退回、折让和坏账方面公司政策及程序的工作底稿。

作为资深审计师,你的任务是负责识别实质性测试,在与收入循环相关的账户中发现重大错报。与客户人员进行初步讨论后你注意到了以下几点:

- 销售退回及折让交易记录在销货登记簿中。
- 销售折扣记录在现金收款日记账中。
- 坏账的估计和转销记录在普通日记账中,并要求准备事先编号的调整备忘录。
- 销售收入、现金收款、应收账款的错报记录在普通日记账中,并要求准备事先编号的调整备忘录。

要求

[1] 完成审计方案R 1-2中的步骤1和步骤2,了解SSD在销售和现金交易中使用的凭证和记录。完成审计工作底稿R 1-2。

[2] 完成审计方案R 1-2中的步骤3a、3b、3c,识别潜在的实质性测试。完成审计工作底稿R 1-2、R 41-1、R 41-2和R 41-3,并参照给出的例子为测试进行编号。每一步骤的工作可以依据指导人员的要求各自独立完成。(注意:对测试编号时需与给出的例子相似)。

[3] 从实质性审计测试中获得的保证程度受到哪些因素的影响?

[4] 对于给定的账户,审议师为什么这样选择:

[a] 不进行实质性测试?

[b] 只进行实质性测试?

Southeast Shoe Distributor 公司
收入循环计划的审计方案—实质性测试的识别
截至 2011 年 12 月 31 日的财务年度

索引：R 1-2

编制：

日期：

复核：

审计程序	签字	日期	参考
1. 研读在我们理解基础上编制的流程图，理解销售收入和现金收款交易中使用的凭证和记录。			R 30-1 R 30-2 R 30-3 R 30-4
2. 与客户职员进行讨论，理解销售收入、现金收款和应收账款中的调整记录所依据的凭证和记录。			——
3. 用计划的审计测试矩阵识别潜在的 a. 交易的实质性测试； b. 余额测试； c. 与收入和现金收入账户相关的分析性测试。			R 41-1 R 41-2 R 41-3

Southeast Shoe Distributor 公司

收入循环—销售流程图

截至 2011 年 12 月 31 日的财务年度

索引: R 30-1

编制: BZ

日期: 2011 年 6 月 10 日

复核:

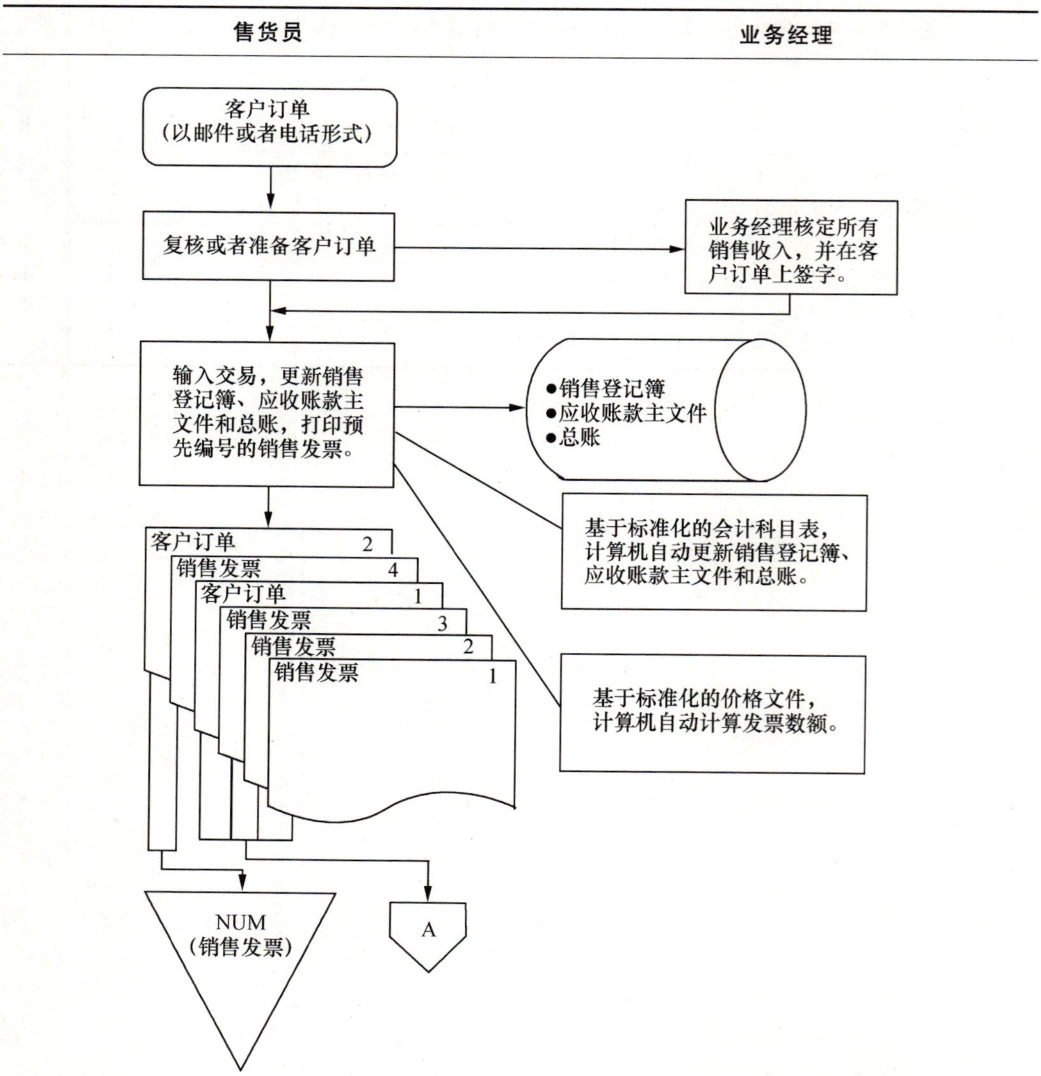

说明:

NUM——按编号数字顺序存档;

A——页间连接器。

Southeast Shoe Distributor 公司

收入循环—销售流程图

截至 2011 年 12 月 31 日的财务年度

索引：R 30-2

编制：BZ

日期：2011 年 6 月 10 日

复核：

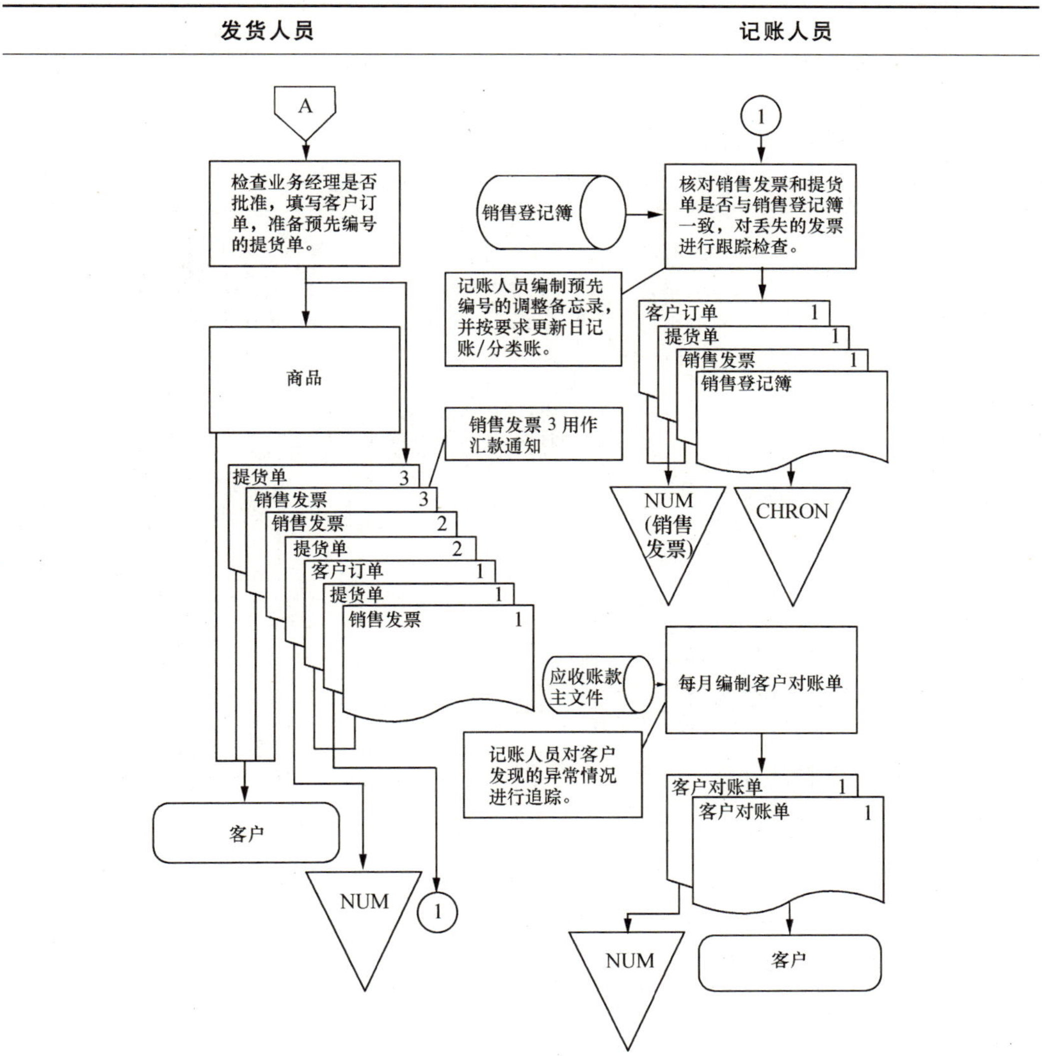

说明：

CHRON——按年份日期顺序存档；

NUM——按编号数字顺序存档；

A——页间连接器。

Southeast Shoe Distributor 公司

收入循环—现金收款流程图

截至 2011 年 12 月 31 日的财务年度

索引：R 30-3

编制：BZ

日期：2011 年 6 月 10 日

复核：

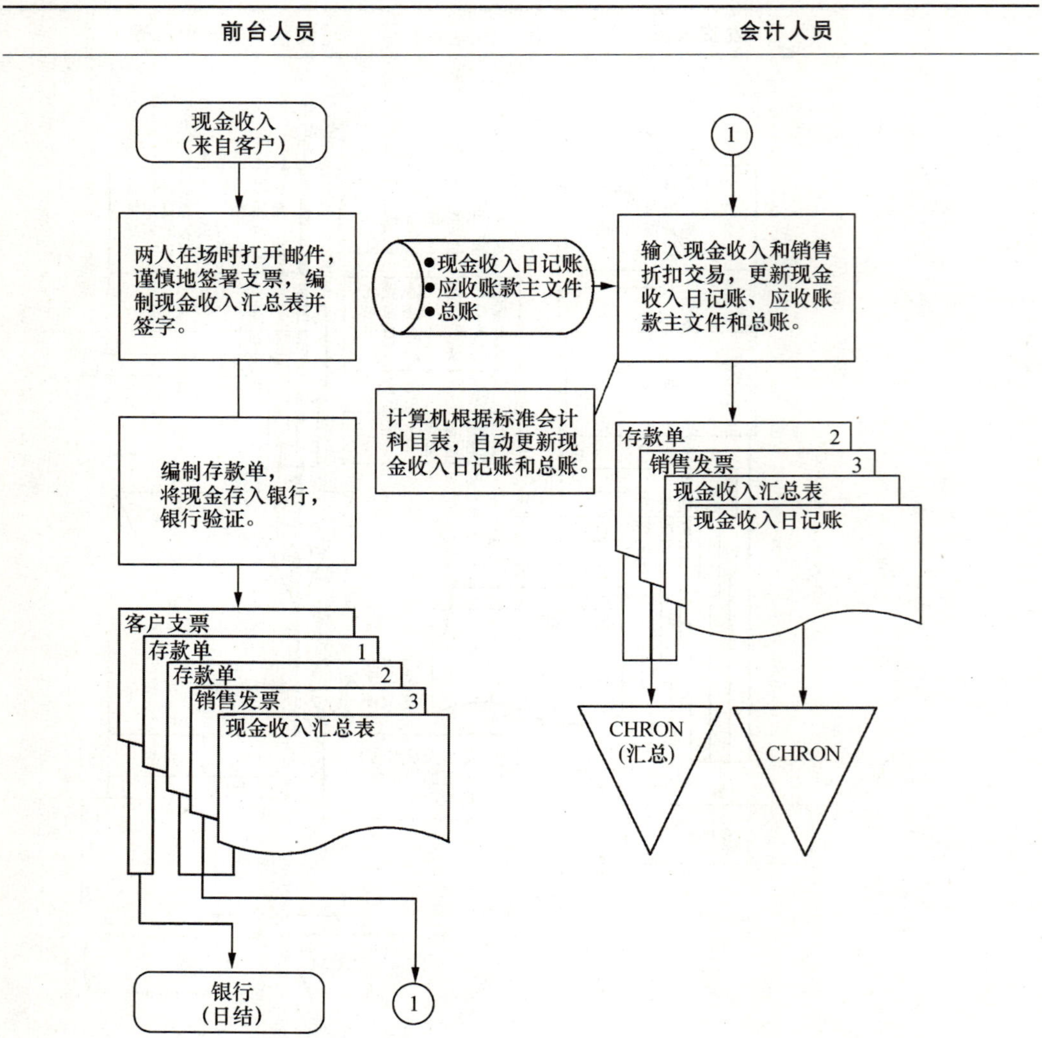

说明：
CHRON——按年代日期顺序存档。

Southeast Shoe Distributor 公司
收入循环—现金收款流程图
截至 2011 年 12 月 31 日的财务年度

索引：R 30-4
编制：BZ
日期：2011 年 6 月 10 日
复核：

业务经理

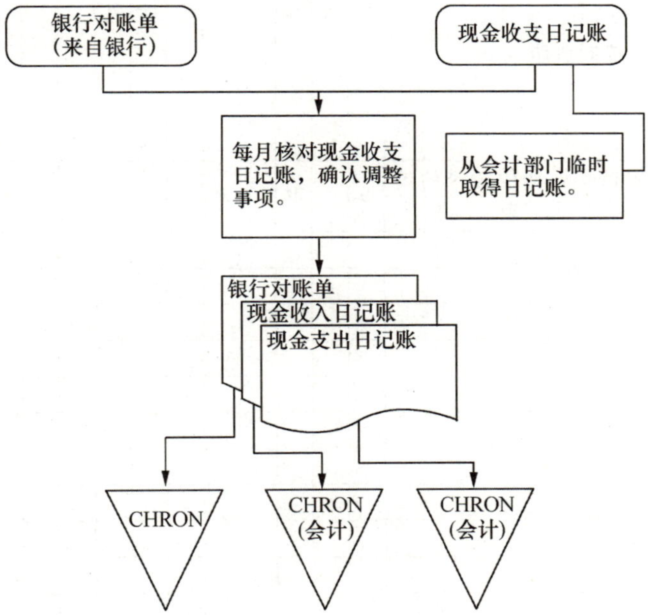

说明：
CHRON——按年代日期顺序存档。

South Shoe Distributor 公司
收入循环—审计测试计划矩阵
截至 2011 年 12 月 31 日的财务年度

索引: R 41-1

编制:

日期:

复核:

	销售收入					现金收据					应收账款				披露			
控制活动	发生	完整性	准确性	截止	分类	发生	完整性	准确性	截止	分类	存在	权利/义务	完整性	计价	发生/权利/义务	完整性	分类/可理解性	准确性/计价
TTS(1) 证实销售账簿中记录的销售交易与支持的凭证一致。	*M*		*M*		*M*						*M*			*M*				

S、*M*、*W* 分别表示测试为特定的管理层认定所能提供的证据力度为强、中等、弱。

Southeast Shoe Distributor 公司
收入循环—审计测试计划矩阵
截至 2011 年 12 月 31 日的财务年度

索引：R 41-2

编制：

日期：

复核：

控制活动	销售收入					现金收据					应收账款				披露			
	发生	完整性	准确性	截止	分类	发生	完整性	准确性	截止	分类	存在	权利/义务	完整性	计价	发生/权利/义务	完整性	分类/可理解性	准确性/计价
STB(1) 用积极式函证确认应收账款。	*S*		*M*	*M*			*S*	*M*	*M*		*S*	*W*		*M*				

S、*M*、*W* 分别表示测试为特定的管理层认定所能提供的证据力度为强、中等、弱。

Southeast Shoe Distributor 公司

收入循环—审计测试计划矩阵

截至 2011 年 12 月 31 日的财务年度

索引: R 41-3

编制:

日期:

复核:

	销售收入					现金收据					应收账款				披露			
控制活动	发生	完整性	准确性	截止	分类	发生	完整性	准确性	截止	分类	存在	权利/义务	完整性	计价	发生/权利/义务	完整性	分类/可理解性	准确性/计价
SAT(1) 浏览销售账簿,关注关联方交易、重大交易或异常交易。	*M*		*M*		*M*						*M*			*M*		*M*		

S、*M*、*W* 分别表示测试为特定的管理层认定所能提供的证据力度为强、中等、弱。

案例 10.3 Southeast Shoe Distributor 公司

——收入循环(销售收入和现金收款)中审计测试的选择和风险评估*

学习目标

在学习和讨论本案例后,你可以:

[1] 为收入循环设计整体的审计策略(即选择即将执行的控制测试、交易实质性测试、分析性测试和余额测试)。

[2] 基于选中的控制测试,为收入循环评估计划的控制风险。

[3] 基于选中的实质性测试,为收入循环评估计划的检查风险。

简介

Southeast Shoe Distributor 公司(简称为"SSD")为非上市公司,由 Stewart Green 和 Paul Williams 于 10 年前创立。SSD 是一个购买和销售男鞋、女鞋、童鞋的经销商,同时向中小型社区的鞋店批发零售。公司的基本战略是首先以低价获得大量有设计师标签的名牌商品,然后将其转售给同地区的小零售商。公司利用如下策略维持商品的低成本:(1) 以显著折扣从工厂和其他零售商那里,挑选大量过时产品、超额订单、季节中期或者末期交付产品和上一季存货;(2) 直接从巴西、意大利和西班牙的工厂里寻找当季的名牌和品牌设计师的商品;(3) 在产品淡季订购,并与厂家进行谈判,以得到满意的价格,最后在中心仓库交货。

公司从 50 多个长期有过剩存货的国内外供应商、独立经销商、工厂和其他零售商那里购买商品。每年由公司销售的时髦鞋品牌包括:阿玛菲、其乐、德克斯特、斐乐、富乐绅、娜然和乐步。目前 SSD 在佐治亚州亚特兰大有一个仓库。去年有 123 个零售鞋店成为它的客户,其净收入达到 7 311 214 美元。第二季度和第四季度的收入最高,第一季度与其他季度相比整体偏低。

---

* 本案例是由北卡罗来纳州立大学 Mark S. Beasley 博士、Frank A. Buckless 博士和杨百翰大学的 Steven M. Glover 博士和 Douglas F. Prawitt 博士编写的,作为课堂讨论的基础。SSD 是一个虚构的公司,所有涉及的人物和姓名也是虚构的。如有雷同,纯属巧合。

背景

为了达到金融机构的贷款合同要求,SSD 需要对每年的财务报表进行审计。审计工作的完成遵照 AICPA 对非上市公司的专业审计准则。你所在的审计公司目前正按照专业准则要求计划 2011 年度的审计工作。SSD 有关销售和现金收入活动的总分类账户如下:

- 销售收入
- 销售折扣
- 销售退回及折让
- 坏账损失
- 应收账款
- 坏账准备

审计经理 Susan Mansfield 按照专业标准,复核了 SSD 公司的控制环境、风险评估程序和监督系统,并将其评估为强。另外,Susan 确定对于收入循环可容忍错报金额为 4 万美元,可容忍审计风险低。审计工作人员 Bill Zandar 评估了与销售、现金收款和应收账款相关的固有风险,并编制了审计风险矩阵(参考工作底稿索引号 R 50 和 R 50-1 的内容)。作为高级审计师,你的任务是负责为收入循环挑选审计程序,以尽可能低的成本满足期望的可容忍审计风险要求。

要求

[1] 从前面两个 SSD 案例任务中,挑选具体的审计测试,完成审计方案 R 1-3 的步骤 3(参见 R 40-1、R 40-2、R 40-3、R 41-1、R 41-2 和 R 41-3)。将完成的审计工作记录在工作底稿 R 1-3、R 40-1、R 40-2、R 40-3、R 41-1、R 41-2 和 R 41-3。

[2] 完成审计方案 R 1-3 的步骤 4,评估计划的控制风险和检查风险。在审计方案 R 1-3 中记录完成的工作。在审计工作底稿 R-50 中给出评价。在审计工作底稿 R 50-2 和 R 50-3 中标明所选具体测试的编号、每个测试涉及的认定以及实现的保证程度(高、中等、低)。

Southeast Shoe Distributor 公司
收入循环计划的审计方案—风险评估和审计测试的选择
截至 2011 年 12 月 31 日的财务年度

索引：R 1-3

编制：BZ

日期：2011 年 6 月 10 日

复核：

审计程序	签字	日期	索引
1. 从总的审计计划表中得到可接受审计风险,完成收入循环"计划审计风险"矩阵中的可接受审计风险部分。	BZ	2011 年 6 月 10 日	R 50
2. 对有关收入循环账户的固有风险进行初始评价,完成"计划审计风险"矩阵中的初始固有风险评价部分。	BZ	2011 年 6 月 11 日	R 50 R 50-1
3. 选择拟执行的审计测试,并在审计测试计划矩阵上圈出程序的编号。			R 40-1 R 40-2 R 40-3 R 41-1 R 41-2 R 41-3
4. 基于审计步骤 3 中选择的程序,完成收入循环"计划审计风险"矩阵中的计划控制风险和检查风险部分。			R 50 R 50-2 R 50-3

Southeast Shoe Distributor 公司
收入循环—计划的审计风险矩阵
截至 2011 年 12 月 31 日的财务年度

索引: R 50

编制: BZ

日期: 2011 年 6 月 10 日

复核:

		交易					余额				披露			
可容忍错报(美元):40 000,G6	参考	发生	完整性	准确性	截止	分类	存在	权利/义务	完整性	计价	发生/权利/义务	完整性	分类/可理解性	准确性/计价
可接受审计风险	G5	L	L	L	L	L	L	L	L	L	L	L	L	L
初始固有风险——销售收入		H	H	H	H	L					L	L	L	L
初始固有风险——现金收款	R50-1	H	H	H	H	L					L	L	L	L
初始固有风险——应收账款							H	L	L	H	L	L	L	L
计划的控制风险——销售收入														
计划的控制风险——现金收款														
计划的控制风险——应收账款														
计划的检查风险——销售收入														
计划的检查风险——现金收款														
计划的检查风险——应收账款														

初始固有风险的评定方案:

低(L)如果现存固有风险要素组合可以充分证明风险水平较低。

高(H)如果现存固有风险要素组合无法充分证明风险水平较低。

可以充分证明固有风险较低的要素包括:管理层诚信度高,对外部有关各方进行重大错报的动机低,有再度续约,无以前年度重大错报记录,无关联方交易,交易常规化,准确记录交易需要的主观判断有限,对亏空的敏感性低,经营环境稳定。

计划的控制风险的评定方案:

低(L)如果控制活动将重大错报的可能性降至可忽视的水平,且计划执行控制测试。

高(H)如果控制活动未能将重大错报的可能性降至合理水平,或没有计划进行任何控制测试。

计划的检查风险的评定方案:

低(L)如果准备实施说服力强的实质性测试计划。

中(M)如果准备实施说服力适中的实质性测试计划。

高(H)如果准备实施说服力差的实质性测试计划。

Southeast Shoe Distributor 公司
收入循环—对初始固有风险评估的解释
截至 2011 年 12 月 31 日的财务年度

索引：R 50-1

编制：BZ

日期：2011 年 6 月 10 日

复核：

解释：

由于管理层和员工有夸大收入的外部动机，即使在以前年度未发现错报，销售交易发生的固有风险仍然被评估为高水平。

由于现金对攫取的易感性，即使在以前年度未发现错报，销售交易完整性的固有风险仍然被评估为高水平。

由于提供了大量产品和不同的零售价格，即使在以前年度未发现错报，销售交易准确性的固有风险仍然被评估为高水平。

由于最后一个季度的销售量较大，即使在以前年度未发现错报，销售和现金收款交易截止的固有风险仍然被评估为高水平。

销售交易分类的固有风险被评估为低水平，因为在以前年度没有发现错报，且以前年度从没有发生非贸易交易。

由于现金容易被盗取，即使在以前年度未发现错报，现金收款的发生、完整性、准确性和截止期的固有风险仍然被评估为高水平。

现金收款交易分类的固有风险被评估为低水平，因为缺少外部动机且在以前年度未发现错报。

应收账款权利、义务、完整性的固有风险被评估为低水平，因为缺少外部动机且以前年度未发现错报。

由于管理层和员工有夸大应收账款的动机，即使在以前年度未发现错报，应收账款存在的固有风险仍然被评估为高水平。

由于坏账的计算具有主观性，且公司提供了大量产品和不同销售价格，即使在以前年度未发现错报，应收账款计价认定的固有风险仍然被评估为高水平。

有关现金收款交易、销售交易和应收账款披露的发生、完整性、分类和准确性的固有风险被评估为低水平，因为缺少外部动机且以前年度未发现错报。

Southeast Shoe Distributor 公司
收入循环—对计划的控制风险评估的解释
截至 2011 年 12 月 31 日的财务年度

索引:　R 50-2

编制:

日期:

复核:

解释:

Southeast Shoe Distributor 公司
收入循环—对计划的检查风险评估的解释
截至 2011 年 12 月 31 日的财务年度

索引：R 50-3
编制：
日期：
复核：

解释：

案例10.4 Southeast Shoe Distributor 公司

——支出循环(采购和现金支付)中交易测试的实施*

学习目标

在学习和讨论本案例后,你可以:

[1] 识别购买和现金支付交易中使用的一般凭证和记录。

[2] 识别购买和现金支付交易中采用的一般控制活动。

[3] 识别购买和现金支付交易审计中的潜在控制测试和交易实质性测试。

[4] 对购买和现金支付交易执行控制测试和交易实质性测试。

[5] 利用非统计方法,评价购买和现金支付交易中控制测试和交易实质性测试的结果。

[6] 识别控制活动、控制测试和管理层认定之间的联系。

[7] 识别交易实质性测试和管理层认定的联系。

简介

Southeast Shoe Distributor 公司(以下简称为"SSD")为非上市公司,由 Stewart Green 和 Paul Williams 于10年前创立。SSD 是一个购买和销售男鞋、女鞋、童鞋的经销商,同时向中小型社区的鞋店批发零售。公司的基本战略是首先以低价获得大量有设计师标签的名牌商品,然后将其转售给同地区的小零售商。公司利用如下策略维持商品的低成本:(1) 以显著折扣从工厂和其他零售商那里,挑选大量过时产品、超额订单、季末和季中交付的产品和上一季存货;(2) 直接从巴西、意大利和西班牙的工厂寻找当季的名牌和品牌设计师的商品;(3) 在产品淡季订购,并与厂家进行谈判,以得到满意的价格,最后在中心仓库交货。

公司从50多个长期有过剩存货的国内外供应商、独立经销商、工厂和其他零售商那里购买商品。每年由公司销售的时髦鞋品牌包括:阿玛菲、其乐、德克斯特、斐乐、富乐绅、娜然和乐步。目前 SSD 在佐治亚州亚特兰大有一个仓库。去年有123个零售鞋店成为它的客户,其净收入达到7 311 214 美元。第二季度和第四季度的收入最高,第一季度与其他季度相比整体偏低。

---

* 本案例是由北卡罗来纳州立大学 Mark S. Beasley 博士、Frank A. Buckless 博士和杨百翰大学的 Steven M. Glover 博士和 Douglas F. Prawitt 博士编写的,作为课堂讨论的基础。SSD 是一个虚构的公司,所有涉及的人物和姓名也是虚构的。如有雷同,纯属巧合。

背景

为了达到金融机构的贷款合同要求，SSD 需要对每年的财务报表进行审计。审计工作的完成遵照 AICPA 对非上市公司的专业审计准则。你所在的审计公司目前正按照专业准则的要求计划 2011 年度的审计工作。高级审计师 Jorge Hernandez 复核与购买和现金支付有关的公司决策和程序，并附有流程图（参考工作底稿 E 20-1、E 20-2、E 21）和计划的控制风险矩阵（审计工作底稿 E 1-1 和 E 1-2）。审计经理 Susan Mansfield 和审计合伙人 Katherine Smith 提供审计方案。你和 Joy Avery 是这个项目的一般审计人员。你们两人负责执行支出循环审计方案（审计工作底稿 E 1-2 和 E 1-2）中提出的交易测试。SSD 有关购买和现金支付活动的总分类账户如下：

- 存货购买
- 购货折扣
- 购货退回及折让
- 进货运费
- 管理费用
- 仓储费用
- 销售费用
- 预付费用
- 应付账款

Joy Avery 已经挑选了购买和现金支付的审计样本，并完成了审计程序 2、3、5、6 和 7。Joy 负责将完成的工作记录在审计导引表 E 1-1、E 1-2、E 30、E 32、E 33、E 34、E 40、E 41、E 42、E 43 和 E 44 中。

要求

[1] 研读审计工作底稿 E 20-1 和 E 20-2 中的流程图，熟悉购买中使用的会计凭证和记录。同时，回顾审计工作底稿 E 1-1、E 1-2、E 30、E 32、E 33、E 34、E 40、E 41、E 42、E 43 和 E 44 中记录的 Joy 的审计完成情况，了解你将执行的任务以及如何在审计工作底稿中记录工作情况。注意经常发生的辅助服务，如水电和保洁不需要专门生成订购单。

[2] 在审计方案 E 1-1 中完成步骤 1a—h。假设你已经完成步骤 1g 和 1h，未发现偏差。同样地，假设你已经测试了选中的 35 个样本项目，未发现错报。现有 5 个样本项目的凭证和记录可以在如下网站中找到：www. pearsonhighered. com/beasley5e。另外应该注意，审计公司为使审计效率最大化，可能会对计划的控制测试和交易实质性测试（双重测试）使用相同的审计样本。因此，在执行审计步骤 1a—h 后，将控制测试方面的结果记录在审计工作底稿 E 1-1 和 E 31 中，而实质性测试则记录在审计工作底稿 E 1-1 和 E 35 中。

[3] 在审计方案 E 1-1 中完成步骤 4a。假设你已经完成了 60 个样本项目中的 55 个，未发现偏差或错报。其余五个样本项目的凭证和记录可以在如下网站中找到：www. pearsonhighered. com/beasley5e。在审计工作底稿 E 1-1 和 E 35 中记录结果。

[4] 对于发现的错报，将调整分录记录在审计工作底稿 E 11 上。通过审核及与发现偏差或错报的相关人员讨论，你应该假设这些错报中不存在系统化模式，也没有发现任何欺诈意图。

Southeast Shoe Distributor 公司
支出循环分析性程序和交易测试的审计方案
截至 2011 年 12 月 31 日的财务年度

索引: E 1-1
编制: JA
日期: 2012 年 2 月 17 日
复核:

审计程序	签字	日期	参考
1. 在年内采购日记账中挑选 40 个交易样本,执行如下程序:	JA	2012 年 2 月 14 日	E 30
a. 确定供应商发票、采购订单和验收单是否包括在支出凭据包中,或发票是否有执行秘书的签署(Karen Tucci,简写为"KT")。			E 31
b. 检验供应商发票、采购订单和验收单的真实性和合理性。			E 31 E 35
c. 确定购货订单是否有主管签字(Bruce Penny)。			E 31
d. 确定支出凭据包封面是否有主管的草签(Janet Sotiriadis,简写为"JS")。			E 31
e. 基于支出凭据包内凭证确定进货日记账的数额是否正确。			E 31 E 35
f. 确定支出凭据是否有正确的总分类账户代码。			E 31 E 35
g. 确定支出凭据是否过账到正确的总分类账户上。			E 31 E 35
h. 确定支出凭据是否过账到正确的供应商应付账款明细文件上。			E 31 E 35
2. 浏览采购日记账,关注关联方交易、重大交易或异常交易,对于识别的特殊交易执行跟踪审计程序。	JA	2012 年 2 月 15 日	E 32
3. 检查每周验收单的异常报告,确定是否执行了适当的后续审计程序。	JA	2012 年 2 月 15 日	E 33
60,JA			
4. 选择当年签发的 40 个验收报告样本并进行如下步骤:	JA	2012 年 2 月 15 日	E 34
a. 获得相关的采购订单和供应商发票,确定验收单是否在采购日记账中适当记载。			E 35

Southeast Shoe Distributor 公司

支出循环审计方案

截至 2011 年 12 月 31 日的财务年度

索引：E 1-2

编制：JA

日期：2012 年 2 月 17 日

复核：

审计程序	签字	日期	参考
5. 浏览现金支出日记账，关注关联方交易、重大交易和异常交易，对已识别的特殊交易执行跟踪程序。	JA	2012 年 2 月 15 日	E 42
6. 在年内现金日记账中挑选 40 个交易样本，执行如下步骤：	JA	2012 年 2 月 14 日	E 40
a. 确认凭证包上是否贴有“已支付”。	JA	2012 年 2 月 17 日	E 41
b. 检验注销支票是否签字及其合理性。	JA	2012 年 2 月 17 日	E 41 E 44
c. 确认现金支出日记账的数量是否与注销支票一致。	JA	2012 年 2 月 17 日	E 41 E 44
d. 确认支出是否过账到正确的总分类账户上。	JA	2012 年 2 月 17 日	E 41 E 44
e. 确认支出是否过账到正确的供应商应付账款明细账户上。	JA	2012 年 2 月 17 日	E 41 E 44
7. 获得本年度的银行对账调节表，执行如下步骤：	JA	2012 年 2 月 16 日	E 43
a. 确认是谁负责编制银行对账调节表。	JA	2012 年 2 月 16 日	E 43
b. 复核银行对账调节表的合理性。	JA	2012 年 2 月 16 日	E 43
c. 重新执行一个月的银行对账调节表。	JA	2012 年 2 月 16 日	E 43

South Shoe Distributor 公司

支出循环—建议的调整分录表

截至 2011 年 12 月 31 日的财务年度

索引: E 11

编制:

日期:

复核:

账户	借方	贷方
解释:		
解释:		
解释:		
解释:		

Southeast Shoe Distributor 公司
支出循环—采购流程图
截至 2011 年 12 月 31 日的财务年度

索引：E 20-1
编制：JH
日期：2011 年 9 月 16 日
复核：

购买/采购部门

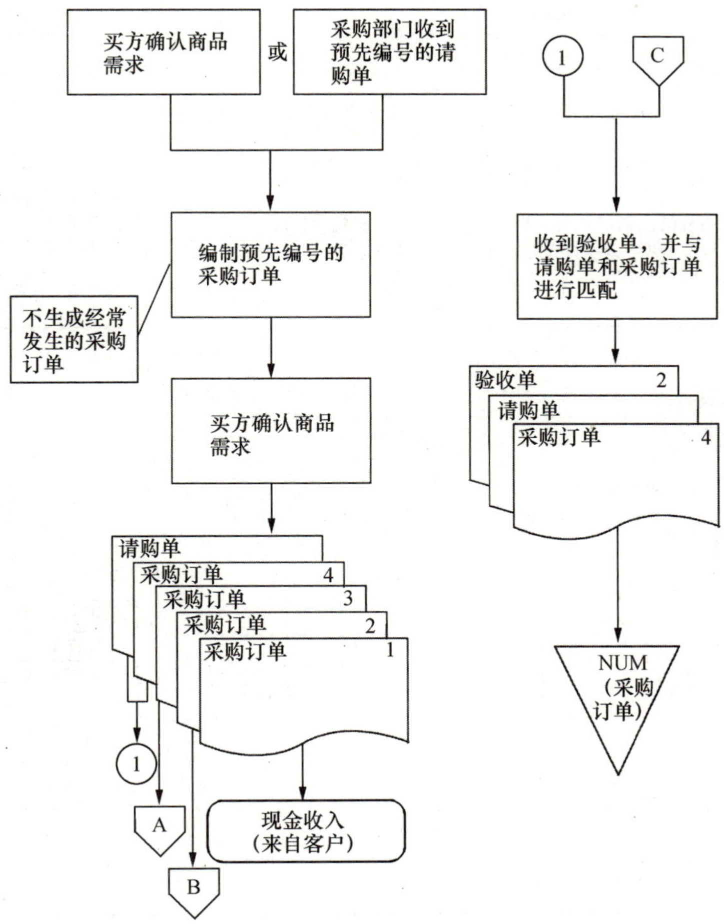

说明：
NUM——按编号数字顺序存档；
A——页间连接器；
B——页间连接器；
C——页间连接器。

Southeast Shoe Distributor 公司

支出循环—采购流程图

截至 2011 年 12 月 31 日的财务年度

索引: E 20-2

编制: JH

日期: 2011 年 9 月 16 日

复核:

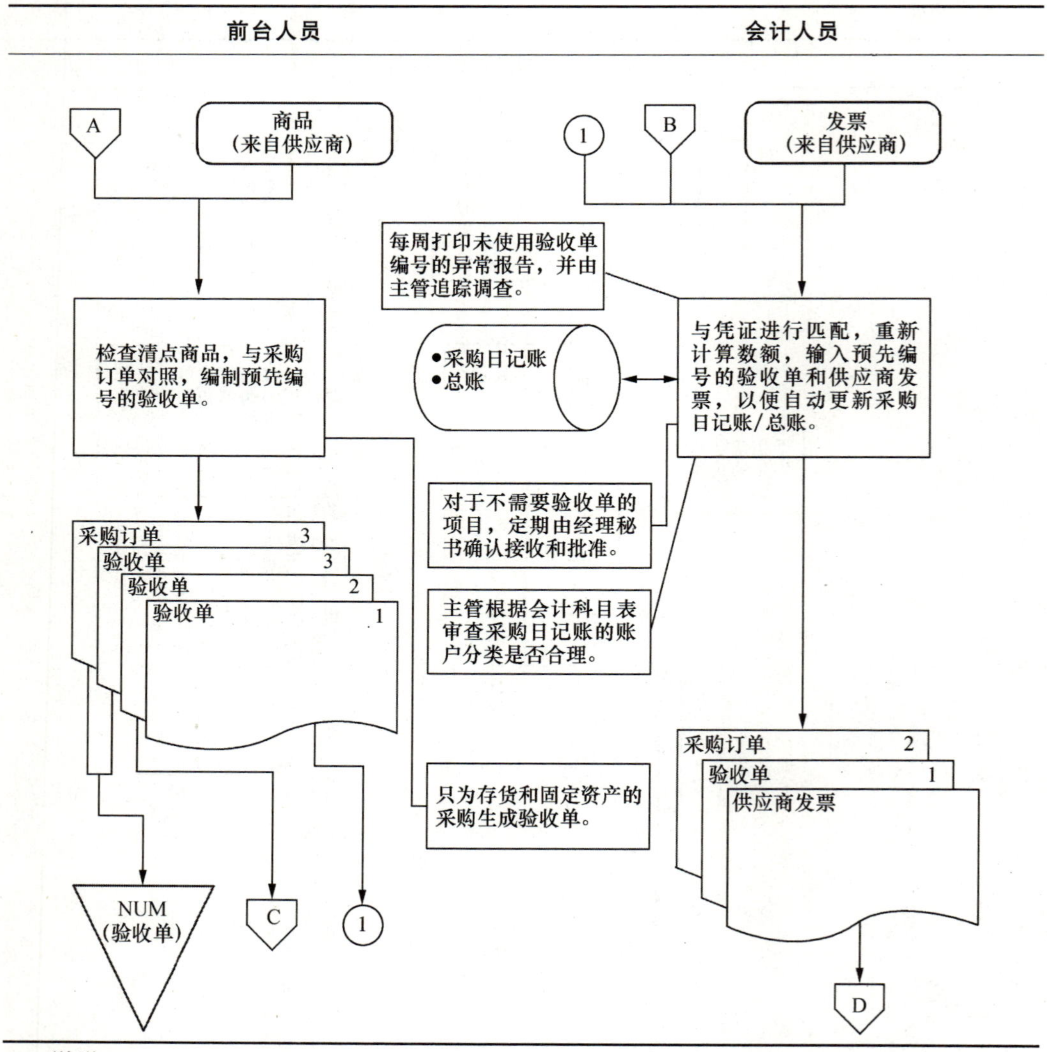

说明:

NUM——按编号数字顺序存档;

A——页间连接器;

B——页间连接器;

C——页间连接器;

D——页间连接器。

Southeast Shoe Distributor 公司
支出循环—现金支付流程图
截至 2011 年 12 月 31 日的财务年度

索引：E 21
编制：JH
日期：2011 年 9 月 16 日
复核：

会计人员	财务负责人

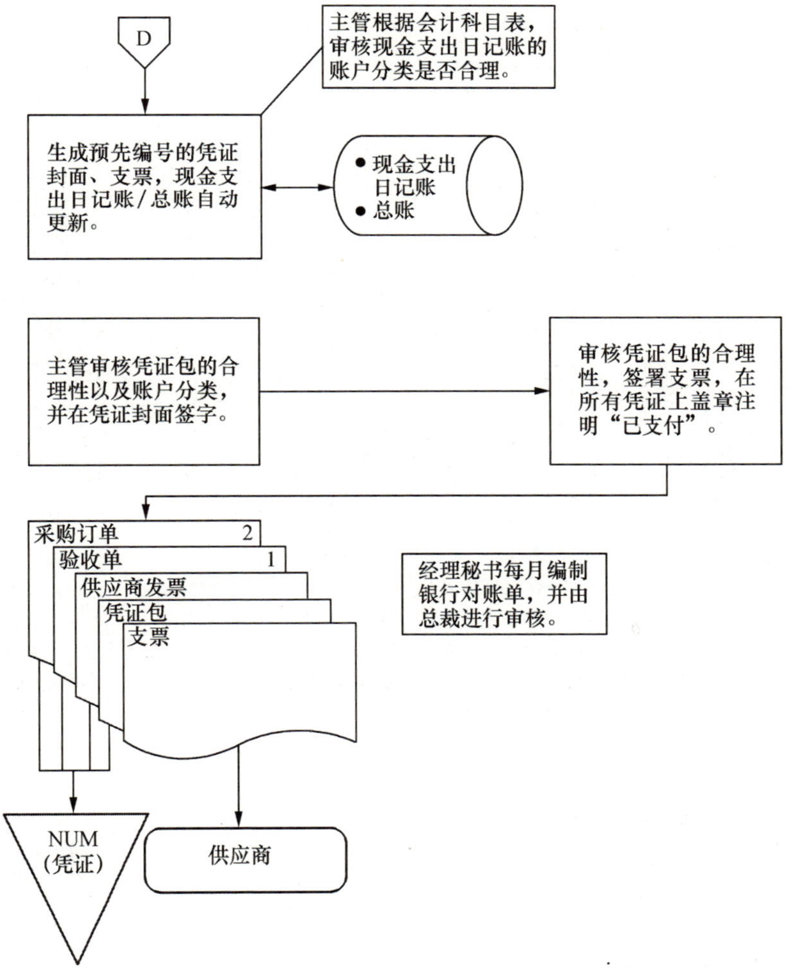

说明：
NUM——按编号数字顺序存档；
D——页间连接器。

Southeast Shoe Distributor 公司
支出循环—计划的审计风险矩阵
截至 2011 年 12 月 31 日的财务年度

索引：E 22

编制：JH

日期：2011 年 9 月 16 日

复核：

可容忍错报(美元)：40 000，G6	参考	交易					余额				披露			
		发生	完整性	准确性	截止	分类	存在	权利/义务	完整性	计价	发生/权利/义务	完整性	分类/可理解性	准确性/计价
可接受审计风险	G5	L	L	L	L	L	L	L	L	L	L	L	L	L
初始固有风险——采购		H	H	L	H	L					L	L	L	L
初始固有风险——现金支付		H	H	L	H	L					L	L	L	L
初始固有风险——应付账款							L	L	H	H	L	L	L	L
计划的控制风险——采购		L	L	L	H	L					H	H	H	H
计划的控制风险——现金支付		L	L	L	L	L					H	H	H	H
计划的控制风险——应付账款							L	L	L	L	H	H	H	H
计划的检查风险——采购		M	M	H	L	H					M	M	M	M
计划的检查风险——现金支付		M	M	H	M	H					M	M	M	M
计划的检查风险——应付账款							L	L	M	M	M	M	M	M

初始的固有风险的评定为：

低(L)如果现存固有风险要素组合可以充分证明风险较低。

高(H)如果现存固有风险要素组合无法充分证明风险较低。

充分证明较低固有风险评价的要素为：管理层诚信度高，对外部相关方重大错报的动机低，有再度续约，无以前年度的重大错报记录，无关联方交易，交易常规化，准确记录交易需要的主观判断有限，对亏空的敏感性低，经营环境稳定。

计划的控制风险的评定为：

低(L)如果控制活动将重大错报的可能性降至可忽视的水平，且控制测试计划得到执行。

高(H)如果控制活动未能将重大错报的可能性降至合理水平，或没有计划实施控制测试。

计划的检查风险的评定为：

低(L)如果准备实施说服力强的实质性测试计划。

中(M)如果准备实施说服力适中的实质性测试计划。

高(H)如果准备实施最低限度的实质性测试计划。

Southeast Shoe Distributor 公司

交易非统计测试的抽样计划—支出循环采购

截至 2011 年 12 月 31 日的财务年度

索引：E 30

编制：JA

日期：2012 年 2 月 14 日

复核：

抽样框架	开始 文件编号或页码	截止 文件编号或页码	样本 规模
年度采购日记账记录的项目	第 1 页 （第 1 行）	第 100 页 （第 1 293 行）	40

样本选择方案：

通过 Microsoft Excel 表格的"=randbetween(1,1 293)"函数挑选样本。舍弃重复的项目编号，新项目编号用 Excel 的"randbetween"函数来挑选。

样本：样本编号由第 1 页的第 1 行到第 100 页的第 1 293 行

样本项目	样本参考	样本项目	样本参考	样本项目	样本参考	样本项目	样本参考
1	39	16	363	31	953		
2	43	17	368	32	969		
3	68	18	484	33	1 025		
4	79	19	514	34	1 054		
5	87	20	582	35	1 070		
6	91	21	586	36	1 159		
7	99	22	604	37	1 161		
8	219	23	606	38	1 254		
9	235	24	652	39	1 272		
10	237	25	682	40	1 281		
11	238	26	811				
12	301	27	903				
13	326	28	907				
14	341	29	918				
15	356	30	942				

Southeast Shoe Distributor 公司

控制的非统计测试的评价—支出循环采购

截至 2011 年 12 月 31 日的财务年度

索引: E 31

编制:

日期:

复核:

抽样框架:年度采购日记账记录的项目

属性	RCL	样本规模	SDR	TDR	ASR
凭证包含供应商发票、采购订单和验收单(如有必要)。	*M*	40		5%	
供应商发票、采购订单和验收单真实可信且合理。	*M*	40		5%	
采购订单由 Bruce Penny 签字,供应商发票由 Karen Tucci 草签。	*M*	40		5%	
支出凭证包封面由 Janet Sotiriadis 草签。	*M*	40		5%	
采购日记账数额与支出凭证包的凭证一致。	*M*	40		5%	
支出凭证封面有正确的总分类账户编码。	*M*	40		5%	
支出凭证过账到正确的总分类账户。	*M*	40	0	5%	5%
支出凭证过账到正确的供应商应付账款明细账户。	*M*	40	0	5%	5%

结论:

说明:

ASR——抽样风险的容忍度(TDR-SDR);

RCL——控制风险评价太低的风险(M-中等);

SDR——样本偏差率;

TDR——可容忍偏差率。

Southeast Shoe Distributor, Inc.

非正常交易—支出循环采购

截止 2011 年 12 月 31 日的财务年度

索引: E 32

编制: JA

日期: 2012 年 2 月 15 日

复核:

日期	账户描述或收款人	支票或凭证编号	账户标示	金额
	没有发现重大交易、异常交易或关联方交易。			
	见如下结论。			

执行的后续程序:

浏览采购日记账后没有发现重大交易、异常交易或关联方交易(审计步骤 2),因此,不需要后续程序。

Southeast Shoe Distributor 公司
交易的非抽样测试—支出循环采购
截至 2011 年 12 月 31 日的财务年度

索引: E 33

编制: JA

日期: 2012 年 2 月 15 日

复核:

程序: 浏览每周未使用凭证的异常报告和验收报告,并与会计经理 Janet Sotiriadis 讨论后续的程序。(审计步骤 3)
异常/错报: Janet 表示她未能解决所有不匹配的验收单,因为没有足够时间对它们进行跟踪。这些不匹配的验收单源于供应商未能按时给 SSD 开发票,在收到供应商的发票后,这些不匹配的验收单最终被系统识别匹配。这个审计程序没有发现具体的错报。
结论: 程序执行的结果并不支持有关采购完整性(即可能存在未记录的采购)、应付账款完整性和计价控制风险的较低评价。采购完整性、应付账款完整性和计价的控制风险会升至最高水平,并且需要执行额外的实质性审计程序。审计步骤 4 的样本规模会从原计划的检查 40 张验收单增加到 60 张。另外,会更加关注最后一个季度发生的采购交易,以确保年末没有漏记重大的采购和应付款。

Southeast Shoe Distributor 公司
交易非统计测试的抽样计划—支出循环采购
截至 2011 年 12 月 31 日的财务年度

索引: E 34

编制: JA

日期: 2012 年 2 月 14 日

复核:

样本结构	开始 文件编号或页码	截止 文件编号或页码	样本规模
年度签发的验收单	2 387	2 810	60

样本选择方案:

利用 Microsoft Excel 表格的“ = randbetween(2 387,2 673)”函数,从日历年度的前三个季度选择前 40 个样本项目。利用 Microsoft Excel 表格的“ = randbetween(2 674,2 810)”函数,从最后一个季度选择后 20 个样本项目。舍弃重复的验收单编号,新的随机编号用“randbetween”函数挑选。

样本:验收单编号

样本项目	样本参考	样本项目	样本参考	样本项目	样本参考	样本项目	样本参考
1	2 389	16	2 529	31	2 598	46	2 695
2	2 394	17	2 533	32	2 599	47	2 696
3	2 395	18	2 539	33	2 610	48	2 702
4	2 409	19	2 540	34	2 624	49	2 703
5	2 412	20	2 548	35	2 633	50	2 706
6	2 415	21	2 549	36	2 635	51	2 709
7	2 419	22	2 563	37	2 636	52	2 723
8	2 421	23	2 568	38	2 647	53	2 726
9	2 424	24	2 570	39	2 666	54	2 741
10	2 450	25	2 579	40	2 668	55	2 759
11	2 463	26	2 584	41	2 674	56	2 764
12	2 490	27	2 587	42	2 677	57	2 778
13	2 494	28	2 588	43	2 679	58	2 784
14	2 522	29	2 593	44	2 685	59	2 787
15	2 523	30	2 597	45	2 694	60	2 801

Southeast Shoe Distributor 公司

非统计实质性测试的评价—支出循环采购

截至 2011 年 12 月 31 日的财务年度

索引: E 35

编制:

日期:

复核:

单位:美元

错报:	记账金额	审定金额	错报金额
样本错报总金额			
推断的错报:			
样本错报总金额			
样本金额		÷	1 061 410.43
样本错报金额比例		=	
日记账总体金额		×	6 206 243.81
推断的总体错报金额		=	
允许的抽样风险			
可容忍错报			40 000.00
推断的总体错报金额		-	
记录的调整		+	
允许的抽样风险		=	
结论:			

Southeast Shoe Distributor 公司
交易非统计测试的抽样计划—支出循环现金支付
截至 2011 年 12 月 31 日的财务年度

索引： E 40

编制： JA

日期： 2012 年 2 月 14 日

复核：

抽样框架	开始 文件编号或页码	截止 文件编号或页码	样本 规模
年度现金支出日记账记录的项目	第 1 页 （第 1 行）	第 47 页 （第 1 032 行）	40

样本选择方案：

利用 Microsoft Excel 表格的“ = randbetween(1,1 032)”函数选择样本。舍弃重复的项目编号，新项目编号用“randbetween”函数挑选。

样本：现金支出日记账项目行编号

样本项目	样本参考	样本项目	样本参考	样本项目	样本参考	样本项目	样本参考
1	37	16	446	31	819		
2	117	17	449	32	845		
3	139	18	499	33	867		
4	159	19	516	34	884		
5	168	20	536	35	902		
6	197	21	539	36	914		
7	232	22	579	37	987		
8	271	23	612	38	992		
9	273	24	636	39	997		
10	285	25	648	40	1 000		
11	321	26	670				
12	345	27	694				
13	374	28	720				
14	396	29	736				
15	403	30	739				

Southeast Shoe Distributor 公司
控制的非统计测试的评价—支出循环现金支付
截至 2011 年 12 月 31 日的财务年度

索引: E 41
编制: JA
日期: 2012 年 2 月 17 日
复核:

抽样框架:年度现金支出日记账记录的项目					
属性	**RCL**	**样本规模**	**SDR**	**TDR**	**ASR**
支出凭据上盖章“已支付”。	*M*	40	0%	5%	5%
注销的支票和背书真实可信且合理。	*M*	40	0%	5%	5%
现金支出日记账金额与注销支票一致。	*M*	40	0%	5%	5%
现金支付过账到正确的总分类账户。	*M*	40	0%	5%	5%
现金支付过账到正确的供应商应付账款明细账户。	*M*	40	0%	5%	5%

结论:

对现金支付进行控制测试 6a—e,结果未发现偏差。对于采购的发生,现金支付的发生、准确性和分类,应付账款的发生和计价来说,允许的抽样风险水平足以支持更低控制风险的评价。

说明:

ASR——允许的抽样风险(TDR-SDR);
RCL——控制风险评价太低的风险(M-中等);
SDR——样本偏差率;
TDR——可容忍偏差率。

Southeast Shoe Distributor 公司

异常交易—支出循环现金支付

截至 2011 年 12 月 31 日的财务年度

索引：E 42

编制：JA

日期：2012 年 2 月 15 日

复核：

日期	账户描述或收款人	支票或凭证编号	账户标识	金额
	未发现重大交易、异常交易或关联方交易			
	见如下结论。			

执行的后续程序：

浏览现金支出日记账时未发现重大交易、异常交易或关联方交易（审计步骤 5），因此，不需要后续程序。

Southeast Shoe Distributor 公司
交易的非抽样测试—支出循环现金支付
截至 2011 年 12 月 31 日的财务年度

索引: E 43
编制: JA
日期: 2012 年 2 月 16 日
复核:

程序: 审阅每月的银行调节表,并与执行秘书 Karen Tucci 讨论对账、调节过程(审计步骤 7a 和 7b)。另外,重新执行 2011 年 4 月的银行调节表的编制过程(审计步骤 7c)。
异常/错报: 对月银行调节表的复核以及对 2011 年 4 月银行调节表的重新执行,表明了银行对账、调节程序与公司制定的政策一致,未发现异常和错报。
结论: 对于现金支付的发生、完整性和准确性,以及应付账款的存在和计价的控制风险评价,测试结果支持更低的风险评估。

Southeast Shoe Distributor 公司

非统计实质性测试的评价—支出循环现金支付

截至 2011 年 12 月 31 日的财务年度

索引：E 44

编制：JA

日期：2012 年 2 月 17 日

复核：

单位:美元

错报:	**记账金额**	**审定金额**	**错报金额**
执行审计步骤 6b—e,未发现错报。	—	—	—
样本错报总金额			0.00
推断的错报			
样本错报金额			0.00
样本金额		÷	316 319.78
样本错报金额比例		=	0.00%
日记账总体金额		×	8 151 977.17
推断的总体错报金额		=	0.00
允许的抽样风险			
可容忍错报			40 000.00
推断的总体错报金额		-	0.00
记录的调整		+	0.00
允许的抽样风险		=	40 000.00

结论：

对现金支付进行实质性测试 6b—e,结果未发现错报。对于应付账款的计价、存在和完整性以及允许的抽样风险水平足以支持更低的应付账款余额相关认定的实质性测试水平。

案例10.5 Southeast Shoe Distributor公司

——支出循环(采购和现金支付)中余额测试的实施*

学习目标

在学习和讨论本案例后,你可以:

[1] 识别支出循环中使用的一般的凭证和记录。

[2] 了解对应付账款余额的一般测试。

[3] 实施应付账款余额测试。

[4] 对应付账款余额使用非统计方法进行测试的结果进行评价。

[5] 识别余额的实质性测试与管理层认定的联系。

简介

Southeast Shoe Distributor公司(以下简称为"SSD")为非上市公司,由Stewart Green和Paul Williams于10年前创立。SSD是一个购买和销售男鞋、女鞋、童鞋的经销商,同时向中小型社区的鞋店批发零售。公司的基本战略是首先以低价获得大量有设计师标签的名牌商品,然后将其转售给同地区的小零售商。公司利用如下策略维持商品的低成本:(1)以显著折扣从工厂和其他零售商那里,挑选大量过时产品、超额订单、季末和季中交付的产品和上一季存货;(2)直接从巴西、意大利和西班牙的工厂寻找当季的名牌和品牌设计师的商品;(3)在产品淡季订购,并与厂家进行谈判,以得到满意的价格,最后在中心仓库交货。

公司从50多个长期有过剩存货的国内外供应商、独立经销商、工厂和其他零售商那里购买商品。每年由公司销售的时髦鞋品牌包括:阿玛菲、其乐、德克斯特、斐乐、富乐绅、娜然和乐步。目前SSD在佐治亚州亚特兰大有一个仓库。去年有123个零售鞋店成为它的客户,其净收入达到7 311 214美元。第二季度和第四季度的收入最高,第一季度与其他季度相比整体偏低。

---

* 本案例是由北卡罗来纳州立大学Mark S. Beasley博士、Frank A. Buckless博士和杨百翰大学的Steven M. Glover博士和Douglas F. Prawitt博士编写的,作为课堂讨论的基础。SSD是一个虚构的公司,所有涉及的人物和姓名也是虚构的。如有雷同,纯属巧合。

背景

为了达到金融机构的贷款合同要求,SSD 需要对每年的财务报表进行审计。审计工作的完成遵照 AICPA 对非上市公司的专业审计准则。你所在的审计公司目前正按照专业准则的要求计划 2011 年度的审计工作。此次项目的负责人是 Jorge Hernandez。你和 Joy Avery 是项目的审计人员。你们两人负责执行支出循环审计方案(参考工作底稿 E 2)中提出的余额测试和分析性测试。SSD 有关购买和现金支付活动的总分类账户如下:

- 存货购买
- 购货折扣
- 购货退回及折让
- 进货运费
- 管理费用
- 仓储费用
- 销售费用
- 预付费用
- 应付账款

Joy Avery 已经执行了审计工作底稿 E 2 上所列的程序 1 和程序 2。工作情况记录在审计工作底稿 E 2、E 10、E 50 和 E 51 中。另外,Joy 为审计程序 3 挑选了审计样本,反映在审计工作底稿 E 52 中。

要求

[1] 完成审计方案 E 2 中的审计程序 3a。审计程序要求检查的凭证包括支出凭证、供应商发票、验收单和购货订单。假设你已经测试了 35 个选中的样本项目,未发现错报。其余五个样本项目的凭证和记录可在如下网站找到:www. pearsonhighered. com/beasley5e。SSD,政策规定只要求生成购买存货和固定资产时的验收单。另外,经常发生的服务,如水电和保洁不需要生成采购订单。将审计步骤 3a 的结果记录在审计工作底稿 E 53 中。在审计工作底稿 E 2 中反映完成审计程序 3a 的情况。

[2] 对于发现的任何错报,将你建议的调整分录记录在审计工作底稿 E 11 中。然后在审计工作底稿 E 10 更新应付账款导引表。假设经过审阅和与发现偏差或错报的相关人员的讨论,未发现这些错报存在系统化模式,也未发现任何欺诈意图。

Southeast Shoe Distributor 公司
支出循环年末分析性程序和余额测试的审计方案
截至 2011 年 12 月 31 日的财务年度

索引：E 2
编制：JA
日期：2012 年 2 月 28 日
复核：

审计程序	签字	日期	参考
1. 获得应付账款的导引表，执行如下程序：	JA	2012 年 2 月 14 日	E 10
a. 核对上一年年度余额与审计导引表是否一致。	JA	2012 年 2 月 14 日	E 10
b. 核对本年度余额与总账是否一致。	JA	2012 年 2 月 14 日	E 10
2. 打印本年末应付账款供应商账户，执行如下程序：	JA	2012 年 2 月 17 日	——
a. 加总年末供应商账户明细账，并与导引表核对。	JA	2012 年 2 月 17 日	E 10
b. 浏览年末供应商账户中的重大、异常、关联方或借方余额，对识别的项目执行跟踪程序。	JA	2012 年 2 月 17 日	E 50
c. 获得年末前签发的最后五个验收单，确认它们是否恰当地包括在年末供应商明细分类账中。	JA	2012 年 2 月 20 日	E 51
d. 获得年末后签发的前五个验收单，确认它们是否排除在供应商年末明细分类账之外。	JA	2012 年 2 月 20 日	E 51
3. 挑选年末后签发的支票样本并进行如下步骤：	JA	2012 年 2 月 28 日	E 52
a. 检查支出凭据包，确认相关的应付款是否恰当地包括在年末供应商明细账中或是排除在其外。			E 53

Southeast Shoe Distributor 公司
应付账款—导引表
截至 2011 年 12 月 31 日的财务年度

索引：E 10

编制：JA

日期：2012 年 2 月 17 日

复核：

账户	审定余额 2010 年 12 月 31 日	未审余额 2011 年 12 月 31 日	调整		调整后余额 2011 年 12 月 31 日
			借方	贷方	
应付账款（美元）	453 370√	742 704 f,GL			

标记说明：
√——与以前年度审计导引表一致，无例外（审计步骤 1a）；
GL——与 2011 年 12 月 31 日的总账一致，无例外（审计步骤 1b）；
f——与 2011 年 12 月 31 日应收账款供应商的明细账余额总计一致，无例外（审计步骤 2a）。

South Shoe Distributor 公司

支出循环—建议的调整分录表

截至 2011 年 12 月 31 日的财务年度

索引: E 11

编制:

日期:

复核:

账户	借方	贷方
解释:		
解释:		
解释:		
解释:		

Southeast Shoe Distributor 公司
非正常余额—支出循环应付账款
截至 2011 年 12 月 31 日的财务年度

索引：E 50
编制：JA
日期：2012 年 2 月 17 日
复核：

供应商	余额
没有发现重大、异常、关联方或借方余额。结论如下。	

执行的后续程序：

审阅年末供应商账户（审计步骤 2b），未发现重大、异常、关联方或借方应付账款余额。因此，不需要执行后续程序。

Southeast Shoe Distributor 公司
余额的非抽样测试—支出循环应付账款
截至 2011 年 12 月 31 日的财务年度

索引：E 51

编制：JA

日期：2012 年 2 月 20 日

复核：

程序： 2011 年 12 月 31 日签发的最后一个验收单编号是 2810。检查年末前签发的最后五张验收单，以及年末后签发的前五张验收单相关的支出凭证、供应商发票和采购订单；检查确认这些业务是否被恰当地列入在 2011 年 12 月 31 日的供应商明细账中或排除在其外（审计步骤 2c 和 2d）。
异常/错报： 未发现错报。
结论： 审计步骤 2c 和 2d 的结果表明，对于采购交易，没有恰好发生在年末前后的截止期方面的重大错报。

Southeast Shoe Distributor 公司
余额非统计测试的抽样计划—支出循环
截至 2011 年 12 月 31 日的财务年度

索引：E 52
编制：JA
日期：2012 年 2 月 28 日
复核：

样本结构	开始 文件编号或页码	截止 文件编号或页码	样本规模
年末期后签发的支票	7 431	7 584	40

样本选择方案：
使用随意选择方法得到年末期后签发的支票样本。

样本：支票编号

样本项目	样本参考	样本项目	样本参考	样本项目	样本参考	样本项目	样本参考
1	7 434	16	7 488	31	7 531		
2	7 441	17	7 496	32	7 536		
3	7 442	18	7 498	33	7 541		
4	7 444	19	7 501	34	7 546		
5	7 452	20	7 502	35	7 552		
6	7 453	21	7 503	36	7 553		
7	7 456	22	7 505	37	7 560		
8	7 459	23	7 506	38	7 573		
9	7 466	24	7 514	39	7 579		
10	7 467	25	7 515	40	7 581		
11	7 468	26	7 518				
12	7 473	27	7 520				
13	7 476	28	7 521				
14	7 479	29	7 523				
15	7 486	30	7 527				

Southeast Shoe Distributor 公司
余额非统计测试的评价—支出循环应付账款
截至 2011 年 12 月 31 日的财务年度

索引: E 53

编制:

日期:

复核:

单位:美元

错报:	**记账金额**	**审定金额**	**错报金额**
样本错报总金额			
推断的错报:			
样本错报金额			
样本金额		÷	184 583.10
样本错报金额比例		=	
相关账簿记录的总体金额		×	742 704.11
推断的总体错报金额		=	
允许的抽样风险			
可容忍错报			40 000.00
推断的总体错报金额		−	
记录的调整		+	
允许的抽样风险		=	
结论:			

第十一部分 编制和复核审计工作底稿

案例 11.1 The Runners Shop ························ 331
——应付票据审计工作底稿可提供的法律支持

其他与本章内容相关的案例：

第九部分 库存现金、公允价值及销售收入审计 ··············· 219

第十部分 Southeast Shoe Distributor 公司 ····················· 267
——一个审计模拟

案例 11.1 The Runners Shop

——应付票据审计工作底稿可提供的法律支持*

学习目标

在学习和讨论本案例后,你可以:

[1] 阅读审计人员编制的可支持应付票据管理层认定的审计工作底稿。

[2] 辨认应付票据部分审计工作底稿中存在的缺陷。

[3] 强调由审计师未能正确记录已完成的审计工作对审计失败的影响。

简介

The Runners Shop(以下简称为"TRS")是一个 17 年前创立的家族企业,创立者是 Robert 和 Andrea Johnson。2011 年 7 月,TRS 面临着严重的资金短缺以致其申请了破产保护。在它停止经营之前,TRS 主打的产品是运动鞋及相关产品的零售业务。TRS 2010 年年报显示其净销售额为 2 217 292 美元,净亏损 50 980 美元。和之前年度相同,第二、四季度的销售情况比较好,而第一季度的销售状况最差。

公司的基本战略是相较于体育用品大型专卖店提供更高级的客户服务。为了实施这一战略,公司雇用了大学运动员作为销售人员,并对他们进行培训,培训的主要内容是公司策略及运动鞋介绍,以使他们纠正自身的运动误区。这种策略使得 TRS 在弗吉尼亚州的 Charlottesville 最初营业阶段便建立了非常忠实的客户。由于在 Charlottesville 的销售如此火爆,Robert 和 Andrea 决定在另外三个市场扩张,分别是弗吉尼亚州的 Richmond、马里兰州的 College Park 和北卡罗来纳州的 Raleigh。

但不幸的是,扩张效果并未如 Robert 和 Andrea 预期的那样。他们预期起初的三年,新区域的开发将会很困难,但之后将迎来显著的增长。但事与愿违,预期的增长并未出现,经过四年的经营,扩张区域的店铺仍旧处于亏损之中。于是在 2011 年 7 月,Robert 和 Andrea 在耗尽了几乎所有的个人资产后,他们意识到无法坚持下去,只好申请破产保护。

---

* 本案例是由北卡罗来纳州立大学的 Mark S. Beasley 博士和 Frank A. Buckless 博士以及杨百翰大学的 Steven M. Glover 博士和 Douglas F. Prawitt 博士编写的,作为课堂讨论的基础。TRS 是一家虚构的公司,所有涉及的人物和姓名也是虚构的。如有雷同,纯属巧合。

破产导致债权人起诉 TRS

第一商业银行提供的短期信贷额度为 10 万美元,TRS 可以用这笔钱来弥补销售高峰期前购买商品的现金支出。贷款协议要求 TRS 在 2011 年 7 月的最后一个交易日前还清它未偿付余额。当 TRS 从一家扩张到四家时,国家银行和信托公司向其提供了分期付款贷款。该贷款协议要求 TRS 每月汇寄利息以及本金。作为贷款协议中的条件,两借款人均要求 TRS 提供经审计的年度财务报告。

不幸的是,由于 TRS 破产,两家借款机构都失去了对 TRS 的高额贷款。与此同时,两家借款机构共同起诉了为 TRS 年度财务报告进行审计的审计师,Green and Brown 有限责任合伙事务所(以下简称为“Green and Brown”)。诉讼宣称审计公司没有按照一般公认的审计准则进行审计,导致了两家银行被误导,以至于最终无法收回高额贷款。

原告(第一商业银行以及国家银行和信托公司)和被告(Green and Brown)的代理律师正在进行确认程序。确认程序的目的是确定证据对双方都适用并能促进案件的合理解决。

审计信息

Green and Brown 在之前的十年中一直对 TRS 的财务报告进行审计。因为 TRS 不是上市公司,所以 Green and Brown 按照非上市公司审计准则对该公司进行审计。事务所对该公司 2010 年和 2009 年财务报告出具的审计报告见附件。

2010 年参与 TRS 年度财务报告审计的工作人员有以下四位:审计合伙人,Pete Letterman;审计经理,Carol Maddox;高级审计员,Mary Lewis;普通审计员,Joe Manaker。他们都在以前年度参与过对 TRS 的审计。与 TRS 应付票据审计相关的审计程序及审计工作底稿附在后面。Joe 负责该领域的审计工作而 Mary 负责对其工作进行审核。Green and Brown 的审计工作底稿指南作为审计信息的一部分,同样在后文列出。

与审计项目相关的信息

目前你与诉讼支持公司一起工作,该公司的工作目标为确认 Green and Brown 在所完成审计工作中的缺陷。你被要求对负责审计的事务所提供的与 TRS 应付票据相关的工作底稿进行核查。核查这一部分相关审计工作底稿的目的,是确认审计师在审计工作中存在疏漏的表现方式,从而支持原告对审计师有疏忽行为的指控。

要求

[1] 描述审计工作底稿的所有目标并解释每一个目标的重要性。

[2] 审阅 Green and Brown 的审计工作底稿指南，并解释为何审计公司希望在它的审计工作底稿中包含每一个列示的项目。

[3] 审阅 Green and Brown 提供的与 TRS 公司应付票据审计相关的工作底稿，并列示出工作底稿中存在的缺陷。

[4] 由于 TRS 为非上市公司，Green and Brown 对其进行的审计工作并未被要求须遵守公众公司会计监管委员会的审计准则。尽管如此，请浏览公众公司会计监管委员会网站并研读准则第三号"审计工作底稿"(网址为 www.pcaob.org)。该准则要求审计工作底稿包含足够多的信息，以确保有经验的、未参与工作的审计人员达到两个目标。这两个目标是什么？你是否认为本案例中的审计工作底稿达到了上述两个目标？请做出解释。

附件 1

独立审计师报告

致 TRS 总裁 Robert 和财务总监 Andrea Johnson：

我们审计了 TRS 公司 2009 年及 2010 年 12 月 31 日的资产负债表以及截至该日年度的利润表、保留盈余表和现金流量表。这些会计报表的编制是 TRS 公司管理层的责任，我们的责任是在实施审计工作的基础上对这些会计报表发表意见。

我们按照美国通用审计准则计划和实施审计工作，以合理确信会计报表是否不存在重大错报。审计工作包括在抽查的基础上检查支持会计报表金额和披露的证据，评价管理层在编制会计报表时采用的会计政策和做出的重大会计估计，以及评价会计报表的整体反映。我们相信，我们的审计工作为发表意见提供了合理的基础。

我们认为，上述会计报表符合《美国通用会计准则》的规定，在所有重大方面公允反映了 TRS 公司 2009 年及 2010 年 12 月 31 日的财务状况以及截至该日年度的经营成果和现金流量。

Green and Brown

Charlottesville，弗吉尼亚州
2011 年 3 月 4 日

Green and Brown 事务所指南
——审计工作底稿

下面所列示的是与编制审计工作底稿相关的事务所指南:

- 标题——审计工作底稿中包含的每一个表或文件都应该列示客户姓名、内容描述以及财务报告年度截止日期。
- 表与文件的来源——客户提供的表或文件应该明确地指出。
- 完成的工作——每个表或者文件都应该包括审计人员的签字以及工作完成的日期。
- 索引——每一个表和文件应该编制索引号,以便工作完成后归档以及文件之间的参考。
- 交叉索引——一个表或文件中的信息一旦被另一个表或文件分享或使用,应该通过分别在两张表或者文件中(在信息中尽量接近)列示索引编号而形成交叉索引。
- 标记(脚注)解释——应该包含在每一个表或文件中用以表达所完成的工作。

2009 年 12 月 7 日批准通过

The Runners Shop

融资和投资循环—短期和长期借款审计程序

截至 2010 年 12 月 31 日的财务年度

索引: FI 4

编制: JM

日期: 2011 年 1 月 14 日

复核: ML

审计程序	执行人	日期	索引
1. 与应付账款的借款人核对借款合同内容。	JM	2010 年 12 月 31 日	FI 114-1 FI 114-2
2. 获得客户提供短期和长期借款的明细表:	JM	2011 年 1 月 14 日	FI 110
a. 交叉确认表格。	JM	2011 年 1 月 14 日	FI 110
b. 将以前年度余额数据与以前年度审计工作底稿进行核对。	JM	2011 年 1 月 14 日	FI 110
c. 将本年度余额与总账及试算平衡表进行核对。	JM	2011 年 1 月 14 日	FI 110
3. 获得客户提供的应付票据的核对表:	JM	2011 年 1 月 14 日	FI 111
a. 加总并交叉汇总确认各表格的数据。	JM	2011 年 1 月 14 日	FI 111
b. 将以前年度余额数据与以前年度审计工作底稿进行核对。	JM	2011 年 1 月 14 日	FI 111
c. 将本年度余额与总账及试算平衡表进行核对。	JM	2011 年 1 月 14 日	FI 111
d. 将财务报告的各项余额与导引表数据核对。	JM	2011 年 1 月 14 日	FI 111

（续）

审计程序	执行人	日期	索引
e. 将年末余额及期限与函证结果核对。	JM	2011 年 1 月 14 日	FI 111 FI 114
f. 根据贷款协议对当期以及长期部分的票据进行重新计算。	JM	2011 年 1 月 14 日	FI 111
g. 审核现金收入日记账以及固定资产变动表，考查是否所有债务均在导引表恰当反映。	JM	2011 年 1 月 14 日	—
h. 核对银行存款对账单，考查是否所有债务都在导引表中恰当反映。	JM	2011 年 1 月 14 日	FI 111
4. 根据交付利息的最后一个交易日，重新计算年末每一笔未偿还贷款的应计利息。	JM	2011 年 1 月 14 日	FI 112
5. 用平均贷款余额与合理的利率相乘，测试利息支出的合理性。	JM	2011 年 1 月 14 日	FI 113
6. 审阅所提供的贷款协议条款，考查是否存在违约。	JM	2011 年 1 月 14 日	FI 111
7. 对应付票据的公允表达总结结论。	JM	2011 年 1 月 14 日	FI 110

The Runners Shop

融资和投资循环—短期和长期借款导引总表

截至 2010 年 12 月 31 日的财务年度

索引：FI 110

PBC

编制：JM

日期：2011 年 1 月 14 日

复核：ML

单位：美元

会计科目名称与说明	2009 年 12 月 31 日余额	2010 年 12 月 31 日余额	净调整额	2010 年 12 月 31 日经调整的余额	
应计利息	747.67	1 344.71		1 344.71	cf
	FI 112,PY	FI 112,GL			
应付票据——短期	51 083.40	65 676.52		65 676.52	cf
	PY	FI 111,GL			
应付票据——长期	66 053.47	48 836.95		48 836.95	cf
	PY	FI 111,GL			
利息费用	14 669.79	14 199.73		14 199.73	cf
	FI 113,PY	FI 113,GL			

注：长短期应付票据在 2009 年 12 月 31 日资产负债表中合计为 117 856.87 美元，索引号为 FI 111。

标记含义：

PY——与上年工作底稿相符；

G/L——与总账及试算平衡表核对相符；

cf——交叉相加汇总核对无误。

The Runners Shop
融资和投资循环——应付票据导引表
截至 2010 年 12 月 31 日的财务年度

索引: FI 111

PBC

编制: JM

日期: 2011 年 1 月 14 日

复核: ML

单位:美元

借款人	贷款期限	2009 年 12 月 31 日余额	增加额	减少额	2010 年 12 月 31 日余额	本期部分	非本期部分	
第一商业银行√	10%,√10 万美元的短期贷款额度,√每月最后一天计算利息,未偿还贷款余额于 7 月的最后一天到期,无抵押物√	43 090.00 PY	149 360.00 cj	143 990.00 cj	48 460.00 √	48 460.00 rc	0	Σ
国家银行和信托公司√	12%,√分期付款票据,√本金和利息于每月的第一天到期,无抵押物√	74 766.87 PY	0	8 731.40	66 053.47 √	17 216.52	48 836.95	Σ
总计		117 856.87	149 360.00	152 703.40	114 513.47	65 676 552	48 836.95	Σ
		FI 110 PY f	f	f	f	FI 110 GL f	FI 110 GL f	

标记含义:

PY——与上年审计工作底稿相符;

G/L——与总账及试算平衡表核对相符;

f——加总复算无误;

√——与函证相符;

cj——与 2010 年现金收入及支出日记账相符;

rc——依据票据期限重新计算无误;

Σ——本期部分与非本期部分加总与余额总数核对相符。

注释:

A) 银行函证结果显示,所有银行债务均已列示在此表中。

B) 对于两个贷款协议的审核,发现 TRS 违反了国家银行和信托公司的协约中禁止贷款给公司高管的条款。Robert Johnson 在过去两年中从 TRS 获得了 5 000 美元的小额贷款,他解释说国家银行和信托公司对贷款协议表示了认可。

C) 审核现金收入日记账,考察是否有大额现金流与新增贷款有关。发现的唯一此类收入已经包括在上面的第一商业银行增加额栏目中。

The Runners Shop
融资和投资循环——应计利息导引表
截至 2010 年 12 月 31 日的财务年度

PBC

索引：FI 112
编制：JM
日期：2011 年 1 月 14 日
复核：ML

单位：美元

贷款人	2009 年 12 月 31 日余额	2010 年 12 月 31 日余额	利息最后支付日
第一商业银行	0 PY	0 rc	2010 年 12 月 31 日
国家银行和信托公司	747.67 PY	1 344.71 rc	2010 年 12 月 1 日
应计利息总额	747.67 PY，FI 110，*f*	1,344.71 GL，FI 110，*f*	

标记含义：
PY——与上年审计工作底稿相符；
GL——与总账及试算平衡表核对相符；
rc——依据票据期限和最后利息支付日重新计算无误；
f——加总复算无误。

The Runners Shop
融资和投资循环——利息支出导引表
截至 2010 年 12 月 31 日的财务年度

PBC

索引：FI 113
编制：JM
日期：2011 年 1 月 14 日
复核：ML

单位：美元

贷款人	2009 年 12 月 31 日利息支出	2010 年 12 月 31 日利息支出
第一商业银行	5 185.97 PY	5 696.61
国家银行和信托公司	9 483.82 PY	8 503.12
利息支出总额	14 669.79	14 199.73
	PY，FI 110，*f*	GL，FI 110，*f*

利息支出分析程序

(43 090 + 48 460)/2 × 10% FI 111　FI 111　FI 111	=	4 577.50	c
(74 766.87 + 66 053.47)/2 × 12% FI 111　FI 111　FI 111	=	8 629.22	c
预期的利息支出	=	13 206.72 f	

标记含义:

PY——与上年审计工作底稿相符;

G/L——与总账及试算平衡表核对相符;

f——加总复算无误;

c——审计师计算。

注释:

实际利息支出和累计利息支出之间的差额为 993.01 美元(14 199.73 - 13 206.72)。这是由于短期的信贷额度随每月的公司销售情况而变化造成的。累计数额与实际数额之间不存在本质性差异,因此无须进行额外的工作。

The Runners Shop

Barracks 路 1000 号

Charlottesville, VA22908

索引: FI 114-1

编制: JM

日期: 2011 年 1 月 14 日

复核: ML

2010 年 12 月 31 日

Charles M. Banker 先生

第一商业银行

华盛顿,DC 20001

亲爱的 Banker 先生:

与 The Runners Shop 2010 年 12 月 31 日及截至该日财务年度的财务报表审计相联系,我们向我们的独立审计师提供了以下列示的信息,我们认为这些信息全面且准确地描述了贵机构在截至 2010 年 12 月 31 日经营日期提供信用额度的要求等相关信息。虽然我们并不要求或者期望你们进行全面、详细的记录搜寻,但是当贵机构在完成询证函的过程中发现有额外贷款时,请将有关信息列示在下面:

- 公司在贵机构的信贷额度总计为 10 万美元。现阶段信贷额度的条款体现在 2001 年 11 月 15 日签署的协议书中。截至 2010 年 12 月 31 日,未偿还贷款为 48 460 美元。
- 根据贷款协议相关条款,未使用的信贷额度在 2010 年 12 月 31 日为 51 540 美元。

- 在经营截止日 2010 年 12 月 31 日，贷款利率为 10%。
- 信贷额度并未要求任何补偿性余额。
- 信贷额度不支持任何的商业票据和其他任何借款安排。

请签字确认关于信贷额度的信息是正确的，并请将此信直接寄给以下地址：Green and Brown 有限责任合伙事务所，Hill 大街，邮编是 22905。

此致

Robert Johnson

The Runners Shop，总裁

亲爱的 Green and Brown 有限责任合伙事务所：

上述信息关于信贷额度的信息与本机构的记录相同。尽管我们并未进行全面、详细的记录搜寻，但并未发现其他信贷额度的相关信息。（例外情况如下或在附加的信中）

没有例外

第一商业银行

签字：Charles M. Banker，贷款部副主任 （职位和姓名）　　2011 年 1 月 10 日 （日期）

标准格式确认函

金融机构账户余额信息

索引：FI 114-2

编制：JM

日期：2012 年 1 月 16 日

复核：ML

原件

请寄至审计师

金融机构　［国家银行信托公司］

名称地址　弗吉尼亚州 Roanoke 市

Main 街 100 号

［邮编：24014］

Wally 公司

客户名称

我方已根据存贷款余额信息将2011 年 12 月 31 日之前的下列信息提供至审计师。请就提供的资料确认信息的准确性，并指出是否存在异常。如果余额为空，请在合适空白处填写余额完成表格。虽然我方不要求和期望贵方进行全面、详细的记录搜寻，如果在完成询证函中有关额外其他存款贷款账户信息的过程中，发现我方需要贵方给予关注的事项，请在回函中说明有关信息。请使用随附的信封直接将表格寄至我方审计师。

1. 至上述企业截止日期,我方记录显示存款余额如下:

账户名称	账户编号	利率	余额
无			

2. 至上述企业截止日期,我方对以下贷款余额负有直接责任:

账户编号/描述	余额(美元)	到期日	利率	利息支付日	抵押物描述信息
086-738950/分期付款票据	66 053.47	每月分期付款 起始期 2009 年 2 月 1 日	12%	2010 年 12 月 1 日	无

Robert Johnson　　　　　　　　　　　　2010 年 12 月 31 日
客户授权签名　　　　　　　　　　　　　(日期)

客户提供的上述资料与我方记录一致。虽然我方并未进行全面、详细的记录搜寻,但除下述标注信息之外,我们并未关注到其他存贷款账户信息。

Brian G. Lender　　　　　　　　　　　　2011 年 1 月 11 日
(金融机构授权签名)　　　　　　　　　　(日期)
贷款部副主任
(职位)

例外事项或注释
无例外事项

请将回复函寄至审计师:[Green and Brown]
有限责任合伙事务所
Hill 街 1 号
[Charlottesville, VA22905]

一般地,在本表进行编制时余额不能被获取的情况下,余额处为空白。

本规范在 1990 年被美国银行组织、美国公共会计认证机构、银行准入机构联合批准通过。若还需要其他的表格,可以通过以下方式获得:纽约 P. O. 1003 信箱 AICPA-订购部,邮编:10108-1003。

The Runners Shop

审计回顾导引表

截至 2010 年 12 月 31 日的财务年度

索引：______________

编制：______________

日期：______________

#	错误或重要事项描述记录
(1)	在 FI 110 的注释中没有定义 PBC。
(2)	在表 FI 110 中对应付票据的公允性(审计步骤 7)没有给出结论。

The Runners Shop

审计回顾导引表

截至 2010 年 12 月 31 日的财务年度

索引:________________

编制:________________

日期:________________

#	错误或重要事项描述记录

第十二部分

完成审计工作、向管理层汇报和外部报告

案例 12.1 EyeMax 公司 …… 345
——评估审计差异

案例 12.2 Auto Parts 公司 …… 350
——评估会计政策和注释披露时考虑重要性

案例 12.3 K&K 公司 …… 352
——在制造业环境中利用审计结果提供有价值的意见

案例 12.4 Surfer Dude Duds 公司 …… 357
——考虑持续性经营假设

案例 12.5 Murchison 技术公司 …… 360
——评估律师答复和确定合适类型的审计报告

案例 12.6 Going Green …… 366
——可持续发展与外部报告

案例 12.1 EyeMax 公司

——评估审计差异*

学习目标

在学习和讨论本案例后,你可以:

[1] 评估对客户财务报告所提出的调整。

[2] 了解如何支持你的报告或者排除调整项目的决策。

[3] 理解在决定调整的最低限度,特别是客户不予调整时专业判断的影响。

简介

以下信息是有关 EyeMax 公司的审计情况。该客户采用日历年度作为财务年度。EyeMax 公司签署的贷款协议与公开发行债券相联系,需要提供经审计的财务报告。公司在历史上和现在都一直遵守债务协议约定条款,而且,管理层认为拥有经审计认定符合一般会计准则的财务报告对股东来说是非常重要的,它还是一个良好的经营行为。

假设审计的现场调查部分已经全部完成。目前,你需要考虑几个在"未调整的错报汇总表"中所列示的项目。"未调整错报汇总表"列示了审计人员在对客户的财务报表审计的过程中发现的、财务报表中潜在或已经提出的需更正事项。有关"未调整错报汇总表"中所列示的项目的额外细节信息将在后面的部分中提供。依据所提供的信息,你要确定如果出具清洁审计意见,需要对财务报表做出的(如果存在的话)最低限度的调整。

因为审计人员无法要求客户对不重要项目进行调整,所以你应当谨慎运用重要性来评估错报。尽管及时纠正审计过程中发现的每一个错误是一个良好的做法,但有时在后续期间进行调整也是有合理性的。因此,即使一个客户未遵守一般会计准则进行有关经济事项的会计处理,除非影响是重大的,调整也并非必需的(也就是说,一个单项的调整超过了单个会计账户的可容忍错报,或者说所有错报的汇总数超过了考虑相关定性因素后的整体的重要性水平)。最后,你会被问及几个与你的决策相关的问题。请在回答问题之前认真地考虑参考的信息。

---

* 本案例是由北卡罗来纳州立大学的 Mark S. Beasley 博士和 Frank A. Buckless 博士以及杨百翰大学的 Steven M. Glover 博士和 Douglas F. Prawitt 博士编写的,作为课堂讨论的基础。此案例改编自 D. Burgstahler, S. Glover, and J. Jiambalvo, *Auditing: A Journal of Practice and Theory*, (2000, Vol. 1, page 79)。EyeMax 公司是一家虚构的公司,所有涉及的人物和姓名也是虚构的。如有雷同,纯属巧合。

背景

客户业务性质

EyeMax 公司是一家从事研发、生产、销售眼科手术中使用的医疗器械的公司。公司的主要客户是眼科医师以及进行激光矫正的眼科门诊。医学博士 Wayne Carruth 在1986年创立了这家公司,主要生产由他自主设计的在眼科手术中使用的医疗器械。几年前,EyeMax 公司着手开发将在视神经手术中大有前景的激光技术。EyeMax 公司正在飞速发展,特别是在最近几年的市场份额上有了显著的提高。EyeMax 公司目前是眼科器械的第三大供应商,占据了 25% 的市场份额并拥有 425 名员工,而这个数字在两年前仅仅是 285。EyeMax 公司 30% 的股份属于 Wayne Carruth 以及他的家族。另外40% 的股份归雇员所有,这其中比例最大的个人股份占到了 10%,风险投资人以及其他不多的外部投资者拥有剩余的股份。公司的股份可以在柜台(over-the-counter, OTC)公告板[①]市场上进行交易。

会计环境、风险评估和审计方法

会计部门雇用了 8 个不同背景的人:总会计师是一名注册会计师,会计主管和工资主管都拥有商学院的本科学历,剩下的 5 名员工只经过了有限的培训并且工作经验也很少。尽管在内部控制上并不存在任何重大缺陷,但是会计部门却无法跟上产品和销售部门快速增长的步伐,这使得整个部门都在超负荷工作。尽管关键性风险控制仍在运作,但并不总是很及时。在审计的计划阶段,固有风险以及可控风险都被设定在小于最大值水平,但是审计计划所采用的审计方法主要依赖于实质性测试。

管理层对审计建议调整的立场

EyeMax 公司作为事务所的审计客户已经有五年的时间。之前的审计检测出了一般性会计错误,而 EyeMax 公司的管理层也按照建议进行了初步调整。当客户已经纠正了所有以前年度确定的差异之后,就不存在来自于以前年度的影响了。此前,审计报告通常在 2 月底之前完成。今年,由于其他客户的审计完成日期的压力以及事务所自身的人员问题,EyeMax 公司的审计现场调查在 2 月底还未完成。但是,EyeMax 公司的总裁,在没有和事务所进行咨询的前提下,就在 2 月的最后一周向股东和债权人提供了初步的盈利信息。现在已经是 3 月中旬,总裁强烈希望尽量减少对财务报告的调整,因为他认为这样的调整会降低股东和债权人的信心。他认为,除非对公允表达极为重要,

① OTC 公告板(OTC bulletin-board, OTCBB)是一个即时调节的报价系统,它可以展示最新价格、最近成交价以及交易量信息在柜台的证券系统。OTC 证券系统是交易那些并未在纳斯达克或者美国证券交易所上市或挂牌的股票。OTCBB 证券系统包括了国家、地区以及外国的股票交易、认股权证、存托凭证、单位交易以及直接参与交易。更多信息请登陆 www.otcbb.com 查看。

否则就没有必要进行调整。你们公司的管理合伙人已经被告知这种状况和客户的要求。她还没有研读下面提供的细节信息，但是她同意了管理层的意见，认为除非违背审计实务准则，否则审计小组不应该要求作出调整。

重要性水平

根据计划阶段以及审计具体实施阶段的具体状况，整个财务报告的重要性水平被定为 625 000 美元。这个数额约等于税前利润的 5%（因为重要性水平是以税前为基础，所以以下提供的所有信息都是以税前的方式反映）。根据事务所的政策，每一个财务报告项目的可接受错报的水平不能超过总体重要性水平的 75%。

列入"未调整错报汇总表"中的错报

在"未调整错报汇总表"中提出了四个需要调整的事项。存在差异的部分分别是保修费用、维修与维护费用、诉讼费用以及应收账款。所有在"未调整错报汇总表"中的项目都已经和客户进行了讨论，客户同意审计师的意见。但是，由于之前进行过讨论，客户并不希望在本年度审计报告中调整这些项目。前三项调整是基于非抽样程序进行了计算和估计，最后一个项目的差异是依据审计抽样形成的。样本从应收账款中选取，样本的大小由该账户可接受的错报水平、被测试总体中预计的错报水平以及可接受的风险水平三者共同决定。

保修费用

根据以下信息，保修费用被低估了 13 万美元。EyeMax 公司对所有的产品书面承诺一年保修，保修费用根据本年销售水平来估计。但是，在过去的两年中，公司做出的口头承诺是，在两年的时间内对其销售的产品提供保修服务。公司已经兑现了这个口头承诺并希望继续保持下去以改善和客户的关系。因为保修政策中的这个变化，对于当前年度保修费用的估计应当额外增加 13 万美元。

维修与维护费用

本年度的维修和维护费用被低估了 20 万美元。客户不恰当地资本化了在生产线改进方面发生的 24 万美元成本。因为维修并不成功，所有花费应该计为当期费用。但是，客户只将资本化总额的六分之一以折旧费用的方式计入本年度，因此，扣除已经计入的折旧费用，本年度的费用就被低估了 20 万美元。

诉讼费用

产品的诉讼费用被高估了 5 万美元。客户针对产品的法律责任购买了抵扣额为 5 万美元的产品责任险。客户在产品责任方面有非常良好的记录。年末，存在一个悬而未决的产品责任诉讼，尽管损失发生的可能很小，但是客户为了应对潜在的损失，仍旧保守地估计了5万美元的费用。年末不久，针对这个案件的判决表明公司不需要承担责任。

应收账款

对于应收账款的主要审计工作之一是对客户的顾客账户的期末余额进行函证。在年末，EyeMax公司有1 545名客户的应收账款、账面价值约为1 260万美元。经过初步估计，事务所随机选择了40个账户进行积极式询证。客户答复有差异或者询证未得到答复后实施替代程序的结果显示共有四项错报，这些项目的具体情况反映在下表。所有的错报看起来都是无意的（例如，在计费中使用了不正确的价格），但是造成的最终影响是在年末高估了应收账款（销售额）。

附件1

项目编号	客户编号	客户名称	客户账面余额	审定余额	差异
1	998	Clear Vision Clinic	14 226	10 562	3 664
2	1 963	South Cleveland Ophthalmologists	6 871	4 332	2 539
3	1 133	Saint Luke's Medical Center	1 995	1 551	404
4	2 479	Speedy Eye Center	25 587	23 532	2 055
5—40		所有其他样本中的应收账款公司	277 457	277 457	0
		总计	**326 096**	**317 434**	**8 662**

未调整错报汇总表

下列项目被记录在了未调整项目中：

	保修费用 已知错报
	130 000
维修与维护费用	200 000
诉讼费用	-50 000
应收账款（销售额）	8 662
对利润的净高估	**288 662**

要求

假设你是负责审计 EyeMax 公司的审计师，现在是 3 月 30 日，所有计划的现场审计工作都已经完成。假设财务报告的重要性水平被定为 625 000 美元。根据所提供的信息，回答下面的问题。

[1] 下面哪个描述是对 EyeMax 公司出具清洁审计意见最合适的情形？

________ a. 除非 EyeMax 公司愿意对“未调整错报汇总表”中所有的项目加以纠正，否则我不会出具清洁的审计意见。

________ b. 我愿意在对建议的调整事项不做任何纠正情况下，直接出具清洁的审计意见。

________ c. 除非 EyeMax 公司愿意对“未调整错报汇总表”中的某些项目在财务报告中做出相应调整，否则我不会出具清洁的审计意见。

简单解释你的选择。

[2] 如果你在问题 1 中选择了“a”或者“b”，假设现在客户决定对他们的财务报告做出最多 25 万美元的调整。请对“未调整错报汇总表”列示的需调整事项进行分解，在下面提供的空白之处解释你会推荐客户对四个单独的会计项目做出怎样的调整（例如，你会对保修费用或者修理与维护费用做出怎样的要求，四个单独项目的调整总价值不应超过 25 万美元）。

如果你在问题 1 中选择了“c”，你会给出清洁审计意见要求的最低调整额为________美元。请在下面提供的空白之中分别解释你会推荐客户对四个单独的会计项目做出怎样的调整（比如你会对保修费用或者维护费用做出怎样的要求，四个单独项目的调整总价值不应超过你所要求的最低调整额）。

保修费用____________________

维修与维护费用______________

诉讼费用____________________

应收账款____________________

总计________________________

简单解释你的决策。

案例 12.2　Auto Parts 公司

——评估会计政策和注释披露时考虑重要性*

学习目标

在学习和讨论本案例后,你可以:

[1] 对财务报告重要性做出合理估计并辨别影响重要性估计的定性因素。

[2] 理解会计政策变更时注释披露及审计可能涉及的问题。

[3] 评估客户在会计处理及披露中偏好的合理性。

背景

Auto Parts 公司(以下简称为"该公司")是以生产和销售汽车配件为主的美国三大汽车配件制造商之一。公司未经审计的 2011 年度财务报告显示,其总资产为 5 600 万美元,总收入约为 7 300 万美元,税前利润为 600 万美元。公司 2010 年度的经审计的财务报告显示,其总资产为 4 700 万美元,总收入为 6 000 万美元,税前收入为 500 万美元在。在过去的五年中,公司每股收益稳定增长,累计收益增长了 140%。

2011 年,公司大幅增加了在平台建设以及固定资产上的支出以适应刹车阀部门订单的不断增长。同时,公司大幅度增加了模具用品的存货,这主要由钻头和制造过程中的机械零件组成。增加模具用品存货的原因是其磨损较快并需要持续地更换。

在之前的年度,公司在购买模具用品时直接计入费用。但是自 2011 年年初起,主计长和财务总监一致决定,模具资本化是一个可取的会计方法。于是,公司改变了其会计政策,在模具投入使用前,将模具用品记为"其他流动资产"。当模具用品投入使用时,公司进行会计处理:将使用的模具用品记资产的减少和费用的增加。

在前一年,即 2010 年,公司共发生大约 65 万美元的模具用品费用,并在年末时持有 35 000 美元的未使用模具用品。这部分模具用品并未计入该公司 2010 年 12 月 31 日的资产负债表的资产项目中。2009 年 12 月 31 日未使用的模具用品数额很小。在 2011 年,该公司购买了 133 万美元的模具用品,并在一年之中使用了 100 万美元的模具用品(在本年度开始时 35 000 美元的未使用模具用品除外)。在 2011 年年末该公司

---

* 本案例是由北卡罗来纳州立大学的 Mark S. Beasley 博士和 Frank A. Buckless 博士以及杨百翰大学的 Steven M. Glover 博士和 Douglas F. Prawitt 博士编写的,作为课堂讨论的基础。Auto Parts 公司是一家虚构的公司,所有涉及的人物和姓名也是虚构的。如有雷同,纯属巧合。

模具用品数量的增加反映了公司的预判，因为管理层认为模具用品的价格将会在 2012 的第一或者第二季度上涨。正因如此，在截至 2011 年 12 月 31 日的年度未经审计的财务报告中，有 100 万美元的模具用品费用反映在损益表，有 33 万美元的流动资产反映在资产负债表中。大约 35 000 美元的去年年末在用的模具用品，并未包括在 100 万美元的模具用品费用中，因为这些成本在 2010 年已经依据旧的会计政策计入费用了。

你的会计公司是该公司的外部审计师，主计长和财务总监要求你的公司对于该事项是按照会计政策变更、会计估计变更还是差错更正进行会计处理和披露提出建议。客户认为，该变更对于财务报告没有重大影响，不需要在 2011 年的财务报告中进行披露。同时，客户特别不希望按照会计政策变更处理，这样在 2011 年的比较财务报表中 2010 年的有关数据不需要调整，而 2011 年的财务报告也不需要增加引起关注的说明而只反映新政策下的状况（也就是说在 2011 年，相对之前的会计政策来说，其费用减少，其他流动资产增加）。

要求

[1] 说明你是否同意“Auto Parts 公司将模具用品资本化是更好的会计处理方法”的看法。

[2] 假设该项政策变更被认为是有重大影响的，那么在 2011 年财务报告中应该如何描述和披露，如果存在对审计报告的影响，那么会产生怎样的影响？

[3] 大体上说，审计师应如何确定财务报告的重要性？对于 Auto Parts 公司来说，你如何评估该公司财务报告的重要性？是否存在任何定性因素，影响你对该项会计处理及相关披露的重要性的决策？

[4] 你是否同意管理层的观点，认为该会计变更不重要，因而不需要披露？请阐述理由。

案例 12.3 K&K 公司

——在制造业环境中利用审计结果提供有价值的意见*

学习目标

在学习和讨论本案例后，你可以：

[1] 列出对一家制造业公司的生产过程和库存余额审计时应注意的关键性问题。

[2] 理解在一家制造业公司的财务报告审计中客户成本系统的影响。

[3] 理解如何利用实施审计对客户的深入了解，对客户提供审计服务以外的附加价值。

[4] 利用各个学科领域的知识，形成对审计客户有用的经营洞察力。

简介

Spencer and Loveland 有限责任合伙事务所（以下简称为“Spencer and Loveland”）是一家中等大小的区域性会计公司，坐落于美国西部。K&K 公司是一家生产相框的公司，是事务所的一个新客户，刚刚与 Spencer and Loveland 签约由其负责该公司截至 2011 年 12 月 31 日的财务年度的财务报告审计工作。K&K 公司是一家非上市公司，希望通过提供经审计的财务报告获得条件更为优惠的银行贷款。

Spencer and Loveland 享有在高质量的审计服务之外提供额外管理咨询的良好声誉。它已经成功地利用通过审计获得的洞察力向客户提供建议而成为企业的顾问。由于 K&K 公司目前的会计人员仅仅拥有文员的背景，所以 K&K 公司的管理层迫切地希望获得 Spencer and Loveland 提出的财务建议。因此，审计小组被要求提出改善公司盈利水平和增长速度方面的建议，因为这两项数据从去年开始已经有了恶化的迹象。

K&K 公司原始的、劳动密集型的依客户需求定制的框架生产线已经开始入不敷出。考虑到技术型工人的成本在过去的几年中不断地上升，K&K 公司的产品经理认为公司落后的客户定制框架生产线彻底丧失曾经享有的长期盈利能力只是一个时间问题。他认为，公司定制框架生产线在过去一年利润的下降也使得公司坚定了开拓其他领域新市场的决定。去年年初，K&K 公司研发了大规模生产塑料相框的 RX-1000 系

---

* 本案例是由北卡罗来纳州立大学的 Mark S. Beasley 博士、Frank A. Buckless 博士以及杨百翰大学的 Steven M. Glover 博士和 Douglas F. Prawitt 博士编写的，作为课堂讨论的基础。K&K 公司是一家虚构的公司，所有涉及的人物和姓名也是虚构的。如有雷同，纯属巧合。

统。尽管生产数量相对于生产能力来说还很少,但内部的成本会计报告显示,新的塑料相框生产线利润丰厚。产品经理向 K&K 公司总裁建议,公司应该考虑暂停劳动密集型的定制框架生产线而将更多的精力转到非劳动密集但产量高、边际效率高的塑料相框生产上。

你是一个在 Spencer and Loveland 工作了两年的高级审计师。你和你的审计小组目前在审计 K&K 公司的存货和产品成本系统。你和团队中的初级审计师已经完成了审计项目程序中的大部分审计工作并将你们的发现写到审计工作底稿中。

作为一个高级审计人员,你有义务审核审计工作底稿并向项目经理报告在审计中发现的所有需要关注的事项。而且,项目经理要求你分析客户的存货和产品的现状,以考查是否可以提供有附加值的合理性建议。

背景

K&K 公司成立于25 年前,当时 Kent Shaw 和 Kevin Shaw 兄弟俩在他们父亲的工作室为当地的艺术家定制相片框架。他们很快意识到建立一个为绘画和肖像工作室生产大型相框的工厂会利润丰厚。不出几年,K&K 公司已经成为美国西部赫赫有名的一家制造和生产高质量相框的生产商。K&K 公司主要生产三种按照大小和精致程度来区分的不同型号的相框。该公司的销售对象是肖像工作室、零售商以及其他使用硬木相框的厂家。

由于相框制作的特性,定制相框的产品流程是劳动力密集型的。其中主要的工作都是由人工完成,辅以特殊的雕刻和成型工具。技术工人使用他们的工具将木材进行修整。K&K 公司使用传统的分批成本系统并将间接成本按照直接劳动工时进行摊销。公司生产的相框类型很多,客户们一般按照精致度和材质将它们划分为三种(小、中、大)。

K&K 公司在过去的 25 年中缓慢地发展,利润都在合理的范围内。去年早些时候,管理层决定进入新的相框领域来加速公司发展,这种新的尺寸更小但数量庞大的相框在大多数工艺品店和折扣店销售。公司首先尝试了一种廉价的金属相框。他们购置了两台二手机器来生产这些相框,可以在短时间内拥有很高的产量。但是,相框的质量参差不齐并且销售情况并不好。因此,自从去年下半年开始,机器就被闲置下来,公司决定不再生产这类相框。

K&K 公司目前每月生产 4 000 个定制的硬木相框,也就是说一年生产 48 000 个。在尝试大规模生产金属相框失败后,K&K 公司投资了一个被称为 RX-1000 的新系统。新的系统可以生产标准型号(5 × 7,8 × 10,11 × 14 英寸)的塑料相框,每月可以生产 6 万个,而且质量上差异很小。新的机器设备可以和已经存在的厂房设施相匹配。

尽管新的设备相当得昂贵,但是所需要的劳动力却比定制的硬木相框生产线少得多。根据去年的成本数据,产品经理相信,如果能够保持这个产品的产量和销量增长的话,新设备的投资将会在 2—3 年内收回。去年新生产线的产量约为每月 24 000 个,和 K&K 公司所计划的每年 288 000 个相差无几,而且这远远没有到达 RX-1000 的生产能力。

尽管新的相框在价格上明显要比定制相框廉价得多,但是管理层希望可以通过高产量和高利润率来获得合理的利润。目前为止,K&K 公司的内部数据显示,新生产线的利润即使在目前的产量下也要比预期的高很多,毛利率达到接近 50% 。与此形成鲜明对比的是,定制相框的利润率已经在去年由之前的 9%—10% 下降到 4.9% 。生产部门经理提供了公司两条生产线的成本统计,具体见下页(表 1 和表 2)。

RX-1000 系统由集成到一个系统中的三台机器组成。第一个机器将适当数量的树脂以及其他的液体和粉末状材料混合来生产塑料框架模型;第二个机器根据产品的需要将混合的原材料注入不同型号的模具之中,当材料冷却后,将变硬的相框从模具中取出来,接着进行第三个步骤;然后,第三个机器将相框进行抛光,移除毛刺并插入干净的硬塑料片以起到保护相片的作用。工人们再手工将一张漂亮的年轻夫妇的照片放入相框以吸引消费者的注意,最后进行相框包装、产品运输和销售。

RX-1000 系统的初始成本为 40 万美元。管理层估计三台机器各自的使用年限是六年。K&K 公司采用直线折旧的方法计提折旧。这个新机器并不像定制相框生产线那样需要那么多的直接人工,而只需要一个经过特殊训练的员工操控和监视系统,并由另一个员工放入漂亮的照片和包装相框。

系统的维护成本很高,每两周需要进行维修和维护以保证其有效运转。每次维护循环需要替换一部分零件并涂抹润滑剂,每月维护的人工成本加上必须定期更换的零件成本约为 2 300 美元。日常维护中各项成本的进一步划分将在产品成本预测分析中显示。

起初,由于 RX-1000 系统效率很高,管理层不得不租用一家仓库来存放完成的产品。之后,生产率有所调整,机器不时处于闲置状态直到库存率下降到合理的水平。管理层希望及时完成订单同时避免缺货,这就要求库存和原材料都要保持在合理的水平上。

存货成本包括了直接材料、直接人工以及间接费用。间接费用仍然依据作业活动的工时分摊到两条生产线(定制相框以及塑料相框)。关于 K&K 公司产品成本的更详细的信息将在下页的表格中展示。

要求

[1] 简短地列出并解释在 K&K 公司生产和存货领域存在的主要审计风险。

[2] 辨别 K&K 公司在处理产品成本中是否存在会计或审计上的问题,包括间接费用的分配,是否有需要在当前的审计中关注的问题。

[3] 审阅 K&K 公司对两条生产线的分析。K&K 公司的经理认为由于人工生产线不再盈利,应该予以撤销。试分析 K&K 公司是否应当这么做,并说明原因。

[4] 基于你的分析编制向审计经理汇报的备忘录,针对 K&K 公司的存货和产品成本系统,提出你所在事务所可以向客户提出的建议以及可以提供的有附加值的服务。另外,针对 K&K 公司是一家非上市公司的情况,你的公司还可以向客户提供哪些额外有价值的咨询服务?

表 1 成本明细表 单位:美元

直接材料					
定制相框(每英尺成本)①			**塑料相框(每盎司成本)②**		
槭木	1.90		棕褐色染料	0.07	
橡木	2.60		咖啡色染料	0.07	
樱桃木	3.35		黑色染料	0.07	
常规的玻璃以及塑料片(每单位)					
定制相框			**塑料相框**		
小号	4.75		5×7 型号	0.08	
中号	5.25		8×10 型号	0.11	
大号	6.25		11×14 型号	0.13	
防眩光的玻璃以及塑料片(每单位)					
定制相框			**塑料相框**		
小号	5.25		5×7 型号	0.10	
中号	6.00		8×10 型号	0.13	
大号	7.35		11×14 型号	0.16	
定制相框			**塑料相框**		
小时工资率:16.00	**单位小时**	**单位人工成本**	**小时工资率:**14.00	**单位小时**	**单位人工成本**
小号	1.0	16.00	5×7 型号	0.015	0.21
中号	1.5	24.00	8×10 型号	0.015	0.21
大号	2.0	32.00	11×14 型号	0.015	0.21
直接人工分摊的间接费用					
预算的直接人工小时③			76 320		
间接费用比率④			2.30(175 872 ÷ 76 320)		
间接费用明细					
产品设备租赁			5 000(每月)		
产品设备辅助费用			650(每月)		
其他间接材料			300(每月)⑤		
销售奖金			225(每月)		
RX-1000 的维护费用			1 600(每月)		
RX-1000 的零件替换费用			700(每月)		
RX-1000 的折旧费用			5 556(每月)⑥		
定制框架设备的折旧			625(每月)		
年度间接费用总计			175 872(每年)		

① 小号的需要 5 英尺,中号的需要 8 英尺,大号的需要 10 英尺。

② 5×7 型号的需要 2 盎司,8×10 型号的需要 3 盎司,11×14 型号的需要 5 盎司。

③ 根据每年生产 48 000 个定制框架和 288 000 个塑料框架计算。K&K 公司在两条生产线中的三个型号的产量大致相同。

④ 每直接人工小时间接费用比率等于总的间接费用除以预算的总人工小时。为了简化起见,假设实际总计的人工小时等于预计的人工小时,预算成本就等于实际成本。因此,没有对间接费用的高估或者低估。

⑤ 假设每条生产线耗费了各 50% 的其他材料。

⑥ 5 556(美元) = 400 000(美元)/72(月)

表 2 成本明细对比表

单位:美元

定制相框				塑料相框			
总成本	**小号**	**中号**	**大号**	**总成本**	**5×7 型号**	**8×10 型号**	**11×14 型号**
槭木/普通	32.55	47.91	60.71	棕褐色染料/普通	0.46	0.56	0.72
槭木/防眩光	33.05	48.66	61.81	棕褐色染料/防眩光	0.48	0.58	0.75
橡木/普通	36.05	53.51	67.71	咖啡色染料/普通	0.46	0.56	0.72
橡木/防眩光	36.55	54.26	68.81	咖啡色染料/防眩光	0.48	0.58	0.75
樱桃木/普通	39.80	59.51	75.21	黑色染料/普通	0.46	0.56	0.72
樱桃木/防眩光	40.30	60.26	76.31	黑色染料/防眩光	0.48	0.58	0.75
销售价格(批发)				**销售价格(批发)**			
槭木/普通	32.50	49.50	66.00	棕褐色染料/普通	0.70	0.85	1.00
槭木/防眩光	33.50	50.75	68.00	棕褐色染料/防眩光	0.75	0.90	1.07
橡木/普通	35.00	55.50	73.00	咖啡色染料/普通	0.70	0.85	1.00
橡木/防眩光	36.00	56.50	75.00	咖啡色染料/防眩光	0.75	0.90	1.07
樱桃木/普通	42.75	62.00	81.00	黑色染料/普通	0.70	0.85	1.00
樱桃木/防眩光	43.75	63.00	83.00	黑色染料/防眩光	0.75	0.90	1.07
毛利				**毛利**			
槭木/普通	(0.05)	1.59	5.29	棕褐色染料/普通	0.24	0.29	0.28
槭木/防眩光	0.45	2.09	6.19	棕褐色染料/防眩光	0.27	0.32	0.32
橡木/普通	(1.05)	1.99	5.29	咖啡色染料/普通	0.24	0.29	0.28
橡木/防眩光	(0.55)	2.24	6.19	咖啡色染料/防眩光	0.27	0.32	0.32
樱桃木/普通	2.95	2.49	5.79	黑色染料/普通	0.24	0.29	0.28
樱桃木/防眩光	3.45	2.74	6.69	黑色染料/防眩光	0.27	0.32	0.32

K&K 公司通过以下单位成本的数据算出的单位毛利的数据:

定制相框				塑料相框			
木材	**小号**	**中号**	**大号**	**塑料**	**5×7 型号**	**8×10 型号**	**11×14 型号**
槭木	9.50	15.20	19.00	棕褐色染料	0.14	0.21	0.35
橡木	13.00	20.80	26.00	咖啡色染料	0.14	0.21	0.35
樱桃木	16.75	26.80	33.50	黑色染料	0.14	0.21	0.35
玻璃				**玻璃**			
普通	4.75	5.25	6.25	普通	0.08	0.11	0.13
防眩光	5.25	6.00	7.35	防眩光	0.10	0.13	0.16
人工	16.00	24.00	31.00	人工	0.21	0.21	0.21
间接费用⑦	2.30	3.46	4.46	间接费用	0.03	0.03	0.03

⑦ 从同一成本池中依据直接人工小时分摊间接费用。

案例 12.4 Surfer Dude Duds 公司

——考虑持续性经营假设*

学习目标

在学习和讨论本案例后，你可以：

[1] 理解和描述对客户的持续性经营假设进行估计的复杂程度。

[2] 描述包含持续性经营内容审计报告的“自我实现”方面的影响。

[3] 不考虑存在的良好的审计与客户的合作关系，辨别审计报告中以鼓励为目的的成分。

背景

Mark 注视着办公室墙上的挂钟。现在是下午两点半，他在三点和 Surfer Dude Duds 公司（以下简称为“Surfer Dude”）的首席执行官 George “Hang-ten” Bladwin 有个约会。Surfer Dude 以销售基于加利福尼亚冲浪文化的服装和饰品闻名。Mark 在过去六年中一直是 Surfer Dude 的审计合伙人并准备结束今年的项目。

他与 George Bladwin 拥有良好的客户关系，George 是一个轻松随和的人，现在已经过了 50 岁。经过几年的运营，Mark 收到了 George 的邀请，邀请他参加一个只有员工和亲朋好友可以参加的、特殊的圣诞晚会。Mark 在心中将 George 当做好朋友。

在他六年的审计中，Mark 从来没有任何理由不给 Surfer Dude 出具清洁的审计意见。但是，今年却不同。经济正处在温和衰退之中，考虑到潮流服饰的变化，Surfer Dude 的连锁零售业务持续受到冲击。随着销售的不断下降，Surfer Dude 正在为满足所承担的所有债务要求苦苦挣扎。零售分析师预计会有持续的艰难时期，而且目前的流行趋势似乎并没有向与 Surfer Dude 战略相同的方向发展。因此，Mark 开始怀疑 Surfer Dude 的发展能力，是否在明年还能持续经营。事实上，在与该审计项目的另一位合伙人协商后，Mark 不得不考虑在审计报告中增加有关持续性经营的解释部分。当 Mark 于几个星期前同 George 提出了这个可能性后，George 一直没有理睬他。

下午三点的会议内容是通知 George 签发“持续性经营审计报告”的决定，并讨论如

---

* 本案例是由北卡罗来纳州立大学的 Mark S. Beasley 博士和 Frank A. Buckless 博士以及杨百翰大学的 Steven M. Glover 博士和 Douglas F. Prawitt 博士编写的，作为课堂讨论的基础。这个案例的灵感来自于和 Craig Isom 的讨论，他以前是一个审计合伙人，我们很感谢他对于开发这个案例的贡献。Surfer Dude Duds 公司是一家虚构的公司，所有涉及的人物和姓名也是虚构的。如有雷同，纯属巧合。

何在财务报告附注中说明这个问题。Mark 已经在心中将他要说的话重复了很多遍,但是这个任务对他来说依旧很不简单。

当 Mark 来到 George 的办公室时,一个秘书向他问好并告诉 George 先生 Mark 到了。当 Mark 听到 George 说"让他进来"后,他深呼吸了一下,然后面带笑容,径直走进他的办公室。George 躺在一个大老板椅上并带着他一直呈现的笑容。Mark 总是很惊讶一个人怎么总是能够看起来如此放松和愉快。"嗨,Mark,怎么了?你知道我不喜欢在周五下午还要安排会议的。"George 打着哈欠说道。

"好了,我直接说重点。你也知道,服装零售业市场最近几个月持续低迷。我知道我并不需要告诉你,你的公司正在苦苦挣扎。"

"我知道,但是我们可以处理好这个困境的,"George 说,"当你消除了隐患,你就会碰到下一个炸弹,不是么?我们总是可以处理得很好。像以前面临的困难时期那样,我们只需要正确面对就好。"

"George,我知道你很乐观,事情也会很快好起来,但是这次事情有一些不同,"Mark 说道,"我这么了解你,我也知道你有能力使公司脱离困境。但是考虑到周期问题,我认为我们应该在审计报告中加入关于持续性经营的解释部分。对于 Surfer Dude 来说,明年有很大的可能无法持续经营下去。我同样建议你在财务报表附注中说明这个问题,也可以起到同样的效果。"

"什么?Mark,你不能把一个持续性经营审计报告甩给我们。如果这样的话,Surfer Dude 毫无疑问会破产。没人会乐意借给我们钱。而且,没人会愿意再以赊销的方式卖给我们东西,我们所有的设备购买或者其他任何东西都必须交货付款,也只能是一手交钱一手交货。客户又会怎样?如果他们不能确定我们能够持续存在并完成承诺的退货政策,他们还会买我们的东西吗?这一切都将是你的报告会带给我们的影响,而不是现实的真实情况。我预感事情很快就会好起来的。我们只是需要一点时间罢了。"

"George,你应该考虑一下结果,如果……"

"Mark,如果你出具了持续性经营审计报告,我们就真的没有任何机会挽救了。考虑一下那些如果 Surfer Dude 倒闭将要失业的人们吧。求求你了,我希望你认真考虑一下这个问题。"George 脸上一如既往的笑容已经不复存在了。

Mark 突然安静了下来,好像安静将永无止境一般。"好吧,George,让我们在周末都想一想这个问题。我周一早上再来,让我们再讨论何去何从。耽误你时间了。"

Mark 慢慢地走出了办公室,向他的车走去。看来,这又将是一个不轻松的周末。

要求

[1] Mark 可以做的选择是什么?

[2] 持续性经营的解释部分可能如何对 Surfer Dude 造成"自我实现"的影响?

[3] 如果会计师事务所出具了不包含持续性经营的解释部分的无保留审计报告,这对其自身又预示着什么?

[4] 讨论完整和准确的审计报告对于公众的重要性,并描述如果持续性经营解释部分和相关的

附注说明都去掉，两方会出现怎样的可能结果。Mark 如何能说服 George 关于持续性经营的解释部分将有利于所有利益相关方？

[5] 一个审计合伙人和客户之间建立一种友好的私人关系是否合适？私人关系到达怎样的程度，才会成为一个独立性问题？

[6] 哪些因素能使 Mark 在决策时保持客观，无须考虑他和朋友之间的私人关系？

[7] 你认为 Mark 应该如何做？简短说明你的立场并解释，如果你是 Mark，你在周一将如何说服 George。

案例 12.5 Murchison 技术公司

——评估律师答复和确定合适类型的审计报告*

学习目标

在学习和讨论本案例后，你可以：

[1] 理解客户律师的答复对审计师的意义以及律师回函的时间选择。

[2] 解释律师回函中所包含的信息。

[3] 对于重大的不确定性评估，怎样的会计处理是合适的。

[4] 确定在不同的情况下正确类型的审计报告。

简介

Murchison 技术公司最近开发了一个新的病人计费软件系统，主要市场是医生和牙医。五年前，在 IBM 工作超过 15 年的 Jim Archer 和 Janice Johnson 在得克萨斯州的 Austin 创建了此公司。Jim 是一个软件工程师，而 Janice 是一名销售代表，他们俩经常呼吁全新的医疗改革。他们一起发现了医生和牙科办事处有跟踪收费病人状况并提供服务的需求，这个需求是由医生和工作人员提出的。在获得了三家当地的风险投资人的支持后，他们离开了 IBM，并创建了 Murchison 技术公司，全身心地投入到了计费软件系统的开发之中。

他们用于软件开发上的时间已经超过了三年。经过了广泛的测试之后，2009 年年初，公司售出了第一个产品。之后，在医学技术软件的市场上，这个以 MEDTECH 为商标的软件销售出奇的好。从医生和牙医方面的反馈信息显示，大家对这个软件的表现都很满意。计费办事员和办公室的工作人员发现在录入大量病人的多类别的数据时，该软件十分灵活。大多数人对于系统可以结合诊所特殊需求进行定制的特征非常满意。另一个成功的关键就是软件相对较低的成本，以及应用该软件只需要满足很低的办公室电脑和网络配置的升级要求。

公司的员工正在逐渐增加，目前，Murchison 技术公司一共雇用了 60 人，包括需要根据不断出现的技术发展持续地进行软件更新的软件编程技术人员。Janice 任首席执

---

* 本案例是由北卡罗来纳州立大学的 Mark S. Beasley 博士和 Frank A. Buckless 博士以及杨百翰大学的 Steven M. Glover 博士和 Douglas F. Prawitt 博士编写的，作为课堂讨论的基础。Murchison 技术公司是一家虚构的公司，所有涉及的人物和姓名也是虚构的。如有雷同，纯属巧合。

行官而 Jim 任公司总裁。两人都是董事会成员,并且对董事会负责,董事会还包括三家风险投资人以及两家当地银行的代表,这些银行在三年前通过提供商业贷款使公司得以发展,但 Murchison 技术公司仍旧是一家非上市公司。

你的事务所 Custer & Custer 有限责任合伙事务所(以下简称为"Custer & Custer")首次与 Murchison 技术公司签订的合同是审核其截至 2008 年 12 月 31 日的年度财务报告。之后的年份中,Murchison 技术公司和你的事务所签订合同,审计截至 2009 年 12 月 31 日的年度财务报告以满足贷款合同的要求。Custer & Custer 在 2009 年和 2010 年均出具了标准无保留意见的审计报告。

背景

你的事务所正处在 2011 年财务报告审计的完成阶段。现在是 2012 年 2 月 17 日,并且大部分的详细审计测试都已经完成。作为一名高级审计师,你对审计人员工作底稿的审核也接近完成。合伙人参与了审计工作底稿的复核工作,并准备明天在最终的审计档案上签字。这样可以为审计小组提供足够的时间,在接下来的一两天中收集以及评估审计证据。

在完成审计工作的同时,你正在和客户一起向法律顾问发送函证,询证关于针对公司的重大未决诉讼,要求他们对于公司的有关材料按照标准的律师回函答复。你向三家法律事务所发出了律师函证,并且提供了公司的法人代表信息。

基于已经完成的审计工作,你并未预期与 Murchison 技术公司相关的悬而未决的诉讼案中存在重大问题。你唯一关心的是发生在 2011 年 10 月的涉及版权侵权的诉讼中,关联到对 Murchison 技术公司的索赔。你在审阅 2011 年 11 月的董事会会议纪要内容时发现了这一诉讼案。会议纪要提到本案已经在法院提起诉讼,但是基于董事会的讨论,你认为,案件失败对公司产生不利后果的可能性非常低。另一家软件开发公司 Physicians 软件公司声称,Murchison 技术公司的 MEDTECH 软件涉嫌侵犯 Physicians 软件公司版权,并要求 Murchison 技术公司赔偿 26 万美元。

随后对管理层的询问也证实了你认为不利结果发生可能性极低的预期。另外,管理层认为,该项诉讼对于 2011 年度的财务报告没有重大影响。财务报告表明截至 2011 年 12 月 31 日,Murchison 技术公司的总资产是 830 万美元,年度总收入是 2 600 万美元,税前利润是 210 万美元。

昨天,你收到寄回的两封律师确认信回函,你研读了回函内容没有任何的惊讶。大部分的律师回函内容与收回拖欠的应收账款有关。这两家律师公司还帮助管理层起草了和两个新客户签订的特殊销售合同。

你的一个审计员工在午餐期间跑到办公室取办公用品,顺便从办公室捎来了邮件。你很欣喜地发现今天的邮件中包含了第三家法律事务所的回函。你立刻打开信希望确保一切正常。你开始读信,具体内容见后面。

当阅读回函中律师对该案的评估时,你有一点小小的惊讶,你对于信中引述的美国律师协会(American Bar Association,ABA)的一些政策有一丝困惑。于是,你迅速地回顾了你笔记本中的专业准则,并链接到美国律师协会的政策公告。作为专业准则的附件,列示了与询证客户律师相关的政策公告节选内容,反映在后文的附件中。

你希望认真地评估一下信中所包含的信息,准备与你的合伙人开会讨论可能的会计处理和相应的审计报告问题。你的合伙人看起来还希望和 Murchison 技术公司的管理层探讨一下这个问题。为了更好地准备,请完成下列事项。

要求

[1] 研读财务会计准则公告(Statements of Financial Accounting Standards, SFAS)中对于或有事项的会计处理要求。描述在会计准则中提出的三类或有损失事项的范围,简要总结对三个事项的会计处理和披露要求。

[2] 基于你对于律师函的研读,你认为 Physicians 软件公司起诉失败属于三个或有损失的哪一个?律师与管理层对于损失发生可能性的评估差异在哪里?

[3] 假设管理层和律师的评估存在差异,你如何解决在该诉讼产生不利后果可能性评估方面产生的分歧?依赖管理层和依赖律师的评估,分别都有哪些优点和缺点?

[4] 为了准备明天和合伙人的会面以及以后和 Murchison 技术公司的管理层的可能会面,请对下面的情境给出有建设性的答复。在给出建议的时候,假设不同的情境之间是相互独立的。

[a] 如果公认会计准则要求披露该类或有事项,你如何对管理层反对披露的决定给予答复,管理层认为诉讼不会对 2011 年度的财务报告产生重大的影响?你是否相信这种潜在的损失是重大的?并回答理由。

[b] 假设即使你说服了管理层那个诉讼是重大的,但他们仍旧拒绝提供任何需要的披露。请在这种情形下准备一个审计报告的草稿。

[c] 假设通过和律师的讨论,你预估的损失范围在 35 000—55 000 美元。你认为这个案例中需要怎样的财务报表附注?请在这种情形下准备一个审计报告的草稿。

[d] 如果你得知管理层拥有关于案例可用的相关信息(而且案例被视为会产生重大的影响),但是拒绝和你分享信息,你会怎样做?请在这种情形下准备一个审计报告的草稿。

[e] 假设你说服了管理层在 2011 年度的财务报告附注中披露该或有事项,而且你对财务报告出具的审计意见是标准无保留意见。如果你在报告签发两个月后得知,该诉讼已经庭外和解,Murchison 技术公司为此支付了 225 000 美元,你应承担怎样的责任?

[f] 假定已完结的诉讼禁止 MEDTECH 软件继续销售。对已经签发的 2011 年度财务报告的审计报告有怎样的影响?

[5] 讨论为什么律师的信函接受时间如此接近于审计的完成。是否应该给予监督,使得律师的回函尽可能得接近 2011 年 12 月 31 日?或者说 Custer & Custer 直到审计快结束才发出律师回函请求是否合适?

[6] 假设 Custer & Custer 在搜集审计证据时延迟了一个月,对于可能的或有事项,应该采取怎样的收集证据行为才是合适的?

[7] 研读附件中的美国律师协会政策公告。对于律师的答复存在怎样的限制?在什么样的程度上,审计人员可以完全依赖律师答复识别针对审计客户的未决诉讼?

Dunn & King 律师事务所
得克萨斯州第一国家大厦,2300 室
Chureh 大街 200 号
Austin
[邮编:78701]

2012 年 2 月 16 日

Custer & Custer 有限责任合伙事务所

City National 大厦 16 层

第七大道南 435 号

Austin,TX 78702

亲爱的先生:

在 2012 年 2 月 4 日, Murchison 技术公司(后文称为“该公司”)的总裁 James Archer 先生写信要求我们配合你们核实某些与你们检查该公司 2011 年 12 月 31 日的会计账户有关的信息。

通过这封信件,我们希望告诉您,自从 2011 年 1 月 1 日起,我们并未给出实质性关注或者在重大损失或有事项方面代表公司,该类事项范围参照《美国律师协会政策公告》第 5 段第(a)款的界定、在本信件最后一段予以引述。除了以下的特殊情况:

2011 年 10 月 16 日,在一起著作权侵权索赔案件中,Murchison 技术公司作为被告被起诉。原告是 Physicians 软件公司(下面简称“Physicians”),声称 Murchison 公司的 MEDTECH 软件涉嫌侵害了 Physicians 注册的 Physicians PHYSITRACK 软件的著作权。PHYSITRACK 软件同样是一个在医疗系统的付费系统软件,也是 Murchison 公司的直接竞争对手。悬而未决的诉讼声称,Murchison 公司在 MEDTECH 的软件开发过程中侵害了 Physicians 的著作权。而且,在四年前当 Murchison 公司 MEDTECH 软件处于开发阶段的时候,Physicians 的一个软件开发程序编制工程师被 Murchison 公司挖走。Physicians 认为,PHYSITRACK 软件的商业机密被从公司中带走并应用于 MEDTECH 软件的设计之中。原告希望得到 26 万美元的损害赔偿。

在给你准备这封信的时候,我们回顾了 Murchison 公司在诉讼中所占的优势,该诉讼正处在取得证词阶段。目前,我们经评估认为,诉讼判决产生对 Murchison 公司不利结果的可能性,大于一般可能(remote)小于很可能(likely),并未到达原告所要求的程度。我们认为诉讼赔偿和成本的可能范围是在 190 000—240 000 美元。

依据的信息基础日期是2012年2月16日,即我们为了准备这封信件开始内部审查程序的日期;并且,我们不准备提供任何关于信息变动的提示,即使这些信息可能引起你特别的关注。

此答复函遵循并受限于《美国律师协会的政策公告》"对于律师答复审计师信息请求的规定"(1975年12月出版)有关政策规范;没有一般性方面的限制,公告关于答复函的范围和使用的有关规定(2段和7段)特别引述如下以供参考。并且,这里关于"或有损失"的界定取决于政策公告的第5段及相应的解释(解释是公告中不可或缺的一部分)。

与《美国律师协会的政策公告》第6段的内容一致及根据公司的请求,这封信将确认在审计询问函中提出的对公司的理解是否正确。在为该公司提供法律服务过程中,我们考虑了未决诉讼的可能性或者哪些可能的情况需要在财务报告中予以披露。我们得出的专业结论是,该公司必须披露或者至少考虑披露有关诉讼的可能性和评估的内容;同时,作为对于该公司承担的专业职责,将同样建议该公司并与公司协商有关披露的问题所适用的"财务会计准则公告"要求。

此致

敬礼!

Dunn & King 律师事务所

得克萨斯州 Austin

附件　美国律师协会针对律师答复审计师信息请求的政策公告[①]

第2段——答复范围的限制

律师应当在答复中阐述他与客户签订约定书中的范围限制。律师还应该指明,所依据信息完成的基础日期并解除此后将可能引起律师注意的任何信息变更通知审计师。除律师在答复函特别说明的其他情况,(a)如果律师通过法律咨询的形式给予了实质性的关注,并且,在时期开始或者报告的时期开始时作为代理,那么涉及的事项以此为限制是恰当的;(b)如果是一家法律公司或者法律部门,审计师会假设该公司或该部门非常努力,到达了认为这个公司或部门如此重要的程度,以至于决定从该公司或该部门中选择律师为客户服务,时间从财务年度的开始计算。如果此类服务通过法律咨询的形式引起了对或有事项的实质性关注,或有事件参照下面第5段(a)中的界定。但是除此之外,没有对客户的任何经济活动或者其他事项进行以发现此答复函描述的或有损失为目的的任何审核。

① Clarified Auditing Standards (AU) Section 501, Audit Evidence-Special Considerations for Selected Items.

第 5 段——或有损失

如果客户提出了适当的要求，并且律师已经和客户签订了合同担任法律代表或者向客户提出专业性建议并给出实质性关注，律师应当完成审计师对于下列事项的信息请求：

a. 具有公然威胁的或未决的诉讼，无论客户是否指明；

b. 合同约定应当承担这样的责任：如果客户在询问信或者补充议定书中提出了可辨认的明确要求，律师应当给予审计师建议；

c. 如果在一个未申明的可能索赔或者评估中，客户在询问信或者补充议定书中提出了可辨认的明确要求，律师应当给予审计师建议。

第 6 段——律师的职业职责

对于答复审计师信息请求的独立性范围相关内容如下，对于律师来讲，基于他签约代理的事项，他对于客户的专业性答复就成为其职责的一部分，他根据客户对一系列的事项和情况进行公开披露的需要和是否明智的关注提供建议。律师有责任不能在知晓的情况下参与客户违背证券法律披露要求的行为。在适当的情况下，如果他对于披露的建议客户不予采纳，律师应该考虑根据"职业职责条例"(Code of Professional Responsibility)辞掉聘约。审计师可以恰当地假定，如果向客户的法律咨询或服务中涉及了可能的索赔或者需要财务报告披露的评估，律师给出了专业性结论，客户必须披露或者考虑披露类似的可能的诉讼索赔或者结果评估。律师，由于对客户承担的职业职责，应当如此建议客户并与其协商相关的披露问题以及适用的财务会计准则第 5 号(FAS 5)的相关要求。

第 7 段——答复的使用限制

除非在律师的答复中特别说明，答复应当只用于满足客户财务状况审计的信息需要。信息的全部或者部分不能被引用，不能在客户的财务报告和其他文件中提及；在没有事先取得书面认可的情况下，不能包含在任何向政府机构以及其他个人提供的文件中。尽管存在如此限制，答复函可以在遵守法庭要求，或者审计师对客户及监管机构挑战审计结果进行辩护时，提供给有关其他方。不过在这种情况下，应当至少提前 20 天以书面方式通知律师，如果情况不允许的话，应当尽可能提前告知。

案例 12.6 Going Green

——可持续发展与外部报告*

学习目标

在学习和讨论本案例后,你可以:

[1] 依据"全球倡议报告"(Global Reporting Initiative, GRI)框架,描述应当在可持续发展报告中包含的要素。

[2] 描述可持续发展报告的潜在优点和缺点。

[3] 描述会计师可以向客户对外发布的可持续发展报告提供的保证服务的类型。

[4] 描述获得第三方提供的对公司可持续发展报告保证的好处和坏处。

[5] 描述会计师在提供公司的可持续发展保证报告时所面临的主要挑战。

[6] 利用"全球倡议报告"框架评估公司的可持续发展报告。

简介

2011 年有关美国人所关心的环境问题盖洛普民意调查①如下表所示:

你对于以下问题的态度:特别关心、一般、一点、根本不	特别关心/一般	一点/根本不
水土的有毒废物污染问题	79%	20%
河流、湖泊和水库的污染问题	79%	22%
饮用水的污染问题	77%	23%
国家对于居民要求的清洁水源的供应	75%	24%
空气污染	72%	28%
植物和动物的物种灭绝	64%	36%
热带雨林的消失	63%	35%
城市扩张以及自然空间的损失	57%	42%
全球性气候变暖	51%	48%

从上面给出的结果不难看出,越来越多的公司领导者关注他们公司对环境的影响并希望表明他们是环境忠实守护者。

---

* 本案例是由北卡罗来纳州立大学的 Mark S. Beasley 博士、Frank A. Buckless 博士以及杨百翰大学的 Steven M. Glover 博士和 Douglas F. Prawitt 博士编写的,作为课堂讨论的基础。案例并未试图说明对一种管理情境的处理方法是否有效。

① Saad, Lydia. "Water Issues Worry Americans Most, Global Warming Least" *Gallup*. March 28, 2011. 可在以下网址查看信息,http://www.gallup.com/poll/146810/water-issues worry americans-global-warming-least.aspx。

背景

可持续发展对不同的人有不同的含义。传统的观点是,可持续发展是“……满足社会的需要而不损害未来世代满足他们自己需要的能力”②。在这一背景下,可持续发展就是在满足社会以及经济需要的同时尽可能减少对环境造成的负面影响。从企业的角度来看,通常因为企业组织长期发展能力的不同而造成其对可持续发展观点的不同。从这个角度看,可持续发展就是要创造长期的社会价值及股东价值并减少非可再生能源的使用以及对环境的破坏。为了达到这个目标,企业组织必须将经济、社会以及环境三方面的影响集中考虑到其决策过程之中。

注重可持续发展问题不仅仅是一个道德问题。为什么商业机构在可持续发展问题上不断地加大关注力度？大多数人都已经意识到增加股东价值不一定是一个需要在经济、社会以及环境三者之间权衡取舍的问题,而是可以通过经济、社会以及环境之间协同作用得到增强的。企业领导者也意识到了加大对可持续发展的关注可以增强他们的竞争力。

实施可持续发展对公司有哪些好处？Esty 和 Simmons 发现了将可持续发展纳入公司的组织战略之中的四个可能的益处③:

- 经营成本降低,同时效率提高;
- 环境风险降低;
- 收入增长;
- 无形资产价值增加。

经营成本的降低以及效率的提高可以通过减少或者消除废金属与垃圾、能源使用以及其他遵循监管要求带来的成本降低(例如,避免处罚以及罚款)实现。减少浪费和避免环境污染可以减少环境风险,因而就能使政府罚款最小化,减少产品召回,增强客户对品牌的忠诚度。在环境方面有积极作用的产品发展可以使企业组织增强竞争力,特别是对于那些关注环境影响问题的顾客。其他无形的收益可以通过可持续发展政策达到,包括改善品牌影响以及客户忠诚度,增加吸引力、改善员工的留守率以及提高生产率。

最近一个由管理会计特许组织(CIMA)、美国公共注册会计师组织(AICPA)以及加拿大会计师特许组织(CICA)发起的,在英国以及北美的企业组织中进行的调查显示,超过三分之二的被调查组织为实现可持续发展采取了一些措施。④ 在大部分企业组织都采取了可持续发展措施的情况下,只有少于三分之一的受访者向外部提供了可

② 参见美国环境保护组织“Sustainability: Basic Information”,可查看以下网址,http://www. epa. gov/sustainability/basicinfo. htm#sustainability。

③ Esty, Daniel C. and P. J. Simmos. “The Green to Gold Business Playbook.” John Wiley and Sons, Inc. ,2011.

④ AICPA, CICA and CIMA. “Evolution of Corporate Sustainability Practices.” December 2010. 可查看以下网址,http://www. aicpa. org/InterestAreas/BusinessIndustryAndGovernment/Resources/Sustainability/Downloadabledocuments/evolutionofCorporateSustainabilityPractices. pdf。

持续发展报告信息,并且这部分组织之中只有三分之一聘请第三方提供可持续发展信息的保证。

2010年的全球倡议报告统计公布[⑤]所提供的企业组织对外发布可持续发展报告的数据显示,这一数字自从1999年以来一直在增长。1999年,只有不到200家的企业组织对外发布可持续发展报告,而这个数字在2010年上涨到了1 800家。这个报告还显示,聘请第三方对可持续发展报告提供保证的公司的数字也在不断增长。最后,这个报告强调,内容更加全面的可持续发展报告更有可能获得第三方对可持续发展信息提供的保证。随着越来越多的企业组织接受对可持续发展信息的衡量与报告,对于这些信息认证的需求也会不断地增长。

可持续发展报告指南

目前对于公司发布的可持续发展报告并没有一个通用的标准。最为常用的可持续发展报告指南则是"全球倡议报告"提出的框架。[⑥] 全球倡议报告是1997年由非营利性组织"环境经济体联盟"(Coalition for Environmentally Responsible Economies,CERES)在美国马萨诸塞州的波士顿发布的。如今,全球倡议报告已经成为独立的组织,设立在荷兰的阿姆斯特丹,其使命就是"为使可持续发展报告成为标准的行为,向各类组织提供指导和支持"[⑦]。

潜在的保证项目

不少客户联系了你的Green and Brown有限责任合伙事务所,希望与你的事务所签订合同来给他们的可持续发展报告提供认证。事务所审计合伙人Annette Crossland要求你进行一些背景研究,探讨扩大Green and Brown的服务领域,包括提供企业关于环境以及社会责任报告的保证服务。

要求

[1] 登陆全球倡议报告的网站(http://www.globalreporting.org)并阅读G 3.1的报告指南。存在哪三种形式的标准披露?每一个标准形式应该包含什么信息?

[2] 登陆全球倡议报告的网站(http://www.globalreporting.org)并阅读G 3.1的应用等级。三个应用等级的主要差别是什么?G 3.1的应用等级提出对可持续发展报告的外部认证有六个关键因素。这六个关键因素分别是什么?他们和针对财务报告审计的十条公认审计准则有何不同?

---

⑤ Global Reporting Initiative "全球倡议报告可持续发展报告数据"2010,可在以下网址获得,http://www.globalreporting.org/NR/rdonlyres/23A1D934-64BF-4934-ACB5-43SC4A41E48A/0/GRIReportingstats.pdf。

⑥ 见以下网址 http://www.globalreporting.org/Home。

⑦ 全球倡议报告"任务"参见网址 http://www.globalreporting.org/AboutGRI/WhatIsGRI/VisionAndMission.htm。

[3] 阅读 AICPA 鉴证准则的第 50 号和 101 号。这个鉴证准则覆盖了哪些类型的项目？鉴证准则是否允许会计师对企业的可持续发展报告提供认证？解释你的回答。这个鉴证准则允许什么等级的保证？在对企业可持续发展报告提供外部认证时，11 条公认鉴证准则和 G 3.1 的应用等级提出的六个因素又有怎样的差异？

[4] 阅读国际认证合同标准(International Standards on Assurance Engagements, ISAE) 3000。ISAE 3000 包含哪些类型的项目？ISAE 3000 是否允许审计师对一个组织的可持续发展报告提供认证？解释你的回答。ISAE 3000 允许什么等级的保证？在提供保证的项目上，ISAE 3000 的要求和 AICPA 鉴证准则有哪些差异？用 ISAE 3000 提供一个保证的项目要求与进行财务报告审计的要求相比有哪些不同？在对企业可持续发展报告提供外部认证时，按照 ISAE 3000 提供认证的要求与 G 3.1 的应用等级提出的六个关键因素相比，又有怎样的差异？

[5] 基于你对可持续发展报告的了解，你认为对于外部利益相关者来说，出具可持续发展报告有怎样的优点和缺点？你认为一些组织不愿意向外部利益相关者提供可持续发展报告的主要原因是什么？

[6] 基于你对于可持续发展报告的了解，由第三方提供对可持续发展报告的保证具有怎样的优点和缺点？你认为一些组织不愿意提供可持续发展报告的第三方保证的主要原因是什么？对于一个被要求出具企业可持续发展报告鉴证报告的审计师来说，他面临的主要挑战是什么？

[7] 2010 年的全球倡议报告统计公布⑧表明，47% 的全球倡议报告框架下的可持续发展报告获得了外部认证，外部认证主要由全球倡议报告组织提供。与拥有第三方提供的(如全球倡议报告组织)对于可持续发展报告的认证相比，拥有注册会计师提供的认证有哪些优点？而类似于全球倡议报告组织这样的非会计组织又有怎样的优势呢？

[8] 登陆 Caterpillar 公司的网址(http://www.caterpillar.com)并下载 Caterpillar 公司最新的可持续发展报告。Caterpillar 公司的可持续发展报告的哪一方面看起来是重点？解释你的回答。基于你对于 G 3.1 报告指南和 G 3.1 应用等级的了解，你认为 Caterpillar 公司的可持续发展报告可以属于怎样的应用等级？

[9] 登陆 Caterpillar 公司的网址(http://www.caterpillar.com)并下载 Caterpillar 公司最新的可持续发展报告以及最新的 10-K 报告。在 10-K 报告中所提出的公司策略以及可持续发展报告中所提出的可持续发展策略有怎样的一致性？10-K 报告中的财务信息是否在可持续发展报告中得到了体现？这两个报告是否提供了有关可持续发展如何融入公司的管理过程，例如人力资源、采购以及融资等？解释你的回答。

[10] 2010 年的全球倡议报告统计公布⑨表明，12% 提供了 GRI 可持续发展报告的企业组织提供了整合报告。一个整合报告由企业在经济、社会以及环境三方面表现的信息组成。登陆西南航空公司的网站(http://www.southwest.com)并下载西南航空的整合报告。阅读后，请回答：相比于分别发布财务报告和可持续发展报告，企业组织发布整合报告的优点和缺点分别有哪些？

⑧ GRI. "GRI Sustainability Reporting Statistics"，可查看以下网址，http://www.globalreporting.org/NR/rdonlyres/23A1D934-64BF-4934-ACB5-43SC4A41E48A/0/GRIReportingstats.pdf。

⑨ 脚注同上。

影印版教材可供书目

经济与金融经典入门教材 · 英文影印版

	书号	英文书名	中文书名	版次	编著者	定价
1	08961	Public Finance: A Contemporary Application of Theory to Policy	财政学：理论在政策中的当代应用	第 8 版	David N. Hyman/著	59.00 元
2	08132	Fundamentals of Investments: Valuation and Management	投资学基础：估值与管理	第 3 版	Charles J. Corrado 等/著	58.00 元
3	08126	Microeconomics for Today	今日微观经济学	第 3 版	Irvin Tucker/著	45.00 元
4	08125	Macroeconomics for Today	今日宏观经济学	第 3 版	Irvin Tucker/著	48.00 元

管理学经典入门教材 · 英文影印版

	书号	英文书名	中文书名	版次	编著者	定价
5	08128	Information Technology and Management	信息技术与管理	第 2 版	Ronald L. Thompson 等/著	45.00 元
6	08665	Marketing: An Introduction	营销学导论	第 1 版	Rosalind Masterson 等/著	45.00 元
7	09061	Communicating at Work: Principles and Practices for Business and the Professions	商务沟通：原则与实践	第 8 版	Ronald B. Adler 等/著	54.00 元

经济学精选教材 · 英文影印版

	书号	英文书名	中文书名	版次	编著者	定价
8	12633	World Trade and Payments: An Introduction	国际贸易与国际收支	第 10 版	Richard E. Caves, Jeffrey A. Frankel 等/著	68.00 元
9	08130	Economics: Principles and Policy	经济学:原理与政策	第 9 版	William J. Baumol 等/著	79.00 元
10	08127	Microeconomic Theory: Basic Principles and Extensions	微观经济理论：基本原理与扩展	第 9 版	Walter Nicholson/著	59.00 元
11	09693	Macroeconomics: Theories and Policies	宏观经济学：理论与政策	第 8 版	Richard T. Froyen/著	48.00 元
12	14529	Econometrics: A Modern Introduction	计量经济学:现代方法(上)	第 1 版	Michael P. Murray/著	54.00 元
13	14530	Econometrics: A Modern Introduction	计量经济学:现代方法(下)	第 1 版	Michael P. Murray/著	41.00 元

管理学精选教材 · 英文影印版/双语注释版

	书号	英文书名	中文书名	版次	编著者	定价
14	22511	Management: Skills and Application	管理学:技能与应用(双语版)	第 13 版	Leslie W. Rue 等著	65.00 元
15	12091	Operations Management: Goods, Services and Value Chains	运营管理:产品、服务和价值链	第 2 版	David A. Collier 等/著	86.00 元
16	18239	Management Fundamentals: Concepts, Applications, Skill Development	管理学基础：概念、应用与技能提高	第 4 版	Robert N. Lussier/著	68.00 元
17	06380	E-Commerce Management: Text and Cases	电子商务管理：课文和案例	第 1 版	Sandeep Krishnamurthy/著	47.00 元

金融学精选教材 · 英文影印版/双语注释版

	书号	英文书名	中文书名	版次	编著者	定价
18	20606	International Financial Management	国际金融管理(双语版)	第 2 版	Michael B. Connolly/著	49.00 元
19	16314	Investments: Analysis and Behavior	投资学:分析与行为(双语版)	第 1 版	Mark Hirschey 等/著	68.00 元
20	12306	Fundamentals of Futures and Options Markets	期货与期权市场导论	第 5 版	John C. Hull/著	55.00 元
21	12040	Financial Theory and Corporate Policy	金融理论与公司决策	第 4 版	Thomas E. Copeland 等/著	79.00 元

22	09657	Bond Markets: Analysis and Strategies	债券市场:分析和策略	第 5 版	Frank J. Fabozzi/著	62.00 元
23	09984	Money, Banking and Financial Markets	货币、银行与金融市场	第 1 版	Stephen G. Cecchetti/著	65.00 元
24	09767	Takeovers, Restructuring and Corporate Governance	接管、重组与公司治理	第 4 版	J. Fred Weston 等/著	69.00 元
25	13206	Management of Banking	银行管理	第 6 版	S. Scott MacDonald 等/著	66.00 元
26	15709	International Corporate Finance	国际财务管理	第 9 版	Jeff Madura/著	58.00 元
27	13204	Financial Markets and Institutions	金融市场和金融机构	第 7 版	Jeff Madura/著	78.00 元
28	05965	Principles of Finance	金融学原理(含 CD-ROM)	第 2 版	Scott Besley 等/著	82.00 元
29	10916	Risk Management and Insurance	风险管理和保险	第 12 版	James S. Trieschmann 等/著	65.00 元

会计学精选教材 · 英文影印版

	书号	英文书名	中文书名	版次	编著者	定价
30	17348	Advanced Accounting	高级会计学	第 10 版	Paul M. Fischer 等/著	79.00 元
31	14752	Advanced Accounting	高级会计学	第 9 版	Joe Ben Hoyle 等/著	56.00 元
32	17344	Management Decisions and Financial Accounting Reports	中级会计: 管理决策与财务会计报告	第 2 版	Stephen P. Baginski 等/著	56.00 元
33	13200	Financial Accounting: Concepts & Applications	财务会计:概念与应用	第 10 版	W. Steve Albrecht 等/著	75.00 元
34	13201	Management Accounting: Concepts & Applications	管理会计:概念与应用	第 10 版	W. Steve Albrecht 等/著	55.00 元
35	13202	Financial Accounting: A Reporting and Analysis Perspective	财务会计: 报告与分析	第 7 版	Earl K. Stice 等/著	85.00 元
36	12309	Financial Statement Analysis and Security Valuation	财务报表分析与证券价值评估	第 3 版	Stephen H. Penman/著	69.00 元
37	12310	Accounting for Decision Making and Control	决策与控制会计	第 5 版	Jerold L. Zimmerman/著	69.00 元
38	05416	International Accounting	国际会计学	第 4 版	Frederick D. S. Choi 等/著	50.00 元
39	14536	Managerial Accounting	管理会计	第 8 版	Don R. Hansen 等/著	79.00 元

营销学精选教材 · 英文影印版

	书号	英文书名	中文书名	版次	编著者	定价
40	20285	Marketing for China's Managers: Current and Future	市场营销学	第 2 版	Noel Capon 等/著	56.00 元
41	16713	Consumer Behavior	消费者行为	第 5 版	Wayne D. Hoyer 等/著	64.00 元
42	13205	Services Marketing: Concepts, Strategies, & Cases	服务营销精要: 概念、战略与案例	第 3 版	K. Douglas Hoffman 等/著	63.00 元
43	13203	Basic Marketing Research	营销调研基础	第 6 版	Gilbert A. Churchill, Jr. 等/著	66.00 元
44	12305	Selling Today: Creating Customer Value	销售学:创造顾客价值	第 10 版	Gerald L. Manning, Barry L. Reece/著	52.00 元
45	11213	Analysis for Marketing Planning	营销策划分析	第 6 版	Donald R. Lehmann 等/著	32.00 元
46	09654	Market-based Management: Strategies for Growing Customer Value and Profitability	营销管理: 提升顾客价值和利润增长的战略	第 4 版	Roger J. Best/著	48.00 元
47	09655	Customer Equity Management	顾客资产管理	第 1 版	Roland T. Rust 等/著	55.00 元
48	09662	Business Market Management: Understanding, Creating and Delivering Value	组织市场管理: 理解、创造和传递价值	第 2 版	James C. Anderson 等/著	45.00 元
49	10013	Marketing Strategy: A Decision Focused Approach	营销战略: 以决策为导向的方法	第 5 版	Orville C. Walker, Jr. 等/著	38.00 元
50	10983	Principles of Marketing	市场营销学	第 12 版	Louis E. Boone 等/著	66.00 元
51	11108	Advertising, Promotion, & Supplemental Aspects of Integrated Marketing Communication	整合营销传播: 广告、促销与拓展	第 7 版	Terence A. Shimp/著	62.00 元

52	11251	Sales Management: Analysis and Decision Making	销售管理：分析与决策	第 6 版	Thomas N. Ingram 等/著	42.00 元
53	11212	Marketing Research: Methodological Foundations	营销调研：方法论基础	第 9 版	Gilbert A. Churchill, Jr. 等/著	68.00 元

人力资源管理精选教材 · 英文影印版

	书号	英文书名	中文书名	版次	编著者	定价
54	08536	Human Relations in Organizations: Applications and Skill Building	组织中的人际关系：技能与应用	第 6 版	Robert N. Lussier/著	58.00 元
55	08131	Managerial Communication: Strategies and Applications	管理沟通：策略与应用	第 3 版	Geraldine E. Hynes/著	38.00 元
56	07408	Human Resource Management	人力资源管理	第 10 版	Robert L. Mathis 等/著	60.00 元
57	07407	Organizational Behavior	组织行为学	第 10 版	Don Hellriegel 等/著	48.00 元

国际商务精选教材 · 英文影印版

	书号	英文书名	中文书名	版次	编著者	定价
58	14176	International Business	国际商务	第 4 版	John J. Wild 等/著	49.00 元
59	12886	International Marketing	国际营销	第 8 版	Michael R. Czinkota 等/著	65.00 元
60	06522	Fundamentals of International Business	国际商务基础	第 1 版	Michael R. Czinkota 等/著	45.00 元
61	11674	International Economics: A Policy Approach	国际经济学：一种政策方法	第 10 版	Mordechai E. Kreinin/著	38.00 元
62	06521	International Accounting: A User Perspective	国际会计：使用者视角	第 2 版	Shahrokh M. Saudagaran/著	26.00 元

MBA 精选教材 · 英文影印版

	书号	英文书名	中文书名	版次	编著者	定价
63	12838	Quantitative Analysis for Management	面向管理的数量分析	第 9 版	Barry Render 等/著	65.00 元
64	18426	The Economics of Money, Banking, and Financial Markets	货币、银行和金融市场经济学	第 8 版	Frederic S. Mishkin/著	85.00 元
65	11221	Analysis for Financial Management	财务管理分析	第 8 版	Robert C. Higgins/著	42.00 元
66	21243	A Framework for Marketing Management	营销管理架构	第 4 版	Philip Kotler/著	49.00 元
67	14216	Excellence in Business Communication	卓越的商务沟通	第 7 版	John V. Thill 等/著	73.00 元
68	20916	Understanding Financial Statements	财务报表解析	第 9 版	Lyn M. Fraser 等/著	38.00 元
69	10620	Principles of Operations Management	运作管理原理	第 6 版	Jay Heizer 等/著	72.00 元
70	21546	Introduction to Financial Accounting	财务会计	第 10 版	Charles T. Horngren 等/著	79.00 元
71	21781	Introduction to Management Accounting	管理会计	第 15 版	Charles T. Horngren 等/著	89.00 元
72	11451	Management Communication: A Case-Analysis Approach	管理沟通：案例分析法	第 2 版	James S. O'Rourke/著	39.00 元
73	10614	Management Information Systems	管理信息系统	第 9 版	Raymond McLeod 等/著	45.00 元
74	10615	Fundamentals of Management	管理学基础：核心概念与应用	第 4 版	Stephen P. Robbins 等/著	49.00 元
75	10874	Understanding and Managing Organizational Behavior	组织行为学	第 4 版	Jennifer M. George 等/著	65.00 元
76	15177	Essentials of Entrepreneurship and Small Business Management	小企业管理与企业家精神精要	第 5 版	Thomas W. Zimmerer 等/著	68.00 元
77	11224	Business	商务学	第 7 版	Ricky W. Griffin 等/著	68.00 元
78	11452	Strategy and the Business Landscape: Core Concepts	战略管理	第 2 版	Pankaj Ghemawat/著	18.00 元
79	13817	Managing Human Resources	人力资源管理	第 5 版	Luis R. Gomez-Mejia 等/著	60.00 元
80	09663	Financial Statement Analysis	财务报表分析	第 8 版	John J. Wild 等/著	56.00 元

经济学前沿影印丛书

	书号	英文书名	中文书名	版次	编著者	定价
81	09218	Analysis of Panel Data	面板数据分析	第 2 版	Cheng Hsiao/著	48.00 元
82	09236	Economics, Value and Organization	经济学、价值和组织	第 1 版	Avner Ben-Ner 等/著	59.00 元
83	09217	A Companion to Theoretical Econometrics	理论计量经济学精粹	第 1 版	Badi H. Baltagi/著	79.00 元
84	09680	Financial Derivatives: Pricing, Applications, and Mathematics	金融衍生工具:定价、应用与数学	第 1 版	Jamil Baz 等/著	45.00 元

翻译版教材可供书目

重点推荐

	书号	英文书名	中文书名	版次	编著者	定价
1	06693	The World Economy: A Millennial Perspective	世界经济千年史	第 1 版	安格斯·麦迪森(Angus Maddison)/著	58.00 元
2	14751	The World Economy: Historical Statistics	世界经济千年统计	第 1 版	安格斯·麦迪森(Angus Maddison)/著	45.00 元
3	14749	A Monetary History of The United States, 1867—1960	美国货币史(1867—1960)	第 1 版	米尔顿·弗里德曼(Milton Friedman)等/著	78.00 元
4	18236	American Economic History	美国经济史	第 7 版	Jonathan Hughes 等/著	89.00 元
5	10004	Fundamental Methods of Mathematical Economics	数理经济学的基本方法	第 4 版	蒋中一(Alpha C. Chiang)等/著	52.00 元
6	08088	Fundamentals of Economics	经济学基础	第 5 版	曼昆(N. Gregory Mankiw)/著	65.00 元
7	20828	Principles of Economics	经济学原理(微观经济学分册)	第 6 版	曼昆(N. Gregory Mankiw)/著	64.00 元
8	20827	Principles of Economics	经济学原理(宏观经济学分册)	第 6 版	曼昆(N. Gregory Mankiw)/著	52.00 元
9	20647	Study Guide for Principles of Economics	曼昆《经济学原理》学习指南	第 6 版	大卫·R. 哈克斯(David R. Hakes)/著	58.00 元

经济与金融经典入门教材译丛

	书号	英文书名	中文书名	版次	编著者	定价
10	11274	Fundamentals of Investments: Valuation and Management	投资学基础:估值与管理	第 3 版	Charles J. Corrado 等/著	76.00 元
11	09320	Public Finance: A Contemporary Application of Theory to Policy	财政学:理论在政策中的当代应用	第 8 版	David N. Hyman/著	78.00 元
12	09847	Microeconomics for Today	今日微观经济学	第 3 版	Irvin Tucker/著	58.00 元
13	09750	Macroeconomics for Today	今日宏观经济学	第 3 版	Irvin Tucker/著	66.00 元

管理学经典入门教材译丛

	书号	英文书名	中文书名	版次	编著者	定价
14	10006	Marketing: An Introduction	营销学导论	第 1 版	Rosalind Masterson 等/著	58.00 元
15	10003	Information Technology and Management	信息技术与管理	第 2 版	Ronald L. Thompson 等/著	68.00 元
16	11152	Management: Skills and Application	管理学:技能与应用	第 11 版	Leslie W. Rue 等/著	55.00 元

经济学精选教材译丛

	书号	英文书名	中文书名	版次	编著者	定价
17	15917	Microeconomics	微观经济学	第 1 版	B. Douglas Bernheim 等/著	89.00 元
18	13812	Macroeconomics: Theories and Policies	宏观经济学:理论与政策	第 8 版	Richard T. Froyen/著	49.00 元
19	13815	World Trade and Payments: An Introduction	国际贸易与国际收支	第 10 版	Richard E. Caves 等/著	69.00 元
20	13814	Macroeconomics	宏观经济学	第 2 版	Roger E. A. Farmer/著	46.00 元
21	12289	Microeconomic Theory: Basic Principles and Extensions	微观经济理论:基本原理与扩展	第 9 版	Walter Nicholson/著	75.00 元

22	11222	Economics: Principles and Policy	经济学:原理与政策(上、下册)	第 9 版	William J. Baumol 等/著	96.00 元
23	10992	The History of Economic Thought	经济思想史	第 7 版	Stanley L. Brue 等/著	59.00 元
24	13800	Urban Economics	城市经济学	第 6 版	Arthur O'Sullivan/著	49.00 元

管理学精选教材译丛

	书号	英文书名	中文书名	版次	编著者	定价
25	14519	Operations Management: Goods, Services and Value Chains	运营管理:产品、服务和价值链	第 2 版	David A. Collier 等/著	79.00 元
26	11210	Strategic Management of E-business	电子商务战略管理	第 2 版	Stephen Chen/著	39.00 元
27	10005	Management Fundamentals: Concepts, Applications, Skill Development	管理学基础:概念、应用与技能提高	第 4 版	Robert N. Lussier/著	82.00 元
28	16772	Applied Multivariate Statistical Analysis	应用多元统计分析	第 2 版	Wolfgang Härdel 等/著	65.00 元

会计学精选教材译丛

	书号	英文书名	中文书名	版次	编著者	定价
29	14531	Fundamentals of Financial Accounting	财务会计学原理	第 2 版	Fred Phillips 等/著	82.00 元
30	14532	Managerial Accounting	管理会计	第 8 版	Don R. Hansen 等/著	99.00 元
31	16780	Introduction to Management Accounting	管理会计	第 14 版	Charles T. Horngren 等/著	99.00 元
32	20091	Advanced Accounting	高级会计学	第 9 版	Joe B. Hoyle 等/著	66.00 元

金融学精选教材译丛

	书号	英文书名	中文书名	版次	编著者	定价
33	16298	International Corporate Finance	国际财务管理	第 9 版	Jeff Madura/著	82.00 元
34	13806	Principles of Finance	金融学原理	第 3 版	Scott Besley 等/著	69.00 元
35	12317	Management of Banking	银行管理	第 6 版	S. Scott MacDonald 等/著	78.00 元
36	12316	Multinational Business Finance	跨国金融与财务	第 11 版	David K. Eiteman 等/著	78.00 元
37	10007	Capital Budgeting and Long-Term Financing Decisions	资本预算与长期融资决策	第 3 版	Neil Seitz 等/著	79.00 元
38	10609	Money, Banking, and Financial Markets	货币、银行与金融市场	第 1 版	Stephen G. Cecchetti/著	75.00 元
39	11463	Bond Markets, Analysis and Strategies	债券市场:分析和策略	第 5 版	Frank J. Fabozzi/著	76.00 元
40	10624	Fundamentals of Futures and Options Markets	期货与期权市场导论	第 5 版	John C. Hull/著	62.00 元
41	09768	Takeovers, Restructuring and Corporate Governance	接管、重组与公司治理	第 4 版	J. Fred Weston 等/著	79.00 元

营销学精选教材译丛

	书号	英文书名	中文书名	版次	编著者	定价
42	19303	Consumer Behavior	消费者行为	第 5 版	Wayne D. Hoyer 等/著	79.00 元
43	13808	Basic Marketing Research	营销调研基础	第 6 版	Gilbert A. Churchill, Jr. 等/著	78.00 元
44	12301	Principles of Marketing	市场营销学	第 12 版	Dave L. Kurtz 等/著	65.00 元
45	15716	Selling Today: Creating Customer Value	销售学:创造顾客价值	第 10 版	Gerald L. Manning/著	62.00 元
46	13795	Analysis for Marketing Planning	营销策划分析	第 6 版	Donald R. Lehmann/著	35.00 元
47	13811	Services Marketing: Concepts, Strategies, & Cases	服务营销精要:概念、战略与案例	第 2 版	K. Douglas Hoffman 等/著	68.00 元
48	12312	Customer Equity Management	顾客资产管理	第 1 版	Roland T. Rust 等/著	65.00 元
49	16316	Marketing Research: Methodological Foundations	营销调研:方法论基础	第 9 版	Gilbert A. Churchill, Jr. 等/著	62.00 元
50	11229	Market-based Management: Strategies for Growing Customer Value and Profitability	营销管理:提升顾客价值和利润增长的战略	第 4 版	Roger J. Best/著	58.00 元

51	10010	Marketing Strategy: A Decision-Focused Approach	营销战略:以决策为导向的方法	第 5 版	Orville C. Walker, Jr. 等/著	49.00 元
52	11226	Business Market Management: Understanding, Creating and Delivering Value	组织市场管理:理解、创造和传递价值	第 2 版	James C. Anderson 等/著	52.00 元

人力资源管理精选教材译丛

	书号	英文书名	中文书名	版次	编著者	定价
53	16619	Human Relations in Organizations: Applications and Skill Building	组织中的人际关系:技能与应用	第 6 版	Robert N. Lussier/著	75.00 元
54	10276	Human Resource Management	人力资源管理	第 10 版	Robert L. Mathis/著	68.00 元
55	15982	Fundamentals of Organizational Behavior	组织行为学	第 11 版	Don Hellriegel 等/著	56.00 元
56	09274	Managerial Communication: Strategies and Applications	管理沟通:策略与应用	第 3 版	Geraldine E. Hynes/著	45.00 元
57	10275	Supervision: Key Link to Productivity	员工监管:提高生产力的有效途径	第 8 版	Leslie W. Rue 等/著	59.00 元

国际商务精选教材译丛

	书号	英文书名	中文书名	版次	编著者	定价
58	16334	International Economics: A Policy Approach	国际经济学:政策视角	第 10 版	Mordechai E. Kreinin/著	45.00 元
59	14525	International Business	国际商务	第 4 版	John J. Wild 等/著	62.00 元
60	10001	Fundamentals of International Business	国际商务基础	第 1 版	Michael R. Czinkota 等/著	58.00 元

全美最新工商管理权威教材译丛

	书号	英文书名	中文书名	版次	编著者	定价
61	19036	Managing Human Resources	人力资源管理	第 5 版	Luis R. Gomez-Mejia 等/著	79.00 元
62	18646	Contemporary Business Statistics with Microsoft Excel	基于 Excel 的商务与经济统计	第 1 版	Thomas A. Williams 等/著	76.00 元
63	16318	Essentials of Managerial Finance	财务管理精要	第 14 版	John V. Thill 等/著	88.00 元
64	16319	Understanding and Managing Organizational Behavior	组织行为学	第 5 版	Jennifer M. George 等/著	75.00 元
65	13810	Crafting and Executing Strategy: Concepts and Cases	战略管理:概念与案例	第 14 版	Arthur A. Thompson 等/著	48.00 元
66	14518	Management Communication: A Case-Analysis Approach	管理沟通:案例分析法	第 3 版	James S. O'Rourke/著	44.00 元
67	16549	Quantitative Analysis for Management	面向管理的数量分析	第 9 版	Barry Render 等/著	85.00 元
68	13790	Case Problems in Finance	财务案例	第 12 版	W. Carl Kester 等/著	88.00 元
69	13807	Analysis for Financial Management	财务管理分析	第 8 版	Robert C. Higgins/著	42.00 元
70	22456	Understanding Financial Statements	财务报表解析	第 9 版	Lyn M. Fraser 等/著	36.00 元
71	13809	Strategy and the Business Landscape	战略管理	第 2 版	Pankaj Ghemawat/著	25.00 元
72	16171	Principles of Operations Management	运作管理原理	第 6 版	Jay Heizer 等/著	86.00 元
73	13500	Managerial Economics	管理经济学	第 3 版	方博亮、武常岐、孟昭莉/著	80.00 元
74	16011	Managerial Economics: A Problem Solving Appreach	管理经济学:一种问题解决方式	第 1 版	Luke M. Froeb 等/著	35.00 元
75	11609	Management: The New Competitive Landscape	管理学:新竞争格局	第 6 版	Thomas S. Bateman 等/著	76.00 元
76	09690	Product Management	产品管理	第 4 版	Donald R. Lehmann 等/著	58.00 元
77	12885	Entrepreneurial Small Business	小企业创业管理	第 1 版	Jerome A. Katz 等/著	86.00 元
78	16780	Introduction to Management Accounting	管理会计	第 14 版	Charles T. Horngren 等/著	99.00 元

经济与管理经典教材译丛

	书号	英文书名	中文书名	版次	编著者	定价
79	06415	Business Economics	企业经济学	第2版	Maria Moschandreas/著	47.00元
80	08651	International Finance	国际金融	第2版	Ephraim Clark/著	68.00元
81	07048	Fundamentals of Investment Appraisal	投资评估基础	第1版	Steve Lumby 等/著	28.00元
82	07047	Electronic Commerce and the Revolution in Financial Markets	金融市场中的电子商务与革新	第1版	Ming Fan 等/著	36.00元
83	06455	Management Accounting	管理会计	第3版	Robert S. Kaplan 等/著	52.00元
84	08621	Advertising, Promotion, & Supplemental Aspects of Integrated Marketing Communications	整合营销传播：广告、促销与拓展	第6版	Terence A. Shimp/著	58.00元
85	08101	International Accounting: A User Perspective	国际会计：使用者视角	第2版	Shahrokh M. Saudagaran/著	32.00元
86	08323	E-Commerce Management: Text and Cases	电子商务管理：课文和案例	第1版	Sandeep Krishnamurthy/著	45.00元

增长与发展经济学译丛

	书号	英文书名	中文书名	版次	编著者	定价
87	05742	Introduction to Economic Growth	经济增长导论	第1版	Charles I. Jones/著	28.00元
88	05744	Development Microeconomics	发展微观经济学	第1版	Pranab Bardhan 等/著	35.00元
89	05743	Development Economics	发展经济学	第1版	Debraj Rag/著	79.00元
90	06905	Endogenous Growth Theory	内生增长理论	第1版	Philippe Aghion 等/著	75.00元

国际经典教材中国版系列

	书号	英文书名	中文书名	版次	编著者	定价
91	19263	Public Finance: A Contemporary Application of Theory to U.S. and Chinese Practice	财政学：理论在当代美国和中国的实践应用	第9版	David N. Hyman，张进昌/著	69.00元
92	14516	Investments: Analysis and Behavior	投资学：分析与行为	第1版	Mark Hirschey, John Nofsinger，林海/著	58.00元
93	11227	International Financial Management	国际金融管理	第1版	Michael B. Connolly，杨胜刚/著	38.00元

其他教材

	书号	英文书名	中文书名	版次	编著者	定价
94	21378	International and Comparative Employment Relations	国际与比较雇佣关系	第5版	Greg Bamber，赵曙明等/编	59.00元

PEARSON

北京培生信息中心
北京东城区北三环东路 36 号
北京环球贸易中心 D 座 1208 室
邮政编码：100013
电话：(8610)57355175
传真：(8610)58257961

北京大学出版社
经济与管理图书事业部
北京市海淀区成府路 205 号 100871
联系人：徐 冰 张 燕
电话：010-62767312 / 62767348
传真：010-62556201
Q Q：552063295

尊敬的老师：

您好！

为了确保您及时有效地申请教辅资源，请您务必完整填写如下教辅申请表，加盖学院的公章后传真给我们，我们将会为您开通属于您个人的唯一账号以供您下载与教材配套的教师资源。

请填写所需教辅的开课信息：

采用教材			□中文版 □英文版 □双语版
作 者		出版社	
版 次		**ISBN**	
课程时间	始于 年 月 日	学生人数	
	止于 年 月 日	学生年级	□专科 □本科 1/2 年级 □研究生 □本科 3/4 年级

请填写您的个人信息：

学 校			
院系/专业			
姓 名		职 称	□助教 □讲师 □副教授 □教授
通信地址/邮编			
手 机		电 话	
传 真			
official email (eg:XXX@crup.edu.cn)		**email** (eg:XXX@163.com)	
是否愿意接受我们定期的新书讯息通知： □是 □否			

系 / 院主任：________________ （签字）

（系 / 院办公室章）

____年____月____日

Please send this form to: **em@pup.cn 或 Service.CN@pearson.com**
Website: www.pearsonhighered.com/educator